Minguo Shiqi Ningbo Wenxian
Zongmu Tiyao

NAL
宁波学术文库

CB16.201306

民国时期宁波文献
总目提要

万湘容 干亦铃 著

ZHEJIANG UNIVERSITY PRESS
浙江大学出版社

前　言

　　"文献"一词,最早见于《论语·八佾》:"子曰:夏礼,吾能言之,杞不足征也。殷礼,吾能言之,宋不足征也。文献不足故也。足,则吾能征之矣。"这里孔子就指出了地方文献的社会价值,赴杞,因文献少而不能征验夏礼;赴宋,也因文献少而不能征验殷礼。由此可见,地方文献是记载地域政治、经济、文化、社会的原始凭证和历史遗存,却容易为世人忽视和忽略,文逝献亦散。

　　厚古薄今是史学界和文献学界陋习,古籍善本一向受到追捧,片纸寸金;近世文献则被当作废纸而被弃置。长此以往,近世文献的消亡速度将远快于古代文献,文献存亡总量亦低于传世文献总量。尤其是民国文献,因其处于中国造纸技术的转型之时,纸张酸性强,易发黄散脱,霉变受潮,外加人为损坏,所以民国文献面临着消亡的危险。如果承载着民国历史的文献消失,那么1912年至1949年间区域史也不从谈起,断代史的研究工作也只能停顿。

　　否极泰来,目前民国文献的保存现状已引起各部门、各学界的广泛关注,其文献价值、文物价值、艺术价值、经济价值逐渐为社会所认同,近年来民国文献的整理研究不断得以推进。文化部已委托国家图书馆启动"民国时期文献保护计划",各省、自治区、直辖市纷纷推进本地区民国时期地方文献整理项目,如"北京历史文献书目索引集成""江苏民国文献调查及其数字化整理方案与整理技术研究""浙江省民国杭州地方文献目录""重庆图书馆藏民国文献数字化工程"等。

宁波素有"文献之邦"的美誉,从《宋元四明六志》的流传到《四明丛书》的问世,一代又一代宁波文献学家、目录学家、藏书家从事着看似微细实则重要的文化、文献传承之伟绩,如元之程端礼、明之范钦、清之徐时栋、民国之张寿镛,由此,上至宋元下至清代的宁波地方文献得到较为系统地梳理和编撰,也就有了诸如《鄞县通志·文献志》《四明经籍志》和《四明经籍提要》等的问世。

与清之前的历史典籍相比,民国宁波文献至今仍未得以重视,未能全面整理研究和开发利用,这批珍贵的记录民国时期宁波社会各方面历史文献散藏在北京、上海、重庆、南京、杭州等文献机构,宁波文献机构藏量只占总量三成,甚至更多文献信息未得揭示。以至于《宁波通史(民国卷)》著者王慕民教授在后记中发出"由于民国宁波史文献档案资料的保存整理和研究基础相当薄弱,本卷撰写难度远远超出预想"的无奈感慨。

因此,加强民国宁波文献的普查、目录提要的编撰,流散分布的揭示很有必要,开展抢救性保护已刻不容缓。而最迫切的任务就是编撰一部全面反映民国时期宁波历史文献的总目提要,即文献账本。

以上就是撰写《民国时期宁波文献总目提要》的研究目的和出发点。该提要辑录民国时期(1912—1949 年)著述宁波、宁波人著述以及宁波出版发行的图书、报纸、期刊等地方文献 2762 条,是梳理宁波历史文献脉络,保存宁波文化遗产,发掘地方文献的文物、史料和经济价值,开辟宁波区域史研究的便捷学术门径的一部目录学著作。

本书分为两章:第一章为民国时期宁波图书文献提要。民国时期宁波图书包含"著宁波""宁波人著""宁波出版"三部分内容,以《民国时期总书目》《宁波市志》为底本加以调查和补充,版本形式上分为线装书和平装书,纸质馆藏和数字馆藏互为考证。第二章为民国时期宁波报刊文献提要。民国时期宁波报刊指所有宁波出版的或非宁波出版但主要记叙宁波的报刊文献。该部分目录提要是在宁波市图书馆、宁波市档案馆、上海图书馆、浙江图书馆、重庆图书馆、国家图书馆馆藏民国报刊的基础上编纂而成,同时还吸收了最新近代报刊文献研究成果,增补了国内主要大学图书馆所藏宁波报刊和海外图书馆所藏宁波报刊,较全面地揭示了近代宁波报刊存佚和馆藏的现状。

本书的特点主要体现在两个方面:第一,信息准确。参照或引用《民国时期总书目》《馆藏中文报纸目录》《中国地方志联合目录》等权威目录,据文献内容逐条纂写提要,纸质文献馆藏与数字文献馆藏相互对比,尽量保证著录记录的名称、著者、出版地、出版年月、版本、馆藏信息准确无误。第二,信息全面。从文献类型上突破书目整理以图书为源的陋习,根据断代历史文献的特点,增加报纸、期刊等多种文献形式,地方文献综合目录体系更为完备,这是当前文献整理和编制体例上的一种尝试。从文献形态上突破以纸质馆藏为著录对象的弊端,适应资源网络和数字发展需求,增加了电子资源和数字资源的馆藏信息揭示,这无疑解决了广大学者难以获得纸质文献的障碍,有利于提高民国宁波文献的利用率和社会功效。从文献收藏来源上囊括了国内外百余家大型文献机构的馆藏信息,比较全面和具体。

　　总之,该书重构民国宁波政治、经济、文化等史料线索,为宁波通史研究、专门史研究、地域史研究、名人研究提供了宝贵、便捷的学术路径,对宁波乡邦文献的整理及保护有较重要的现实意义与历史价值。

凡　例

1. 本书共收录民国时期宁波文献目录提要 2762 条,40 多万字,附题名索引。凡清朝以前著述而民国时期重版文献、民国宁波地方丛书其单本已著录之文献皆不再收录,凡民国多次出版文献未注明初版、再版者则皆为初版,凡未明确注明为线装文献则皆为平装文献。

2. 本书收录图书、报纸、期刊三种类型的民国文献,图书按《中国图书馆分类法》(第五版)分为哲学政治军事类、经济教育文化类、语言文学类、艺术类、历史地理类、自然科学类、综合类,序号最后一位标示出学科类别。每页按题名音序排列;报纸、期刊按创刊时间先后排序。各类型文献区别规则为序号代码前两位数字:图书为阿拉伯数字,报刊为 BK。

3. 条目的著录项目

(a)非线装图书:序号、题名、责任者、出版地、出版者、出版年月、页数、丛书名、内容提要、作者简介、馆藏。

(b)线装图书:序号、题名(含卷)、责任者(含著述方式:撰、抄)、版本、出版地、出版者、出版年月、册数、内容提要、作者简介、馆藏。

(c)报刊:序号、名称、主编、出版地、主办单位或发行单位、出版周期、创刊停刊时间、社址、内容介绍(含报刊性质:时事政治类、行业专业类、党报)、馆藏。

4. 馆藏。馆藏单位一律采用简称,对照表见附表。未见馆藏的文献,标明来源或出处,以"见××"标识以示参考;或馆藏信息不标注。

5. 本书附题名索引。图书索引按题名音序排列,报刊索引按题名音序排列。

6. 凡文献著作权人为两个及以上,如是宁波籍与非宁波籍合著、合编、合译,则宁波籍著作权人加黑以示区分;如文献著作权人均为宁波籍,则不加黑;如文献著作权人均为非宁波籍,文献内容与宁波有关,也不加黑。凡文献著作权人为单一个人或团体,无论是否属于宁波籍,则均不加黑;单一著作权人是否为宁波籍,可参见文中条目的著者简介。

收藏单位全称	简称	收藏单位全称	简称
安徽大学图书馆	安大图	上海师范大学图书馆	上师大图
安徽省图书馆	安徽图	上海体育学院图书馆	上体院图
北京大学图书馆	北大图	上海图书馆	上图
北京师范大学图书馆	北师大图	上海戏剧学院图书馆	上戏图
北京中医药大学图书馆	北京中医大图	上海中医药大学图书馆	上海中医大图
成都图书馆	成都图	绍兴图书馆	绍图
东华大学图书馆	东华图	沈阳市图书馆	沈图
奉化市图书馆	奉化图	沈阳音乐学院图书馆	沈音图
奉化市文物保护所	奉化文保所	首都图书馆	首图
福建省图书馆	福建图	四川大学图书馆	川大图
福建师范大学图书馆	福建师大图	四川省图书馆	四川图
复旦大学图书馆	复旦图	苏州大学图书馆	苏大图
甘肃省图书馆	甘肃图	台湾"中央研究院"傅斯年图书馆	傅斯年图
广东省立中山图书馆	中山图	台湾大学图书馆	台大图
广东省委党校图书馆	广东党校图	天津图书馆	津图
贵州省图书馆	贵州图	天一阁博物馆	天一阁
国家图书馆	国图	同济大学图书馆	同济图
杭州师范大学图书馆	杭师大图	温州图书馆	温图
河北师范大学图书馆	河北师大图	武汉大学图书馆	武大图
河南大学图书馆	河大图	西安交通大学图书馆	西安交大图
河南省图书馆	河南图	西南大学图书馆	西南大图
河南师范大学图书馆	河南师大图	延边大学图书馆	延大图
黑龙江省图书馆	黑龙江图	余姚市文物保护所	余姚文保所
湖北省图书馆	湖北图	张元济图书馆	张元济图

续表

收藏单位全称	简称	收藏单位全称	简称
湖州市图书馆	湖州图	浙江博物馆	浙博
华东师范大学图书馆	华东师大图	浙江省档案馆	浙档案
华东政法大学图书馆	华东政大图	浙江大学图书馆	浙大图
华中师范大学图书馆	华中师大图	浙江工业大学图书馆	浙工大图
吉林大学图书馆	吉大图	浙江师范大学图书馆	浙师大图
吉林省图书馆	吉林图	浙江图书馆	浙图
暨南大学图书馆	暨大图	浙江中医药大学图书馆	浙江中医大图
江南大学图书馆	江大图	镇江市图书馆	镇江图
美国斯坦福大学图书馆	斯坦福图	郑州大学图书馆	郑大图
南京大学图书馆	南大图	中共中央编译局马列主义文献信息部	编译局信息部
南京农业大学图书馆	南农大图	中国地质图书馆	地质图
南京图书馆	南图	中国科学院图书馆	中科院图
南京中医药大学图书馆	南京中医大图	中国人民大学图书馆	人大图
南开大学图书馆	南开图	中国社会科学院图书馆	中社院图
宁波市档案馆	甬档案馆	中国音乐学院图书馆	中音图
宁波市图书馆	甬图	中国政法大学图书馆	政大图
清华大学图书馆	清华图	中山大学图书馆	中大图
厦门大学图书馆	厦大图	中央美术学院图书馆	中央美院图
厦门图书馆	厦图	中央民族大学图书馆	民大图
山西省图书馆	山西图	重庆图书馆	重图
陕西省图书馆	陕西图	读秀全文数据库	读秀
陕西师范大学图书馆	陕西师大图	书生之家数字图书馆	书生
上海大学图书馆	上大图	超星数字图书馆	超星
上海交通大学图书馆	上交大图	北大方正中文电子图书数据库	方正
上海社会科学院图书馆	上社院图	中美百万册数字图书馆	CADAL

目　录

第一章 图 书

第一节 哲学政治军事类

【0001A】马列主义论科学的预见 ［苏］列昂诺夫著，**李俍民译**

上海：上海书报杂志联合发行所，1949 年，122 页。（思想与科学小丛书）本书共 7 部分内容。

李俍民（1919—1991），原名李恺，又名李星，镇海大碶横河小李家人。从事文学翻译工作，译著有长篇小说《牛虻》《斯巴达克思》《孔雀石箱》《学校》，中短篇小说《一朵小红花》《游击队的儿子》《绿蚱蜢》，短篇小说《聪明的小鸭子》《性格和真实》等。（复旦图　上社院图　中山图　北大图　读秀）

【0002A】法兰西内战 ［德］马克思著，**吴亮平**、张闻天等译

延安：解放社，1938 年。（马克思恩格斯丛书）

本书分恩格斯的引言、马克思致顾格曼论巴黎公社的信、列宁在《马克思致顾格曼书信集》俄译本序文中论巴黎公社等 6 部分。

吴亮平（1908—1986）。又名吴黎平，曾用名良平、亮萍、理屏，奉化县人。曾和张闻天等合译《法兰西内战》《国家与革命》等著作，并翻译恩格斯的《社会主义从空想到科学的发展》。1930 年首次将《反杜林论》全书译成中文，是中国最早的马列主义著作翻译工作者之一。著有《论民族民主革命》《从资产阶级性民主革命到社会主义革命》《社会主义史》《辩证唯物论

与唯物史观》等书。（南图　复旦图　读秀）

【0003A】社会主义从空想到科学的发展　[德]恩格斯著，吴亮平译

重庆：生活书店，1939 年 4 月（世界名著译丛）

本书根据英文本并对照德文本译出，根据俄文本、英文本并参照德文本校对。分空想的社会主义、辩证法唯物论和剩余价值的形成——从空想到科学、科学的社会主义 3 部分。（浙图　南图　复旦图　读秀）

【0004A】拿破仑第三政变记　[德]马克思著，柯柏年、吴亮平译

重庆：生活书店，1940 年 11 月，168 页。（世界名著译丛）

本书共 7 章，论及唯物史观的理论、革命第二阶段、立宪共和国与国民立法会议几阶段的经过、十二月事变等，附一八四八年至一八五二年法国大事年表。（南图）

【0005A】反杜林论　[德]恩格斯著，吴亮平译

上海：江南书店，1930 年 11 月，601 页，32 开。

据俄、日两种译本译出。（南图）

【0006B】陈司徒公忠孝录二卷　陈汉章辑

德星堂，1920 年，木活字本，线装。

陈司徒公，〔隋〕陈杲仁（549—620），大业五年拜大司徒。

陈汉章（1864—1938），名得闻，初名焯，字云从，号伯弢，象山东陈村人。历史学家、经学家、训诂学家。著有《中国通史》《尔雅学讲义》《孔贾经疏考异同评》《礼书通故识语》《周书后案》《论语征知录》《缀学堂丛稿》《史通补释》等 100 余种、802 余万字的著作。（国图）

【0007B】答客问　〔清〕朱宗元撰

上海：土山湾印书馆，1922 年，74 页。

本书以问答体形式解释儒、释、道三教与天主教的不同，进而宣讲天主教教理。

朱宗元（1625—?），字维城，鄞县人。著有《答客问》《极世略说》《天主圣教豁疑论》等。（国图）

【0008B】笃爱之科学　吴经熊著，陈香伯阐译

香港：真理学会，1946 年，55 页。

本书分为宗教与科学之关系，圣哲对于天主之观感、笃爱出于天赋等

12章。书前有英文序及译后感言。

吴经熊(1899—1986),一名经雄,字德生,鄞县人。著名法学家。著有《法律哲学研究》《哲学与文化》《新经全集》《圣咏译义》等。(中山图　国图)

【0009B】福音　吴经熊译述

香港:公教真理学会,1949年8月,80页。

新约全书中的福音书,书末附宗徒大事记、福音附注。(国图)

【0010B】江湖秘诀百种:白手谋生　戚饭牛编

上海:公记书局,1924年,90页,32开。

本书介绍卜卦的江湖秘诀。

戚饭牛(1877—1938):名牧,以字行,又字和卿,别署牧牛童、牛翁、白头宫监、蓑笠神仙等,余姚人。约清末至上海,主编《国魂报》,与奚燕子、吴眉孙、陈蝶仙等并称"国魂七才子"。1914年冬,与奚燕子、汪野鹤创办《销魂语》月刊。著有《戚牛翁小丛书》5卷,收《牧牛庵笔记》《绿杉野屋诗话》《红树楼吟草》《双鱼馆尺牍》《天问阁杂俎》各一卷。另有弹词《啼笑因缘》《欢喜冤家》《红绣鞋》;长篇小说《绿萍》《色迷》《山东女侠盗》《陆稼书演义》;短篇小说集《江湖秘诀百种》等;另有《诗人小传》《百名人小传》《马永贞演义》等。(吉林图　上图　国图)

【0011B】金山规约　宁波观宗寺规约　悟勤撰

镇江金山大彻堂,民国间抄本,线装,2册。

观宗寺。位于宁波市兴宁桥附近,前身是延庆寺的十六观堂。(上图)

【0012B】孔子圣迹　庄崧甫编

上海:新学会社,1935年,148页,32开。

本书叙述孔子的生平、事迹、世系,书前有作者序,书末附《孔子语》。

庄崧甫(1860—1940):原名莪存,又名景仲,字崧甫,号求我山人,奉化人。曾从事农学研究,创设新学会社,著有《农业新书》《水利实验谈》《螟虫防治法》《养蚕必读》等。(上社院图　国图)

【0013B】论语时训　陈训正撰

本书是对《论语》的解读。前有勘误表,作者自序。1941年,线装。

陈训正(1872—1943):字无邪,又字屺怀,号天婴,慈溪人,近代教育家、学者。著《国民革命军战史初稿》《天婴室丛稿》《晚山人集》《天婴诗辑》《论语时训》《甬谚名谓考》《倪言》等8种,修纂《定海县志》《掖县志》《鄞县通

志》。（甬图　浙图　上图）

【0014B】罗素之西方文化论　张其昀著

上海：华夏图书出版公司，1948年，20页，36开。（现代文库）

本书分论思潮、论科学、论道德、论政治、论宗教、论人物6节内容。

张其昀（1900—1985），字晓峰，鄞县人。中国地理学家、历史学家，创办中国文化大学、中华学术院。著有《本国地理》《政治地理学》《中华五千年史》等。（读秀　国图　CADAL）

【0015B】弥撒规程　Fr. Stedman 著，吴经熊译

香港：公教真理学会，1947年，53页，64开，有插图。

本书内有望弥撒的方法、程序、祝文、福音等内容。（国图）

【0016B】抹云楼家言　秦润卿述

宁波：著者自刊，1947年。

本书含"自重""自立""自省""有恒"等篇，叙写作者前40年的经历及立身处世的经验，"为教育子孙，务使其成为社会有用之辈"，陈布雷作序。

秦润卿（1877—1966），名祖泽，字润卿，以字行，晚号"抹云老人"，慈溪县人。（浙图）

【0017B】南雷学案九卷　黄嗣艾编著

上海：正中书局，1936年7月。（国学丛书）

本书分为本传、家学、师承、先正、同调、及门、私淑、尊闻8类，共9卷，卷一包括宗羲"本传""遗著目"及"遗言"；卷二"家学"，列宗羲家族前代学人16人；卷三"师承"展示了宗羲为学所从自出，列学者7人；卷四"先正"列宗羲前代贤人37人；卷七列宗羲及门弟子54人；卷八列宗羲私淑弟子8人，分别为郑性、陈汝登、万经、万承勋、全祖望、朱彝尊、邵晋涵、恽敬；卷九"尊闻"，载宗羲的兄弟及子孙共9人。每卷前有一小序，对本卷学人做一简要总括。正文前有《南霄公年表》及黄宗羲七世孙黄炳垕所摹"梨洲先生小像"。

黄嗣艾，字绩宣，祖籍余姚，与黄宗羲均为竹桥黄氏。（浙图　浙大图　国图　复旦图　读秀）

【0018B】宁波基督教青年会民国十三年份全年会务报告　谢凤鸣撰

宁波：宁波基督教青年会，1924年。

宁波基督教青年会，成立于1919年4月，由陈谦夫、朱懋澄、樊正康、施秉瑜等相继担任会长，王正廷为名誉会长。宗旨是根据基督之精神联合青

年同志推行社会教育,养成健全人格,实现理想社会。(浙图)

【0019B】宁波青年会会务报告、建筑计划　宁波青年会编

宁波:宁波青年会,1921年,28页,16开,有照片及插图。

本书内含宁波基督教青年会会务报告及会所建筑计划等。(上图)

【0020B】平凡的真理　冯定著

大连:新中国书局,1949年,239页。(新青年自学丛书)

通俗哲学读本,讲述辩证唯物论与历史唯物论的基本原理。分为信不信由你、宇宙的钥匙、当战士与做学生3编。

冯定(1902—1983),笔名贝叶,慈溪人。长期从事宣传教育工作,30年代用贝叶的笔名发表了大量有关青年思想修养的文章,如《新哲学是科学的哲学》《哲学的运用》《谈新人生观》《论自然哲学与历史哲学》《现阶段的青年问题》等。(国图　北大图　复旦图　上社院图　读秀)

【0021B】圣咏译义初稿　吴经熊译

上海:商务印书馆,1946年10月,再版。

圣咏即《诗篇》,此书据希伯来文翻译。将《诗篇》150首翻译成四言、五言、七言、“骚体”等中国传统诗体的译文。书前有蒋介石给译者的书信,于斌、朱希孟的序文各一篇。(浙图　浙大图　国图　复旦图　读秀)

【0022B】舒璘　胡行之编撰

杭州:浙江省立西湖博物馆,1936年,72页,50开。(浙贤小丛书)

本书共9部分,简介南宋学者舒璘(1136—1199)的生平及学术活动。书后附《广平(舒璘为其新名)生卒及著述》《广平家学》。

舒璘,字符质,一字符宾,号广平,奉化人。与沈焕、袁燮、杨简并称“四明四先生”。

胡行之(1901—1976),奉化人。著有《宜庐诗稿》,译有《唯物史观的文学论》《社会文艺概论》《中国文学艺术研究》等。(浙图　南图)

【0023B】王阳明先生传习录集评四卷　孙锵辑校

宁波:四明七千卷楼,1914年,线装。

本书是对《传习录》的注释。《传习录》是中国明代哲学家、宋明道学中心学一派的代表人物王守仁(字伯安),世称阳明先生的语录和论学书信。本书由孙奇逢、施邦曜、刘宗周、黄宗羲参评,陶浔霍、梁启超续评。有孙锵、张寿镛序,附有勘误表。

孙锵(1856—1932),谱名礼锵,字仲鸣、玉叟,奉化人。有藏书楼名"好古山房",设"七千卷藏书楼",收藏图书、画帖极多。(甬图　浙图　国图　上图)

【0024B】现代思潮新论　张其昀等著

上海:正中书局,1948年,177页。(思想与时代丛刊)

本书收论文10篇,如《时代观念之认识》《卡林渥德的历史思想》《基督教与政治》。(浙图　CADAL)

【0025B】颜习斋哲学思想述　陈登原编

南京:金陵大学中国文化研究所,1934年,2册,线装。(金陵大学中国文化研究所丛刊甲种)

本书共10篇,分叙引、颜学时会、颜学精萃、颜氏学与程朱学、颜氏学与陆王学、颜氏学与考据学、颜氏论教、颜氏论治、颜学流派、颜氏学之衰颓。

陈登原(1900—1975),原名登元,字伯瀛,余姚人。著有《荀子哲学》《唐人故事诗》《词林佳话》《天一阁藏书考》《中国土地制度》《颜习斋哲学思想述》《金圣叹传》《中国田制丛考》《中国文化史》《古今典籍聚散考》《国名疏故》《中国田赋史》《中国地赋丛钞》《历史之重演》等。(国图　上图　CADAL)

【0026B】余姚三哲纪念集　邵苇水著

宁波:余姚县立民众教育馆,1935年,210页,32开。

本书汇辑并论述浙江余姚三个哲学家王阳明、朱舜水、黄梨洲的生平事迹、思想和学说。(浙图　浙大图　温图)

【0027B】浙东学派溯源　何炳松著

上海:商务印书馆,1932年,205页。(国学小丛书)

本书共6章,分绪论、程朱两人的根本思想、理学上几个重要的问题、方法论、圣经和《唐鉴》、浙东学派的兴起。在比较程颐和朱熹两人学说的师承关系和异同的基础上探寻浙东学派的起源。(浙图　复旦图　厦图　中山图)

【0028B】中国相术大观　戚饭牛编

上海:相术研究会,1923年,270页,32开。

本书又名《十三家相法精华》,列举李鸿章、张之洞、伍廷芳等名人小影人相,并逐一分析。另有十三家相法精华、总论十二种相观。附录《相妇婴

要诀》等 5 篇。(浙图)

【0029B】中国学术思想之变迁 胡行之著

上海:光华书局,1934 年 4 月,135 页。

本书共 12 篇,综论中国学术思想的嬗递变迁,始于先周,终于近代。
(浙图 南图 浙大图 复旦图 读秀 CADAL)

【0030B】中国哲学史 陈汉章辑

本书为讲义。第一期上古至夏商(一卷)。第二期周(二卷),下卷述诸子学。第三期汉及三国(一卷)。第四期魏晋南北朝(二卷),下卷印度佛学。第五期隋唐五季(一卷)。第六期宋元明清(二卷),下卷附回、耶宗教。
(上图)

【0031B】中华循道公会宁波大会续行会纪录

出版地、出版者不详,1935 年,30 页。(中山图)

【0032B】朱之瑜 胡行之编撰

杭州:浙江省立西湖博物馆,1936 年,72 页,50 开。(浙贤小丛书)

本书分 10 部分介绍朱之瑜生平及学术活动。朱之瑜(1600—1682),字楚屿,又作鲁屿,号舜水,明清之际学者,从事反清复明运动,失败后旅居日本讲学。(浙图 南图)

【0033B】诸子大纲 张寿镛讲

约园,1944 年,线装。

本书为光华学生讲授底本,共分 12 讲,末为结论。

张寿镛(1876—1945),字伯颂,号泳霓,别署约园,鄞县人。教育家、藏书家,著有《约园杂著》《诗史初稿》《约园演讲集》《经学大纲》《史学大纲》等。(甬图 浙图 上图)

【0034B】诸子论二集 毛起著

杭州:著者刊,1936 年,220 页。

本书为作者研究诸子的论文汇集,初集名《春秋总论初稿》。内有《依据〈史记〉来考老聃》《论老子书》《考老彭》《再来主张杨朱即庄周》《改作〈史记·老庄、申韩列传〉》等共 16 篇。

毛起(1899—1961),原名宗翰,字无止,又字禹州,岱山县斗镇人。(浙图 上社院图)

【0035B】宗教与人生　徐雉编

　　上海：青年协会书局，1932年，80页，32开。（学术演讲）

　　本书阐述人们信仰宗教的理由，内有吴稚晖、杨杏佛、蔡元培、蒋维乔、胡适等人的演讲8篇。

　　徐雉（1899—1947），笔名Venk，慈溪人。现代诗人，作家。著有诗集《雉的心》《酸果》，短篇小说集《毁去的序文》《卖淫妇》，长篇小说《不识面的情人》等。（浙图　南图）

【0036B】我的主日弥撒经书　Fr. Stedman著，吴经熊译

　　香港：公教真理学会，1946年，531页，有插图。

　　本书介绍望弥撒的简易方法，附有主日弥撒主旨的解释等内容。（国图　中山图　津图）

【0037B】神仙鬼怪　杨荫深编著

　　上海：世界书局，1946年，73页。（日常事物掌故丛书）

　　本书介绍了20种日常听说的神仙鬼怪掌故，考证源流，借以破除民众的迷信思想。（南图　国图　CADAL）

【0038B】舜水遗书　〔明〕朱之瑜撰

　　上海：世界书局，1913年，12册，线装。

　　本书为朱之瑜的文集，是马一浮根据日本水户本《朱舜水先生文集》、加贺本《朱征君集》和稻叶本《朱舜水全集》重新整理而成，包括《文集》25卷，《释奠仪注》、《阳九述略》、《安南供役纪事》各1卷。（浙图　国图　上图）

【0039B】青年期的心理与教育　［美］荷尔（G. S. Hall）著，李浩吾译

　　上海：世界书局，1929年，446页，32开。

　　本书共12章，论述青年期生理的变化与心理特点，以及青年期的心理教育。

　　杨贤江（1895—1931），字英父，笔名李浩吾、柳岛生，余姚县人。著名教育家。译有《世界史纲》和恩格斯的《家庭、私有制和国家的起源》，著有《今日之世界》《教育史ABC》《新教育大纲》等。（浙图　南图　津图　中科院图　中山图　CADAL）

【0040B】韩非子研究　王世琯著

　　上海：商务印书馆，1936年，91页。（国学小丛书）

　　本书分韩非子传略、韩非子思想的渊源、韩非子书考证、韩非子学说等

4 章。

王世瑄（1907—1981），曾名少游，奉化西坞镇人。著有《韩非子研究》《轶稿漫忆录》《余年夕照录》等。（国图　浙大图　复旦图　上社院图　读秀）

【0041B】王阳明及其思想　马宗荣著

贵阳：文通书局，1942 年，46 页，32 开。（大教育家文库）

本书共 4 章，介绍王阳明的生平、哲学思想和教育思想，以及王阳明与朱熹学说之异同。（中科院图　吉林图　苏大图　读秀）

【0042B】鄞县佛教会会刊　宝静总纂，胡熙编辑

宁波：鄞县佛教会，1934 年，152 页，16 开，有照片。

本书内收该会法令、训令、指令、法规、呈文、会员名录等。书前有圆瑛法师序，书后附"本会沿革"。（上图）

【0043B】王阳明之生平及其学说　王禹卿编著

重庆：正中书局，1943 年，80 页。

本书共 2 章。分别论述王阳明之生平和学说。（浙图　国图　读秀CADAL）

【0044B】王阳明学说及其事功　陈健夫著

上海：大东书局，1946 年，168 页，36 开。

本书分阳明学说的渊源、阳明学说的中心、阳明的人生哲学、阳明的事功等 4 章。（浙图　浙大图　复旦图　上社院图　CADAL）

【0045B】朱舜水　郭垣编著

上海：正中书局，1947 年，107 页。

本书据《朱舜水全集》（1912 年日本稻叶君山编）改编和整理，书后附参考资料。（浙图　浙大图　复旦图　上社院图　读秀）

【0046B】爱楼劝世丛谈　童仰慈著

上海：佛学书局，1940 年 2 月，80 页，32 开。

本书辑集古今行善传说故事 106 则。

童苍怀，又名童侃，别署童隐，字号仲慕（一作仰慕）、仰慈、爱楼。书画家，曾首创中法水彩画，著有《血泪碑》等。（重图）

【0047B】旧约纲目　彭善彰译

宁波：伯特利圣经学院，《宁波市志》下 2338 页，载有民国三十六年铅

印本,1940 年,116 页,32 开。

宁波伯特利圣经学院第 6 种讲义,对旧约每一部分的作者、主题、要旨等分别加以提示。

彭善彰,浙江平湖人。曾任宁波伯特利圣经学院院长。(上图　北大图)

【0048B】福音圣路　袁奉道讲,真理导报社记录

宁波:中华传道会宁波福音堂,1949 年 5 月,87 页,32 开。

本书原名《路得记灵训》,是对《路得记》的讲解,包括概论、路德之贤德、路得之成功、书中之祝福等 12 章。有著者序言。(上图)

【0049B】黄梨洲　章衣萍编选

上海:儿童书局,1935 年,48 页,36 开。(中国名人故事丛书)

本书为少年儿童读物,简介明末清初思想家黄宗羲的生平、著述、师友及其在明亡以后的生活等。

章衣萍(1900—1947),乳名灶辉,又名洪熙,安徽绩溪人。(上社院图　中山图　读秀)

【0050B】新理学批判原稿　茅冥家著

上海:文艺书局,1947 年,142 页,28 开。

本书分理、气、道、天道,天、性心,道德、人道,数、势,知识、义理、鬼神、命运,圣人、君子、贤人等 10 章,批判冯友兰著《新理学》。

茅冥家(1917—2008),字芰芹,宁波人。新中国成立前执教于浙江战时联合师范,先后主办《读书杂志》《六十年代》杂志,任武汉《民言报》副总编辑、《武汉时报》主笔。(上社院图　吉林图)

【0051B】苏联的恋爱婚姻与家庭　　［俄］柯尔巴诺夫斯基(V. N. Kolban-
　　　ovskii)撰,**草婴译**

上海:时代出版社,1949 年,51 页。

本书介绍了苏联的婚恋家庭情况。

草婴(1923—),原名盛峻峰,镇海人,文学翻译家,曾任时代出版社编译。译有［俄］列夫·托尔斯泰《复活》《安娜·卡列尼娜》,［苏］肖洛霍夫《新垦地》《顿河故事》等。(浙大图　复旦图　中山图　武大图　CADAL)

【0052B】科学观　［英］罗素著,王光煦、**蔡宾牟译**

上海:商务印书馆,1935 年,235 页,32 开。(自然科学小丛书)

本书分科学的知识、科学的技术、科学的社会 3 章。书名原文 *The Sci-*

entific Outlook。

蔡宾牟（1910—1980），鄞县人。长期致力于物理学史方面的教学和研究。发表有《爱因斯坦科学年谱简编》以及《试论中国古代物理学的产生、发展及其特点》（合著）等论文多篇。译有《物理学原著选读》《伽利略传》《物理常数》，合译《俄国物理学史纲》等。（浙图　浙大图　上社院图　读秀　CADAL）

【0053B】荀子哲学　陈登元编

上海：商务印书馆，1928年，202页，32开。（国学小丛书）

本书论述荀子的生平和思想。（浙图　南图　CADAL）

【0054B】辩证唯物论与唯物史观　吴黎平编译

上海：心弦书社，1930年，388页，32开。

据芬格尔特（Fingert）、薛尔文特（Schirwlndt）的著作编译。全书共8章：唯物论与唯心论，辩证法唯物论，自然及社会中的规律性，生产力与生产关系，阶级及阶级斗争的学说，国家及政权的学说，意识形态，社会发展的学说。（读秀）

【0055B】唯物史观（科学的万史观、科学历史观教程）　吴黎平、艾思奇著

延安：解放社，1939年10月，247页。

本书分科学历史观的几个基本论点、生产力与生产关系、阶级、国家政权、民族与民族斗争、家庭、意识形态、几个结论等8章。（浙大图　复旦图　南图　中山图　读秀　CADAL）

【0056C】社会学与社会问题　冯和法编

上海：黎明书局，1944年1月，382页。

本书简述社会现象的偶然问题、社会科学的产生问题等。书后附参考书目。（浙图　浙大图　复旦图　读秀　CADAL）

【0057C】恋爱新论　徐进等著

上海：求知出版社，1940年，82页。

本书收录《恋爱新论》《钱里乾坤》《日本的新党运动》《也谈关于章太太》《超然先生列传》等5篇文章。

徐进（1923—2010），慈溪人。一级编剧。中国戏剧家协会理事、中国作家协会会员、上海市文联委员。（浙图　国图　CADAL）

【0058C】两性婚姻问题　［英］约瑟麦勃撰著，**林汉达译**

上海：红叶书店，民国间，80 页。

本书分贞洁观念的来源、女子的变成财产、爱情的牺牲、希腊罗马的反动、去势道德家的胜利、离婚与清健的奋斗等 6 章。

林汉达（1900—1972），笔名林迭肯、林涛、李东、林奋，镇海人。中国当代语文学家、教育家。著有《中国拼音的出路》《求解写话两用词典》《向传统教育挑战》《西洋教育史讲话》等。（国图　河南图）

【0059C】社会诸研究　朱镜我著

上海：江南书店，1929 年，166 页。

本书收录《社会底经济的构造》《政治———一般的社会的基础》《关于精神的生产底考察》《德模克拉西论》《社会与个人底关系》5 篇文章。

朱镜我（1901—1941），原名朱德安，又名朱得安，笔名镜吾、谷荫、朱怡庵、张焕明等，鄞县人。20 世纪 20 年代提出无产阶级革命文学的口号，在中国最先翻译恩格斯的《社会主义从空想到科学的发展》。著有《工人国家论的介绍》《改组派在革命现阶段上的作用的基础理论》《什么是民生史观》《马克思主义的基础理论》等，译有《革命的一个根本问题》。（浙图　湖北图　CADAL）

【0060C】农村社会学大纲：中国农村社会研究　冯和法著

上海：黎明书局，1929 年，583 页。

本书共 15 章，分析中国农村的人口基础、经济机构、剥削关系及发展趋势等。

冯和法（1910—1997），曾用笔名冯静远，鄞县人。农业经济学家。编著有《中国农村经济资料》《农村经济与合作》《〈中国农村〉论文集》《解放前的中国农村》《农村社会学大纲》《中国农村经济论》《社会学与社会问题》等。（浙图　浙大图　国图　读秀　CADAL）

【0061C】社会科学概论　**吴黎平**、杨松编

泰州：苏北新华书店，1949 年 8 月，196 页。

本书共 9 章，依次为资本主义以前的社会、资本主义、帝国主义、资产阶级性革命与革命转变问题、社会主义革命与无产阶级专政、苏联概述、殖民地半殖民地国家内民族革命、农民问题、政党。（浙大图　中山图　复旦图　读秀）

【0062D】爱与恨　蒋经国著

嘉兴:青年军嘉兴夏令营,1947 年,76 页,32 开。

本书收《鲜红的血》《流浪奔走求生存》《寄给远在北国的朋友》《反省与希望》《求学的方法》《夜宿虎岗有感》《五年来从政的感想》等 15 篇散文、杂感。

蒋经国(1910—1988),字建丰,谱名经国,又名尼古拉,奉化人。著有《我的生活》《我的父亲》《负重致远》《蒋经国先生言论著述汇编》等。(浙图南图)

【0063D】保甲法令辑要　余姚县政府编

宁波:余姚县政府,1948 年,85 页。(浙图)

【0064D】北平监狱教诲与教育　严景耀著

北京:燕京大学社会学系,1930 年 6 月,18 页。(燕京大学社会学系丛刊)

本书共 6 章,依次为教诲与教育之目的及历史、教诲与教育之方法、图书馆、监狱里的出版物、演井及娱乐、结论。

严景耀(1905—1976),余姚人。1928 年毕业于燕京大学社会学系,从事犯罪学研究。抗战时期,参加上海"复社",参与翻译《西行漫记》《资本论》及《列宁选集》等。著有《中国的犯罪问题与社会变迁的关系》等。(国图　上图　北大图　CADAL)

【0065D】丙辰余姚同乡会会员姓名录　余姚同乡会编

杭州:余姚同乡会,民国间。(浙图)

【0066D】惩治土豪劣绅条例释义　胡行之编释

上海:新学会社,1927 年 11 月,50 页。

本书包括《惩治土豪劣绅条例》《暂行特种刑事诬告治罪法》《党员背誓罪条例》等 4 法释义。(上图　复旦图)

【0067D】慈溪县参议会第一届第六次大会决议案　慈溪县参议会编

宁波:慈溪县参议会,1947 年,油印本。(浙图)

【0068D】慈溪县议会第二届第一年议决案　慈溪县议会编

宁波:慈溪县议会,1923 年,线装,1 册。(浙图　上图)

【0069D】慈溪县议会第二届第二年议决案　慈溪县议会编

宁波:慈溪县议会,1924 年,线装,1 册。(浙图　上图)

【0070D】慈溪县议会第二届第三年议决案　慈溪县议会编

宁波:慈溪县议会,1925 年,线装,1 册。(浙图)

【0071D】慈溪县战时政治工作队二周年纪念刊　慈溪县战时政治工作队编

宁波:慈溪县战工队,1940 年。(浙图)

【0072D】党的组织法　国民革命军东路总指挥部政治部编

宁波:宁波书店,1925—1949 年。

宁波书店:1925 年春,中共上海党组织派党员周今悟来宁波开设,宁波书店为上海书店分店,店址在城内百岁坊。公开经营社会科学小册子,秘密出版《向导》《中国青年》等革命书刊。(浙图)

【0073D】党义:三民主义浅说、建国大纲、民族意识　中国国民党浙江省鄞县执行委员会编

宁波:中国国民党浙江省鄞县执行委员会,1936 年。(浙图)

【0074D】党治与自治　胡行之编

上海:新学会社,1929 年,181 页,32 开。

本书分甲、乙、丙 3 辑,收录《党治与自治》《农村自治救国论》《宪政时期的党治问题》《党治下如何开辟生路》《国民革命之目的与手段》《致失业青年》等文 17 篇。(厦图)

【0075D】地方自治法规汇编　鄞县县政府编

宁波:鄞县县政府,1932 年。

本书汇集有关地方法规 23 则,如土地,征收仓谷、决算、预算等。(见《宁波词典》)

【0076D】帝国主义者在太平洋上之争霸　［英］Forks 著,**陈宗熙译**

上海:华通书局,1929 年,162 页。

本书原文 *Mastery of the Pacific*,共 12 章,评述日、中、美、英等国的太平洋政策及其相互关系。

陈宗熙(1899—2003),字志和,奉化楼岩乡条宅村人。金陵大学毕业,国防研究院第五期结业。著有《蒋介石将军》《威尔逊传》《俾斯麦传》《帝国主义者在太平洋上之争霸》《美国都市之管理》《市政论丛》《市政刍议》等。(浙图　黑龙江图　读秀　CADAL)

【0077D】法律哲学研究　吴经熊著

上海：上海法学编译社，1933 年，224 页。（法学丛书）

本书分中国旧法制的哲学基础、三民主义和法律、唐以前法律思想的发展、法律之多元论、斯丹木拉之法律哲学及其批评者、六十年来西洋法学的花花絮絮等 8 部分，论述天人交感的宇宙观，道德化的法律思想，介绍中国古代法律思想及德国法律的源流、派别等。（浙图　复旦图　上社院图　国图　读秀　CADAL）

【0078D】法学文选　吴经熊、华懋生编

上海：会文堂新记书局，1935 年，2 册。

本书选录 40 篇法学论文，书前有法学文选序。（浙图　北师大图　国图　读秀　CADAL）

【0079D】分队办理团员总甄核手册　三民主义青年团浙江支团宁海分团部筹备处编

宁波：三民主义青年团浙江支团宁海分团部筹备处，1947 年。（浙图）

【0080D】粉碎日寇速和速决的迷梦　镇海县抗日自卫委员会战时教育文化事业委员会编

宁波：编者刊，1939 年 4 月，45 页。（战时文化丛刊）

本书收录《蒋委员长斥近卫荒谬声明》《汪逆响应近卫谈话之通电》以及严北溟《汪精卫的总清算》等文。附录 3 篇《近卫谈话全文》。（国图）

【0081D】奉化孤儿院第三期报告册　奉化孤儿院编

宁波：奉化孤儿院，1934 年，线装。（上图）

【0082D】奉化县参议会第一届第五六次大会会刊　奉化县参议会秘书室编

宁波：奉化县参议会，1948 年。（浙图）

【0083D】奉化县参议会第一届第一二三四次大会决议案汇刊　奉化县参议会秘书室编

宁波：奉化县参议会，1947 年。（浙图）

【0084D】奉化县地方行政干部训练所光复第一期小教班讲义　奉化县地方行政干部训练所编

宁波：奉化县地方行政干部训练所，1947 年。（浙图）

【0085D】奉化县议会议决案：附民事公断条例　奉化县议会编

宁波：奉化县议会，1922 年。（浙图　上图）

【0086D】公民训练　鄞县县政府编

宁波:鄞县县政府,1938年。(浙图)

【0087D】癸丑余姚同乡会会员姓名录　余姚同乡会编

杭州:余姚同乡会,民国间。(浙图)

【0088D】国联调查团报告书

宁波:鄞县反日救国会,1932年。

本书收录"九一八"后国际对中日事件的态度、报告书原文。(浙图)

【0089D】国民精神总动员纲领及办法　镇海县抗卫会战时教育文化事业委员会编

宁波:镇海县抗卫会战时教育文化事业委员会,民国间,58页。(战时文化丛刊)

本书选录《蒋委员长通电实行国民精神总动员》《国民精神总动员纲领》《国民精神总动员实施办法》等文3篇。(国图)

【0090D】国民精神总动员纲领及办法 鄞县战时宣传统一委员会编

宁波:编者,民国间,32页,32开。

本书收蒋介石1939年4月17日关于国民精神总动员的广播词,及《国民精神总动员纲领》《国民精神总动员实施办法》等。(浙图　上图)

【0091D】国民月会讲材第一集

宁波:浙江省鄞县动员委员会,1940年2月,1册。

本书为国民月会讲演材料。分有钱出钱,有力出力、战时节约、国家法令与社会秩序、巩固统一与服从领袖4编。封面为蒋介石像。(甬图)

【0092D】红旗　林汉达编译

上海:世界书局,1949年。

本书收录东北解放区故事10篇。(浙图)

【0093D】积谷备荒　鄞县县政府编

宁波:鄞县县政府,民国间,6页,32开。

鄞县县政府训政宣传品第16种。卷端书名题为"为筹办积谷备荒告民众书"。(国图　读秀)

【0094D】建国方略研究集:第一辑　张其昀撰

遵义:国立浙江大学史地教育研究室,1942年石印,线装。(史地教育

丛刊）

书名据目次及书衣题．书衣题史地教育丛刊之一。（国图）

【0095D】今日的赣南　蒋经国著

江西：新赣南出版社，1940年，70页，32开。（新赣南丛书）

本书记述1940年江西南部各县的政治、教育、交通、民生情况。（上社院图　吉林图　国图）

【0096D】抗战建国纲领　中国国民党浙江省余姚县党部编

宁波：中国国民党浙江省余姚县党部，1938年，17页。

本书共33条，包括前言和总则、外交、军事、政治、经济、民众运动、教育7项。（浙图）

【0097D】旅杭余姚同乡会会员录　旅杭余姚同乡会编

杭州：旅杭余姚同乡会，1928年。（浙图）

【0098D】论印尼的反帝斗争　巴人著

上海：生活书店，1947年，78页。

本书评述印度尼西亚社会及民族运动特质、国际环境、政治斗争及印度尼西亚前途等，侧重于战后印度尼西亚的反美斗争。

王任叔（1901—1972），乳名朝伦，谱名运镗，字任叔，号愚庵，笔名巴人等，奉化连山乡大堰村人。著有《常识以下》《文艺短论》《扪虱谈》《论鲁迅的杂文》《文学读本》《文学读本续编》《窄门集》《论印度尼西亚的反帝斗争》《印度尼西亚社会发展概观》《远东民族革命问题》《群岛之国——印度尼西亚》等。译有《从社会学见地来看艺术》。（国图　复旦图　上社院图　读秀　CADAL）

【0099D】美国总统威尔逊参战演说　蒋梦麟译述

上海：商务印书馆，1918年11月，63页，32开。

本书收1917年2月3日至1918年9月28日的演辞8篇。附威尔逊小传。

蒋梦麟（1886—1964），原名梦熊，字兆贤，号孟邻，余姚人。著有《中国教育原理》《过渡时代之思想与教育》《书法探源》《西潮》《孟邻文存》《谈学问》《文化的交流与思想的演进》《新潮》等。（浙图　南图　国图　读秀　CADAL）

【0100D】民生主义讨论大纲　李权时编，青年协会书报部校订

上海：青年协会书报部，1927 年，62 页。（公民教育丛刊）

本书讨论了民生主义之定义及其哲学基础、与各种社会主义的比较、实行民生主义的具体办法等问题。

李权时（1895—1982），字雨生，镇海大碶漕头村人。著有《中国经济问题纲要》《中国经济思想小史》《生产论》《消费论》《遗产税问题》《各国遗产税史要》《中国税制论》《李权时经济财政论文集》《李权时经济论文集》等。（上社院图　国图　CADAL）

【0101D】民众组织　鄞县县政府编

宁波：鄞县县政府，1938 年 9 月，22 页，32 开。（战时民众学校教材）

本书讲述保甲、自卫队、游击队、工程队、运输队、救护队等民众组织。（上图　读秀）

【0102D】南田县政府二十年度年刊不分卷　南田县政府编

宁波：南田县政府，1932 年，线装。（上图）

【0103D】南田县政府十九年度二十一年度年刊不分卷　南田县政府编

宁波：南田县政府，民国间，线装。（上图）

【0104D】宁波佛教孤儿院第六年报告一卷　宁波佛教孤儿院编

宁波：宁波佛教孤儿院，1934 年。

宁波佛教孤儿院于 1918 年 5 月 12 日成立，前身为佛教普益学校。（浙图）

【0105D】宁波佛教孤儿院中华民国廿二年捐款征信录　宁波佛教孤儿院编

宁波：宁波佛教孤儿院，1934 年，有照片。

本书主要介绍宁波佛教孤儿院民国二十二年（1933）的基金收支、常务董事会收支、经常费收支情况及接受款物的明细。有常务董事主席张传保、常务董事赵芝室等人照片。（甬图）

【0106D】宁波高桥恤孤院民国七年第七期报告　宁波高桥恤孤院编

宁波：宁波高桥恤孤院，1919 年。

本书包括《孤儿苦史》《周松鹤牧师演词》《恤孤院记事》《募捐员姓氏》《捐款征信录》《捐支总数报告》《帐略报告》《收孤儿简章》《孤儿报名单》等。附募捐员照、常会摄影等多幅图片。前有包文德序。（甬图）

【0107D】宁波光复纪念　范贤方撰

上海:商务印书馆,1912 年。

本书为辛亥革命一周年纪念刊。正文皆为英语,多为当时外国传教士所见辛亥革命在宁波的史料。书首有宁波光复日市上景象,宁波革命军起义之地,宁波军政分府、欢迎寓宁各国官商暨各部长,宁波小校场旧址庆祝孙大总统任职事等传真照片 20 幅,成书于 1912 年。

范贤方(1877—1917),字仰乔,号仲壶,谱名贤梓,鄞县冷静街三凤坊人。曾任宁波国民尚武分会副会长。(上图)

【0108D】宁波江北岸巡捕房先后办法全案一卷

民国间抄本,线装,1 册。

书前有张美翊跋。(上图)

【0109D】宁波警察概况 宁波公安局编

宁波:宁波公安局,1936 年,304 页,有图、表。

本书记录 1933 年 1 月至 1935 年 12 月间宁波警察系统的状况。书前有蒋行政院长近影、浙江省政府黄主席近影、浙江徐民政厅长近影等。(甬图 中山图)

【0110D】宁波警察局第二分局实施警员警勤区制一周年纪念专刊 毛衍主编

宁波:警察月刊,1948 年。(浙图)

【0111D】宁波警察局工作报告

宁波:宁波警察局,1945 年,31 页。

本书记录自 1945 年 9 月 12 日起至 11 月 15 日止。(浙图)

【0112D】宁波警察厅警务概略 周琮编

宁波:宁波警察厅,1918 年,铅印本。

宁波警察厅成立于 1914 年。此书记该厅成立起,至 1918 年 1 月厅长周琮因病去职止,分警察厅设备之概要、颁行之规章、文告等 4 大类,共 66 篇。书首周琮序中叙及宁波警察沿革源流。(见《宁波词典》)

【0113D】宁波旅杭同乡会会务概况 宁波旅杭同乡会编

杭州:宁波旅杭同乡会,1934 年。(浙图)

【0114D】宁波旅杭同乡会会员题名录 宁波旅杭同乡会编

杭州:光华印刷局,1931 年,74 页,有图。

本书内容包括浙江省党部与杭州市政府对该会的备案批文、该会1931年修订章程、历任职员一览表、现任职员一览表、本年(1931年)第八次个人征求会员一览表、本年会员统计表。(浙图)

【0115D】宁波青年会成立十五周年纪念特刊　宁波青年会编
　　宁波:宁波青年会,1933年,1册,有照片。(浙图)

【0116D】宁波市公安局勤务督察处稽查服务规则
　　宁波:刊者,民国间油印本。(浙图)

【0117D】宁波市政府现行法规汇编　宁波市政府编辑委员会编辑
　　宁波:宁波印刷公司,1928年8月,360页,32开,有表。
　　本书收录《修正宁波市暂行条例》《宁波市建筑条例》《宁波市住屋捐章程》等法规59种;附录《浙江省最近政纲》,含规则、条例、章程等27种。(甬图　国图)

【0118D】宁波四明孤儿院第二期报告册　四明孤儿院教职员编
　　宁波:四明孤儿院,民国间。
　　本书含四明孤儿院章程、四明孤儿院兼收失养女童简章、董事一览表、义务医士一览表、职员一览表、在院院生一览表、出院院生一览表、认定院生一览表、图表、院务琐记、成绩、特别捐、常年捐、喜庆筵资、教养费、女童经费、奖助存息等项、支款、存款、附设南郊无利借钱局、附设同义惜字会等内容。(甬图)

【0119D】宁海旅杭同乡录　宁海旅杭同乡会编
　　杭州:宁海旅杭同乡会,1926年。(上图)

【0120D】宁海县参议会第二届第一二两次大会汇刊　宁海县参议会编
　　宁波:宁海县参议会,1947年,47页。(浙图)

【0121D】宁海县参议会第一届第四次大会会刊　宁海县参议会秘书室编
　　宁波:宁海县参议会,1946年,22页。(浙图)

【0122D】宁海县参议会第一届第五次大会会刊　宁海县参议会秘书处编
　　宁波:宁海县参议会,1946年,30页。(浙图)

【0123D】宁海县第二期训练队操场笔记讲义　叶士清编
　　宁波:不详,民国间,1册。

本书分操场笔记、地形、礼节条例、内务规则、射击教范、刑事条例、惩罚条例等内容。（浙图）

【0124D】清乡法规　鄞县清乡局编
宁波：鄞县清乡局,1931年。（浙图）

【0125D】日来佛报告　严鹤龄编
1920年石印本,2册,有图。
本文为日内瓦国际联合大会报告1—16。
严鹤龄(1879—1937),字履勤,亦字侣琴,余姚人。晚清民国学者,教育家。曾任清华学校董事会主席,并二度出任清华学校代理校长之职。（国图）

【0126D】日汪密约　宁海县动员委员会教文组编
宁波：宁海县动员委员会教文组,民国间,78页。（浙图）

【0127D】三年计划　蒋经国著
赣州：新赣南出版社,1940年,90页,32开。（新赣南丛书）
本书分吃苦、冒险、建设新赣南,奋斗、牺牲、实现三年计划,建设新赣南第一次三年计划等3编。（浙图　国图　南图　中科院图　CADAL）

【0128D】三年来之宁海县政　宁海县政府编
宁波：宁海县政府,1943年,328页,16开,有图表。
本书分县政工作、县属各机关业务、附录等3编,有方引之序言。（浙图　国图　中国第二历史档案馆）

【0129D】社会主义的发展　朱镜我编译
上海：创造社出版部,1925年,1册,93页,32开。（社会科学丛书）
本书分空想的社会主义、辩证法的唯物论、资本主义的发展等3章,译自杜克(Dunker)《社会主义的发展》中"拉狄克(Radek)《从科学到行动的社会主义底发展》"部分。（浙图　国图　上社院图　CADAL）

【0130D】世界局势　张其昀著
上海：华夏图书出版公司,1948年,16页。（现代文库第一辑）
本书从四度空间说、多元的世界、联合国之新思潮3方面分析世界形势。（人大图　吉林图　读秀　CADAL）

【0131D】四明孤儿院第四期报告册　四明孤儿院编

宁波：四明孤儿院，1924年，1册。（中山图）

【0132D】苏俄妇人在法律上之权利　胡行之译

上海：女子书店，1933年，144页。（女子文库·女子生活丛书）

本书共8章，包括苏维埃政权与妇女、劳动妇人的保护、劳动组织与妇人、妇人与苏维埃刑法等。（南图　吉林图　厦图　CADAL）

【0133D】苏联的妇女与儿童　樊英著

上海：中华书局，1949年。（大众文化丛书）

本书分苏联妇女、苏联的母子保护、苏联的婚姻与家庭、苏联儿童教育等4章，附录托儿所母亲的报告。

樊英（1904—1968），曾用名樊警吾，镇海人。译有《苏联知识分子》《苏联妇女》《资本主义国家的经济地理》等。（国图　复旦图　上社院图　读秀CADAL）

【0134D】苏联妇女的生活　樊英著

上海：申报，1933年，52页。（申报丛书）

本书介绍苏维埃制度下妇女的新生活。（浙图　中大图　上社院图同济图）

【0135D】汪逆卖国秘约　余姚县动员委员会抗建出版社编

宁波：余姚县动员委员会抗建出版社，1940年2月，60页，32开。

本书叙述陶希圣、高宗武揭露日汪签订《日支新关系调整要领》及附件等卖国密约的内容与订约经过。另收蒋介石《为日汪密约告全国军民书》《告友邦人士书》等。（上图）

【0136D】王正廷博士演讲集　周剑云编

上海：新民图书馆，1920年，194页，32开。

本书收演辞8篇。书前有关于王正廷的简史、纪事、论说等。

王正廷（1882—1961），原名正庭，字儒堂，号子白，奉化人。近代中国著名的体育领导人之一，被誉为"中国奥运之父"。（浙图　CADAL）

【0137D】西北——赣南　蒋经国著

江西：中华正气出版社，1942年，76页，32开。（革命青年丛书）

本书分西北和赣南两部分，收录《伟大的西北》《我们所希望的新中国》《革命工作与革命干部》《新事业新任务》等文4篇。（国图　浙大图

CADAL)

【0138D】(新旧并刊 袖珍)六法全书 吴经熊校勘

上海:上海法学编译社,1935 年 5 月,1108 页,64 开。

本书包括中华民国训政时期约法、民法、公司法、票据法、商法、保险法、刑法及民刑诉讼法。其中刑法、诉讼法为修正案和原案并刊。(浙图 国图 上图 CADAL)

【0139D】中华民国宪法草案初稿 吴经熊编

北京:北平市研究宪法草案联合会,1933 年,1 册,44 页,油印本。

本书分总则、民族、民权、民生、宪法之保障等 5 编,共 214 条,是后来公布的"五五宪草"的最初稿本。(国图 北大图 中科院图)

【0140D】宪政问题读本 巳人、邵翰齐、白芒著

香港:无名出版社,1940 年 2 月,234 页。

本书分总论、两个世界的民主政治、中国宪政运动的回顾、中山先生的民主宪政观及其发展、对于现阶段民主宪政的意见等 5 章。(复旦图 南图 读秀 CADAL)

【0141D】乡镇法规 鄞县县政府编辑

宁波:鄞县县政府,1944 年。(浙图)

【0142D】象山县政府暨附属单位职员录 象山县政府编

宁波:象山县政府,1945 年。(浙图)

【0143D】新的人生 蒋经国著

江西:军委会干部训练团青年远征军政工人员训练班东南分班,1945 年。

本书共 10 章,依次为完成历史的大业、新的理想新的人生、我们的人生观、开辟人类的新天地、建筑科学的万里长城、革命工作与革命干部、赣江的水依旧在流、让我们来接受你的革命利剑、不要抛弃了复仇的锐剑、永远不要挂起白旗来。(浙图 CADAL)

【0144D】新事业 蒋经国著

赣县:中华正气出版社,1943 年,232 页,32 开。

本书辑录蒋经国在赣南三年中发表的论文 15 篇、谈话 1 篇。附蒋经国对记者的谈话《纵谈赣南建设》。(南图 吉林图 中科院图)

【0145D】鄞县保甲长短期训练教材辑要　陈宝麟编

宁波:鄞县县政府,1937年11月,58页,16开。

本书讲述法令及有关保甲任务、防空、民力统制、军需品之补充等方面的常识。

陈宝麟(1898—1965),字冠灵,河北东光县人。(浙图　上图)

【0146D】鄞县参议会第一届第七次大会会刊　鄞县参议会秘书室编

宁波:鄞县参议会,1948年,65页,16开。

本书收会议记录、报告与询问、议决案、县政检讨会议录等。(浙图　上图　南图)

【0147D】鄞县参议会第一届第四次大会会刊　鄞县参议会秘书室编

宁波:鄞县参议会,1947年,143页,16开。

本书收宣言、演词、会议录、会议报告、询问案及决议案等。(浙图　上图　南图)

【0148D】鄞县参议会第一届第一、二两次大会会刊　鄞县参议会秘书室编

宁波:鄞县参议会秘书室,1946年,324页,16开。

本书收宣言、演词、电文、报告、会议记录、决议案等。(浙图　上图)

【0149D】鄞县参议会秘书室工作报告　鄞县参议会秘书室编

宁波:鄞县参议会,1946年,1册,油印本。

本书刊载了鄞县参议会首届第一次大会宣言、重要电文、历次会议记录、决议案执行情形等内容。(甬图)

【0150D】鄞县第三次县行政会议专刊　鄞县县政府秘书处编

宁波:鄞县县政府,1931年2月,54页,16开,有图像及表。

本书收有关规则、开幕词、会议录及陈宝麟《鄞县县政府过去的工作及将来拟办的纲领报告》等。(浙图　国图)

【0151D】鄞县第四次县行政会议专刊　鄞县县政府秘书处编

宁波:鄞县县政府,1931年,82页,16开,有图像及表。

本书收开幕词、会员名单、会议记录及陈宝麟《报告过去工作及将来拟办纲领》等。(浙图　国图)

【0152D】鄞县第五次县行政会议专刊　鄞县县政府编

宁波:鄞县县政府,1932年,74页,16开,有图像及表。

本书收开幕词、会议记录、工作报告等。（浙图　国图）

【0153D】鄞县服务团手册　鄞县服务团理事会编

宁波:鄞县服务团,民国间,1册。

本书含《蒋委员长告同胞书》（节录）、《理事会工作报告》、《火警维持队工作报告》、《卫生队工作报告》、《宣传队工作报告》、《民众教育社工作报告》、《领用公用车照之团员姓名及车照号数列》、《鄞县服务团章程》、《鄞县服务团团员一览》、《义勇军收支细账》等内容。封面有发刊词。（甬图）

【0154D】鄞县妇女协会年刊　鄞县妇女协会编

宁波:鄞县妇女协会,1930年。（浙图）

【0155D】鄞县概况　周克任编著

宁波:三一出版社,1948年,84页。

本书分为总类、舆地、人物、政教、物产、实业6部分。有马涯民叙、周克任后记。（浙图　CADAL）

【0156D】鄞县教育机关一览　鄞县县政府编

宁波:鄞县县政府,1936年,70页,16开。（中山图）

【0157D】鄞县区村里编制概览　鄞县县政府编

宁波:鄞县县政府,1930年,25页。（浙图）

【0158D】鄞县三十六年度地籍整理实施计划经费概算书

1947年。（浙图）

【0159D】鄞县县政府工作报告（三十五年下半年度）　鄞县县政府编

宁波:鄞县县政府,1947年。

本书包含一般行政、民政（警政）、财政、教育、建设、田赋、军事、社会、地政、卫生、会计、统计、人事等13个方面内容。（甬图）

【0160D】鄞县县政府战时流动施教团工作报告　鄞县县政府编

宁波:鄞县县政府,1938年。（浙图）

【0161D】鄞县治虫委员会十八年工作年报

宁波:鄞县治虫委员会,1929年,1册。（浙图）

【0162D】鄞县壮丁干部人员暨乡镇公所事务员训练教材辑要　戚静之等著

1936年出版,地方干部培训教材。（浙图）

【0163D】余姚各镇花庄调查一览　浙江省立棉业改良场编

　　杭州:浙江省立棉业改良场,民国间。(浙图)

【0164D】余姚黄山附子两湖定案录　张宝琛等编

　　1923年石印本,1册,有图。

　　本书收录记废湖垦田之争议。(国图)

【0165D】余姚县议会议决案民国十一年至十三年通常临时会议议决案　余姚县议会编

　　宁波:余姚县议会,1924年,线装。(上图)

【0166D】余姚县政府清丈处工作概况　余姚县政府清丈处编

　　宁波:余姚县政府,1936年。(浙图)

【0167D】余姚县政府县政汇编　苗启平编

　　宁波:余姚县政府,1931年,400页,16开,有图像及表。

　　本书为余姚县县长苗启平任职三年的工作报告。

　　苗启平(1895—1958),字允青,江苏睢宁人。著有《余姚县政汇编》《遇难记》《苗氏人物考》等。(浙图　上图)

【0168D】远东民族革命问题　王任叔著

　　香港:南海出版社,1948年,95页,36开。(社会科学小丛书)

　　本书共5章,依次为战前远东各民族地位、殖民地土地问题、远东民族反异族压迫斗争、战后远东民族运动的一般情况、远东民族革命的性质及其他。(浙图　国图　中山图　读秀　CADAL)

【0169D】浙江警察志略　丁耀南著

　　宁波:宁波警察月刊社,1947年10月,18页,32开。

　　本书介绍浙江警察的编制、教育、任用、待遇等。(浙图　国图　上图)

【0170D】浙江省慈溪县二十七年度县地方岁入出总决算书

　　宁波:1938年,1册,油印本,线装。(上图)

【0171D】浙江省慈溪县临时参议会第二次大会会刊　慈溪县临时参议会秘书处编

　　宁波:慈溪县临时参议会,1945年。(浙图)

【0172D】浙江省宁海县参议会第一届第三次大会会刊　宁海县参议会编

宁波:宁海县参议会,1946 年,1 册,油印本。(浙图)

【0173D】浙江省余姚县二十九年度县地方概算

宁波:余姚县政府,1940 年,1 册,油印本,线装。(上图)

【0174D】浙江省政府浙东行署三十三年度四五六月份工作摘要　浙江省政
　　　府浙东行署编

宁波:浙江省政府浙东行署,1944 年。(浙图)

【0175D】镇海东西管修浚中大河工程始末记一卷　周汝盘辑

宁波:1925 年,铅印本,线装(上图)。

【0176D】镇海县参议会第一届第一次大会会刊　镇海县参议会编

宁波:镇海县参议会,1946 年。(浙图)

【0177D】镇海县议会民国元年份议决案　镇海县议会编

宁波:镇海县议会,1912 年,线装。(上图)

【0178D】镇海政务汇报　镇海县政府编

宁波:镇海县政府,1948 年。

本书纪录民国三十六年八月三十一日至十二月底的镇海政务。(浙图)

【0179D】中国法制史　陈汉章编

民国间,3 册,铅印本,线装。(国图　上图)

【0180D】中国国民党浙江省鄞县第五次全县代表大会会议录及决议案执行
　　　经过情形　鄞县执行委员会编

宁波:鄞县执行委员会,1932 年。(浙图)

【0181D】中国近代外交概要　王正廷著

南京:外交研究社,1928 年,226 页,32 开。

本书共 4 章,记述自 1557 年葡萄牙占领澳门至 20 世纪 20 年代中国收
回租界期间的中国近代外交史。附国际条约一览表。(浙图　国图　上图
CADAL)

【0182D】中国矿法要义　翁文灏著

著者刊,1921 年,78 页,20 开。

本书内分总论、矿业权、矿质及矿区等 3 章。

翁文灏(1889—1971),谱名存璋,字咏霓,鄞县人,中国早期的最著名

地质学家。著有《中国矿产志略》《中国地史浅说》《甘肃地震考》《地震浅说》《地质学讲义》等。（国图　南图　中山图　中科院图　CADAL）

【0183D】中国制宪史　**吴经熊**、黄公觉著

上海：商务印书馆，1937 年 1 月，1047 页（2 册），32 开，有图表。

本书分已往的制宪运动、立法院议宪、附录等篇，书前冠著者序，附录有总理遗教中关于宪法问题摘要等。（浙大图　国图　上图　读秀）

【0184D】中华民国六法理由判解汇编　**吴经熊**编

上海：会文堂新记书局，1937 年，6 册。

本书为作者对郭卫、周定枚编《六法理由判解汇编》加以审定及补充后而成。（浙图　读秀　CADAL）

【0185D】（增订）中华民国六法理由判解汇编　**吴经熊**编，郭卫增订

上海：会文堂新记书局，1947 年，6 册。

本书分 6 册，汇编国民政府、司法院、司法行政部当时施行有效的法令及判解理由，以六法为主。（国图　CADAL）

【0186D】中华民国训政时期约法释义　**吴经熊**、金鸣盛著

上海：上海法政学编译社，1936 年 9 月，242 页，有表及图解。（现行法律释义丛书）

本书对 1913 年 6 月 1 日公布的《训政时期约法》逐条释义，包括总纲、人民之权利义务、训政纲领、国民生计和国民教育等。（浙师大图　国图　上图　CADAL）

【0187D】中华民律债权私论　范贤方著

宁波：四明编辑社，1917 年。（中山图）

【0188D】重编宋元学案八十八卷　**陈训慈**、李心庄编

南京：正中书局，1947 年，4 册，线装。

本书对《宋元学案》加以删节并标点。书前有陈立夫《重编宋元明清四朝学案序》《重编宋元明清四朝学案凡例》《重编宋元学案导言》，书末附载何凌汉原序、王梓材识语、冯云濠识语。

陈训慈（1901—1991），字叔谅，慈溪官桥人。我国著名史学家，著有《世界大战史》《五卅事件》《清代浙东之史学》《浙江图书馆小史》《甲午战争历史教训》，与人合著《万斯同年谱》等。（浙图　温图　复旦图　读秀

CADAL）

【0189D】最新区、街、村自治法二编 胡行之编述

上海：新学会社，1928 年，1 册，58 页。

本书上编为自治理论，下编为浙江省村里制条文。（浙图 国图）

【0190D】宁波佛教孤儿院报告册第 14 册 宁波佛教孤儿院编

宁波：宁波佛教孤儿院，1931 年，214 页，16 开。

本书包括绪言、沿革、教育信条、行政原则、组织大纲、现行章则，会议摘要等 17 部分。（读秀）

【0191D】四明孤儿院十六期报告册 四明孤儿院教职员编

宁波：四明孤儿院，1936 年，79 页。

本书分章则、人名、经费等 4 部分内容。（读秀）

【0192D】女童院第四期报告册 四明孤儿院教职员编

宁波：四明孤儿院，民国间，1 册，有照片。（津图）

【0193D】鄞县区乡镇编制概览 鄞县县政府编

宁波：鄞县县政府，1932 年，61 页，16 开。（浙图）

【0194D】近代政治思想史 ［美］格特尔（R. G. Gettell）著，陆国香、**冯和法**译

上海：黎明书局，1930 年，480 页，24 开。

本书译自著者《History of Political Thought》中第 15 章至第 31 章。叙述自孟德斯鸠、卢梭政治思想到无产阶级政治思想上。（浙图 国图 浙大图 读秀）

【0195D】商业法规辑要 周伯棣编

上海：中华书局，1935 年 11 月，440 页，32 开。

本书分一般商业法规、金融货币法规 2 编。

周伯棣（1901—1982）．又名白棣，余姚人。著有《国际经济概论》《经济学概论》《中国货币史纲》《租税论》《中国财政史》《财政思想史稿》及译作多种。（浙图 国图 上图）

【0196D】伟大的西北 蒋经国著

成都：天地出版社，1943 年，112 页，32 开。（大西北丛书）

本书分从重庆飞到成都，洛阳牡丹甲天下，行进在中国的走廊，雄壮的

嘉峪关,到敦煌去等 14 部分。(南图　人大图　读秀　CADAL)

【0197D】中华民国训政时期约法　阮毅成编著

上海:商务印书馆,1935 年 10 月,83 页,32 开。(实用法律丛书)

本书分除叙述约法的史实、特性等外,概论《训政时期约法》的内容,包括训政纲领、生计教育、均权制度、政府组织、约法保障等 9 章。

阮毅成(1904—1988),字静生,号思宁,学名冠华,余姚临山人。著有《政言》《国际私法》《中国亲属法概论》《法语》等。(国图　CADAL)

【0198D】北京犯罪之社会分析　严景耀著

北京:燕京大学社会学系,1928 年,45 页,有表。

本书分绪论、犯罪的量数、犯罪的分类、累犯、犯人的年岁与种族、犯罪的地点与犯人的住所、犯罪的原因、犯罪的责任与损失、救济与预防的方法等 9 部分。

严景耀(1905—1976),余姚人。中国著名社会学家、犯罪学家、社会活动家。著有《北京犯罪之社会分析》《中国监狱问题》《犯罪书目》《北平监狱教诲与教育》《中国的犯罪问题与社会变迁的关系》《原始社会中的犯罪与刑罚》《新中国怎样改造了犯人》等。(北大图　上社院图　读秀)

【0199D】国际公法之将来　[德]奥本海(Oppenheim)著,**陈宗熙译**

上海:泰东图书局,1928 年,100 页,32 开。

本书共 6 部分,论述国际公法的过去和将来、国际社会组织、国际私法的实行、国际公法学,并倡议建立一种公正的国际公法学。(浙图　北大图　上社院图　CADAL)

【0200D】浙江省各县市政府廿四年度行政计划会刊　浙江省政府秘书处编

浙江:编者刊,1936 年 1 月,298 页,16 开。(浙江省政府公报副刊第 4 编)

本书记述鄞县行政督察区行政计划。书口书名题"浙江省各县市政府二十四年度行政汇刊第三编"。(上图)

【0201D】动荡中的欧洲　[美]路易·斐雪著,**宾符译**

上海:生活书店,1936 年 12 月,139 页,32 开。(世界知识丛书)

本书共 12 篇。有金仲华序。

冯宾符(1915—1966),原名贞用,字仲足,后以别号宾符行,笔名殷宇、艾纳,慈溪孝中镇人。冯开次子。译有《战后苏联印象记》《动荡中的欧洲》《世界政治》(合译)等。(浙图　南图　读秀　CADAL)

【0202D】中国抗战与国际情势 宾符著

上海：光明书局，1937年12月，61页，36开。（民族解放丛书）

本书分7章，阐述抗战以来的国际形势、中国对外关系等问题。（浙图 国图 上图 南图）

【0203D】中俄关系述略 陈登元著

上海：商务印书馆，1926年9月，187页，32开，有表。（新智识丛书）

本书简述自1237年（元太宗九年）至1925年间的中苏关系，侧重于近、现代，共7章。卷首有中俄关系大事表（1237—1925）。（浙图 国图 上图 南图 读秀 CADAL）

【0204D】中国抗战与美国 宾符著

上海：一般书店，1938年2月，44页，36开。（抗战国际知识汇编）

本书评述美国与远东的关系，1931—1932年美国远东政策，抗战爆发后美国远东政策的变化，中国抗战与美国的关系等。（国图 上图 南图）

【0205D】世界新形势 宾符等著

上海：世界知识社，1947年4月，94页，24开，有图。（世界报道丛刊）

本书收录宾符《世界新形势》等文8篇，有编者赘语，附参考资料。（国图 上图 读秀 CADAL）

【0206D】总理学说之研究 汪焕章、周焕著

宁波：宁波市立商科职业学校出版部，1931年，54页。

本书分5章论述孙中山的知难行易说。（北师大图）

【0207D】我的生活 蒋经国著

上海：前锋出版社，1947年，85页，32开。

本书内收《我们所希望的新中国》《革命工作与革命干部》《新事业！新任务！》等文3篇。附辑《光荣的死》。（上图）

【0208D】双十纪念特刊 中国国民党浙江省党务指导委员会特设镇海县临时登记处编

宁波：编者刊，1928年10月，90页，16开，有图像。

本书分颂词、特载、论著、选载、附录、编余征信录等8部分。（浙图 国图）

【0209D】外人眼中的中日战争 宾符等译

武汉：生活书店，1938年4月，66页，36开。（世界知识战时丛刊）

本书内收《中国怎样取得胜利》[美]M. S. Stewart 著,宾符译)等文 7 篇。(浙图　国图　读秀　CADAL)

【0210D】最后胜利论　李时森著

宁波:最后胜利社,1937 年 10 月,182 页,36 开。

本书论述有关抗战的具体问题,如:战斗力、陆海空军、武器、经济、政治、外交等。原名《无限抵抗力与侵略》。(国图　上图)

【0211D】抗战建国进展图　许良舜编

宁波:浙江省立宁波民众教育馆,1939 年,30 页,16 开。(战时民众教育辅导刊物)

本书收图 13 幅配以文字说明,介绍各战场局势,外国在华利益及世界政治形势。浙江省立宁波民众教育馆于 1936 年 7 月设立,馆址在石浦城隍庙,馆长王宁适。(上图)

【0212D】革新政治实施法　胡行之编

上海:新学会社,1929 年 4 月,2 册,32 开。

本书据内政部编印的各种小册子选辑而成,分上、下两编。(南图　上图　厦大图　CADAL)

【0213D】科学与社会主义　卢于道著

上海:民本出版公司,1948 年 7 月,15 页,32 开。

本书分从民主与科学说起、培根主义、新旧培根主义、旧中国新蓝图等 5 节。

卢于道(1906—1985),鄞县人。中国解剖学家,开拓了中国近现代神经解剖学领域。著有《神经解剖学》《自然辩证法》《西洋哲学史》《活的身体》《科学概念》《脑的进化》等。(上图)

【0214D】德国问题内幕　[英]J. Winternitz 著,**宾符译**

上海:世界知识社,1948 年 1 月,43 页 50 开,有图。(世界知识小丛书)

本书介绍第二次世界大战后德国英美占领区的概况,以及战后德国问题。(浙图　国图　上图　读秀　CADAL)

【0215D】世界政治　[英]杜德著,张弼、邵宗汉、**宾符**合译

上海:生活书店,1937 年 1 月,503 页,32 开。(世界知识丛书)

本书分 9 章,概述世界新形势及世界政治问题,资本主义世界经济新兴

的矛盾,世界新分割问题,苏联与世界,世界组织的未来等。(国图　上图
读秀　CADAL)

【0216D】论共产主义　谢幻伟、**翁文灏**、章巽、**张其昀**著

上海:华夏图书出版公司,1948年6月初版,20页,32开。(现代文库)

本书内收《美国及苏联两种政治思想的冲突》(翁文灏)、《史汀生论美
苏关系》(张其昀)等4篇论文。(上图　复旦图　读秀　CADAL)

【0217D】翁院长施政方针报告:记录稿　翁文灏著

南京:行政院,1948年,12页,16开。(南图　国图)

【0218D】鄞县参议会第一届第五、六两次大会会刊　鄞县参议会秘书室编

宁波:鄞县参议会,1948年,198页,16开。

本书收演词、会议记录、报告与询问、决议案、计划与预算、县政检讨会
记录等。(上图)

【0219D】鄞县参议会第一届第三次大会会刊　鄞县参议会秘书室编

宁波:鄞县参议会,1947年,118页,16开。

本书收宣言、演词、会议记录、决议案、计划及预算等。(上图)

【0220D】中国国民党浙江省鄞县执行委员会组织部工作报告(第1期)　中
国国民党浙江省鄞县执行委员会编

宁波:中国国民党浙江省鄞县执行委员会,1929年,130页,16开。

本书收统计表、文件、法规等,为1929年3月至7月工作报告。(上图)

【0221D】宁波旅沪同乡会救济被难同乡征信录　宁波旅沪同乡会编

上海:宁波旅沪同乡会,1938年,200页,25开。

本书为救济"八一三"战难同乡的征信录。(读秀)

【0222D】宁波旅沪同乡会劝募甬属平粜捐款委员会征信录　宁波旅沪同乡
会编

上海:宁波旅沪同乡会,1941年,96页,25开。

本书分组织章程、委员一览、捐款汇录、办理经过情形、收支报告等7部
分内容。(读秀)

【0223D】宁波市政府法规汇编　宁波市政府编辑委员会编

宁波:宁波市政府秘书处,1928年,360页,32开。

本书收宁波地方政府法规80余种。(厦图)

【0224D】宁波市政府二周纪念特刊　宁波市政府二周纪念会宣传部编辑

宁波：宁波市政府二周纪念会，1929 年 7 月。

本书分发刊词、宁波市政府略史、宁波市政府最近一年来之工作、二周纪念筹备经过等 4 部分内容。有市长罗惠侨像。（CADAL）

【0225D】宁波光复记　范贤方述

本书分光复前之宁波、光复时之宁波、光复后之宁波等 3 部分内容，民国版，14 页。（天一阁　CADAL）

【0226D】浙江余姚地区清乡办事处总报告　伪浙江省余姚地区清乡办事处秘书室编

宁波：伪浙江省余姚地区清乡办事处秘书室，1943 年 10 月，112 页，16 开。

本书分保甲、治安、封锁、盐务、建设、财政、教育、政工、总务、法规、工作简要报告、大事记、重要文献等 13 项。（国图）

【0227D】镇海县战时政治工作队成立周年纪念特刊　镇海县战时政治工作队编

宁波：镇海县战时政治工作队，1939 年，34 页，16 开。

本书收《本队成立周年纪念告同志》《检讨政工队过去一年的工作》《政工人员当前应有的认识和努力》等文 22 篇。（国图）

【0228D】镇海各界第二次举行拒毒运动大会报告书　镇海各界第二次拒毒运动大会编

宁波：镇海各界第二次拒毒运动大会，1930 年，28 页，32 开。

本书收有镇海各界第二次拒毒运动宣言、会议报告、会议记录、收支经费报告等。（读秀）

【0229D】奉化县政概况　奉化县政府秘书处编

宁波：奉化县政府秘书处，1929 年，110 页，18 开。

本书收录有关章则、政治工作报告及计划等。（上图）

【0230D】新社会的知识份子　［俄］柯伐列夫著，**樊英译**

上海：上海杂志公司，1949 年，78 页。（现实小丛书）

本书共 5 章，分为资本主义社会的知识份子、社会主义革命和知识份子、建立社会主义知识份子的斗争、苏联知识份子的面貌、战后苏联知识份

子的任务。（浙大图　上社院图　读秀）

【0231D】知识份子在苏联　〔苏〕S. 柯伐列夫著，**樊英译**

上京：中外出版社，1949 年 5 月，46 页，42 开。

本书分资本主义社会的知识份子、社会主义革命和旧知识份子、建立社会主义知识份子的斗争、苏联知识份子的面貌等 4 章。（国图　北大图　读秀　CADAL）

【0232D】苏联的妇女　〔苏〕卜波娃等著，**樊英、方梅译**

上海：时代书报出版社，1948 年 3 月，44 页。

本书分苏联的妇女、苏维埃民主与妇女、苏联对妇女劳动的保护、劳动妇女从社会保险中获得什么利益、苏联职工会对女工和女职员的关注等 5 章。（浙大图　北大图　上社院图　读秀　CADAL）

【0233D】矿业法草案　虞和寅拟

南京：农矿部，1928 年，28 页，16 开。

本书内收草案大纲、苣案全文。附录"与胡院长论矿业宜国家与人民并营书"。

虞和寅（1884—?），镇海人。著名学者、翻译家，中国地质学会的早期会员。曾编辑《博物学教科书》，著有《抚顺煤矿报告》《临榆柳江煤矿报告》《本溪湖煤铁公司报告》《锦西大窑沟煤矿报告》等，译有《普通教育动物学教科书》《近世化学教科书》等。（国图）

【0234D】保卫慈溪　慈溪笫二施教团编

宁波：慈溪第二施教团，1938 年。（慈溪党史办公室）

【0235D】救国金针　徐翰巨著

上海：唤群书报社，1921 年 10 月，180 页，32 开。

本书阐述制宪统一，回复自治，裁汰冗兵，振兴实业，普及教育等问题。

徐翰臣，鄞县人。曾任唤群书报社主任，著有《救国金针》《教学新范类编》等。（浙图　上图　中科院图　读秀　CADAL）

【0236D】国际通史　〔日〕旺中九一著，**陈叔时译**

上海：光华书局，1930 年，107 页，大 32 开，有表。

本书分科学的社会主义者同盟、第一国际、第二国际、第三国际、第二国际之再建、莫斯科与阿姆斯特、产业别国际、革命的辛狄开国际等 10 章。

陈叔时(1909—1978),名训惠,以字行,慈溪县西乡官桥(今属余姚市)人。民国时期外交官。陈布雷七弟。曾与王闻识等人共同创办《战时生活》杂志。(国图　上图　复旦图　读秀　CADAL)

【0237D】王正廷近言录　吴天放编辑

上海:现代书局,1933年,189页,23开,有图像。

本书选编王正廷1928—1931年期间的讲话21篇。书前有王儒堂(王正廷)小传,附莫等闲馆随笔30余则。(浙图　国图　上社院图　中科院图 CADAL)

【0238D】苏联的检察制度　[俄]高尔谢宁撰,**陈汉章译**

上海:新华书店,1949年,119页。(新法学参考丛书)

本书分资本主义各国与革命前俄国的检察机关、无产阶级革命与革命法制的保护、苏联检察机关的建立、苏联检察机关的组织等6章。

(北大图　上社院图　中山图　CADAL)

【0239D】美国棉业法规(振兴中国棉业之借镜)　叶元鼎等译

上海:工商部上海商品检验局,1930年11月,167页。(工商部上海商品检验局丛刊)

本书内收美国棉花标准法、依美国棉花标准制定之规程、美国棉花期货法等7种法规。

叶元鼎(1891—?),字铸侯,镇海人。著有《棉作病虫害学》《棉作品种试验》等。(国图　上图　读秀)

【0240D】今年的灾荒　冯和法编

上海:生活书店1933年,78页,42开。(时事问题丛刊)

本书分灾荒的社会意义、近年灾荒的趋势、1933年灾荒的分析、灾荒的一般成因及作用等4节。(浙图　浙大图　国图　CADAL)

【0241D】国际问题辞汇　杨历樵、**蒋荫恩**编译

长沙:商务印书馆,1941年,358页,32开。

本书收500余词条,按英语字母顺序排列。内容主要依据1939年12月出版的《企鹅丛书》中泰穆尔所著《最新国际知识词典》,经编译者增订补充而成。

蒋荫恩,慈溪人。1935年毕业于燕京大学新闻系,著《国际问题词汇》。(浙大图　复旦图　北大图　CADAL)

【0242D】苏联社会和国家制度 ［苏］卡尔宾斯基著,草婴译

上海:时代书报出版社,1948 年,99 页,32 开。

本书介绍苏联社会、政治制度、公民的权利与义务等。(浙大图 上社院图 中山图 读秀 CADAL)

【0243D】欧美员吏制度 **龚祥瑞、楼邦彦著**

上海:世界书局,1934 年 4 月,287 页。(世界政治学丛书)

本书分 4 编介绍英国、法国、德国、美国的员吏制度,含各国员吏制度的沿革、管理机关、任用与考试、员吏的生活保障、员吏的组织等内容。附录考试院组织法、考试法等。

龚祥瑞(1911—1997),宁波人。著名法学家、宪政学者。著有《欧美员吏制度》《英国政府行政机构和文官制度》《文官制度》《监察制度》《外国比较宪法》等。

楼邦彦(1912—1979),笔名硕人,鄞县人。专于行政法和宪法。著有《中华人民共和国宪法基本知识》《不列颠自治领》《法兰西共和国地方政府》等。(浙图 国图 浙六图 读秀 CADAL)

【0244D】不列颠自治领 **楼邦彦著**

重庆:商务印书馆,1944 年,95 页,36 开。

本书共 6 章。附录梅里奥特:不列颠帝国与联合国之发展(书评),李考克:不列颠帝国(书评)。(浙图 复旦图 上社院图 读秀 CADAL)

【0245D】各国地方政治制度(法兰西篇) **楼邦彦编著**

重庆:正中书局,1942 年,94 页,24 开。

本书共 9 章,分别为发展、法律地位、地方行政组织:议事机关、地方行政组织:执行机关、地方行政组织:联合机关、地方预算、中央控制、法院与地方政府、巴黎政府。(浙图 复旦图 上社院图 中科院图 读秀 CADAL)

【0246D】南斯拉夫新宪典 **楼邦彦著**

北京:北京大学出版社,1948 年,25 页。(国立北京大学五十周年纪念论文集)(北大图)

【0247D】世界法西斯运动 **祝百英编**

上海:中华书局,1934 年,104 页,32 开。(国际丛书)

本书介绍法西斯主义的概念、特点、国家观,以及意、德、奥、日、美等国

的法西斯活动状况。

祝百英(1902—1990),原名祝延璋,鄞县人。历史学家、经济学家。著有《社会科学讲话》《世界法西斯运动》《经济核算制纲要》《哲学与社会科学》《伦敦会议的悲剧》等;译有《两种制度》《苏联银行学》《厂内经济核算》《工业生产财务计划》《如何制定工资与保护劳动》《如何建立工厂会计统计与业务分析》等。(复旦图　中山图　中科院图　读秀)

【0248D】政治常识与社会问题　祝百英等著

丰城:丰城县政府第三科,1938年,61页,32开。(丰城保学研究丛刊)

本书内收《政治常识》《国际政治经济之研究》《社会问题概论》等文5篇。(国图　北大图　复旦图)

【0249D】社会科学讲话　祝百英著

上海:开明书店,1933年12月。(开明青年丛书)

本书共10讲,分别为哲学与社会科学、社会学入门、经济学纲要、社会简史、社会思想述要、经济思想短史、社会问题概论、政治常识、国际政治经济之研究、中国经济问题。(北师大图　CADAL)

【0250D】新民主与世界政治改造　张明养著

重庆:建国书店,1945年,126页,32开。(国际问题研究丛书)

本书介绍当时世界政治的主流及新民主的内容,阐述国际政治中的民主、民族、殖民地、外交以及日本改造等问题。

张明养(1906—1991),宁海人。著有《国际裁军问题》《国际政治讲话》《现代外交的基本知识》等。(南图　苏大图　中科院图　人大图　CADAL)

【0251D】国际政治讲话　张明养著

上海:开明书店1935年,177页,28开。(开明青年丛书)

本书分国际学与国际政治、战前国际政治的演进等10讲。(浙图　南图　国图　复旦图　读秀　CADAL)

【0252D】中国亲属法原理　吴岐著

上海:中国文化服务社,1947年,265页,25开。(大学文库)

本书研究中国受宗法影响的亲属生活,究其发展演变之原,明其根本。

吴岐(1894—1957),又名崇岐,奉化人。1925年毕业于日本东京帝国大学。从事劳动法、债法及财政法令等课程教学。(浙大图　国图　上社院

图　中科院图　CADAL）

【0253D】国际裁军问题　张明养编

上海：中华书局，1934 年 9 月，182 页。（国际丛书）

本书共 9 章，分别为现世界的武装形势、裁军问题的发生、裁军问题中的主要争执、历史上的裁军运动、海军裁减问题、国际联盟的裁军工作、裁军公约草案的分析、第一次国际裁军大会、最后阶段中之裁军会议。（浙图　浙大图　国图　读秀　CADAL）

【0254D】战后远东国际关系　张明养著

上海：新中出版社，1945 年 6 月，46 页。（国际知识小丛书第二种）

本书共 7 章，分别为世界大战与远东国际关系、远东国际关系的回顾、中国的新生与壮大、殖民地的独立解放、帝国主义日本的灭亡、各国势力比重的变化、中国的外交政策。（南图　复旦图　北大图　读秀　CADAL）

【0255D】中国之命运　蒋介石著

重庆：正中书局，1945 年，223 页，32 开。

本书分中华民族的成长与发达、国耻的由来与革命的起源、不平等条约影响之深刻化、由北伐到抗战、平等新约的内容与今后建国工作之重心、革命建国的根本问题、中国革命建国的动脉及其命运决定的关头、中国的命运与世界的前途等 8 章。（浙图　中山图　北大图　读秀　CADAL）

【0256D】论民族民主革命（论民主革命）　吴亮平著

香港：鸡鸣书店，1941 年 3 月，465 页，32 开。

本书共 6 章，论述资产阶级革命的社会经济内容及类型，无产阶级在资产阶级民主革命中的方针，民主共和国及革命转变等问题。（国图　浙图　浙大图　南图　读秀　CADAL）

【0257D】社会主义史　吴黎平著

上海：南强书店，1933 年，569 页，32 开。（新兴社会科学丛书）

本书分什么是社会主义、从古代到 15 世纪、从汤麦司摩尔到马克思、科学社会主义、帝国主义时代的马克思主义、现代世界各种所谓"社会主义"思想述评等 8 章。（浙图　浙大图　南图　上社院图　读秀　CADAL）

【0258D】中国政制论　楼柯孙、张明养著

上海：商务印书馆，1933 年，90 页。（东方文库续编）

本书收《中国最近之政制问题》《民国二十年来政治组织的演进》等文。（南图　浙大图　上社院图　CADAL）

【0259D】警察行政之理论与实际　李士珍著

上海：中华警察学术研究社，1948年1月，196页。

本书共11章，分别为概论、中国警察制度之沿革、中央警察机构、地方警察机构之调整、警察教育之展望、确立警察人事制度、确立警察勤务制度、警察与户口调查、警察经费、警察福利事业之兴办、建警有关重要问题之简述。

李士珍（1896—1997），别字梦周，宁海人。新中国成立前曾任内政部高等警官学校简任校长，三民主义青年团中央常务监事，中央警官学校校长。著《现代各国警察》《战时警察业务》《警察行政研究》《警察精神教育》等。（浙图　复旦图　读秀　CADAL）

【0260D】格别鸟之秘密　［苏］阿萨伯原著，李士珍主编

南京：南京拔提书店，1937年4月，104页。

本书分讫卡之起源、讫卡之组织、暗牢和囚徒、讫卡的意义等12章。（浙图　读秀）

【0261D】现代各国警察　李士珍著

南京：拔提书店，1937年，470页。

本书介绍德、奥、意、法、英、美、日、俄各国警察概况及中国警政问题。（浙图　国图　浙大图　读秀　CADAL）

【0262D】怎样办理警卫　李士珍编著

重庆：正中书局，1941年，70页，32开。（宪政小丛书）

本书共7章，分别为警卫之意义、过去警卫之检讨、目前警卫失效之客观分析、未来警卫之改善、警卫工作实施主要的对象、警卫力量之强化与扩大、结论。（浙图　苏大图　人大图　CADAL）

【0263D】中国警察行政之检讨与改进　李士珍著

中央警官学校，民国间，38页，36开。（中央警官学校警政高等研究班研究小丛书）

本书分9部分，讨论建警方针及警察组织、职权、人事、教育、经费、装备、勤务等问题。（南图　中山图）

【0264D】有关建警计划备忘录　李士珍编

南京:中央警官学校编审处,1945 年,72 页,32 开。(读秀)

【0265D】警章　警察法令　李士珍著

中央训练团党政训练班,1939 年,40 页,36 开。

本书为中央训练团党政训练班第 5 期讲演录,分警察概况、警察法令渊源与种类、制定警章注意事项、警察法令的实施等 5 部分。(南图　吉林图　中山图)

【0266D】建警不容再缓、建立新警察的具体意见　李士珍著

出版地、出版者不详,1943 年,20 页,50 开。(读秀)

【0267D】抗战建国期间整理全国警政意见　李士珍拟定

著者刊,1939 年,20 页,50 开。

本书共 5 节,分别为整理战区警政、整理接近战区警政、整理后方警政、加强警察机构、战后义勇军游击队之编遣。(南图)

【0268D】警察行政研究　李士珍著

重庆:商务印书馆,1942 年,167 页,36 开。

本书分中国警察制度之沿革、中央警察机构之调整、地方警察机构之调整、警察教育之展望、确立警察人事制度、确立警察勤务制度、警察与户口调查、警察经费、警察福利事业之兴办等 11 章。附《警察基本方法的运用》及《重庆市警察局警保联系办法》。(南图　复旦图　中山图　CADAL)

【0269D】县政及警卫问题参考材料　李士珍编

中央训练团,1943 年,46 页,32 开。

本书分各级警察机关编制纲要、战区警察处理大纲、战时人民武装团体设置与运用实施办法摘录、警察定义等 21 项内容。(黑龙江图)

【0270D】(增订)警察服务须知　李士珍主编,中央警官学校研究部增订

上海:中央警官学校研究部,1946 年,244 页,64 开。

附录:行政执行法,违警罚法,警长警士服务规程。(南图　中山图)

【0271D】中正亭附近枪杀案办理经过报告书　李士珍等著,中央警官学校编

重庆:中央警官学校,1939 年,60 页,32 开。

本书包括演习讲评纪要,刑事联合演习计划,以及有关演习报告等。

（CADAL）

【0272D】我国警政问题之检讨与改进 李士珍讲，中央训练团党政训练班编

中央训练团党政训练班，民国间，32 页，32 开。

本书分 8 部分，讲述建警方针，警察机构，以及警察的人事、教育、经费、装备、勤务等。（津图）

【0273D】战时警察业务 李士珍著

长沙：商务印书馆，1938 年，421 页。

本书共 5 篇，分别为战时警察之组织与训练、战时警察之一般业务、战时警察之警卫与警备、战时警察之清查与统制、战时警察之防间与除奸。有著者自序及蒋作宾作序。（南图 CADAL）

【0274D】美国谍报研究部 李士珍主编，中央警官学校编译室译

南京：拔提书店，1937 年，176 页。

本书介绍美国谍报研究部的组织过程、工作概况、业务技术等。（CADAL）

【0275D】时事瞭望台 宾符等著

出版地、出版者不详，1937 年，有照片。（浙图）

【0276D】现代国际关系 ［英］卡尔（E. H. Carr）著，**黄正铭**编译

重庆：青年书店，1940 年 10 月，274 页。

本书分 4 编，分别为实施时期（1920—1924）、绥靖时期（1924—1930）、恐慌时期（1930—1933）、德意志的再起（1933—1936），附《国际联盟规约》《国际大事年表》。

黄正铭（1901—1975），字君白，宁海人。著有《国际公法》《政治经济学》《中国外交史》《中国外交史论》《战时国际公法》等。（浙图 复旦图 中科院图 中山图 读秀）

【0277D】中日战争中几个国际法问题 黄正铭著

上海：独立出版社，1940 年，61 页，32 开。

本书共 8 篇，包括中日绝交及宣战问题、空中的战争权利、战时间谍、化学战争与国际法，以及美国新中立案与中立问题等。（中山图 苏大图 CADAL）

【0278D】中国战时法规概述　阮毅成著

重庆:青年书店,1938 年 8 月,218 页,32 开。

本书分为战时立法最高原则、战时的纪律赏罚、战时的国民义务、战时的金融立法、战时农矿工商及交通的统制、战时的犯罪行等 6 部分内容。(国图　上图　读秀　CADAL)

【0279D】法语　阮毅成著

上海:商务印书馆,1940 年,164 页,25 开。

本书择录著者历年从事司法工作及法学研究中有代表性又较有深意的文章片断,作为对法学综合研究的成果,共 7 部分。(浙图　读秀)

【0280D】陪审制度　阮毅成编著

上海:世界法政学社,1933 年 8 月,173 页,25 开。(世界法学丛书)

本书分序论和本论,以日人武田宣英所著《日本陪审法论》为基础,参考各国有关法制及本国法令编成。(浙图　浙大图　国图　上图　读秀　CADAL)

【0281D】国际私法论　阮毅成著

长沙:商务印书馆,1938 年 7 月,110 页,25 开。

本书共 2 编。第 1 编概述国际私法的定义、渊源、涉外的民事法律关系、国际的法律冲突等;第 2 编分外国法律的选择、移送、公共秩序、窃法舞弊、既得权的尊重等 7 章。(国图　上图　浙大图　读秀　CADAL)

【0282D】国际私法　阮毅成编著

上海:世界书局,1933 年,300 页,25 开。(世界法学丛书)

本书为国际私法总论,不包括各论。(浙图　国图　人大图　读秀　CADAL)

【0283D】地方自治与保甲制度　阮毅成等执笔

上海:独立出版社,1939 年 7 月,48 页,32 开。(战时综合丛书)

本书分 7 章,附《最近公布修正保甲条例》及讨论大纲。(中山图　中大图　吉林图　读秀)

【0284D】战时法律常识　阮毅成著,艺文研究会编辑

长沙:艺文研究会,1938 年 7 月,191 页。(艺文丛书)

本书分引言、动员人力、动员物力、动员财力、动员智力、纪律赏罚、惩

治汉奸、结论等 8 部分。(上社院图　中山图　中科院图　读秀)

【0285D】政法论丛　阮毅成著

南京:时代公论社,1932 年 8 月,150 页,23 开。(时代公论社丛刊)

本书辑录著者 1931 年年底前的政法论文 12 篇。(浙图　浙大图　复旦图　CADAL)

【0286D】毅成论法选集　阮毅成编著

南京:正中书局,1936 年,192 页,32 开。

本书收著者 1935 年间的法律论著 10 篇。后附著者对法学书籍评论文章 5 篇及著者存目等。(国图　浙大图　上社院图　复旦图)

【0287D】法治论集　阮毅成著

南京:时代公论社,1933 年,120 页,32 开。(时代公论社丛刊)

本书收 15 篇法治论文。(浙大图　上社院图　吉林图)

【0288D】中国亲属法概论　阮毅成编著

上海:世界法政学社,1933 年 6 月,227 页,25 开。

本书分亲属、婚姻、父母子女、监护、扶养、家、亲属会议等 7 章。后附《论革命的亲属法》《法国已嫁女子在法律上之地位》及亲属法、民法亲属编判解。(浙图　浙大图　国图　上图　CADAL)

【0289D】中国战时法规教程　阮毅成著

中央陆军军官学校第三分校,民国间,174 页,32 开。

本书分战时立法最高原则、战时的纪律赏罚、战时的国民义务、战时的金融方法、战时农矿工商及交通的统制、战时的犯罪行为等 6 类,介绍国民政府制订的战时法规。(国图　上图)

【0290D】行政与自治　阮毅成著

金华:浙江省政府民政厅,1940 年,94 页,23 开。

本书内收《抗战中的地方行政机构》《战区地方行政问题》《战时行政的趋势》《抗战以来浙江民政之改革》《保甲与自治》等文 11 篇。(浙图　厦大图　中山图)

【0291D】法律大意　阮毅成著

北京:正中书局,1936 年,183 页。(建国教科书)

本书共 8 章,分别为法律之意义与渊源、权利能力与行为能力、法律行为与意思表示、动产与不动产所有权、婚姻父母子女与亲属、法定继承与遗嘱遗赠、各种犯罪制裁与监狱、法院组织与民刑诉讼。(CADAL)

【0292D】非常时期之法律知识 阮毅成编著

上海:中华书局,1937 年 4 月,92 页,32 开。(中国新论社非常时期丛书)

本书介绍国民政府各种法规,分社会治安、行政与司法、国民义务、人民自由、将士和官吏、犯罪行为等 8 类。(国图 浙大图 中山图 CADAL)

【0293D】组织民众与训练民众 阮毅成等著

战时出版社,1938 年,177 页,32 开。(战时小丛刊)

本书内收《蒋委员长论全民动员》《组织民众与训练民众》等文 27 篇。(中大图 吉林图)

【0294D】战时地方行政工作 阮毅成等执笔

重庆:独立出版社,1938 年,72 页,32 开。(战时综合丛书)

本书分 10 章,讲述地方行政与抗战建国、地方行政改革、战时县改工作、地方工作、保甲组织、民众训练和地方警察的行政等。(浙图 复旦图 中山图 吉林图 CADAL)

【0295D】比较宪法 阮毅成著

上海:商务印书馆,1934 年,123 页。(新时代法学丛书)

本书分法与宪法、宪法沿革、宪法总纲、人民权义、国民大会、国家机关、地方制度、生计教育、宪法保障等 9 章。(国图 CADAL)

【0296D】最低工资立法的研究 蒋学楷著

上海:黎明书局,1930 年,76 页,32 开。(黎明小丛书)

本书分 8 章,概述各国关于最低工资立法的制度,最低工资立法的理论、历史、规定、机关、定率标准等。

蒋学楷(1909—1942),字涵豪,慈溪县观城镇人。蒋学模之兄,英语翻译家。译有《法国文学》《青春》《陶立德博士》《希特勒与新德意志》《欧洲内幕》《外人在华投资论》《德奥合并与国际形势》《苏联社会生活》《亚洲内幕》《汽车王》《国际政治内幕》以及《日本的内幕》等;编著有《最底工资立法的研究》《国际劳工立法》《政治浅说》等。(浙图 国图 浙大图 上社院图 CADAL)

【0297D】国际政治内幕 ［美］本杰明（Benjamin）编，**蒋学楷**译

重庆：大时代书局，1941 年，249 页，32 开。（国际时事丛书）

本书为美国海外记者俱乐部会员所著时论文章汇编，共 20 篇。（复旦图 上社院图 中科院图 中山图）

【0298D】将来大战与中国 蒋坚忍著

杭州：大风社，1935 年，69 页，48 开。（大风文库）

本书阐述未来战争的可能性，战争对中国的利害，认为不断充实实力是中华民族求生的唯一条件。

蒋坚忍（1899—1993），字孝全，奉化楼岩乡汇溪村人。（浙图 国图 人大图 CADAL）

【0299D】民族复兴与中国革命 蒋坚忍著

南昌：中国文化学会，1934 年，142 页，32 开。（中国青年丛书）

本书包括怎样重整革命的路线、中国革命之复兴、复兴中国国民党、复兴民族复兴革命与复兴文化等。（浙图 国图 中山图 人大图 CADAL）

【0300D】亚洲内幕 ［美］约翰·根室（J. Gunther）著，**蒋学楷**译

重庆：大时代书局，1940 年，2 册（744 页），32 开。（复旦大学文摘社丛刊）

本书介绍日本、苏联、中国、菲律宾、新加坡、印度等国的政治、经济、宗教、知名人物等概况。（浙图 复旦图 上社院图 中科院图）

【0301D】俄罗斯：最后到来的巨人 ［苏］J. 库尼兹原著，贾开基、**蒋学模**合译

上海：文摘出版社，1949 年 6 月，367 页。

本书共 7 章，分别为分拜占庭的基督、莫斯科公国和伊凡王朝、西方升起来的太阳、开明时期、伟大感的醒觉、俄国的黄金时代、政治革命。（浙图 复旦图 南图 中山图 读秀 CADAL）

【0302D】日本内幕 ［美］席勒（James A. B. Scherer）著，**蒋学楷**译述

长沙：商务印书馆，1939 年 1 月，195 页，24 开。（复旦大学文摘社丛书）

本书共 16 章，包括日本军阀的演进、新兴日本的产生、天皇崇拜、自杀、四大财阀、八大事变、法西斯同盟等。（中山图 中科院图 上社院图）

【0303D】欧洲内幕 ［美］根室（J. Gunther）著，**蒋学楷**译

长沙:商务印书馆,1939 年 1 月,2 册,24 开。(复旦大学文摘社丛书)

本书书名原文 *Inside Europe*。共 38 章,着重于第二次世界大战前欧洲各国政况及政治人物的介绍。(浙图　厦图　中山图　读秀)

【0304D】德奥合并与国际形势　蒋学楷编译

汉口:群力书店,1938 年,60 页,32 开。

本书共 9 篇,附《德奥事件的世界反应》。(浙图　国图　吉林图　CADAL)

【0305D】国际劳工立法　蒋学楷著

上海:大东书局 1931 年 4 月,156 页,32 开。(中国劳工政策学会丛书)

本书分 8 节,概述国际劳工立法的历史、程度、实施等,并对国际劳工的组织机构及工作等做了译述。(浙图　国图　浙大图　上社院图　CADAL)

【0306D】希特勒征服欧洲　〔德〕鲁许尼格(Rauschning)著,蒋学模译

重庆:大时代书局,1941 年 2 月,157 页,36 开。(二次大战小丛书)

本书着重评论纳粹德国的对外政策趋向,采用的手段以及英德关系等。(南图　国图)

【0307D】法西斯主义　蒋学模编

上海:中华书局,1949 年 6 月,73 页。(大众文化丛书)

本书评述法西斯主义产生的时代背景及其必然灭亡的理由,介绍法西斯主义的政治、经济政策和国际法西斯主义活动现状。(浙图　国图　南图　人大图　CADAL)

【0308D】试拟中华民国合作社法　童玉民著

镇江:江苏省政府消费有限合作社,1932 年 5 月,22 页,32 开。

童玉民(1897—2006),原名秉常,学名王常,慈溪浒山镇人。著有《花卉园艺》《造庭园艺》《公园》《信用合作提要》《购买合作提要》《合作运动纲要》《桃树园艺》《农学概论》《合作概论》等。(国图)

【0309D】国际司法问题　郑麟同著

上海:商务印书馆,1936 年 3 月,247 页。(现代问题丛书)

本书共 2 编,首编叙述国际纠纷之和解方法,次编分别叙述常设国际裁判法院之历史、组织、裁判权、诉讼程序、判决之执行等。

郑麟同,宁波人,律师。(浙大图 北大图 读秀 CADAL)

【0310D】比较票据法 乐俊伟著

兄弟律师事务所,1936年3月,172页,25开。

本书分总则、汇票、本票、支票等4章。

乐俊伟,宁波人,律师。(上图 上社院图)

【0311D】国际私法之理论与实际 卢峻著

上海:中华书局,1937年,478页,32开。

本书分绪论、通论、本论。绪论概述国际私法的概念、范围、性质、根据及沿革;通论论述国际私法的渊源、研究方法、术语,以及外国法的适用、反致说、国籍冲突、外国人的地位等。

卢峻(1909—2000),宁波人。主要从事国际法及国际私法的研究,著有《国际私法的理论和实际》。(浙图 上社院图 人大图 读秀 CADAL)

【0312D】取缔日用重要物品囤积居奇办法浅说 卢峻编著

正中书局,1942年,46页,32开。(中华民国法学会小丛书)

本书共9章,论述该办法的性质、效力,以及取缔囤积居奇的实施办法、罚则、奖励等。(人大图 吉林图 CADAL)

【0313D】民法亲属继承新论 王伯宪著

上海:昌明书屋,1948年,130页 32开

本书分国民政府民法亲属、继承两编,分别包括通则、婚姻、父母子女、监护、扶养、家、亲属会议;遗产继承人、遗产之继承、遗嘱等。

王伯宪,宁波人,律师。(上社院图 人大图 CADAL)

【0314D】英法证据法讲义 林行规编

本书除总论概述证据法一般理论学说及英美证据法外,分关系事实、证明方法、证据之证明力、诉讼法、间接证据等5编,具体论述英美证据法,共242页。

林行规(1884—1944),字斐成,鄞县人。(上图)

【0315D】法院组织法释义 郑保华释义

上海:法学编译社,1936年9月,318页,25开,有表。(现行法律释义丛书)

本书分绪论、本论、附论三编。

郑保华(1905—1952),字亚男,慈溪县人。民国时期法学家。译有《法系概览》《心证要旨节译》《性教育论》《英美法上的几个最新夫妇分居和离婚的判例》;著有《法院组织法释义》《商法概论、公司法讲义》《遗产税暂行条例释义》等。(浙大图　人大图　北大图　中山图　CADAL)

【0316D】商法概论、公司法讲义　郑保华编述

上海:东吴法律学院,民国间,439 页,16 开。

本书包括商法概论、公司法两部分。叙述中外古今商法的沿革,介绍法国、荷兰、希腊、埃及等国商法概况。(读秀)

【0317D】日本民法要义　物权编　[日]梅谦次郎著,陈承泽、**陈时夏**译述

上海:商务印书馆,1913 年第 3 版,第 311 页,24 开。

本书分总则、占有权、所有权、地上权、永小作权、地役权、留置权、先取特权、质权、抵当权等 10 章。

陈时夏(1876—1928),字季衡,号于庵,鄞县人。中国民主革命家,中华民国政治人物,法学家。编译有《平时国际公法》《战时国际公法》《国法学》《商法会社法》《日本刑事诉讼法论》等。(国图　中山图　人大图)

【0318D】浙江慈溪县司法处看守所落成纪念册　慈溪县监所筹建委员会编

宁波:慈溪县监所筹建委员会,1949 年,22 页,16 开。

本书附募款征信录:包括该所建筑照片、筹建始末等。(读秀)

【0319D】少年团训练课程　何志浩编

南京:首都国民军事训练委员会,1936 年,332 页,有图表、照片。

何志浩(1905—2007),象山西周镇儒雅洋村人。(国图)

【0320D】民族复兴之路　何志浩编著

南京:首都国民军事训练委员会,1936 年 10 月,210 页,有照片。

本书含蒋委员长训词、首都集训学生论丛、首都集训学生姓名录等 3 部分内容。(CADAL)

【0321D】慈溪县一年来重要县政设施概况　慈溪县政府编

宁波:慈溪县政府,1939 年 1 月,1 册,16 开。(南图)

【0322D】慈溪县政工队二周年纪念刊

宁波:著者刊,民国间,80 页,16 开。(南图)

【0323D】国际联盟　张明养著

上海：开明书店，1934年，98页，50开。（开明中学生丛书）（浙图　南图）

【0324E】国民革命军战史初稿第一辑　陈训正编

本书分革命军起源至民国十四年诸战役、革命军出师北伐、民国十六年至十七年统一告成诸战役等3卷，1929年版。（甬图　浙图　国图　人大图）

【0325E】列强军力论　〔德〕马克斯·威纳尔（Max Werner）著，**冯宾符**等译

重庆：生活书店，1939年，457页。

本书分军事准备中的欧洲、苏联的军事实力、红军的战略、德国的战斗力、德国和数面作战、法国的军事力量、英国重整军备后的后果等15章。有英译者序。（国图　复旦图　人大图　读秀　CADAL）

【0326E】余姚县兵役干部训练班第一期同学通讯录

1946年出版。（浙图）

【0327E】战时常识训练班各科参考教材 第一辑　镇海县战时政治工作队编

宁波：镇海县战时政治工作队，民国间（浙图）

【0328E】中国军事史略　张其昀著

重庆：正中书局，1944年5月，151页，25开。

本书分兵役与兵制、军政与军令、兵源与将才、兵器与军资等4章。以朝代为经、以事为纬，对中国历代军事演变追溯源始，述其沿革，论其得失。（浙图　国图　上图　读秀　CADAL）

【0329E】现代战术讲稿　徐培根讲述

南京：中央训练团，1947年，130页，25开，有图表。

本书分明日之战争、攻击与防御泛论、防御组织及战斗、野战中之炮兵、指挥艺术等5章。（国图　上图）

【0330E】国防建设　徐培根等著

新潮社文化事业有限公司，1944年，62页，32开。

本书收《国防建设导论》《国防精神建设》等文7篇。（国图　上图）

【0331E】纵深阵地攻防战术　徐培根指导

1944年，78页，25开，有图。

本书分防务、现代攻防战术的趋势、未来野战军的武器及战术等3个专

题。（国图）

【0332E】参谋即幕僚编制及职掌原理　徐培根讲

　　本书分战斗指挥及幕僚制度、历史之回顾、战场因素与幕僚制度之演进、幕僚之组织、参谋之业务、一般参谋与特业参谋之连系等 7 节。（读秀）

【0333E】原子弹对于军事之影响　徐培根编述

　　陆军大学现代军事社,1946 年 1 月,70 页,25 开,有图。（现代军事资料）

　　附录美英两国计划制造原子炸弹经过概况。（国图　上图　中山图）

【0334E】五十年来军事简史　徐培根编

　　本书分甲年战争时期、乙未以后至辛亥鼎革时期、辛亥以后至国民政府定都南京时期、国民政府定都以后等 4 部分。（上图）

【0335E】战时常识　镇海县民间防空委员会编

　　宁波:镇海县民间防空委员会,1937 年 3 月,33 页,32 开。

　　本书介绍防空、防毒、救急、防火、避难等常识。内容同 1936 年 3 月上海战时常识社出版的《战时常识》。（上图）

【0336E】国民军事教育演讲集 第 1 册　何志浩讲

　　南京:首都国民军事训练委员会,1935 年 12 月,118 页,32 开,有照片。

　　本书收演词 24 篇,包括《国民军事教育概观》《民众军训办法刍议》《注重军训与提倡实业》《体育与军训》《人的训练》等。书前有蒋介石有关训示、国民军事教育体系概要等。（国图　中山图）

【0337E】国民军事教育演讲集 第 4 册　何志浩讲

　　南京:首都国民军事训练委员会,1937 年 5 月,341 页,32 开,有照片及表。

　　本书收演词 21 篇(1937 年 1 月 5 日至 12 月 10 日讲)。（国图　中山图）

【0338E】兵役与工役　何志浩著

　　重庆:青年书店,1940 年,162 页,32 开,有表。（抗战建国丛书）

　　本书分兵役、工役、战事兵役与工役之关系等 3 编,共 15 章。（国图　上图　读秀）

【0339E】国民军事教育论　何志浩编

　　上海:军事学编译社,1934 年 6 月,816 页。

　　本书收有关国民军事教育的文章。（CADAL）

【0340E】民众军事训练　何志浩编

　　上海：南华书店，1935年，484页。

　　本书上编为蒋委员长训词，中编含民众军训问题、民众军训与国防组织、检阅湖南省保安团队、简约湖北省保安团队4部分内容，下编为保安团队条例、湖南实施民众军事训练计划。（CADAL）

【0341E】学校军事训练　何志浩编

　　上海：南华书店，1935年，384页。

　　本书分7部分，包括国民军事教育理论的体系、中国国民军事教育概况等。（CADAL）

【0342E】王阳明平赣录　蒋介石编

　　南昌：青年与战争社，1933年9月，76页，50开。（青战丛书）

　　本书分为匪势披猖及进剿策略、剿平群盗之经过等2章。书前有编者序。

　　蒋介石（1887—1975），名中正，字介石，奉化人。（国图　上图）

【0343E】国民兵建设　何志浩著

　　成都：四川省军管区司令部，1940年4月，145页，32开，有表。

　　本书分国民兵、国民兵团说、国民兵组训制度论、国民兵教育及干部训练之要旨等12篇。有戴高翔序。（重图）

【0344E】中央航空学校毛副校长讲演　毛邦初著

　　杭州：浙江省国民军事训练委员会，1912—1947，7页，32开。

　　本书讲述空军在战斗中的作用。

　　毛邦初（1904—1987），别号信诚，奉化岩头乡岩头村人。（上图）

【0345E】中国历史上之国防区域　张其昀著

　　本书为《史地杂志》创刊号抽印本，为著者1937年4月9日在浙江省教育厅辅导会议上的讲演稿，就当时的中日对抗形势讲述历史上中国的对外关系。（上图）

【0346E】兵役问答　**陈正福**编，陈炳元校

　　重庆：中国文化服务社，1940年7月，120页，32开。

　　本书共3编，上编为总则，中编为国民兵役，下编为附则。

　　陈正福（1917—？），南田人。（上图　中山图　人大图　读秀　CADAL）

【0347E】二次大战的军事技术与经济 ［苏］瓦尔加等著，祝百英译

重庆：文摘出版社，1940 年，68 页，32 开，2 册。

本书共 3 篇：各国总形势、日本的战时经济、第二次大战准备的表解。（浙图　CADAL）

【0348E】兵役法规解释汇编 奉化县抗日自卫委员会编

宁波：奉化县抗日自卫委员会，1938 年 11 月，116 页，36 开。

本书共 14 种，包括《兵役法》《兵役法施行暂行条例》《兵役及龄男子调查规则》《兵役法规解释》《二十七年十一月份免缓役解释》等。（国图）

【0349E】宣传汇刊 宁绍戒严区鄞县城防指挥部宣传队编

宁波：编者刊，1938 年，288 页，32 开。

本书包括该队组织、工作概况、论著、剧本创作等。（上图）

【0350E】兵工政策前编 姚传法编著

上海：新学会社，1929 年，230 页，32 开。

本书分总理兵工政策、中国兵工史略、欧美各国兵工史略、北伐完成后之裁兵问题与兵工政策等 5 编。

姚传法（1893—1959），字心斋，鄞县人。林学家、林业教育家。著有《森林法之重要性》《森林与建国》等。（南图　CADAL）

【0351E】机动防御战略 ［英］李特尔·赫德著，蒋学模译

重庆：大时代书局，1941 年，71 页，32 开。（二次大战小丛书）

本书共 4 章，分析二战初期英法联军失败的原因及改进方法。书前有原著者介绍。附德军战略的分析。（南图　上社院图）

【0352E】测量仪器之使用 朱坦庄编述

南京：联合勤务干部训练班，1947 年，44 页，32 开。（工程讲义）

本书讲述卷尺、标杆、小平板仪、水平仪等的使用与校正等。

朱坦庄（1909—1988），鄞县人。（上图　国图）

【0353E】地方团队讲稿 李士珍讲

重庆：中央训练团党政训练班，1939 年，32 页，32 开。

本书为中央训练团党政训练班讲演录。（浙图　南图　中山图）

【0354E】通行警察法规辑览 李士珍等辑

重庆：中央警官学校，1940 年，铅印本，线装。（上图）

【0355E】防空 李士珍主编,中央警官学校编译室译

南京:拔提书店,1937 年,108 页。(中央警官学校丛书)

本书分空袭救伤勤务之组织、清毒勤务之组织、救济队之组织与残物清理工作、几种重要毒气之研究及急救等 4 编。(浙图 CADAL)

【0356E】建警有关文稿备忘录 李士珍著

南京:中央警官学校编审处,1946 年 8 月,72 页,32 开。(中央警官学校警政高等研究班参考资料)(南图)

【0357E】十年建警计划进度实施简明表 李士珍著

南京:中央警官学校,1928—1949 年。

本书为建警提案参考资料。(南图)

【0358E】战争地理总论 [日]小川琢治、太田喜久雄著,张其春译

南京:钟山书局,1933 年,20 页,16 开。(国际丛刊·人地学会丛书)

本书分战争之意义、战争地理学之意义、影响战争之地理学的三大要素,由海陆分布上观察之地势之大势与战争、战争之技术、地形之细论与战略及战术等 6 节。

张其春(1913—1967),字觉峰,笔名贝金,鄞县人。译著有《日本人文地理》《新地学》《学生世界地理》《日人眼中之东北经济》等,译校有《约翰·布朗》《沸腾的九十年代》等,并曾编撰《综合英语会话》《翻译之艺术》等。(国图)

第二节 经济教育文化类

【0359F】财政学 ABC 李权时著

上海:ABC 丛书社,1928 年 8 月,124 页,32 开,精装。(ABC 丛书)

本书分绪论、岁出论、预决算论、岁入论、公债论等 5 章。(浙图 国图 上图 读秀)

【0360F】财政学原理 李权时著

上海:商务印书馆,1935 年 12 月,662 页,18 开,有表。(中国经济学社丛书)

本书分上、下两卷。上卷包括绪论、岁出、预决算论 3 编;下卷包括岁入、公债论 2 编。卷首有自序、再版自序。附录中国目前之预算法。(浙图 国图 上图 读秀 CADAL)

【0361F】慈溪县棉花运销合作社联合社二十五年概况报告书 慈溪县棉花运销合作社联合社编

宁波:慈溪县棉花运销合作社联合社,1937 年,26 页,32 开。

本书介绍慈溪县棉花运销合作社联合社经营概况。(浙图 上图)

【0362F】东北失地之经济概况 张其昀编

南京:钟山书局,1933 年,73 页,32 开,有图表及摄影。(钟山学术讲座)

本书介绍"九一八"事变后,东北失地的经济地理概况。(浙图 国图 上图 南图 CADAL)

【0363F】分配论 李权时著

上海:东南书店,1929 年,177 页。(经济丛书)

本书介绍分配论的知识,共 8 章。(国图 浙大图 读秀 CADAL)

【0364F】改善经济之途径 徐青甫讲

本书为物品证券演讲之一。

徐青甫(1879—1961),原名鼎,镇海枫林乡顾家桥村人。清光绪末科举人。著有《救济国难期间经济之设计》《经济革命救国论》《经济革命论的要旨》《徐青甫先生演讲集(第 2 册)》《读萧铮先生"评阎锡山氏之土地村有"以后》《今后中国应采取的经济政策》《粮食问题之研究》《物价问题之研究》《改善经济之途径》《推行物品证券之商榷》等。(浙图)

【0365F】革命后之江西财政 张静庐编著

上海:光华书局,1927 年,94 页,32 开,有表。

本书为 1926 年 11 月至 1927 年 3 月国民革命军攻克江西期间,整理全省财政措施之实录,述及财政委员会之成立,全省之收支预算、金融、捐税、物价等问题。

张静庐(1898—1969),慈溪龙山镇西门外村人。现代著名的出版家和出版史家。著有《中国近代出版史料》《中国现代出版史料》《中国出版史料》《在出版界二十年》等。(浙图 国图 上图 CADAL)

【0366F】各国遗产税史要 李权时著

上海：世界书局，1929 年，121 页，32 开，有表。（经济学丛书）

本书介绍西方各主要国家遗产税的来龙去脉。书末附《经济学丛书总目》。（浙图　国图　上图　读秀）

【0367F】工矿建设参考资料　**翁文灏**讲，中央训练团党政高级训练班编

中央训练团党政高级训练班，1944 年 5 月，28 页，32 开，有表。

本书分述美国重要工业发展史略，苏联工业建设概要及印度经济建设计划。（国图　上图　津图）

【0368F】工业建设问题　翁文灏等讲

独立出版社，1943 年 12 月，80 页，32 开。

本书为中央训练团党政训练班讲演录。（国图　上图　南图　读秀）

【0369F】广西农林考察记　包容著

上海：中国农学社，1935 年 54 页，32 开，有表及摄影。

本书共 9 篇，主要有对农林行政、农村及农产状况、农村建设等的考察资料，以及改进农林方案和增产建议等，附桂游日记。卷首有作者像。

包容（1894—1975），原名成芳，字伯度，慈溪人。农学家。著有《中等农产制造学》《广西农林考察记》《肥料学》《民众农化读本》《农产制造学》《青岛参观小记》《土壤学》《重游日本记》《蔗镜止》等，译有《气象学新编》等。（浙图　国图　上图　南图　CADAL）

【0370F】国地财政划分问题　李权时著

上海：世界书局，1929 年 11 月，106 页，32 开。（经济学丛书）

本书共 6 章，侧重讨论前清至民国中央与地方间的财政关系，以及民元以后国家财政与地方财政划分标准的沿革和变迁。（浙图　国图　上图　南图　CADAL）

【0371F】合作原论　卢守耕、吴耕民编

上海：中华书局，1931 年 4 月初版，244 页，32 开。

本书分合作社之原义、种类、组织、设立、章程、社员、机关、合并、解散、清算、登记、监督、罚则及联络机关等 14 章。书末有附录。

卢守耕（1896—1989），字亦秋，慈溪人。中国作物育种学家、农业教育家。著有《稻作学》《现代作物育种学》《台湾之农业》；译有《植物育种学》《作物育种学导论》等。

吴耕民（1896—1991），原名润苍，后改润苍为字，余姚县人。著名园艺

学家、园艺教育家。著有《果树园艺通论》《中国蔬菜栽培学》《果树修剪学》等。（浙图　上图　CADAL）

【0372F】货币价值论　李权时著

　　上海：世界书局，1930 年 2 月，108 页，32 开，有图表。（经济学丛书）

　　本书分绪论、货币价值的理论、货币价值之衡量、货币价值之稳定等 4 章，介绍世界上各派货币学说。（浙图　国图　上图　读秀　CADAL）

【0373F】建设中之中国　徐雉笔记

　　上海：青年协会书局，1932 年 4 月，99 页，32 开。（学术演讲第 1 集）

　　本书包括《我们的人口与人口政策》《优生与中国民族》《什么是中国的土地问题》等 13 讲。（浙图　国图　南图）

【0374F】交易论　李权时著

　　上海：东南书店，1929 年 3 月，218 页，23 开，有图表。（经济丛书）

　　本书分 9 章，论述商业贸易的意义、产生、手段、价值、价格、货币、信用，以及国际贸易的原理、政策与商业循环问题等。（国图　上图　读秀　CADAL）

【0375F】金融界服务基本知识　李权时等著

　　上海：世界书局，1934 年，530 页，32 开，有表。

　　本书内收 8 种经济学基础读物。（浙图　国图　上图　CADAL）

【0376F】京沪沪杭甬铁路管理局参加三次铁展一览　京沪沪杭铁路管理局编

　　上海：京沪沪杭铁路管理局，1934 年 5 月，54 页，32 开，有图表及摄影

　　本书为配合铁道部在 1933 年 4 月、10 月及 1934 年 5 月在上海、南京、北平三地筹办"全国铁路沿线出产货品展览会"而编。介绍铁路货运手续、计费方法、沿途名胜、物产及服务范围等方面的情况。（国图　上图　中山图）

【0377F】经济革命救国论　徐青甫著

　　杭州：浙江经济学会，1932 年，404 页，21 开。

　　本书分 4 编，分析中国经济现状。书前有著者自序。（浙图　国图　上图　读秀　CADAL）

【0378F】经济革命论的要旨　徐青甫著

　　杭州：浙江经济学会，1932 年，48 页，25 开。

本书为《经济革命救国论》一书的要点，书前冠缘起。又名《经济革命救国论的要旨》。（浙图　国图　上图　南图）

【0379F】经济学　李权时著

上海：黎明书局，1930年1月，227页，32开，有图表。（青年学术讲座）

本书分5章，论述消费、生产、交易、分配等经济行为。（浙图　国图上图　读秀　CADAL）

【0380F】经济学 ABC　李权时著

上海：ABC丛书社，1928年6月，123页，32开。

本书分绪论、消费论、生产论、交易论、分配论、财政论或公共经济论等6章。封面注有"世界书局印行"字样。（国图　上图　读秀　CADAL）

【0381F】经济学入门　［苏］米哈列夫斯基著，**朱镜我译**

上海：言行出版社，1939年，2册，271页，32开，有图表。

本书上册为"实际之部"，论述资本主义生产发展的历史、贸易等；下册"理论之部"，论述价值与剩余价值、货币、利润、生产价格、工资、资本积累、经济危机等。书前冠著者序言。（国图　上图　CADAL）

【0382F】经济学新论　李权时著

长沙：商务印书馆，1938年7月初版，2册，524页，21开。

本书分绪论、消费论、生产论、分配论、交易论等5编。（浙图　国图上图　读秀　CADAL）

【0383F】经济学原理　李权时著

上海：东南书店，1928年9月，734页，24开，有图表。（复旦大学丛书）

本书分绪论、消费论、生产论、交易论、分配论等5编。（浙图　上图厦大图）

【0384F】经济政策参考资料　翁文灏等著

中央训练团党政高级训练班，1944年2月，124页，32开，有表。

本书为中国经济政策的资料汇编。（国图　上图　南图）

【0385F】救济国难期间经济之设计　徐青甫著

自刊，1932年，106页，23开。

本书是针对"一·二八"事变日军攻沪所拟定的救国应急对策，范围限于金融和物资两方面。（浙图　国图　上图）

【0386F】抗战以来的经济　翁文灏著

重庆:胜利出版社,1942年11月,84页,32开,有表。(抗建丛书)

本书共5章,论述抗日战争期间的工矿业内迁运动、大后方的工矿业、物资管制和对敌经济战等问题。(浙图　国图　上图　南图　CADAL)

【0387F】抗战以来之经济建设　翁文灏讲

中央训练团党政训练班,1939年10月,14页,36开。

本书为中央训练团党政训练班演讲录,讲述抗战以来建设基本工业、奖励输出贸易、推进衣食自给、抵制敌货、禁运敌资等方面的成绩、政策、设施。(南图　重图)

【0388F】矿政管见　**翁文灏**、丁文江著

著者刊,1920年,50页25开

本书书末附修改矿业条例意见书,出版年、月据著者拟呈部稿日期。(国图)

【0389F】李权时经济财政论文集　李权时著

上海:商务印书馆,1931年11月,405页,23开。(中国经济学社丛书)

本书收论文16篇,其中多系讨论财政、金融问题。(浙图　国图　上图　读秀)

【0390F】李权时经济论文集　李权时著

上海:世界书局,1929年11月,202页,32开,有表。(经济学丛书)

本书汇辑发表在《东方杂志》《复旦季刊》等期刊上的论文10篇。书前冠经济学丛书发刊旨趣及自序;书末附经济学丛书总目。(浙图　国图　上图　读秀　CADAL)

【0391F】粮食问题之研究　徐青甫著

丽水:浙江印刷厂,1942年,98页,32开。

本书分6编,论述粮食供求实况、粮食管理政策及改进办法。附录有关田赋征实的文章两篇。附著者跋。(浙图　国图　上图　南图　读秀)

【0392F】两浙盐务调查录初编　徐锡麒编

1912年,石印本,线装,2册,有图及表。

本书书名据版心、书签题,第一册前附余姚晒地走私图说明及图二幅。(国图)

【0393F】路矿关系论　翁文灏著

著者刊,1928 年 10 月,40 页,23 开。

此文原载于 1926 年 2 月刊行的《农商公报》第 138—139 期,并经日人译载于《支那矿业时报》上。内容专论我国发展铁路运输、减轻运费与振兴矿业的相互关系。附录"铁路煤炭煤油之运价"。(国图　上图　复旦图　南图)

【0394F】棉纺织工场之设计与管理　张方佐著

上海:作者书社,1948 年,441 页,24 开,有图表。

张方佐(1901—1980),鄞县人。纺织专家。著有《棉纺织工场之设计与管理》《中国纺织公司工务辑要》等。(浙图　上社院图)

【0395F】宁波吴淞等税局征收开滦矿局煤税案

1917 年,抄本 1 册

本书为外交部清档。(国图)

【0396F】交通部直辖沪宁、沪杭甬两路职员录(民国十二年)　交通部直辖沪宁沪杭甬铁路局编

上海:交通部直辖沪宁沪杭甬铁路局,民国间,187 页,25 开。

本书介绍各沪宁、沪杭甬铁路职员的职务、姓名、别号、年龄、籍贯、出身、经历、委任年月、曾受何种勋章奖章、通信处等情况。封面及卷端题:全国铁路职员录(沪宁沪杭甬线),卷末收有中外重要职员录。(国图)

【0397F】商业管理　李权时著

上海:黎明书局,1934 年 2 月,178 页,32 开,有图表。(黎明商业丛书)

本书分绪论、企业家与自然环境(上、下)、企业家与生产技术问题、企业家与市场问题、企业家与职工管理、企业家与金融问题、企业家与风险问题、企业家与企业组织问题、企业家与综合管理问题等 10 章。(浙图　国图　上图　CADAL)

【0398F】商业教育　李权时著

上海:商务印书馆,1933 年 2 月,93 页,32 开,有表。(师范小丛书)

本书分 6 章,讲述初等、中等、高等商业教育以及社会的商业教育之原则与实施办法等。(浙图　国图　上图　读秀　CADAL)

【0399F】商业循环　李权时著

上海:商务印书馆,1929 年 10 月,119 页,32 开,有表。(商学小丛书)

本书分 6 章,包括世界各国的商业纪事、商业循环的各种学说、商业循环的原因及补救法等。(浙图　国图　上图　读秀　CADAL)

【0400F】商业政策　李权时著

上海:商务印书馆,1929 年,72 页,32 开,有表。(百科小丛书)

本书阐述商业政策的意义、国内外的商业政策等。(浙图　国图　上图　读秀　CADAL)

【0401F】上海之钱庄　**李权时**、赵渭人著

上海:东南书店,1929 年 8 月,126 页,有图表。(经济丛书)

本书共 10 章,分别为总论、组织及资本、营业、钱庄与商家往来实况、钱庄同业往来、银钱同业往来、收入之来源及盈余之分配、簿记、公共组织、在金融界之势力,是记录 20 年代上海钱庄最翔实客观的历史资料。(浙图　国图　上图　读秀　CADAL)

【0402F】上海总商会新建议事厅开幕纪念(英汉对照)　上海总商会编

上海:上海总商会,1926 年,50 页,16 开。

本书含上海总商会大事记(中英双语),上海总商会创始人严信厚、历任总协理及现任正副会长、议董像及简介(内容多为宁波籍人士),上海总商会议事厅照片等内容。上海商务印书馆代印。(甬图　上图)

【0403F】生产论　李权时著

上海:东南书店,1928 年 11 月,151 页,23 开,有图表。(经济丛书)

本书共 7 章,主要论述生产的意义、方式和生产诸要素。(浙图　国图　上图　读秀)

【0404F】苏联第二次五年计划　樊英著

上海:世界出版合作社,1933 年,68 页,32 开,有表。

本书包括苏联第一次五年计划的回顾,第二次五年计划的基本任务,工业、农业、商业、交通、文教、科技等建设项目所要达到的目标,并论及资本主义世界前途问题。(浙图　国图　上图)

【0405F】台湾参观记录　俞飞鹏著

南京:中央宣传部,民国间,94 页,16 开,有表。

本书为俞飞鹏、陈大径、黄本立三人于 1947 年 1 月赴台湾参观各种建

设事业的记录。

俞飞鹏（1884—1966），乳名丰年，又名忠稚，字樵峰，奉化县人。蒋介石表哥。（国图　中山图　人大图　津图　CADAL）

【0406F】通资联营组织与发展经济之关系　徐青甫著

著者自刊，1946 年，20 页，16 开，有表。

"通资联营组织"为著者设想的一种经济实体。主张经济事业由通联组织办理。（浙图　国图　上图　南图）

【0407F】统制经济研究　李权时著

上海：商务印书馆，1937 年 3 月，411 页，23 开，有表。

本书分两部分，共辑入著者历年发表的有关论文 40 余篇。卷首有著者自序。（浙图　国图　上图　读秀　CADAL）

【0408F】武岭学校农事试验场售品目录

宁波：出版者不详，1940 年，50 页。（安徽图）

【0409F】物价问题之研究　徐青甫著

重庆：邮政储金汇业局，1944 年 9 月，189 页，25 开，有表。（金融知识丛书）

本书分物价机构概述，劳、物、币之交互关系及其影响，物价内容之分析及其变动之真象，物价变动下之社会谬误与纷扰等 4 章。（国图　上图　南图　读秀　CADAL）

【0410F】现代中国经济思想　李权时著

上海：中华书局，1934 年，162 页，32 开。（中华百科丛书）

本书分 6 章，介绍现代中国经济思想领域中关于消费、生产、交易、分配及经济制度等方面的论说。（浙图　国图　上图　读秀　CADAL）

【0411F】现行商税　李权时著

上海：商务印书馆，1930 年，125 页。（商学小丛书）

本书分 4 章，叙述租税系统与商税概念，以及规费、间接消费税、营业税等各类商税的有关税则及实施情况。（浙图　国图　上图　读秀　CADAL）

【0412F】消费论　李权时著

上海：东南书店，1928 年 9 月，138 页，有图表。（复旦大学丛书）

本书分 8 章，论述消费论在经济学上的地位、人类的欲望、消费的定义和种类、消费律和消费原则、消费者在经济界的地位、消费标准或生活程度、奢侈与节约等问题。（浙图 国图 上图 读秀 CADAL）

【0413F】新中华经济概论 李权时编

上海：新国民图书社，1931 年，190 页。

本书为高级中学商科用书。分绪论、消费论、生产论、交易论、分配论、公共经济论、世界经济论等 7 编。（上社院图 读秀 CADAL）

【0414F】徐建侯先生行述 李思浩撰

上海：力生书店，1947 年。（浙图）

【0415F】遗产税问题 李权时著

上海：世界书局，1929 年，120 页。（经济学丛书）

本书为《各国遗产税史要》一书的续编，着重对遗产税理论的探讨。（浙图 国图 读秀 CADAL）

【0416F】鄞西学山承佃总册四卷 鄞县县政府财务委员会学山办事处编

宁波：出版者不详，1939 年，4 册。

本书为当时恢复学山承佃的情况及其历史资料的汇编，是民国二十七年（1938）鄞县县政府财务委员会经管鄞西学田、学山（附山田）租册。前附收复学山碑记、鄞西学山全图、学山形势概要、宁波府查复学山记、宁波府厘复学山碑、财委会关于整理学山议案汇览、公文摘要、凡例、整理学山各关系官员题名、书学山佃户总册后等内容。（甬图）

【0417F】鄞县建设（第一集） 鄞县政府建设科编，倪维熊主编

宁波：鄞县政府建设科，1934 年 11 月，508 页，16 开，有图表及摄影。

本书分门别类记载自民国十八年至二十三年（1929—1934）间鄞县建设方面的情况。有陈宝麟、倪维熊序。附广告数十页。

倪维熊（1902—1978），名凡夫、微庸、慧明，嘉善县西塘镇人。1929 年到鄞县供职，初任建设科长，后科改局，任局长，先后共十二年，为当时的市政建设办了不少实事。（甬图 浙图 国图 CADAL）

【0418F】鄞县渔业调查报告 林茂春、吴玉麒编

定海：浙江省水产试验场，1936 年。（浙图 南图）

【0419F】余姚县渔盐调查报告

宁波：出版者不详，1935 年，油印本。（浙图）

【0420F】战时经济建设　翁文灏讲

重庆：中央训练团党政训练班，1941 年，19 页，32 开。

本书为讲演录纲要。内容包括奖助工业法规之修订、后方工业之发展、经济管制、对敌经济斗争等目。封面印有：中央训练团党政训练班演讲录。（国图　南图　重图　CADAL）

【0421F】战时宁波染织业近况　国民经济研究所编

国民经济研究所，1938 年

本书分染织厂家数及动力作业等机统计、原料供给问题、产品销售问题、原料与产品之市价等 4 部分。（CADAL）

【0422F】浙海常关新订税则　浙海关监督署编订

宁波：江北岸宏久局，1915 年

本书含 17 类物品的税收标准。（甬图　上图）

【0423F】浙江财政说明书　张寿镛编

本书记录自 1912 年 9 月至 1914 年 12 月浙江的财政收支详细情况。1915 年出版，共 2 册。（浙图）

【0424F】浙江奉化农林公司计划书　赵观象编

宁波：奉化农林股份有限公司，1925 年，28 页。（浙图）

【0425F】浙江省立贫民工厂成绩报告书　马衡编

杭州：浙江省立贫民工厂，1921 年，54 页，有照片。

马衡（1881—1955），字叔平，别署无咎、凡将斋，鄞县人。中国金石学家，考古学家，书法篆刻家。著有《中国金石学概要》《凡将斋金石丛稿》等。（浙图）

【0426F】浙江省遂昌松阳青田三县矿产及奉化银山冈铅矿调查报告：第 4 号　张铮、宋雪友著

杭州：浙江省矿产调查所，1929 年，22 页，有图表。（国图　南图）

【0427F】浙江省新昌县嵊县象山县弗石矿调查报告　张镐著

杭州：浙江省矿产调查所，1929 年，12 页，有表。

本书为矿产资源调查报告。（浙图　国图　地质图）

【0428F】浙江余姚县经济调查　建设委员会调查浙江经济所统计课编

杭州：建设委员会调查浙江经济所，1931 年 12 月，191 页，16 开。

本书大部分为表。封面书名题作:浙江经济调查 第 9 册 余姚县。(浙图 国图 上图)

【0429F】浙盐纪要 林振翰编辑

上海:商务印书馆,1925 年 10 月,396 页,16 开,有图表。

本书分沿革、场产、运销、职官等 4 编,后附"专件""规程""丛录",收录有关文牍、两浙单行法规、章程、统计表等共 37 件。有林振翰像。

林振翰(1884—1932),字永修,号蔚文。宁德城关人。我国第一个把世界语引进国内的学者,近代盐政专家。(甬图 浙图 CADAL)

【0430F】整理赣省赋税计划书一卷 俞飞鹏著

出版地、出版者不详,民国间。(浙图)

【0431F】政治经济学教程 〔苏〕拉皮杜斯、〔苏〕奥斯特洛威强诺夫著,樊英、张仲实译

上海:商务印书馆,1936 年 12 月,520 页,24 开,有图表。(中山文化教育馆中山文库)

本书根据原著第八版翻译。(浙图 国图 上图 CADAL)

【0432F】职业 胡咏骐著

宁绍人寿保险公司,民国间,8 页,32 开。

本书为宁绍人寿保险公司征求寿险推销员之广告宣传品。

胡咏骐(1897—1940),鄞县人。民国时期上海金融家,中国保险业先驱。(读秀)

【0433F】中国工业化的轮廓 翁文灏著

重庆:中周出版社,1944 年 9 月,54 页,50 开。(中周百科丛书)

本书有中国工业化的目的、以农立国以工建国并行不悖、建设应有的精神等章节。(上图 中山图 津图)

【0434F】中国关税问题 李权时著

上海:商务印书馆,1936 年 3 月,2 册,474 页,有表。(现代问题丛书)

本书共 8 章,分别为中国关税沿革概要、中国关税问题概说及税则现状、一般进口品征税问题、特种进口品征税问题、征收出口税问题、运输保护问题、商约内最惠国条款及互惠协定问题、海关行政问题。(浙图 国图 上图 读秀 CADAL)

【0435F】中国经济地理　**张其昀**著,杨铨校

上海:商务印书馆,1929年6月,168页,有表及地图。(新时代史地丛书)

本书分食、衣、住、行、工业之原动力等5章,论述中国物产、资源的地理分布、产量、交通运输状况。(浙图　国图　上图　读秀　CADAL)

【0436F】中国经济建设概论　翁文灏讲

重庆:中央训练团党政训练班,1943年6月30页,32开,有表。

本书是讲解《实业计划》的纲要,介绍抗战前和战时中国实业概况,探讨战后中国实业建设的方针。封面印有:中央训练团党政训练班讲演录。(国图　南图　重图　读秀　CADAL)

【0437F】中国经济建设论丛　翁文灏著

重庆:资源委员会秘书处,1943年1月,88页,32开。

本书收作者在"中央训练团"的讲词《以农立国,以工建国》《中国经济建设的前瞻》《中国经济建设之轮廓》等5篇。(浙图　国图　人大图　读秀)

【0438F】中国经济建设与农村工业化问题　**翁文灏**、顾翊群著

重庆:商务印书馆,1946年6月,46页,32开,有表。(社会经济丛刊)

本书收《中国经济建设概论》《中国战后农村工业化问题》两篇文章。(浙图　国图　上图　读秀　CADAL)

【0439F】中国经济史概要　李权时著

上海:中国联合出版公司,1944年5月,217页,32开,有表。

本书汇集作者发表在《金融导报》《银行周报》上论述中国历代经济史的多篇文章,以朝代为顺序。有著者自序。(国图　上图　人大图　华东师大图)

【0440F】中国经济思想小史　李权时著

上海:世界书局,1927年,93页32开

本书共4章,论及中国历来经济思想之关于经济制度和分配者、欲望和消费、生产人口和租税、交易、货币和唯物史观等。(浙图　国图　上图　读秀　CADAL)

【0441F】中国经济问题纲要　李权时著

上海:世界书局,1927年8月,76页,32开。

本书共9章,概述中国的社会经济、财政、金融、交通、工业、商业、农业、

消费、对外经济关系等问题。(浙图 国图 上图 读秀 CADAL)

【0442F】中国税制论 李权时著

上海:世界书局,1929 年 11 月初版,139 页,32 开。(经济学丛书)

本书分税制概论、中国现今中央政府的税制及地方政府的税制等 3 章。(浙图 国图 上图 读秀 CADAL)

【0443F】中国田赋史 陈登原著

上海:商务印书馆,1936 年 12 月,270 页,32 开,有表。(中国文化史丛书)

本书分"前论""本论"两编。"前论"概述田赋与国家社会的关系及民国政府政敛田赋的积弊;"本论"叙述赋税之源起及自春秋"初税亩"制起至民国政府时期各代的田赋制度。(浙图 国图 上图 读秀 CADAL)

【0444F】中华国有铁路京沪沪杭甬线职员录 京沪沪杭甬铁路管理局编

上海:京沪沪杭甬铁路管理局,1931 年 10 月,372 页,28 开。

卷端及书口题:京沪沪杭甬铁路职员录。(国图 中山图)

【0445F】重建灵桥纪念册 金臻庠编;改建老江桥筹备委员会编

宁波:改建老江桥筹备委员会,1936 年 6 月,160 页,16 开,有图。

本书由弁言、序、题字、铜图、沿革、灾变、碑记、筹备经过、会议记录、工程概况、财产目录及跋组成。(上图 中山图 甬档案馆)

【0446F】朱家账册不分卷 不著撰者

抄本 1 册(天一阁)

【0447F】自由贸易与保护关税 李权时著

上海:东南书店,1929 年 11 月,124 页,24 开。(经济丛书)

本书分绪论、国际贸易政策变迁史略、国际贸易的原理、自由贸易政策的理论、保护贸易政策的理论等 5 章,阐述自由贸易与保护关税理论问题。(浙图 国图 上图 读秀 CADAL)

【0448F】最近之经济建设 翁文灏讲

重庆:中央训练团党政训练,1939 年,16 页,32 开。

本书为中央训练团党政训练班讲演录,简述奖助工业法规、后方工业的发展及经济管制问题。(国图 南图)

【0449F】余姚土地陈报特刊 余姚县政府土地陈报办事处编

宁波:余姚县政府土地陈报办事处,1930 年,172 页,16 开,有图表。

本书包括法规(9 种)、组织、工作概况、重要文电、统计、大事记、奖惩及附录。卷首有题词。该刊时限为 1929 年 4 月至 1930 年 6 月。(国图　上图)

【0450F】英格兰之小作法　严竹书、赵仰夫编译

上海:新学会社,1929 年,224 页,32 开。(小作农丛书)

本书谈英格兰的土地制度。

严竹书(1895—?),奉化人,曾就职于《四明日报》。1945 年开始编辑出版《奉化文献》,到 1949 年共出版 4 集共 18 卷。

赵仰夫,奉化人。曾任新学会社经理,新学会社是一家历史悠久的专出版农业方面书籍的书店。(上图)

【0451F】苏格兰之小作法　严竹书、赵仰夫编译

上海:新学会社,1929 年,94 页,32 开。(小作农丛书)

本书谈苏格兰的土地制度。(上图)

【0452F】国际经济概论　周伯棣编

上海:中华书局,1936 年 4 月,166 页,32 开,有图表。(中华百科丛书)

本书分 11 章,论及国际商业、国际价格、倾销、垄断组织、资本移动、劳动力、国际金融等。卷首有著者序。还有 1948 年增订本。(浙图　国图　上图　读秀　CADAL)

【0453F】租税论　周伯棣著

桂林:文化供应社,1944 年 4 月,375 页,25 开,有表。

本书共 19 章,前 5 章论述租税的意义、本质、税制、转嫁与归宿等理论问题,后各章分述所得税、遗产税等各类租税的内容,征收方法与沿革等。(浙图　国图　上图　读秀　CADAL)

【0454F】货币与金融(二)　周伯棣著

上海:中华书局,1935 年 4 月,104 页,32 开,有图表。(新中华丛书)

本书为论文集,辑入周伯棣著论文 8 篇。(浙图　国图　上图　读秀　CADAL)

【0455F】中国货币史纲　〔日〕吉田虎雄著,周伯棣编译

上海:中华书局,1934 年 9 月,258 页,25 开,有图表。(社会科学丛书)

本书共 5 章,分别为总说、历代货币沿革、现代的通货、民国的币制、币制改革问题。(浙图　国图　上图　读秀)

【0456F】经济学纲要　周伯棣编

上海：中华书局，1937年5月，152页，32开。（中华百科丛书）

本书共4章，分别为绪论、价值与价格、生产及其要素、分配与所得。（浙图　国图　上图　读秀　CADAL）

【0457F】经济浅说　周伯棣编

上海：中华书局，1935年10月，58页，32开，有图表。（中华文库 初中第一集）

本书简述经济学基础知识，共10章。卷首有自序。（浙图　国图　上图　读秀）

【0458F】世界产业革命史　周伯棣、鲁君明编

上海：中华书局，1935年4月，168页，32开，有表。（中华百科丛书）

本书共6章，介绍世界产业革命发展的历史。卷首有舒新城及编者序。（浙图　国图　上图　读秀　CADAL）

【0459F】物价与物价指数　周伯棣著

桂林：文化供应社，1942年1月，55页，50开，有表。（青年新知识丛刊）

本书共4章，论述价值与物价的关系，物价涨落的原因，物价对个人、企业、国家财政的影响及物价指数的编制方法等。（浙图　国图　上图）

【0460F】白银问题与中国货币政策　周伯棣编

上海：中华书局，1936年，202页，32开 有表。（新中华丛书）

本书叙述美国如何操纵白银问题、中国的白银对策、停止银本位发行法币和当时中国新货币政策的来龙去脉。（浙图　国图　上图　CADAL）

【0461F】民国经济史（银行周报三十周纪念刊）　**朱斯煌**主编

上海：银行周报社，1948年1月，790页，16开，有表。

本书分论著、统计、经济资料、经济大事记等4编。末编"经济大事记"逐月记载民元以来国内外经济大事。卷首有题词及徐寄顾、王志莘、朱斯煌序。封面注有"银行学会编印"字样。（浙图　国图　上图　读秀　CADAL）

【0462F】信托总论　朱斯煌著

昆明：中华书局，1939年9月初版，572页。

本书共5编，分别为概论、事业之发展、信托业务论、信托公司论、信托

之法理、结论。（浙图　国图　上图　读秀　CADAL）

【0463F】银行经营论　朱斯煌著

长沙：商务印书馆，1939 年 2 月，475 页，23 开，有表。

本书分 20 章，论述银行经营的理论与实务。附录战时农矿工商管理条例、工业奖励法、新货币法令、中央银行法等章则 25 种。（甬图　浙图　国图　读秀）

【0464F】朱斯煌信托论文汇刊　朱斯煌著

著者刊，1938 年 4 月，288 页，16 开，有表。

本书为论文集，辑集作者曾发表于《信托季刊》上的文章 14 篇。（上图）

【0465F】银行概说　朱斯煌著

上海：中国文化服务社，1948 年 6 月，89 页，32 开，有表。（国民文库）

本书概述银行之存放款、承兑贴现、汇总、票据交换等项业务。备作高中商科课本用。（国图　上图　上社院图　中科院图　CADAL）

【0466F】宁波商报诞生特刊　宁波商报编

宁波：宁波商报，1932 年，58 页，32 开。

本书收有缪德渭、俞济氏、倪维态、庄禹梅等 20 余人所写的商贸论文，并有大量题词。（国图）

【0467F】华股内容汇编　杨德惠编，**杨荫深**助编，戚仲耕校订

编者刊，1944 年，145 页，48 开。

本书为在上海市场上交易股票的华资银行股份公司名录。（上图）

【0468F】TVA 略说　张其昀著

上海：华夏图书出版公司，1948 年 12 月，16 页，32 开，有图。（现代文库）

本书介绍美国田纳西河管理总局从事水利工程、水力发电等建设的概况。（上图）

【0469F】自修经济学初步　尚辛著

金华：浙东文化工作社，民国间，42 页。（初学社会科学丛书）（国图）

【0470F】农村问题及其对策　赵仰夫、盛莘夫译

上海：新学会社，1930 年 5 月，180 页。

本书共 6 章，分别为农村问题与其救济策、农业改造方策、都会和农村的分裂、农民土地爱着心冷却的倾向、论佃农调停法案、论产业组合中央

金库。

盛莘夫(1898—1991),号国贤,奉化县人。地质学家、地层古生物学家,主要从事地层古生物研究。著有《稻作增收法》《浙江地质纪要》等书;译有《烟草之栽培及其烤法》等书。(复旦图　读秀　CADAL)

【0471F】丹麦的农村建设　赵仰夫译著

上海:新学会社,1928年8月,64页,32开,有图。

本书据美国福德原书译著。概述丹麦农业复兴的近况与丹麦农村社会的生活。卷首有"译著者叙"。(浙图　国图　上图　南图　读秀　CADAL)

【0472F】中国矿业纪要　丁文江、翁文灏著

北京:农商部地质调查所,1921年6月,46页,16开,有表。

本书为《第一次中国矿业纪要》,介绍各种矿的产地、产量、产额、价值及经营情形,内容大部分为表格。(国图　上图　复旦图　人大图)

【0473F】矿业报告　虞和寅著

北京:农商部矿政司,1926年3月,5册,16开。

本书共5册,包括平定阳泉附近保晋煤矿报告、抚顺煤矿报告、临榆柳江煤矿报告、本溪湖煤铁公司报告、锦西大窑沟煤矿报告。(国图　上图　中山图　CADAL)

【0474F】中国经济研究　方显廷编

长沙:商务印书馆,1938年2月,2册,1204页,有表。(南开大学经济研究所丛书)

本书分一般经济、农业、土地、合作、工业、金融、财政、贸易与交通等8编。卷首有编者序。

方显廷(1903—1985),鄞县人。著名经济学家。著有《天津地毯工业》《天津针织业》《天津织布工业》《天津之粮食业及磨房业》《华北织布工业与商人雇主制度》《中国之棉纺织业》《中国之合作运动》《中国之乡办工业》等。(浙图　国图　上图　CADAL)

【0475F】战时中国经济研究　方显廷编

长沙:商务印书馆,1941年8月。(南开大学经济研究所丛书)

本书分一般经济、农业、工业、金融与财政、贸易与交通等5编。(CADAL)

【0476F】会计学　虞中望著

上海：会文堂新记书局，1932年9月，318页，25开，有表。

本书分4编，概述会计学的簿记原理、账簿及账簿组织、资产负债表、会计监查等。卷首有例言。末附会计师条例。

虞中望，镇海人。留学日本，注册会计师，曾任上海法政学院教授。（国图　人大图　CADAL）

【0477F】中国战后经济问题研究　方显廷等著

重庆：商务印书馆，1945年11月，257页，有表，25开。

本书系南开大学经济研究所同人1941—1943年在报刊上发表过的文章的选辑。内容分为国际经济与中国、经济政策、工业区划、币制外汇、对外贸易5类，收入方显廷等撰写的有关论文24篇，讨论战后中国的经济建设问题，卷首有编者序。（浙图　国图　上图　读秀　CADAL）

【0478F】美国资本主义发达史　[日]石滨知行著，施复亮、周伯棣译

上海：春秋书店，1930年，428页 32开 有表

本书共9章。卷首有著者序，各章后有注释。书末附参考书目。（浙图　国图　上图　读秀　CADAL）

【0479F】中国战时物价与生产　方显廷编

重庆：商务印书馆，1945年9月，210页，25开，有表。（南开大学经济研究所丛书）

本书分总论、就业与生产、利率与物价、物价生产与财政金融政策等4编。卷首有编者序。（浙图　国图　上图　读秀　CADAL）

【0480F】中国工业资本问题　方显廷著

长沙：艺文丛书编辑部，1939年4月，80页，32开，有表。（艺文丛书）

本书分自1862年以来中国工业各阶段的发展史、中国工业化的程度以及外资所占的地位、计划经济与工业建设、工业化与手工业的前途、中国工业化的资本问题等7章。（浙图　国图　上图　读秀　CADAL）

【0481F】中国之棉纺织业　方显廷著

上海：国立编译馆，1934年11月，387页，25开，有表。

本书共8章，概述中国棉纺织业的历史及区域分布，棉花的生产及贸易，棉纺织品的制造与销售，棉纺织业的劳工、组织状况，棉织品的进出口贸易，并分析中国棉纺织业的前景。附录统计图表21种、有关文契7种，卷

首有著者序。（国图　上图　南图　读秀　CADAL）

【0482F】中国工业化之程度及其影响　何廉、**方显廷**著,工商部工商访问
局编

上海:工商部工商访问局,1930 年,91 页,32 开,有表。（工商丛刊）

本书介绍我国棉纺、缫丝、面粉、榨油、火柴、电气各业及工厂规模、各
业工人的分配情况,说明我国工业化的程度以及对工厂制度、劳动问题、国
外贸易与贸易政策等的影响。（浙图　国图　上图　读秀　CADAL）

【0483F】天津地毯工业　方显廷编

天津:南开大学社会经济研究委员会,1930 年,101 页,16 开。（工业丛刊）

本书共 7 章,分别为地毯的历史及产区、地毯工业组织、地毯的织法、分
类与销售、地毯工人及工会组织、分析天津地毯工业概况与衰落原因、提出
改良的建议。卷首有穆藕初序及著者自序。卷端书名题为:天津地毯工业
调查。（浙图　国图　上图　读秀）

【0484F】论华北经济及其前途　方显廷著

天津:南开大学经济研究所,1936 年 7 月,74 页,16 开,有表。

本书叙述华北的地理环境、土地、人口、农产、矿产工业、交通、金融、财
政等,并论及华北的经济前途。（上图）

【0485F】天津之粮食业及磨房业　方显廷著

天津:南开大学经济学院,1934 年 1 月,141 页,21 开。（工业丛刊）

本书叙述天津粮店交易、存储、分配状况及磨房业状况。（上图　上社
院图　津图）

【0486F】华北乡村织布工业与商人雇主制度　方显廷著

天津:南开大学经济研究所,1935 年,70 页,32 开。（工业丛刊）

本书内容有高阳工业制度之演进,商人雇主制度下之工业体系及其特
点,乡村织布工业中新工业制度之展望。（上图　CADAL）

【0487F】近代欧洲经济史讲义大纲　方显廷编

天津:南开大学经济学院,1933 年,99 页,16 开。

本书各章后附有西文参考书目。（上图）

【0488F】太平洋各国经济问题　方显廷讲

本书为中央训练团台湾行政干部训练班讲演录。内容共 8 讲,分别为

引言、太平洋各国人口与移民问题、太平洋各国资源分布问题、太平洋各国之工业化、太平洋各国交通问题、太平洋各国贸易问题、太平洋各国投资问题、国际经济趋势与太平洋经济问题。1945 年出版。（人大图　CADAL）

【0489F】天津织布工业　方显廷编著

天津：南开大学经济学院，1931 年 12 月，97 页，16 开，有表。（南开大学经济学院工业丛刊）

本书共 5 章，分别为织布业之历史及其区域之分配、织布工业之组织、布之织造及其销售之方法、织布工人及学徒之分析、结论及建议。有编著者序。（国图　中科院图　津图　CADAL）

【0490F】天津针织工业　方显廷编

天津：南开大学经济学院，1931 年，86 页 16 开 有表（南开大学经济学院工业丛刊）

原书为英文本，曾于 1930 年 12 于出版，中译本前 4 章曾于 1930 年 7 月至 1931 年 1 月在天津《大公报》所编的《经济研究周刊》上连载。卷首有方显廷序。（浙图　国图　上图　津图　CADAL）

【0491F】由宝坻手织工业观察工业制度之演变　方显廷、毕相辉著

天津：南开大学经济研究所，1936 年 1 月，69 页，16 开，有图表。（南开大学经济学院工业丛刊）

本书共 3 章，介绍宝坻县的环境及手工业，分析华北新式乡村工业的兴起、演进及衰落过程。书中有注释。（国图　上图）

【0492F】中国之合作运动　方显廷著

天津：南开大学经济学院，1934 年 5 月，38 页，16 开，有表。

本书介绍中国合作运动的现状及发展趋势。（国图　CADAL）

【0493F】中国之工业讲义大纲　方显廷、谷源田编

天津：南开大学经济学院，1933 年，101 页，16 开。

本书分导论、大工业与小工业、中国新工业之发展、中国之钢铁工业、中国之火柴工业等 17 讲。（CADAL）

【0494F】徐青甫先生演讲集 第 2 册　徐青甫著

浙江财务人员养成所，1932 年，126 页，18 开。

本书包括金融币制改革、资本、生产等第 3 讲至第 7 讲。附录答王克宥

先生评经济革命救国论。(上图)

【0495F】国民经济建设运动　翁文灏讲

中央训练团,1940年7月,17页,32开。

本书讲述国民经济建设运动的目标、原则及实施细则。(国图　上图
重图　CADAL)

【0496F】实用会计学　钱荘龄、**袁际唐**编

上海:民智书局,1933年,424页,23开。(民智商学丛书)

袁际唐(1907—1989),鄞县人。会计学家、会计教育家。著有《近世商
业簿记学》《实用会计学》《家庭簿记》《所得税会计论》等。(浙图　人大图)

【0497F】实用会计学　袁际唐等编

上海:正则会计事务所,1938年10月,250页,25开,有图表。

本书分绪论、资产负债表、资本增减之分析、损益计算表、财产目录等
20章。各章后均附有练习题。(国图　重图　CADAL)

【0498F】所得税会计论　袁际唐、陈德容编著

上海:编者刊,1937年3月,520页,有表。

本书据授课讲稿编成,分2编。卷首有钱永铭、金国宝、李权时、谢霖等
人的序。

陈德荣,有的书著陈德容,鄞县人,曾任复旦大学会计学系教授。(上
图　复旦图　中科院图　读秀　CADAL)

【0499F】家庭簿记　袁际唐编

上海:中华书局,1936年,103页,32开。(初中学生文库)

本书共5章,分别为家庭簿记的概念、收付规则及账户名称、家庭预算
的编制、家庭簿记的记账须知、家庭记账的简捷法则。(浙图　津图　读秀)

【0500F】律师应有之会计知识　袁际唐编

上海:黎明书局,1935年。(黎明商业丛书)

本书分簿记之方法、会计之要义、非讼事件应用之会计等3编。
(CADAL)

【0501F】国际信托公司　袁际唐著

上海:大东书局,1933年9月,90页,32开,有表。(社会科学基础丛书)

本书简要介绍英美两国投资信托公司,并述及信托公司的意义、类别、

组织、管理、资本、利润、经营业务等，对该业会计制度叙述尤详。（浙图
国图　上图　CADAL）

【0502F】政治经济学论丛　［德］马克思著，**吴亮平译**

上海：生活书店，1939 年 4 月，172 页。

本书含雇佣劳动与资本、价值价格与利润、马克思的《资本论》、节录
《资本论》第二卷序言、资本家的继续之历史倾向、《政治经济学批判》序、马
克思的《政治经济学批判》等内容。（北大图　吉林图　读秀）

【0503F】经济史纲　［日］石滨知行著，施复亮、**周白棣译**

上海：大江书铺，1931 年 5 月，209 页，32 开。

本书分序说、原始社会、古代社会、中世封建社会、资本主义社会等 5
章，论述各个时期社会经济发展历史。（浙图　国图　上图　读秀
CADAL）

【0504F】实用经济学　［日］高桥龟吉著，施复亮、**周白棣译**

上海：春秋书店，1930 年，595 页，32 开。

本书共 3 编，以日本经济为背景，阐述商品生产、资本与劳动、物价、市
场、财政干预与金融政策、私有制与财富积累等理论问题。（浙图　复旦图
北大图　读秀　CADAL）

【0505F】欧美逸话　周白棣编译

上海：中华书局，1924 年，186 页。

本书是一种逸话集，共 135 则。（浙图　人大图　CADAL）

【0506F】中国资源问题　沈宗瀚讲

南京：中央训练团党政高级训练班，1945 年，82 页，32 开。

本书介绍中国农业自然环境、经济状况、主要农产品及农业资源之改
进原则。

沈宗瀚(1895—1980)，字海槎，别号克艰居士，余姚人。农艺家。著有
《中国各省小麦之适应区域》《中国农业资源》《台湾农业之发展》《中华农业
史论集》等。（上图　读秀）

【0507F】中国土地制度　陈登元著

上海：商务印书馆，1932 年 11 月，443 页，18 开。

本书共 19 章，论述历代土地制度与农民的关系，私有制度与土地改革，

土地制度与工业化、移民垦殖的关系。(浙图 国图 上图 南图 读秀 CADAL)

【0508F】粮食(国防资源) 沈宗瀚讲

重庆:国防研究院,1943 年 1 月,42 页,32 开,有表。

本书讲述抗战前后中国粮食生产、消费状况。(国图)

【0509F】鄞县米谷管理委员会三十一年度业务报告 鄞县米谷管理委员会编

鄞县:鄞县米谷管理委员会,100 页,16 开,有表。

本书内收有关章则办法、统计报告、行文辑要等。(上图)

【0510F】棉花品级问题 叶元鼎等编著

上海:实业部上海商品检验局,1931 年 7 月,104 页,23 开,有表。(上海商品检验局丛刊)

本书共 5 章,概述美国棉花品级的历史、制作、检验情况,并阐明制定我国棉花品级标准的必要性。(中山图 上社院图 读秀)

【0511F】中国棉产状况 叶元鼎等编

上海:工商部上海商品检验局,1930 年 1 月,77 页,23 开,有表。(工商部上海商品检验局丛刊)

本书分世界棉产概况、棉产输出与输入、棉业统计等 8 章。(国图 上图 CADAL)

【0512F】棉花检验政策 叶元鼎等编述

上海:工商部上海商品检验局,1929 年,58 页,32 开。(工商部上海商品检验局丛刊)

本书叙述棉花品质的检验、检验情况、设立棉检处的重要性及棉检进行步骤等。(上图 中山图 中科院图 CADAL)

【0513F】中国棉花贸易情形 叶元鼎等编

上海:工商部上海商品检验局,1930 年 4 月,114 页,23 开,有表。(上海商品检验局丛刊)

本书分 10 章,讨论改进我国棉花贸易问题,述及我国商棉现状及棉花的包装、运输、纱厂与交易方法等。(国图 上图 读秀 CADAL)

【0514F】中国农村经济资料续编 冯和法编

上海：黎明书局，1935 年 8 月，272 页。（农村经济参考用书）

本书继初编本之后，辑入 1933 年至 1935 年春所发表的有关资料。编制体例较前略有不同，分上、下编。上编以省分章，概述诸典型县份状况；下编以问题分章。（浙图　厦图　国图　读秀　CADAL）

【0515F】中国农村经济资料　冯和法编

上海：黎明书局，1933 年，1166 页。（农村经济参考用书）

本书辑入 1932 年年底以前所发表的农村实地调查资料，分省编辑。末附索引。（浙图　CADAL）

【0516F】合作主义　［美］James Peter Warbasse 著，张昌忻、**冯和法**、陆国香译

上海：卿云图书公司，1930 年 3 月，216 页。（民众丛书）

本书共 8 章，分别为现社会秩序的批判、各派社会主义的批判、合作的经济、合作的社会状况和政治状况、实行的方案、合作的缺点和困难、合作的利益、合作是为全人类的。（复旦图　国图　读秀　CADAL）

【0517F】战时经济学讲话　崔尚辛著

本书讲述战时的财政金融，工、农、商业政策及中国在抗战中的民生问题。（国图）

【0518F】少年经济学讲话　崔尚辛著

本书共 4 章，讲述商品、货币、资本、两种不同社会制度等问题，供青少年阅读。（国图）

【0519F】中国农村经济论 农村经济论文选集　冯和法编

上海：黎明书局，1936 年再版，398 页。

本书辑入论文《封建社会的农村生产关系》《兵差与农民》等 15 篇。（浙图　中山图　复旦图　读秀　CADAL）

【0520F】战时茶业政策论　冯和法著

上海：农本书店，1939 年，74 页，32 开。

本书分战时茶叶政策的目标、现行茶叶体系的实况、当前茶叶改造的原则、中央茶叶行政的设施、地方茶叶管理的内容等 5 讲。末有后记。（浙图　国图　上图　中山图　读秀）

【0521F】农村经济及合作　王世颖、**冯静远**编

上海:黎明书局,1934 年。(黎明师范教本)

本书介绍农村经济基础理论、中国农村经济实况,以及农村合作实施方法。(国图 浙图 读秀)

【0522F】农村经济及合作 冯静远编著

浙江:浙江省教育厅,1937 年,92 页,32 开。(民众教育辅导丛书)

本书分绪论、土地问题、农产市场、农业金融、农业劳动、农村合作等 7 章。(浙图 中山图 中科院图 读秀 CADAL)

【0523F】农业信用:农村金融原理 [法]波雅查格鲁(A. J. Boyazoglu)著,
冯静远译

上海:黎明书局,1935 年,280 页。

本书对农业信用问题作理论上的研究及实际上的考察,论及农业信用的起源、实况、组织方式、种类及农村高利贷、国际农业信用等。(浙图 厦图 中科院图 国图 读秀)

【0524F】建设委员会农矿部直辖中央模范林区委员会工作报告 第 1 期 姚传法编

南京:中央模范林区委员会,1929 年,91 页,16 开,有图表。(国图 南图)

【0525F】浙江沿海各县渔盐概况 浙江省立宁波民众教育馆编

宁波:浙江省立宁波民众教育馆,1936 年 10 月,28 页,16 开。(上图 重图)

【0526F】中国工业化之统计的分析 方显廷著

出版地、出版者不详,1930 年,44 页,16 开。

本书分 5 节,概述中国工业化的意义、范围、环境、程度,统计分析中国工业化的生产、人口、工厂制度、劳工问题、国外贸易,外国在华投资的性质、范围及影响等。(国图)

【0527F】实业考 卢成章著

上海:科学仪器馆,1913 年,90 页,21 开。

本书收"上黎副总统(三说)""日本富强事实一览表""钢铁世界""宣统二年份汉口税关报告撮要""创录汉冶萍公司之新计划""光复后汉冶萍经过事实""汉冶萍公司函件一束""钢铁工业救国策"等内容。

卢成章,字志学,鄞县人。(中社院图 上图)

【0528F】西北问题　任美锷等著

上海：科学书店，1943年，98页，32开。

本书为自然地理与经济地理论文集，收有《建设西北平议》《甘肃省河西区之渠工》等8篇专论。

任美锷（1913—2008），宁波人。地理学家，海洋地质学家。著有《建设地理新论》《中国自然地理纲要》等。（复旦图　北大图　中科院图　读秀　CADAL）

【0529F】建设地理新论　任美锷著

上海：商务印书馆，1948年2月，135页，32开。（新中学文库）

本书分地理研究与经济建设、经济地理学理论的体系、工业区位理论的研究等10部分。（浙图　CADAL）

【0530F】会计数学　李鸿寿、**莫启欧**编译

长沙：商务印书馆，1935年，450页，25开。（立信会计丛书）

莫启欧（1912—1994），奉化人。（浙图　南图　中山图　读秀　CADAL）

【0531F】帝国主义　张明养著

上海：中华书局，1949年，65页。（大众文化丛书）

本书分帝国主义的定义和特征、帝国主义的经济侵略、帝国主义的政治侵略与殖民地、帝国主义者的侵略理论、帝国主义国家间的对立与美帝扩展的特质、世界反帝的斗争等8章。（上社院图　厦图　复旦图　读秀　CADAL）

【0532F】世界经济会议　张明养著

上海：生活书店，1933年，59页，42开。（时事问题丛刊）

本书介绍1933年6月12日在伦敦召开世界经济会议（即世界金融经济会议）的前后经过，评述美、德、日等国的态度及对会议前途的展望。（浙图　南图　厦图　上社院图　读秀　CADAL）

【0533F】战时首都合作事业从业员名录　刘昆水编

重庆：中国合作事业协会，1945年，90页，18开。

本书收录65个组织名录。

刘昆水（1914—2000），宁波人。中国民主建国会中央常委，日本东京早稻田大学肄业。（国图）

【0534F】日人眼中之东北经济 ［日］小岛精一等著，**张其春、夏禹勋译**

南京：钟山书局，1933 年，150 页，16 开。（人地学会丛书）

本书收入《满洲工业之现状与计划的开发政策》《满蒙农业之展望》《满洲的林业》《满蒙之殖民》等 4 篇文章。（南图 武大图 中科院图 CADAL）

【0535F】浙江省各县办理财务须知 徐青甫著

杭州：浙江财政厅，1935 年，1 册。（南图）

【0536F】四川农村物价 胡国华编

重庆：中国农民银行四川省农村经济调查委员会，1941 年 12 月，173 页，16 开。

本书为四川省农村经济调查报告，内容有四川省物价指数、生产品价格之变动、农地价格、农工工资等。

胡国华（1912—?），鄞县人。专长经济统计、物价统计。（浙图 复旦图 中山图 读秀）

【0537F】麦氏簿记与会计学（上册） J. O. Mckinsey 著，**郑世察译**

上海：沪江大学，1938 年，391 页，16 开。（沪江大学商学院丛书）

本书为商学院的第一年教材。

郑世察（1896—1983），慈溪人。（上图）

【0538F】末期的资本主义经济 蒋学模著

上海：中华书局，1949 年，74 页。（大众文化丛书）

本书分末期资本主义经济的特征、资本主义病征的暴露、资本主义经济的末流救星、世界资本主义经济现况等 4 章。（南图 复旦图 北大图 国图 读秀 CADAL）

【0539F】捷克斯洛伐克的国民保险 张明养、蒋学模译

上海：中华书局，1949 年 11 月，220 页。

本书共 8 编，分别为总则、保险福利、基金的来源、特级人的保险、国民保险的行政及财务、保险的监督、程序及罚则、暂行条款及总结条款。（南图 复旦图 上社院图 读秀 CADAL）

【0540F】捷克的工业国有化 ［捷］高尔特曼撰，**蒋学模译**

上海：世界知识社，1949 年，104 页。（世界知识丛书）

本书分 11 部分,介绍捷克的工业国有化。有附录。(南图　上社院图读秀　CADAL)

【0541F】苏联经济生活　威廉原著,蒋学楷译

上海:黎明书局,1938 年 4 月,117 页。

本书通俗介绍苏联的资源、计划经济、工农业生产方式、交通概况、科学、工会、社会保险、人民生活、货币银行等内容。(复旦图　上社院图　中科院图　读秀　CADAL)

【0542F】外人在华投资论　[美]雷麦(C. F. Remer)著,蒋学楷、赵康节译

上海:商务印书馆,1937 年,668 页,23 开。(经济丛书)

本书应"太平洋国际研究学会"要求而编纂,对 1930 年以前各国在华投资问题进行研究,所收资料较详,分为两卷。书名原文 *Foreign Investments in China*。(浙大图　复旦图　北大图　CADAL　读秀)

【0543F】农工合作政策　蒋学楷译

上海:红叶书店,1930 年,96 页 32 开

本书论述工农劳动者合作方法直接交换产品,取消中间剥削的计划。(浙图　国图　中山图　CADAL)

【0544F】农学概论　童玉民著

上海:中国农学社,1935 年 8 月,146 页。

本书分论农学、论农业、论农村等 3 篇。(浙图　复旦图　上社院图读秀　CADAL)

【0545F】农业经济学　童玉民著

上海:新学会社,1931 年 7 月,276 页。

本书分两编,第 1 编"总论"共 6 章;第 2 编"本论"共 3 章,论述农业生产、交易和分配等。(浙图　国图　读秀　CADAL)

【0546F】合作概论　童玉民编

上海:中华书局,1938 年 10 月再版,148 页,32 开。

本书共 15 章,介绍合作的意义,合作制度与社会主义及三民主义的关系,合作社特性、分类、原则、效用、组织、业务及联合等。(浙图　上社院图复旦图　读秀　CADAL)

【0547F】贩卖合作提要　童玉民著

上海:新学会社,1929 年,52 页,50 开。(合作丛书)

本书简述农产品运销合作社的经营目的、效用及业务。卷首有作者序。(国图　CADAL)

【0548F】合作运动纲要　童玉民著

上海:新学会社,1931 年,150 页,25 开。

本书介绍合作运动之意义、特性,以及合作社组织的推行方法等。(浙图　中山图　CADAL)

【0549F】利用合作提要　童玉民著

上海:新学会社,1929 年,74 页。(合作丛书)

本书介绍合作社的基础知识,共 11 章。(国图　CADAL)

【0550F】信用合作提要　童玉民著

上海:新学会社,1929 年。(合作丛书)

本书先论信用合作总论,次论组织信用合作社之方法,再论经营信用合作社之方法,最后论述放款存款。(浙图)

【0551F】战时经济讲话　童玉民著

丽水:锦春祥印刷局,1938 年,52 页。(浙图)

【0552F】我国关税自主后进口税率水准之变迁　郑友揆著

长沙:商务印书馆,1939 年 11 月,60 页,25 开,有图表。(国立中央研究院社会科学研究所丛刊)

本书包括引言及说明、一般的研究、分类研究总述等内容。

郑友揆(1909—1998),镇海人,专长中国近代经济史。著有《中国的对外贸易与工业的发展》。(国图　上社院图　中科院图　读秀　CADAL)

【0553F】我国近十年来国际贸易平衡之研究　郑友揆著

南京:国立中央研究院社会科学研究所,1935 年,49 页,16 开,有图表。

本书为《社会科学杂志》第 6 卷第 4 期抽印本,介绍我国 1925—1934 年十年来进、出口贸易平衡问题。(上图　中社院图　CADAL)

【0554F】"九·一八"后二年我国进口日货分析　郑友揆著

北京:社会调查所,1933—1949 年,42 页,16 开。

本书为《社会科学杂志》第 5 卷第 1 期抽印本。(上图　北大图　CADAL)

【0555F】我国海关贸易统计编制方法及其内容之沿革考　郑友揆著

南京:国立中央研究院社会科学研究所,民国间,32 页,16 开,有表。

本书为《社会科学杂志》第 5 卷第 3 期抽印本。(浙图　国图　上图
CADAL)

【0556F】中国各通商口岸对各国进出口贸易统计　蔡谦、郑友揆编

上海:商务印书馆,1936 年,627 页,10 开。(国立中央研究院社会科学
研究所丛刊)

本书共 4 部分。附录"进出口各货按照国联细目"。(浙图　复旦图
中科院图　CADAL)

【0557F】两年来福建财政工作概要　徐桴著

本书分为总述、撤废苛杂及减免赋税之部、确定县地方预算之部、整理
货币及救济金融之部、厘定税则之部 5 个部分。

徐桴(1882—1958),字圣禅,镇海人。(人大图　读秀)

【0558F】鄞奉长途汽车股份有限公司组织条例暨各部办事章则　鄞奉长途
　　　汽车股份有限公司编

宁波:鄞奉长途汽车股份有限公司,民国间,69 页,32 开。

本书为浙江鄞县奉化汽车公司章则。(上图)

【0559F】徐协理视察报告　徐继庄著

出版地、出版者不详,1941 年 9 月,13 页,16 开。

本书为作者 1941 年 4 月至 9 月对浙、赣、闽三省中国农民银行下属分
行及办事处进行视察后所写的报告。

徐继庄,镇海人。徐青甫之子。(国图)

【0560F】本行沿革及组织　徐继庄著,中国农民银行行员训练班编

南京:中国农民银行行员训练班,1914 年,10 页,32 开,有图表。(国图
重图)

【0561F】天津棉花运销概况　方显廷主编,华北农产研究改进社编

天津:天津南开大学经济研究所,1934 年 8 月,95 页,16 开,有折表。

本书共 6 节,论述天津棉花产量在全国出口中所居地位,棉花的销售市
场、组织形式、价格变迁,天津棉花运销中存在的问题及改进办法。末附天
津棉花统计表。卷首有何廉序。(国图　CADAL)

【0562F】西南经济建设论　**方显廷、陈抱隐等执笔**

重庆:独立出版社,1939 年,46 页。(战时综合丛书)

本书简论战时西南经济建设,涉及工业化、动力、垦殖、交通、合作等问题,共 7 章。(浙图　人大图　CADAL)

【0563F】土地税　李权时编

南京:中央政治学校,1930—1949 年,232 页,16 开,有表。

卷端及书口书名题作:土地税讲义。(国图)

【0564F】遗产税暂行条例释义　李鸿球、**郑保华**著

上海:上海信托公司,1939 年 1 月,85 页,25 开,有表。

本书简述遗产税之意义、沿革,我国采用之理由,创办之经过,并对 1938 年 10 月国民政府公布的"暂行条例"逐条诠释。卷首有徐寄顾等人的序言 2 篇。(上图)

【0565F】新制簿记教本　秦开编

上海:中华书局,1917 年,126 页, 25 开。

秦开,宁波人,注册会计师。曾参与创办了我国首家会计师事务所——正则会计师事务所。1926 年 10 月在武汉发起成立武汉会计师公会。(浙图　绍图)

【0566F】新中华商业簿记　**秦开**编,高伯时修改

上海:新国民图书社,1929 年,134 页,32 开。

本书为教科书,分 3 编,共 12 章,包括绪论、复式簿记、单式簿记等。(浙图　吉林图)

【0567F】成本会计习题答解　[美]劳伦斯著,施仁夫、**唐文瑞**译

上海:商务印书馆,1934 年,147 页,16 开。(立信会计丛书)

唐文瑞,宁波人。国立上海商学院毕业,会计师,曾就职于立信会计师事务所。(浙图　中山图　武大图　CADAL)

【0568F】会计问题　施仁夫、**唐文瑞**编

上海:商务印书馆,1936 年。(立信会计丛书)

本书共 12 编,含 3〔0 则例题。(浙图　南图　中山图　读秀　CADAL)

【0569F】会计学习题答解　**唐文瑞**、沈慰萍答解

上海:商务印书馆,1934 年,180 页,16 开。(立信会计丛书)

本书为潘序伦著《会计学》上册习题答案。(浙图　中山图　津图 CADAL)

【0570F】审计实习题　唐文瑞编

长沙:商务印书馆,1939 年,87 页,16 开。(立信会计丛书)(浙图　中大图　CADAL)

【0571F】审计学　顾询、唐文瑞编

上海:立信会计图书用品社,1946 年,257 页。(立信会计丛书)

本书共 16 章,论述审计之意义、目的、种类、审计之基本法则,审查账册、单据之手续,各种资产、负债、资本及损益项目之审计,以及查账报告书等。书末附练习题。(浙图　CADAL)

【0572F】经济纪要　孙德全著

上海:中西图书馆,民国间,410 页。

本书收录《拟呈大总统请设庶民银行文》《拟呈大总统请设贮蓄银行文》《借本储蓄办法纲要》《苏州银行之十大特色》等。

孙德全(1875—?),字慎钦,又慎卿,鄞县人。会计学家,著有《理财考镜初稿》《银行释义初稿》《经济纪要》《招商局史稿》等,译有《行船预防冲突法》等。(复旦图　上社院图　中科院图　读秀　CADAL)

【0573F】储金保险、治水兴利合篇　孙德全著

出版地、出版者不详,民国间,20 页,窄 36 开。

本书收《整理邮政储金论》《国营厚民保险说略》《国营农业保险说》《政府治水兴利论》《江浙水利问题》《国营保险及其投资》《摘周克民居士著经济学与佛学一节》等 7 篇短文。(上图　国图)

【0574F】银行揽要　孙德全编

上海:商务印书馆,1919 年,2 册(199、120 页),32 开。

本书上卷述银行之性质、效益、种类、组织、资本、管理、营业,下卷述银行之簿记。(浙图　津图　国图　CADAL)

【0575F】列年海事提纲　孙德全编

上海:招商局,1929 年,26 页,23 开。

本书为世界航海运输编年大事记,内容截至 1928 年。(浙图　中科院图)

【0576F】银行指南　**孙德全**、景学铃著

　　本书共两编,上编介绍银行之性质及类别,下编介绍银行应有职务及簿记,末附章程,1945 年版。(CADAL)

【0577F】宁波实业银行各种储蓄存款章程　宁波实业银行编

　　上海:宁波实业银行,民国间,33 页,50 开。(上图)

【0578F】沪宁沪杭甬铁路旅行指南　沪宁沪杭甬两路编查课编

　　上海:沪宁沪杭甬铁路管理局,1918 年,238 页,32 开。有表及摄影。

　　本书介绍沪宁沪杭甬线敷设缘起、借款经过、施工过程、营业状况及两线的有关规章、分站纪要等。卷首有任付榜、胡韫玉序。(浙图　国图　上图　中科院图　CADAL)

【0579F】宁沪杭甬铁路旅行须知　测绘建筑技术社编

　　上海:测绘建筑技术社,民国间,30 页,23 开。

　　本书含行路规章、车内规章、买票规章、患病规章等内容。(上图)

【0580F】沪宁沪杭甬铁路史料　沪宁沪杭甬铁路管理局编查科编

　　上海:沪宁沪杭甬铁路管理局编查科,1924 年 2 月,360 页,18 开,有表。

　　本书分为"沪宁铁路史料""沪杭甬铁路史料"两大部分,内容多系 1921 年以前的官书档案材料。(国图　CADAL)

【0581F】京沪沪杭甬铁路管理局重建局落成纪念刊　京沪沪杭甬铁路管理局编

　　上海:京沪沪杭甬铁路管理局,1936 年 10 月,53 页,16 开,有图表及摄影。

　　本书内收《京沪沪杭甬铁路管理局重建局所报告》及上海北站扩充计划图、工程纪要、电气设备概要与沿线名胜古迹等资料。(浙图　上图)

【0582F】铁道部直辖京沪、沪杭甬铁路工会第二次全路代表大会特刊　铁道部直辖京沪、沪杭甬铁路工会第二次全路代表大会秘书处文书股编

　　铁道部直辖京沪、沪杭甬铁路工会第二次全路代表大会秘书处文书股,1935 年,24 页。(浙图)

【0583F】京沪沪杭甬铁路管理局廿三年第四季工作概况　京沪沪杭甬铁路

管理局编

出版地、出版者不详,1935 年,24 页。(国图)

【0584F】京沪沪杭甬铁路货车运输价目表　车务处营业课编

上海:车务处营业课,1934 年 11 月,68 页,16 开。

本书含"铁路负责"各等货物运价表、"货主负责"各等货物运价表、各等货物"普通"运价表、本两路货物运价计算方法举例、特价货物表、专价货物表、装卸价目表、杂费表等内容。(上图　CADAL)

【0585F】京沪沪杭甬铁路大事记　京沪沪杭甬铁路管理局总务处编

上海:京沪沪杭甬铁路管理局总务处,1935 年 10 月,22 页,36 开。

本书为 1896 年至 1935 年 6 月该铁路大事记。(上图)

【0586F】货运通告通函分类摘要　京沪沪杭甬铁路车务处营业课编

上海:京沪沪杭甬铁路车务处营业课,1934 年,45 页,25 开,有表。

本书分运费与轻笨货物之计算、联运运价与递远递减办法、运费之到付、代收货价、联运路路名与站名、回头空件、装卸杂费与保管费之计算、首都轮渡货物过江费之计算等 10 章。(上图)

【0587F】京沪沪杭甬铁路货客商运货须知　京沪沪杭甬铁路车务处编

上海:京沪沪杭甬铁路车务处,1933 年 6 月,64 页,23 开,有表。(上图　中科院图)

【0588F】京沪沪杭甬铁路一览(二十二年度)　京沪沪杭甬铁路局编

上海:京沪沪杭甬铁路局,1934 年 7 月,56 页,16 开,有摄影。

本书收有该年度大事记及各项统计表。卷首有黄伯樵、吴绍曾序。(国图　上图　CADAL)

【0589F】京沪沪杭甬铁路车平通车车辆零件价目表　京沪沪杭甬铁路管理局机务处编

上海:京沪沪杭甬铁路管理局机务处,1935 年 8 月,15 页,36 开。(上图)

【0590F】沪杭甬铁路民国三年度决算书附报告　沪杭甬铁路管理局编

沪杭甬铁路管理局,1915 年,44 页。

本书大部为空白统计表式。卷首有钟文耀写的弁言。报告起于 1914 年 7 月,止于 1914 年 12 月。(上图)

【0591F】沪杭甬铁路货车运输附则暨各种运价表

1928 年重订第 1 版 103 页,23 开,有表。

本书分为运输规则、运价及其他费用、甬曹段适用特价表、沪宁沪杭甬两路联运特价表等 13 节。1928 年 12 月 1 日实行。(国图　CADAL)

【0592F】中华民国二十五年份京沪沪杭甬铁路材料统计报告　京沪沪杭甬铁路管理局材料处编订

上海:京沪沪杭甬铁路管理局材料处,1937 年,93 页,16 开,有表。

本书分为工作概况、采购统计、管料统计、检验统计、其他等 5 部分内容。大部分为表。(上图　CADAL)

【0593F】沪宁沪杭甬铁路民国十八年上半年工作报告　沪宁沪杭甬铁路管理局编

上海:沪宁沪杭甬铁路管理局,1929 年。

本书共 4 章,分别为收回路权之预备、两路路务之整理、今后之设施及希望、附录。(CADAL)

【0594F】中华国有铁路沪杭甬线货车运输附则暨各种运价表　沪杭甬线车务处长订

上海:泰兴印务局,1931 年,82 页,23 开,有表。(国图　上图)

【0595F】京沪沪杭甬铁路物料暂行规范　京沪沪杭甬铁路物料标本规范审定委员会编

上海:京沪沪杭甬铁路物料标本规范审定委员会,1935 年 10 月,110 页,21 开,有表,活页精装汉英对照。(上图)

【0596F】中华民国铁路沪杭甬铁路会计统计年报

出版地、出版者不详,1933 年 9 月,48 页,8 开。

统计表系汉英对照,出版年、月据卷首黄伯樵所写英文"前言"。(国图　上图)

【0597F】一个五年间之京沪沪杭甬铁路总务行政　京沪沪杭甬铁路管理局编

上海:京沪沪杭甬铁路管理局,1940 年 4 月,183 页,16 开,有图表。

本书总结民国二十二年至二十六年该路局在机构、文书、人事、事务四方面的设施、事迹及工作程序与方法。附录"八一三"事变前后的京沪沪杭甬铁路。(国图　上图　重图　上社院图　中大图)

【0598F】京沪沪杭甬铁路职员录　京沪沪杭甬铁路管理局编

上海：京沪沪杭铁路管理局，1934 年，299 页，32 开。

本书为民国二十三年份京沪沪杭甬铁路管理局职员录。（国图）

【0599F】京沪沪杭甬铁路职员录　铁道部业务司管理京沪沪杭甬铁路事务
　　总稽核室编

上海：著者刊，1931 年 10 月，326 页，32 开。

封面题：中华国有铁路京沪沪杭甬线职员录（民国十九年二十年合
编）。（CADAL）

【0600F】京沪沪杭甬铁路修复上海北站纪念刊　京沪沪杭甬铁路营业所编

上海：中国科学公司，1933 年，24 页，16 开，有表及摄影。

本书收《借修复上海北站的机会来报告吾们的希望》《修复上海北站纪
要》《修复上海北站之连带整理工作》《二十二年份以来之重要工作》《京沪
沪杭甬铁路创设营业所旨趣》短文 5 篇。（国图　上图　CADAL）

【0601F】京沪沪杭甬铁路参加四次铁展一览　京沪沪杭甬铁路管理局编

上海：京沪沪杭甬铁路管理局，1935 年 7 月，68 页，32 开，有表及摄影。

铁道部举办的第四次全国铁路沿线出产货品展览会在青岛举行。本
书为其路展出货品名录及运输办法等，并有沿线名胜古迹介绍。（上图）

【0602F】京沪沪杭甬铁路管理局车务处组织、职掌、办事程序一览　车务处
　　总务课编

上海：京沪沪杭甬铁路管理局，1935 年，30 页，16 开。（上图）

【0603F】货等标本陈列室开幕纪念刊　京沪沪杭甬铁路管理局编

上海：京沪沪杭甬铁路管理局，1934 年 11 月，48 页，16 开，有图表及
摄影。

本书有设立"陈列室"的宗旨、征求陈列货品的办法、厂商分类一览、陈
列品种统计、货物运输须知等资料。（上图）

【0604F】交通部直辖沪宁、沪杭甬两路职员录合编（民国五年八月）交通
　　部编

上海：中华书局，1916 年，130 页，50 开，有表。

附在职外国人名录。（国图　上图）

【0605F】京沪沪杭甬铁路参加二次铁展概要　京沪沪杭甬铁路管理局编

上海:京沪沪杭甬铁路管理局,10 页 16 开

本书记录该两线各站征集的各类货品,另列出矿产、林产、水产、狩产、化学、电机、织造、饮食、建筑、家庭用品等 11 类产品的品名,出品处所、征集站名等。(国图)

【0606F】京沪沪杭甬铁路之过去与将来 刘维炽编

上海:仓颉印务有限公司,民国间,16 页,23 开。

本书叙述京沪沪杭甬铁路营业与管理概况,以及今后的发展计划。在民国政府迁都南京之后出版。(上图)

【0607F】京沪沪杭甬铁路管理局二十二年四季工作概况 京沪沪杭甬铁路管理局编

上海:京沪沪杭甬铁路管理局,民国间,46 页,16 开。(国图 上图)

【0608F】京沪沪杭甬铁路管理局二十三年工作概况 京沪沪杭甬铁路管理局编

上海:京沪沪杭甬铁路管理局,民国间,4 册,16 开。(国图 上图)

【0609F】京沪沪杭甬铁路管理局二十四年(第二至第四季度)工作概况 京沪沪杭甬铁路管理局编

上海:京沪沪杭甬铁路管理局,民国间,3 册,16 开。(上图)

【0610F】京沪沪杭甬铁路零担货物每五十公斤普通运价表 京沪沪杭甬铁路局编

上海:京沪沪杭甬铁路管理局,民国间,15 页,16 开。(上图)

【0611F】京沪沪杭甬铁路二十二年份工作概况 京沪沪杭甬铁路局编

上海:京沪沪杭甬铁路局,民国间,47 页,16 开。(上图)

【0612F】京沪沪杭甬铁路车务处现行人事法规辑要 车务处总务课编

上海:车务处总务课,1935 年 5 月,421 页,50 开,有表。

本书分总则、权限、资历、薪级、津费、储蓄、抚恤、票证、给假、教育、考绩、惩处等 14 类,辑入有关法规 173 种。(上图)

【0613F】京沪沪杭甬铁路商务会议特刊 京沪沪杭甬铁路管理局编

上海:京沪沪杭甬铁路管理局,1931 年,25 页,32 开,有表及摄影。

本书辑入开幕宣言、主席名单、议事规则、两路沿革及营业状况摘要等。会议由铁道部召集,于 1931 年 1 月 15 日在沪召开。(上图)

【0614F】最近重要工作报告 京沪沪杭甬铁路管理局总务处编

上海：京沪沪杭甬铁路管理局总务处,1934 年 8 月,40 页,36 开,有表。

本书为该路局正、副局长黄伯樵、吴绍曾为出国考察所准备的对外工作报告,涉及该路局的组织、运输、营业、设备、财产等方面的情况。（国图）

【0615F】京沪沪杭甬津浦铁路联运过江车辆办事细则 京沪沪杭甬铁路管理局车务处编

上海：京沪沪杭甬铁路管理局车务处,民国间,10 页,36 开。（上图）

【0616F】沪宁沪杭甬铁路货车运输规则

上海：1925 年,98 页,32 开。

本书含沪宁沪、杭甬铁路运货附行规则和沪宁铁路装卸费价目等内容。（国图 CADAL）

【0617F】沪宁沪杭甬铁路客车运输规则（民国十年一月一日实行） 赵庆华、克礼阿订定

上海：出版者不详,1920 年,33 页,25 开。

封面印有"民国十年一月一日实行"。（上图 国图）

【0618F】沪宁沪杭甬铁路货车运输规则（民国十年一月重订） 赵庆华、克礼阿订定

出版地、出版者不详,1921 年,121 页,24 开,有表。（上图 国图）

【0619F】交通部直辖沪宁、沪杭甬两路职员录（民国十七年） 交通部直辖沪宁沪杭甬铁路局编

上海：交通部直辖沪宁沪杭甬铁路局,1928 年,230 页,25 开。（国图 上图）

【0620F】交通部直辖沪宁、沪杭甬两路职员录（民国十四年） 交通部直辖沪宁沪杭甬铁路局编

上海：交通部直辖沪宁沪杭甬铁路局,1925 年,186 页,25 开。（国图 上图）

【0621F】交通部直辖沪宁、沪杭甬两路职员录（民国十三年） 交通部直辖沪宁沪杭甬铁路局编

上海：交通部直辖沪宁沪杭甬铁路局,1924 年,186 页,25 开。（国图 上图）

【0622F】交通部直辖沪宁、沪杭甬两路职员录(民国十五年) 交通部直辖
沪宁沪杭甬铁路局编
上海:交通部直辖沪宁沪杭甬铁路局,1926 年, 200 页, 25 开。(国图
上图)

【0623F】交通部直辖沪宁、沪杭甬两路职员录(民国十六年) 交通部直辖
沪宁沪杭甬铁路局编
上海:交通部直辖沪宁沪杭甬铁路局,1927 年,227 页,25 开。(国图)

【0624F】京沪沪杭甬号飞机命名纪念专刊 京沪沪杭甬号飞机命名典礼筹
备委员会宣传组编
上海:京沪沪杭甬号飞机命名典礼筹备委员会宣传组,1933 年 11 月,
90 页,22 开,有摄影。
本书收有空防委员会等款经过情况介绍、会议记录、章程、宣言、工作
人员一览表及有关文件,并收黄伯樵、吴绍曾、袁伯扬等十余人所作纪念文
章 13 篇。(上图)

【0625F】京沪沪杭甬两路沿线国货厂商联合会参加青岛铁展会纪念刊 京沪
沪杭甬两路沿线国货厂商联合会宣传科编
上海:京沪沪杭甬两路沿线国货厂商联合会,1935 年,45 页,16 开。
本书收上海国货厂商小史等文 20 余篇及有关专论国货的短文、消息等
资料。(上图)

【0626F】中华国有铁路京沪沪杭甬线客车运输附则(国民政府铁道部核定,
中华民国二十六年四月一日起实行) 国民政府铁道部编
南京:国民政府铁道部,1937 年,33 页,25 开,有表,精装。(上图)

【0627F】京沪沪杭甬杭江铁路货物联运暂行办法
出版地、出版者不详,民国间。(CADAL)

【0628F】民国二十三年材料统计报告 京沪沪杭甬铁路管理局材料处计
核课
本书含组织及职掌、办事手续、统计图表、附录等。(CADAL)

【0629F】浙江最近财政说明书 **张寿镛**主编,莫量编辑
武昌:出版者不详,1915 年,2 册。
本书是一部清末及民国初的浙江财政史资料汇编,分岁入、岁出二门,

其中岁入门分田赋、厘金、杂税捐、杂收入 4 类。有 1914 年作者序。（浙图）

【0630F】约园理财牍稿　张寿镛著

著者刊，1919 年，1 册，有像。

本书著录作者自 1915 年 7 月 31 日至 1918 年 9 月 1 日任湖北财政厅厅长时的公牍文 115 篇，后附录《浙江讨论财政答案》《筹办浙省烟酒公卖意见书》《整理预算建议案》等 5 篇。有 1918 年作者序。（北大图　CADAL）

【0631F】商办宁波永耀电力股份有限公司第二十二届营业报告书

宁波：出版者不详，1937 年，1 册，16 开。（南图）

【0632F】美国经济动员及其经济战斗力　徐培根编著

南京：陆军大学，1945 年，108 页，25 开，有图表。

本书叙述第二次世界大战时期美国经济动员经过，以及军需资源、海运、对外租借等情况。

徐培根（1895—1991），谱名孝瑞，字石城，象山人。著名军事理论家，殷夫的长兄。编著有《现代战略》《纵深阵地之防御与突破》《中国古代战法之影响》《太公六韬》《孙子兵法注译》《五十年来的中国军事》等。（国图上图　人大图　读秀　CADAL）

【0633G】本国地理　张其昀编

上海：商务印书馆，1926 年，490 页（2 册），有图。

本书为新学制高级中学教科书。除导言外，共 23 章。每章均有山川、风物提要、人地关系等内容。（浙图　国图　读秀　CADAL）

【0634G】初中地理教科书　张其昀编

南京：钟山书局，1936 年，2 册，32 开，有图。

本书上册 15 章，分省介绍本国地理；下册 16 章，介绍日本、印度等国地理。（浙图　CADAL）

【0635G】慈溪县第三期小学教员训练班讲义　慈溪县小学教员训练班编

宁波：慈溪县小学教员训练班，1938 年，1 册。（浙图）

【0636G】从体育中培养品格　［美］麦克乐著，**江良规**、吴琅笙译

重庆：教育部国民体育委员会，民国间，54 页，32 开。

本书分品格教育的历程、培养观念理想和习惯、活动方式的选择、一个教育上的实验等 14 章。

江良规(1914—1967),奉化人。著有《女子游泳训练法》《新体育原理》《田径训练图解》《体育行政》等,译有《奥林匹克哲学》《运动卫生学》等。(浙图 南图 吉林图)

【0637G】德意志体育概况 江良规著

湖南:体育与健康教育研究社,1942年,52页,16开。

本书分体育行政之组织、德国学校体育、社会体育、体育师资及体育奖章运动等7章。(读秀)

【0638G】第二期辅寻大纲:常识教学 浙江鄞县政府教育局编

宁波:浙江鄞县政府教育局,1930年,26页,有图表。

本书为小学常识课教学用书,分课程、教材、设备、教学、考查成绩等5章。(国图)

【0639G】读书的方法与经验 王任叔著

重庆:生活书店,1940年,162页。(青年自学丛书)

本书分读书即是生活、读书的方法,以生活印证书籍、治学的方法、战时的读书问题等7章。(国图 南图 读秀 CADAL)

【0640G】杜韩两氏高中国文 杜天縻、韩楚原编辑

上海:世界书局,1933。

本书为高中语文教材。共6册,另附《高中国文注释》。

杜天縻(1891—1958),名文治,字志文,一字天縻,号鹏展,以天縻字行,余姚马渚西湖杜村人。著有《明代浙江御倭人物志》《文字行演》等。

韩楚原,从事过文学著作的编注工作,曾主编过《当代中国文学》。(读秀 CADAL)

【0641G】儿童日用游戏器具 [美]海尔原著,张雪门译

上海:儿童书局,1933年,116页。

本书共10章,讲述体育器械、积木、偶人、家庭玩具、动物玩具、手工玩具、沙箱、图画书、画片等游戏器具的选择、保管与使用。

张雪门(1891—1973),原名显烈,字承哉,鄞县西乡人。我国著名的幼儿教育专家。著有《从孩提到青年》《幼稚园教材教法》《幼稚园行为课程》《幼教无际论》《幼稚园行政》《儿童保育》《幼儿教育》《幼稚园课程活动中心》《幼稚园行为课程》。(宁山图 厦图 人大图)

【0642G】二十三年度浙江省第四学区暑期社会教育讲习会工作报告　浙江第四学区社教辅导机关,鄞县县立中山民众教育馆编

宁波:编者刊,1934年,108页。

本书含筹备经过、办法及章则、各县听讲人数统计表等内容。书名题:浙江省第四学区暑期社会教育讲习会经过报告。(浙图)

【0643G】奉化孙玉叟先生六秩征诗启　舒和钧等

宁波:出版者不详,1915—1916年。

奉化孙锵60岁征诗启事。

孙锵(1856—1932),谱名礼锵,字仲鸣、玉叟,奉化人。有藏书楼名"好古山房",设"七千卷藏书楼"。(甬图)

【0644G】奉化县教育概况:十八年度第二学期　奉化县政府教育局编

宁波:奉化县政府教育局,1930年,88页。(浙图)

【0645G】奉化县立初级中学丛刊　校刊编辑股编

宁波:奉化县立初级中学,1929年,1册。(浙图)

【0646G】古今典籍聚散考　陈登原著

上海:商务印书馆,1936年,1册,线装。

本书全面研究中国藏书史上典籍图书散佚、毁失现象,"以书之聚散为经,以年事为纬",分政治、兵燹、藏弄、人事四卷,叙述古今典籍聚散之由及期间之艺林故事。(浙图　CADAL)

【0647G】古今伪书考补正　黄云眉补正

南京:金陵大学中国文化研究所,1931年,1册,线装。

本书是对姚际恒《古今伪书考》作辨伪、考订和补正。书后附有《原著补证异同对照表》。

黄云眉(1898—1977),原名鋆铦,字子亭,号半坡,余姚人。著名历史学家和史学教育家。著《明史考证》。(天一阁　浙图　国图　CADAL)

【0648G】国技大观　姜侠魂等编订

上海:振民编辑社,1923年,863页。(武术丛书)

本书为武术著作资料汇编,分名论、专着、杂俎、轶事等4类。

姜侠魂(1884—1964),别名姜抱优、姜泣群,鄞县人。长期从事小说、稗史编辑出版工作。编有《朝野新谈》《风尘奇侠传》《稗史秘笈》《五朝稗

史》《红闺轶闻大观》《天涯异人传》《剑侠骇闻》《清代剑侠奇观》《南北奇侠传》等。(读秀)

【0649G】国立北平故宫博物院南京分院保存库落成纪念册 马衡著
南京:北平故宫博物院南京分院,1936年9月,8页,32开。(上图)

【0650G】国民教育实施概要 胡开瑜编著
宁波:奉化县政府教育科,1940年,106页。
胡开瑜,奉化人,曾任上海宁波旅沪同乡会第四公学校长、奉化日报社社长、奉化县教育会会长。(浙图)

【0651G】过渡时代之思想与教育 蒋梦麟著
上海:商务印书馆,1933年,473页。
本书收《过渡时代之思想与教育》《教育方向的转变》《人生哲学与道德教育》《欧战以后的教育问题》《对北大学生说的几句话》《杂录》等8篇演说词。(浙图 南图 读秀 CADAL)

【0652G】化学讲义 钟观光编
上海:商务印书馆,1912年,189页。
本书为师范讲习社师范讲义。分为绪论、无机化合物、有机化合物等3篇。
钟观光(1868—1940),字宪鬯,镇海人。植物学家,首倡科学救国,创办四明实学会。著有《理科通证》《旅行采集记》《山海经植物》《近世毛诗植物解》《物贡纪略》《植物古籍释例注解》《中华植物学》《本草疏证》等。(浙图 CADAL)

【0653G】京镇无苏社会教育参观报告 鄞县县立中山民众教育馆编
宁波:鄞县县立中山民众教育馆,1933年。(浙图)

【0654G】旧宁属县立甲种工业学校十周纪念册 宁波工业学校编
宁波:宁波工业学校,1921年。(浙图)

【0655G】开明物理学教本 戴运轨编著
上海:开明书店,1932年1月,225页,32开,有图表。
初级中学学生用书。共6编,包括物性、热学、力学、音学、光学、电磁学。书末附"中英名称对照表及索引"。
戴运轨(1897—1982),字仲甫,奉化人。物理学家、教育家。著有《大

学普通物理学》;译著有《原子能和平利用》。（浙图　人大图　CADAL）

【0656G】理化学初步讲义　**钟观光**、陈学郢编纂

上海：商务印书馆，1911年12月，150页，有图。

本书为师范讲习社师范讲义，共12章。（浙图　中大图　中山图　CADAL）

【0657G】少林护山子门罗汉拳图影　朱霞天著

上海：中华书局，1930年，71页。

本书介绍少林护山子门拳十八式的打法。

朱霞天，笔名雕龙生，镇海人。民国中期优秀的武侠章回说部作家之一。著有《五岳奇侠传》《江南英雄传》《精忠大侠传》等。（浙图　国图　南图　读秀）

【0658G】美国全国教育会第五十四届会议报告　蒋梦麟编

南京：江苏省教育会，1916年，19页。

本书有美国全国教育会小史、组织、开会情形、会议的问题、议决案大要等章节。（南图）

【0659G】蒙台梭利与其教育　张雪门编

上海：世界书局，1929年，113页。

本书共5章，分别为蒙台梭利是谁、她的教育根本学说是什么、她在教育上的成就怎么样、她在教育上实施的工作是什么、她的制度和现时的中国。（浙图　浙师大图　国图　南图　CADAL）

【0660G】宁海县现行教育法规汇编　宁海县政府教育科编

宁波：宁海县政府，1939年。（浙图）

【0661G】宁海县小学战时常识补充教材　宁海县政府教育科编辑

宁海：宁海县政府，1939年。（浙图）

【0662G】教学新范类编　徐翰臣著，童爱楼评批，鲍云纶编

上海：唤群书报社，1919年，228页，24开。

本书分教育、农工商、国事、军事、社会、文苑等6类，收《论小学国文教授方法及教材要目》等100余篇文章。有唐绍仪、陈栩、沈敦和等人序，徐翰臣像。

童爱楼，宁波人，自号石窗山民。（甬图　南图）

【0663G】清华学校董事管理校务严鹤龄报告书　严鹤龄著

北京：清华学校，1920 年，48 页。

本书内有报告书、清华学校学生会章程、清华学校教职员会议章程、外国教员（医士在内）任用规则等。

严鹤龄（1879—1937），字履勤，亦字侣琴，余姚低塘下河严家人。晚清民国学者，教育家。（国图）

【0664G】拳乘　朱霞天编

上海：益新书社，1933 年。

本书共 2 章，介绍跬步义、摩插术、穴道主、实点谈、点穴表演图十四帧、甘凤池重手、五毒手、阳手、黑虎洗手方药等。（浙图　南图　厦大图）

【0665G】少林棍法秘传　朱霞天编

上海：中华书局，1937 年，122 页。

本书分棍法总说，名棍源流，少林棍式，小夜叉第一、二、五路棍式，大夜叉第一路棍谱，阴手第一路棍谱，俞家棍，尝罚连坐法等 11 部分。（南图　人大图　CADAL）

【0666G】实习　张雪门编

昆明：中华书局，1940 年，101 页。

本书据二年制幼稚师范科实习课程标准编制，内分总论、参观、见习、试教 4 章。封面印有"新课程标准幼稚师范科适用"。（浙图　国图　南图　CADAL）

【0667G】释帝兼论高原文化　马衡撰

民国间石印本。（浙图）

【0668G】苏联儿童教育讲座　［苏］E. A. 亚尔钦著，崔晓立译

上海：商务印书馆，1937 年，197 页。

本书分你们了解儿童吗、神经质的儿童、论儿童的任性、儿童生理上的减弱、论儿童的倔强、论意志与意志的教育、自觉的纪律与它的教育途经等 7 讲。

崔晓立（1901—1941），原名绍立，笔名小立、尚辛，化名邵林（麟）书，鄞县人。著有《我党的中国革命的资产阶级性》《战时经济学》《少年经济学讲话》《自修经济学初步》《币价与物价》《米风潮》等；译有《苏联儿童教育理论》《发明家的故事》《国防物理学》《军队论》《通俗物理学讲话》《帝国主义论》等。（浙图　南图　厦大图　读秀）

【0669G】太极拳浅说　**朱霞天**、徐致一著

上海：上海太极拳研究社，1927年，有照片。

本书共9章，介绍太极拳的源流、优点，太极拳与心理学、生理学、力学的关系，以及练习法等。（南图　CADAL）

【0670G】太行拳术　朱霞天著

上海：益新书社，1930年4月，98页。

本书分源流溯、门户考、格局论、南来由、全路引、全路动作姿势等6章。（读秀）

【0671G】体育场　**江良规**、邵汝干编著

上海：商务印书馆，1937年，144页，32开。（社会教育小丛书）

本书共7章，介绍体育场的功能解剖、组织、建筑与设备、管理、公共体育场的工作、乡村简易体育场设施，附上海市大体育场行政计划纲要草案、组织规则及办事细则等。（浙图　中山图　中大图　湖南图　浙图　南图　人大图　厦大图　读秀　CADAL）

【0672G】体育原理　江良规著

上海：商务印书馆，1945年，203页，32开。

本书分绪论、体育之史的考察、体育之生理学基础、体育之社会学基础、体育之心理学基础、体育之学基础、德美两国体育概况、理想之中国体育行政系等10章。（南图　中山图　读秀　CADAL）

【0673G】天一阁今昔观（纪念册第二种）　重修天一阁委员会编

宁波：编者刊，1934年，9页，32开，有像。

本书内含"未经修葺之天一阁""阁东墙垣倾颓形状""修葺天一阁开始工作""行将落成之天一阁"等9幅照片。宁波钧和印刷公司印。重修天一阁委员会设在宁波中山公园鄞县文献委员会内。（甬图　浙图　上图）

【0674G】田径训练图解　罗勃逊、沙琪氏原著，江良规译

上海：勤奋书局1949年3月，108页。（体育丛书）

本书详述了标枪、跳高、铁饼、铅球等12项田径运动的初步方法、练习要点、力学运用、竞赛策略等，对动作均详细分析，绘成插图，并配文字说明。（浙图　读秀）

【0675G】西洋教育史讲话　林汉达著

上海：世界书局，1944年，206页。（教育讲话丛书）

本书分西洋教育史讲话提要、古代希腊的教育、基督教的兴起、法兰西大革命与平民教育、从卢梭到杜威等16讲。书前冠"西洋教育史讲话序"。（浙图 国图 浙大图 读秀 CADAL）

【0676G】乡镇实施识字教育指南 鄞县识字运动委员会编

宁波：鄞县识字运动委员会，民国间，24页，32开。

本书收民众学校实施法大纲、设立民众学校办法大纲、民众学校注意事项等5部分内容。（浙匸）

【0677G】向传统教育挑战：学习心理学讲话 林汉达编著

上海：世界书局，1941年，262页。

本书分文字教育的毒害、知识的相对价值、刺激生长说、官能心理学等20讲。（浙大图 国图 南图 读秀 CADAL）

【0678G】小学各科教学过程及实例 鄞县县教育局编

宁波：鄞县县教育局，1932年，90页，16开。（鄞县教育小丛书）

本书介绍小学国语、算术、常识、党义、美术等9科的教学过程及实例。（浙图）

【0679G】小学教育的实际 鄞县私立周韩小学编辑

宁波：鄞县私立周韩小学，1935年。

本书为鄞县私立周韩小学10周年纪念册。主要记载1930年后，学校行政、教学、训导、儿童自治、民众教育、教学研究、纪念等方面的内容。内有十周年纪念典礼照，已故董事周芝生、校董会主席周禹卿、校董会副主席周公荫等人像，及该校相关图片。宁波公园路中国印刷所承印。（甬图）

【0680G】小学算术教学参考资料 张仲慎编

宁波：鄞县教育局，1931年，60页，32开。（鄞县教育小丛书）（浙图）

【0681G】小学训育具体标准 鄞县县政府教育局编

宁波：鄞县县政府教育局，1931年，16页。

本书分标准、使用方法两部分。（国图）

【0682G】效实 宁波效实学校校友会编

宁波：宁波效实学校校友会，1915年。

本书为效实校友会刊物，分通论（校训等）、记述（效实学校成立史等）、章程、名录、学术研究(会员所撰写的学术文章)、通讯、文苑(文五首诗二十二首)、报告(收支账略等)附录等内容。正文前有效实学校校舍图、冯开序。(甬图)

【0683G】效实校友录　效实学校校友会编

宁波:效实学校校友会,1933年。

本书含校歌、效实中学略史、校友会章程、校友通讯录等内容。(甬图)

【0684G】新幼儿教育　张雪门著

上海:儿童书局,1933年。

本书分我国三十年幼儿教育的回顾、近百年世界幼儿教育目标的演进、幼稚园教育的对象和目的、幼稚园课程、幼稚园各项活动的材料和方法等6章。另有1934年版,收入《师范新刊本》中。(浙图　国图　南图 CADAL)

【0685G】鄞联学生纪念刊　鄞县县立临时联合中学学生自治会校刊编辑委员会编辑

宁波:鄞联学生自治会,1946年。

本书包括鄞联中学校歌语译、校园生活回忆、学生习作及通讯录等内容。书首汤冠英、汪尧伯、倪维熊三任校长序。(浙图　南图)

【0686G】鄞县二十一年度地方教育辅导方案　鄞县教育局编

宁波:鄞县教育局,1932年,46页,16开。

本书分辅导的方针、组织、计划等7类。(浙图)

【0687G】鄞县教育机关一览　鄞县县教育局编

宁波:鄞县县教育局,1932年,70页,16开。(浙图　中山图)

【0688G】鄞县民众教育馆中心小学中心民众学校辅导成绩展览会报告

宁波:鄞县教育局,1933年。(浙图)

【0689G】鄞县县国术馆一周纪念刊　鄞县县国术馆一周年纪念大会编辑委员会编

宁波:鄞县县国术馆,1931年,76页。

本书内有旧照32张。(浙图)

【0690G】鄞县县立高级工科中学二十周纪念册　鄞县工校廿周纪念筹备会编

宁波：编者刊，1931 年，230 页，16 开。

本书含大事记、组织六纲、暂行学则、校务概况、课程纲要、各项章则、各项图表等内容。附录《本中学反日救国工作志要》《陈前校长六十寿言》。钧和印刷公司代印。（甬匽　浙图　南图）

【0691G】鄞县县立中山民众教育馆概况　鄞县县立中山民众教育馆编

宁波：鄞县县立中山民众教育馆，1932 年。（浙图）

【0692G】鄞县小学算术科成绩展览会报告　鄞县县教育局编

宁波：鄞县县教育局，1932 年，38 页，32 开。

本书包括展览会分筹备经过概况、会场布置、经费报告等 17 部分内容。（浙图　国图）

【0693G】鄞县小学乡土教材　戴廷佑抄录

1935 年抄本。

本书书前有手绘鄞县方位图 2 张，及《东湖十景》七绝 2 首。正文采用兴泰新号出品的文课本方格纸，共 36 页。收录《修浚东钱湖办法诠略》《重建大嵩桥启》《鄞东韩岭孔氏重修宗谱序》《重修羊侯庙记》《知宁郡邓公用甫先生去思记》等文。

戴廷佑，曾任私立崇敏小学校长，参与修纂多种谱牒，如《鄞东韩岭孔氏宗谱》《韩岭郑氏宗谱》《鄞东忻氏老三房支谱》《鄞邑江北戴氏宗谱》《鄞城施氏家乘》等。（天一阁）

【0694G】鄞县小学乡土教材　毛觉吾编著

宁波：日新街宁波竞新书社，1934 年 10 月，84 页。

本书涉及鄞县自然地理、历史、风土人情、城乡建设、未来展望等，收录《地位及形势》《面积及人口》《名称及沿革》《山脉》《河流》《气候》《闭关时代》《未来鄞县》等 32 篇文章。

毛觉吾，奉化人，毛翼虎胞兄，编有《鄞县战时乡土教材》《鄞县地方性教材》等，著有《赋竹吟稿》。（天一阁）

【0695G】鄞县小学乡土教材　黄国才编辑，毛觉吾校

宁波：鄞县县政府，130 页，有图。

本书介绍鄞县的地理、历史、建设、事业和发展途径等知识，包括鄞县的名称和沿革、鄞县地理概况、四大名山、鄞县的江河、东钱湖形势述等，书前配有鄞县全图（王之祥绘）、东钱湖全景、灵桥、竹洲、天封塔、天一阁、薛楼、新江

桥与江北岸图等图。有陈宝麟、叶谦谅、黄国才序。（甬图　天一阁）

【0696G】鄞县中小学校史　叶谦谅主编

宁波：出版者不详，1933—1936年。

本书编述鄞县县立女子学校、高级工科学校、初级商科职业学校、乡村师范学校、私立效实学校、甬江女子学校等校和各小学的校史。（见《宁波词典》）

【0697G】甬上证人书院配享记　冯贞群述

民国间油印本。

本书含甬上证人书院配享记、甬上证人书院木主位次两部分内容。（甬图）

【0698G】幼儿教育新论　张雪门著

上海：中华书局，1936年。

本书共6章，介绍中国幼儿教育的派别、历史及背景、幼稚园课程、各类活动的材料与方法等。（浙图）

【0699G】幼稚园的研究 第1集　张雪门著

上海：北新书局，1929年，139页，32开。

本书分幼稚园的一日、幼稚园文字教学的研究、福禄贝尔恩物的研究、参观三十所幼稚园后的感想等6部分。（浙图　中山图　南图　CADAL）

【0700G】幼稚园教材研究　张雪门著

上海：中华书局，1934年，78页，25开。

本书共8章，阐述教材的意义和目的、选择的标准，以及手工、美术、音乐、算术等科的教法。（浙图　国图　南图　读秀　CADAL）

【0701G】幼稚园教育概论　张雪门编

上海：商务印书馆，1931年，104页。（师范小丛书）

本书分幼稚生的生理、幼稚生的心理、教育之意义与目的、课程、教材、方法等8章。（浙图　南图　读秀　CADAL）

【0702G】幼稚园课程编制　张雪门著

上海：商务印书馆，1931年，124页。（师范小丛书）

本书分概论、本论2编，包括儿童是什么、生长与经验、课程标准、课程组织法，以及九月至翌年八月的课程等内容。（河南图　CADAL）

【0703G】幼稚园行政　张雪门著

昆明：中华书局，1941 年，94 页，32 开。

本书分为建筑与设备、园务、教务、养护、研究及联络等 7 章。（浙图 南图　国图　CADAL）

【0704G】幼稚园研究集　张雪门著

北京：香山慈幼院，1930 年，160 页，32 开。

本书收《怎样在幼稚园里引导新进来的孩子》《幼稚园数学应怎样教法》《我国现时需要的是何种幼稚园教育》等文 8 篇。（浙图　国图　浙大图　CADAL）

【0705G】幼稚园组织法　张雪门编著

上海：儿童书局，1934 年，198 页。

本书分设备、儿童、教师、课程、表簿、经费、我国幼稚园的沿革等 7 章。（浙图　南图）

【0705G】余姚教育行政季刊 第二号　余姚县政府教育科编

宁波：余姚县政府教育科，1939 年。（浙图）

【0707G】余姚教育行政季刊 第一号　余姚县政府教育科编

宁波：余姚县政府教育科，1938 年。（浙图）

【0708G】余姚县立中学同学录：民国三十六年度第二学期　余姚县立中学编

宁波：余姚县立中学，1947 年。（浙图）

【0709G】浙江第六省学区各县实施战时教育具体办法

宁波：宁海县政府翻印，1939 年。（浙图）

【0710G】浙江省立慈溪锦堂乡村师范学校校友录　慈溪锦堂乡村师范学校编

宁波：慈溪锦堂乡村师范学校，1943 年。（浙图）

【0711G】浙江省立宁波中学附属小学三年来概况　浙江省立宁波中学附属小学编

宁波：宁波中学附属小学，1934 年。（浙图）

【0712G】浙江省立宁波中学同学录　浙江省立宁波中学编

宁波：宁波科学书局，1944年，54页，32开。

本书收录时任教职员及各级在校学生姓名、别号、性别、年龄、籍贯、通讯地址等。封面由翁子华设计。（甬图）

【0713G】浙江省立图书馆小史　陈训慈述

杭州：浙江省立图书馆，1933年，20页，24开。

本书为《浙江省立图书馆馆刊》单行本，共8节，介绍该馆藏书的渊源、演进、扩充、建制等情况。附录《浙江藏书楼碑记》等4种。（读秀）

【0714G】中国的新闻记者　张静庐著

上海：光华书局，1928年，108页。（上海新闻学会丛书）

本书共8章，讲述中国新闻记者的地位、资格、工作、培养、待遇等。（浙图　国图　浙大图　读秀　CADAL）

【0715G】中国的新闻纸　张静庐著

上海：光华书局，1928年，86页，32开。（上海新闻学会丛书）

本书共4章，讲述中国新闻纸的起源、发展、新闻纸与革命运动的关系，上海报馆的组织与现状。（浙图　浙大图　读秀　CADAL）

【0716G】中国的新闻记者与新闻纸　张静庐著

上海：现代书局，1932年11月，144页。

本书由原光华书局出版的《中国的新闻记者》与《中国的新闻纸》两书合并而成，分上、下两编。（浙图　北大图　浙大图　南图　读秀）

【0717G】中国全国省立图书馆现状鸟瞰　陈训慈编

杭州：浙江省立图书馆，1935年，32页，32开。

本书介绍全国省立图书馆发展小史、图书统计、藏书与经费、进展情况等。（浙图　中社院图）

【0718G】中国学校课程沿革史　徐雉著

上海：上海太平洋书店，1929年，94页。

本书分绪论、学校时期、科举时期、新旧教育过渡时期、新教育时期的学校课程等6编。（浙图）

【0719G】中国之省立图书馆述概　陈训慈编

杭州：浙江省立图书馆，1936年，线装。

本书共5章，介绍省立图书馆的历史、现状、出版事业、进展情况等。

（浙图 浙大图 南图）

【0720G】中国之图书馆事业 陈训慈编

北京：中华图书馆协会，1936 年，23 页。

本书为《图书馆学季刊》第 10 卷第 4 期单行本，介绍中国图书馆事业的历史、发展，并有全国各类图书馆之统计。由上海申报年鉴社与浙江省立图书馆合作调查。（浙图）

【0721G】中心国民学校办理社会教育纲要 陆廷珏编著

宁波：宁海县政府，1944 年，79 页。

本书共 5 部分，介绍办理文化、政治、经济、自卫方面的社会教育。（浙图）

【0722G】幼稚园春季课程活动中心 张雪门编著

重庆：侨务委员会，侨民教育函授学校，1945 年，88 页。（读秀）

【0723G】中国图书编目法 裘开明著

上海：商务印书馆，1931 年 2 月，119 页。

本书共 3 编，分别为目录片应载事项、目录片之写法、目录之种类及其排法。附录目录之刊印、编目参考书举要、四角号码检字法凡例。

裘开明（1897—1977），字暗耀，镇海人，图书馆学专家。著有《韦师隶华女士传略》《中国民众图书馆概况》《美国图书馆事业之新趋势》《汉和图书分类法》《中国图书编目法》等。（浙图 南图 复旦图 读秀 CADAL）

【0724G】女子游泳训练法 ［美］海莱特（L. B. Handlley）著，**江良规**译

上海：勤奋书局，1934 年，107 页，32 开，有照片。（体育丛书）

本书分游泳在体育上之价值、最有效之游泳方法、游泳之初步练习、游泳陆上练习法、美国式爬泳、仰泳术、俯泳术、花式跳水术等 13 章。附游泳问答。（浙图 南图）

【0725G】足球裁判法 ［德］霍夫斯克里德尔（A. Hofschneider）、［德］科普哈尔（H. Kopehal）著，**江良规**译

长沙：体育与健康研究社，1942 年，57 页。

本书共 17 章，介绍足球裁判员应具有的学识、态度、技巧及体力，并对各条规则加以分析。（国图）

【0726G】余姚乡土读本 俞准南等编

本书为余姚县立府桥路小学教材，展示余姚历史沿革、现状。（见《余

姚文史资料·11 辑》《慈溪县志》）

【0727G】鸡山小学堂章程　陈布雷撰

　　宁波：出版者不详，1927 年。

　　本书内有《规约》《赏罚例》等。（见《余姚文史资料》）

【0728G】新法公民教科书　**杨贤江编纂**，王岫庐、朱经农校

　　上海：商务印书馆，1923—1925 年，2 册，32 开。

　　本书为政治教科书，供新学制后期小学第一、二年用。以家庭、学校、国家等方面的生活为内容。旨在于培养一个有团体意识、服务观念、改进社会精神的好公民。（张元济图书馆　国图）

【0729G】国学测验第一集　浙江省立第四中学撰

　　民国间出版。（浙图）

【0730G】新教育大纲　杨贤江著

　　上海：南强书局，1930 年 3 月，495 页，36 开。（新兴社会科学丛书）

　　本书分教育的本质、教育的进化、教育的概观等 3 章。（浙图　上社院图　复旦图　北大图　读秀）

【0731G】抗战期中之教育　李琯卿讲述，戴廷俊笔记

　　重庆：抗卫会战时教育文化事业委员会，1939 年，36 页，32 开。（战时文化丛书）

　　本书分战争之种类与革命战争之性质、我国此次抗战之性质——促进世界和平的民族革命战争等 5 个部分。又名《教育与壕沟》（读秀）

【0732G】陈氏高中本国史　陈登原编著

　　上海：世界书局，1933 年初版，2 册，大 32 开，有图。

　　历史教科书。（中山图　CADAL）

【0733G】欧美的劳动教育　［日］山田敏一著，**赵仰夫译**

　　上海：新学会社，1929 年，186 页，32 开。

　　本书介绍欧美各国劳动教育状况，附"欧美劳动教育年表"。（南图　CADAL）

【0734G】丹麦的农村教育　［美］福德著，**赵仰夫译**

　　上海：新学会社，1928 年，151 页，32 开。

　　本书为《丹麦的农村及其教育》一书的下编，分农村小学作业的改革、

丹麦式国民高等学校的发展 2 部分。（浙图　南图）

【0735G】国术统一月刊社丛书一　姜侠魂主编

上海：国术统一月刊社，1936 年 10 月，113 页。

本书收有姜侠魂的《欢迎世运武术团归国和感言》、徐哲东的《太汲拳源流记目录与序文》、谭梦贤的《太极拳概说》等文。（南图　读秀）

【0736G】国际新闻辞典　宜闲主编

桂林：东群书店，1943 年 10 月，368 页，本书收录国际事件、协定、地名、人名等。（南图　复旦图　中山图　读秀　CADAL）

【0737G】物理学实验教程　戴运轨编著

南京：钟山书局，1933 年，196 页，大 32 开。

本书讲述中学物理实验课的应用，共 40 个实验。（吉林图　CADAL）

【0738G】幼稚教育新论　张雪门著

上海：中华书局，1936 年，126 页，32 开。

本书共分 6 章，介绍中国幼稚教育的派别、历史及背景，幼稚园课程，各类活动的材料与方法等。（浙大图　国图　南图　CADAL）

【0739G】怎样研究日语　上海日语读书会编

上海：开华书局，1934 年，104 页。

本书收葛祖兰、蒋君辉、洪水星、叶作舟、高振清等 11 人研究日语及指导日语学习的文章 11 篇。

葛祖兰（1887—1987），又名锡祺，号老拙，慈溪庄桥葛家人。著有《日本俳谐史》《俳句困学记》《祖兰俳存》《祖兰俳存补遗》等。译有《第二次接吻》《蟹工船》《财阀》等，编译有《自修适用日语汉译读本》《自修适用日语文艺读本》《日本现代语辞典》《日本姓名辞典》等。（浙大图　读秀）

【0740G】中学平面三角法教科书　［日］远藤又藏著，葛祖兰编译，张景良、蓝田玙校订

上海：文明书局，1914 年，34 页，32 开。（读秀）

【0741G】浙江省立宁波民众教育馆年刊　浙江省立宁波民众教育馆编委会编

宁波：浙江省立宁波民众教育馆，1936 年 12 月，70 页。

本书共 3 部分，分别为活动写真、工作进行概况、章则汇编。附录本馆

职员表。（读秀）

【0742G】浙江省立宁波中学一览三十五周年纪念刊　浙江省立宁波中学编

宁波：浙江省立宁波中学，1934 年 9 月，331 页，16 开。

本书介绍该校校史、概况、统计、章则等。（国图　上图）

【0743G】宁波市鄞县小学教育暑期讲习会报告书　宁波市鄞县小学教育暑
期讲习会编

宁波：宁波市鄞县小学教育暑期讲习会，1930 年，112 页，16 开。

本书收该讲习会会历、复式教学实习概况、各科讨论记录、演讲辞、经
费收支报告、人员一览等。（上图　国图）

【0744G】私立宁波旅汉完全小学校概况（二十二年度第一学期）　私立宁波
旅汉完全小学编

宁波：私立宁波旅汉完全小学，1934 年，74 页，16 开。（上图　国图）

【0745G】鄞县教育事业五年计划　鄞县教育局编

宁波：鄞县教育局，1932 年，10 页，32 开。（读秀）

【0746G】鄞县十九年度教育实施计划及经费预算　鄞县教育局编

宁波：鄞县教育局，1930 年，24 页，16 开。（国图　上图）

【0747G】教育史 ABC　李浩吾著

上海：ABC 丛书社，1929 年 5 月，157 页，32 开。

本书分绪论、先史时代的教育、古代的教育、中世的教育、近代的教育、
结论等 6 章。（浙图　浙大图　复旦图　读秀　CADAL）

【0748G】鄞县私立角江女子中学廿五周年纪念刊　鄞县私立角江女子中
学编

宁波：鄞县私立角江女子中学，1948 年，40 页，16 开。

本书包括校史、廿五周年庆祝大会记、校务概况等内容。（上图　国图）

【0749G】鄞县小学生产教育实施方案　鄞县县教育局编

宁波：鄞县县教育局，1932 年，12 页，32 开。

本书分实施要则、实施计划两部分。（读秀）

【0750G】鄞县小学劳动教育实施纲要　鄞县县教育局编

宁波：鄞县县教育局，1932 年，12 页，16 开。

本书分目标、设备、教学、训育 4 部分。（读秀）

【0751G】标准英语读本 **林汉达**编著，庞亦鹏绘

上海：世界书局，1930 年 1 月至 1931 年 7 月，(157、190 页)，32 开，有彩图。（吉林图）

【0752G】奉化县第四届小教集训纪念册 俞国光编

宁波：奉化县改府，1940 年，158 页，18 开。

本书含集训的组织、章则、计划、演讲、教材等内容。（读秀）

【0753G】光华年鉴 张寿镛等编

上海：光华大学己卯年年刊社，1939 年，180 页，16 开。（上图 国图）

【0754G】动物学 **张孟闻**、秉志编

上海：中国科学图书仪器公司，1938 年，2 册。

本书分引言和动物各论 2 编，分门别类地介绍各类动物。

张孟闻（1903—1993），宁波人。动物学家，教育家。著有《中国动物志·爬行纲卷》《浙江两种蝾螈》《浙江爬行类动物简述》《四川两栖类动物略述》《四川爬行类动物略述》《黔桂棘皮蝾螈志》《长江流域习见脊椎动物名录》《越南中螈属名应予重订》《中华四种螈乌图记》《中华大鲵》《东亚蝾螈专论》《中国生物学史简述》《中国两栖纲动物》等。（浙图 读秀）

【0755G】音乐 黄自、张玉珍、**应尚能**编

上海：商务印书馆，1933 年 9 月，6 册。

本书分普通乐理、音乐欣赏、基本练习曲、歌曲等 4 部分。按照 1932 年 12 月教育部颁布的《初级中学音乐课程标准》编辑。供初中三年学习用。

应尚能（1902—1973），宁波人。声乐家、作曲家。出版有《创作歌集》《燕语》《国殇》《儿童歌曲集》和《荆轲插曲》等歌集，著有《乐学纲要》等。（中山图 读秀）

【0756G】宁波益智中学章程 宁波益智中学编

宁波：宁波益智中学，24 页，25 开，有照片及表。

本书为中学章程，第三次修订。（国图）

【0757G】游戏娱乐 杨荫深编

上海：世界书局，1946 年，76 页，32 开。（日常事物掌故丛书）

本书收文 20 篇，介绍围棋、象棋、魔术、博戏、舞蹈、鼓词及电影等娱乐

方法及其掌故。(浙图　南图　中山图　读秀
CADAL)

【0758G】开明世界史教本　刘叔琴、**陈登元**编

上海:立达学园出版部,1931 年 7 月,223 页,32 开。

本书分上古史、中古史、近古史、近世史、最近世史等 5 编。(中山图
CADAL)

【0759G】柳先生的教育　杨荫深著

上海:北新书局,1936 年,109 页,36 开。(青年丛书)

本书以讲故事的方式介绍中学教员的生活,共 10 个小故事,包括《新来
的教师》《点石成金的指头》《作文课谈话》等。(南图　国图　浙大图　读秀
CADAL)

【0760G】初级国文　杨荫深编著

长沙:商务印书馆,1938 年。

本书封面题有"职业教科书委员会审查通过",版权页题有"职业学校
教科书"。(国图　CADAL)

【0761G】高级国文　杨荫深编著

长沙:商务印书馆,1938 年

本书为职业学校教科书。(CADAL)

【0762G】英国大学　[英]巴葛(E. Barker)著,**张芝联**译

上海:商务印书馆,1948 年,43 页,24 开。(英国文化丛书)

本书介绍英国大学的分布、行政、教学、学生生活、在英国民主政体中
的立场与功能等。书名原文 *British universities*。(浙图　中山图　复旦图
读秀)

【0763G】锦师学生　浙江省立慈溪锦堂乡村师范学校学生自治会编

宁波:浙江省立慈溪锦堂乡村师范学校学生自治会,1946 年,110 页,
16 开。

本书为该校学生的论著、文艺作品集。(读秀)

【0764G】德国小史　冯和法编

上海:商务印书馆,1934 年,81 页。(小学生文库)(读秀)

【0765G】宁波旅沪同乡会各小学学务汇刊　宁波旅沪同乡会编

上海:宁波旅沪同乡会,1931 年,240 页,16 开。

本书包括该会 10 个小学的规章、经济情况及教学活动等。(上图 国图)

【0766G】近代中国教育实况 乐嗣炳编

上海:世界书局,1935 年。

本书分中国教育的沿革、民国的学制、国民政府的教育政策、教育实况等 4 章。(南图 浙大图 国图 CADAL)

【0767G】国语话 乐嗣炳著

上海:中华书局,1926 年 6 月,40 页,23 开。(国语讲义)

本书讲述国语话的特点、结构、应用及教学法等,中等学校适用。(北大图 上图)

【0768G】初级中学地理 国立编译馆主编,**任美锷**、夏开儒编辑

上海:中华书局,1948 年 1 月,6 册,32 开。(中山图 CADAL)

【0769G】鄞商学生 鄞县县立商业职业学校学生自治会学术股编

宁波:鄞县县立商业职业学校学生自治会学术股,1936 年,157 页32 开。

本书收论文、诗歌、文艺等学生作品 40 余篇。(读秀)

【0770G】田径赛及全能运动裁判法 徐汝康编著

重庆:体育与健康教育研究社,1943 年,72 页,32 开,有表。

本书分会场管理员及总裁判、田径裁判法、径赛裁判法及全能运动裁判员须知等 4 章。附武装运动竞赛规则及其设计、各种裁判记录应用表格。

徐汝康(1907—1988),宁波人,著有《田径赛及全能运动裁判法》。(国图 浙大图 复旦图)

【0771G】儿童身体的发展与养护 倪翰芳编

上海:中华书局,1948 年 4 月,96 页。

本书分绪论、儿童的营养、儿童的习惯、儿童的游戏、儿童的惩罚与奖赏、儿童的疾病、儿童的性教育、儿童的环境等 11 章。

倪翰芳(1902—?),宁波人。著有《儿童的养护与教育》《大学英语选读》。(浙大图 津图 中山图 读秀 CADAL)

【0772G】小学音乐教本 李平之著

杭州:浙江省音乐协会,1946 年 10 月,32 页。

本书收入《国旗》《我爱中华》《中国儿童》等歌曲 28 首,正文用五线谱,后附简谱。有林世堂序。(读秀)

【0773G】青年平民读本　卓恺泽编,恽代英、李允皋订正

上海:上海书店出版社,1925 年,4 册,32 开。

卓恺泽(1905—1928),笔名砍石,化名郑百年、祝晋杰,奉化松岙村人。(复旦　读秀)

【0774G】时事研究法　张明养著

上海:亚细亚书局,1935 年,174 页,32 开。(基本知识丛书)

本书分国内新闻的读法与主要日报期刊的现状、国际通信社的内幕与国际新闻读法、经济新闻的读法、时事研究的技术方法等 5 章。(浙图　国图　南图　读秀　CADAL)

【0775G】象棋残局新谱初集　傅荣年著

上海:象棋残局函授研究社,1940 年,164 页,32 开。

本书收象棋谱 50 局。书口书名"象棋残局"

傅荣年(1896—1952),鄞县人,中国象棋排局家。编有《象棋残局新谱》《象局撷英录》《象棋七星谱》等。(上海师范大学图书馆)

【0776G】道尔顿式教育的研究　林本译

上海:商务印书馆,1923 年,58 页,28 开。

本书分道尔顿式教育之理论、批评实施状况、指导案等 4 部分。

林本(1899—?),鄞县人。著有《教育思想与教育问题》《现代的理想教师》《世界各国师范教育课程》《世界各国师范教育制度》《世界各国中学制度》《理则学导论》《现代的理想中学课程》等。(浙图　国图　中山图　南图　读秀　CADAL)

【0777G】北行观感　林本著

杭州:浙江省立民众教育实验学校,1934 年,44 页,25 开。

本书分北行观感——华北民教之动向、参点定县平教纪实 2 部分,记述在河北参观民众教育的情况和观感。(浙图　CADAL)

【0778G】设计教育大全　[日]松涛泰严著,林本、朱兆萃、李宗武译

上海:商务印书馆,1923 年,188 页。(师范小丛书)

本书分绪论、基础论、方法论、结论 4 编。(浙图　复旦图　国图　南图

读秀　CADAL）

【0779G】第十届世界运动会　沈嗣良编

勤奋书局,1933年,113页,16开。

本书介绍奥运会史略、行政概况,该届奥运会筹备情形,中国参赛动机及成绩,以及第10届奥运会摘要、国际田径赛协会会议记等。附塔夫脱记事原文、世运会历届优胜运动员表。

沈嗣良(1896—1967),鄞县人,著名体育活动家。著有《中华全国体协进会史略》《中国的国际体育》《两届奥林匹克运动会的报告》《远东运动会的报告》等。(黑龙江图　华东师大图　读秀　CADAL)

【0780G】小学各科抗日教材　鄞县教育局编

宁波:鄞县教育局,1932年5月,74页,16开,有图。

本书包括国语、算术、社会、自然、美术、手工、音乐、体育等8科。(上图　国图)

【0781G】高级国语课本　杨敷施等编

宁波:镇海县动员委员会文教组,民国间,76页,32开。

本书封面书名前题"镇海县乡土教材"。(读秀)

【0782G】注音符号初步　唐治沧编著

宁波:鄞县教育局,1931年,54页,32开。(鄞县教育小丛书)

本书分符号、拼音、音调、注音等4章。后附《注音符号发音略说》《创制闰符举隅》及注音符号参考书目。(上图　国图)

【0783G】小学早操教材　虞继邃编

宁波:鄞县教育局,1931年,18页,32开。(鄞县教育小丛书)

本书分早操的效能、教授者的注意点、取材原则、教材等4部分。(读秀)

【0784G】初中新英语　林汉达编著;庞亦鹏绘图

上海:世界书局,1949年3月,143页,32开,有彩图。

本书为新课程标准世界中学教本。(中山图　吉林图)

【0785G】浙江省立第四中学一览　浙江省立第四中学编

宁波:浙江省立第四中学,1930年,249页,16开。

本书内有该校概况、校规、师生通讯录等。(浙图　津图)

【0786G】沙种　浙江省立第四中学初中二年级乙组编

宁波：浙江省立第四中学初中二年级乙组，1931 年，138 页，32 开。

本书为该校学生级刊，有论文、小说、诗歌等。（上图　国图）

【0787G】为光华大学诸生精神谈话　张寿镛著

本书共 25 节，系对光华大学附中学生的谈话内容。根据文中有"我现年六十四岁"及"创办光华大学十五年"等语，推定此书作于 1939 年。本书已被收录进《张寿镛先生传》（俞信芳著，北京图书馆出版社，2003.4）。（上图）

【0788G】修葺天一阁纪念册　重修天一阁委员会编

宁波：重修天一阁委员会，1934 年，5 页，横 32 开。

本书内有纪念照片 5 幅。据序介绍，1934 年 6 月 1 日鄞县政府教育局文献会鄞志馆图书馆民众教育馆同人修葺。（浙图　国图　上图　津图）

【0789G】武岭丛书　奉化溪口武岭学校编

上海：儿童书局，1937 年，20 册

本丛书包括溪口的名胜、交通、物产、歌谣谜语各 1 册，历代书法名家柳公权、颜真卿、欧阳询、赵孟頫书法范本各 1 册，还有《国际新知》《别字医生》《常识问答》《三民主义浅说》《新生活运动浅说》《武岭小朋友生活》《小朋友故事》等一批小册子。另有 1 册《蒋校长对小朋友的训话》，辑录了 1930—1934 年蒋介石对学生的 5 次训话。（上图　中山图　南图　CADAL）

【0790G】重修天一阁委员会征信录　重修天一阁委员会编

宁波：编者刊，1937 年 5 月，48 页，16 开，有表。

本书包括 1933 年 10 月至 1937 年 3 月重修天一阁委员会经募人姓名捐册号次表、经收捐款一览、声明、经费收支总计 4 部分内容。有编者弁言。（浙图　国图）

【0791G】政治教育丛著第一辑　张其昀著

杭州：国立浙江大学史地教育研究室，1932 年 5 月。（史地教育丛刊）

本书收《论青年之政治教育》《有志的青年》《如何培养领导人才》《进德与修业》等文 12 篇。（人大图）

【0792G】中国游艺研究　杨荫深著

上海：世界书局，1946 年，104 页，32 开。

本书介绍中国各种杂技、弈棋、博戏的起源及演变历史。（浙图 CADAL）

【0793G】中心训练与周会活动

　　奉化：该校，1936 年，54 页。（南图）

【0794G】奉化县外埠教育参观团参观杭州湘湖教育报告

　　宁波：编者刊，1930 年 9 月，74 页，32 开。（南图）

【0795G】本校训练民教人材目标及今后改进计划　　林本编

　　杭州：浙江省立民众教育实验学校，1934 年，24 页。（浙图）

【0796G】怎样修学　　［美］克劳福（C. C. Crawford）著，**刘良模**译

　　上海：长城书局，1933 年，283 页。

　　本书分修学的重要、环境的适应、用品、健康、目标、图书馆、论文、考试等 16 章。原书名 *Method of study*。（浙大图　读秀）

第三节　语言文学类

【0797H】（华文详注）柴霍甫小说选　　［俄］柴霍甫著，**林汉达**注释

　　上海：世界书局，1929 年，137 页，42 开。（世界近代英文名著集）

　　本书为英语读本，收英译契诃夫短篇小说 12 篇。书前有作者传略，后有汉文注释。（国图　上图）

【0798H】慈溪陈玄婴六十征言略　　陈伯衡等撰

　　宁波：编者刊，1931 年，朱印，1 册，线装。

　　陈玄婴即陈训正先生，字无邪，又字屺怀，号天婴，慈溪县西乡官桥人。（浙图）

【0799H】大学新英语（第 2 册）　　林汉达编

　　上海：世界书局，1948 年 4 月，69 页，32 开。（国图）

【0800H】高中英语读本　　林汉达编

　　上海：世界书局，1935—1949 年，271 页，32 开。

　　本书为高级中学学生用，教育部审定，新课程标准世界中学教本。（国图　CADAL）

【0801H】国语与国文　　杜天縻编著

上海：大华书局，1933 年，2 册。

本书第 1 册收诗歌、散文等 43 篇；第 2 册收 66 篇。书前有"本册教学纲要""古代声韵表"。供作师范学校教材和小学教师自修用书。（河南图　湖南图　CADAL）

【0801H】红旗及其他：新旧文字对照　林汉达编译

上海：世界书局，1949 年 8 月，185 页，32 开。

本书为拉丁化新文字注音的短篇故事集，收东北解放区故事 10 篇。封面及书脊书名作《红旗》，封面书名为吴玉章题字。（国图　南图）

【0803H】（华文详注）世界近代英文名著集　林汉达编纂

上海：世界书局，1929 年，253 页。（厦图）

【0804H】交际新尺牍　冯玉奇著

上海：春明书店，1947 年。

冯玉奇（1919—？），慈溪人，别名左明生、海上先觉楼、先觉楼。署名时用过慈水冯玉奇、四明冯玉奇、海上冯玉奇。其作品约有 170 多部，可分言情小说、社会小说、武侠小说、侦探小说四类。（首图）

【0805H】六法全书参照条文用语索引　郭卫、**吴经熊**编

上海：会文堂新记书局，1941 年。（浙图）

【0806H】宁波谜语　王鞠侯编

广州：广东中山大学民俗学会，1929 年 12 月，128 页。（民俗学会丛书）

本书收谜语 324 则，有王鞠侯自序。（浙图　南图　中科院图　读秀　CADAL）

【0807H】女子模范书信　冯玉奇著

上海：春明书店，1946 年。

本书为女学生书信范本，按时令分为 12 类。（中山图）

【0808H】女子新尺牍　冯玉奇著

上海：春明书店，1941 年 3 月，246 页，32 开。

本书为书信范本，分抒情、邀约、庆贺、借索、酬谢、延荐、慰唁等 12 类。（首图　吉林图　津图）

【0809H】（自修适用）日语文艺读本　葛祖兰译

上海：商务印书馆，民国间，370 页。

本书共 35 课,每课包括日文、汉译文、注释和备考。后附日语文法。(读秀　CADAL)

【0810H】商业应用文 第一辑　鄞县县立中山民众教育馆编

宁波:鄞县县立中山民众教育馆,民国间。(浙图)

【0811H】说文讲义　陈汉章编

民国间油印本。(国图)

【0812H】孙守荃先生六十寿言汇录

民国间抄本。

本书为孙守荃六十寿祝寿作品集,作者多为四明人。(天一阁)

【0813H】外来语词典　胡行之编

上海:天马书店,1936 年 4 月,412 页,40 开,精装。

本词典按词语首字笔画多少排列。外来语是从别种语言里吸收过来的词语。(浙图　国图　上图)

【0814H】文章修养　唐弢著

上海:文化生活出版社,1939 年,204 页,32 开。

本书共 2 卷,是唐弢应陆蠡之约为巴金、吴朗西办的文化生活出版社所编的"少年读物丛刊"而作。

唐弢(1913—1992),镇海人。著《推背集》《海天集》《投影集》《边鼓集》《短长书》《劳新辑》《识小录》《学习与战斗》《繁弦集》《唐弢杂文选》《春涛集》《文章修养》《创作漫谈》《上海新语》《可爱的时代》《落帆集》《莫斯科抒情及其它》等。(南图　CADAL)

【0815H】文字形演　杜天縻著

上海:大成出版社,民国间。(见《余姚市志》)

【0816H】先贤名言摘要　秦祖泽辑

荣宝斋抄本。

本书摘录王阳明、朱熹、黄庭坚等先贤的名言。

秦润卿(1877—1966),名祖泽,字润卿,晚年又号抹云老人,慈溪人。(甬图)

【0817H】写话求解两用字典　林汉达编著

上海:新中国书局,1949 年 5 月,469 页,50 开,有图。

本书分从音找字、从字找音、各种应用文等 3 部分。（杭师大图　国图　读秀　CADAL）

【0818H】新文字手册　林汉达编

上海：中华书局，1949 年 10 月，55 页。

本书分理论提要、拼音方案、连写与分写、同音字的分化、文盲农民的成绩等 5 部分。（CADAL）

【0819H】英文文法 ABC　林汉达编著

上海：世界书局，1946 年 10 月至 1947 年 6 月，32 开，2 册。（活用英文ABC 丛书）

本书共 30 课，每课有例句、解说、定义、提示、练习等。（南图　读秀CADAL）

【0820H】甬江文牍信稿

民国间稿本，1 册。（浙图）

【0821H】甬谚名谓籀记　附甬句方言腄记二卷　陈训正著

杭州：浙江省立图书馆印行，1936 年 4 月初版，94 页，16 开。

本书是研究宁波一带方言、谚语的著作，分上、下两卷。文言体，有圈点。（宁大图　浙图　国图　上图　南图　CADAL）

【0822H】幽求室字说一卷　胡吉宣撰

民国间石印本，线装。

本书又名《字原》。考释甲骨文、金文之字，分为释望、释监、释申等 15篇，附文足部字考原一卷。前有郭沫若题词。

胡吉宣（1895—1984），字子珣，慈溪人。著有《字原》《字监》《玉篇引书考异》《六朝说文辑注》（未刊）等。（甬图　浙图　国图　上图）

【0823H】怎样发音正确　顾仲彝编著

上海：正中书局，1948 年 4 月，138 页，32 开。（英语指导丛书）

本书共 10 章，有单字、短句、短文练习等。

顾仲彝（1903—1965），名德隆，以字行，余姚廊下人。著有剧本《孤岛子》《梁红玉》《八仙外传》《红楼梦》《生财有道》《人之初》《水仙花》《恋爱与阴谋》，译著剧本《英美独幕剧选》，小说集《哈代短篇小说选》《人生小讽刺》《乐园之花》等。（国图　中山图　南图　CADAL）

【0824H】增订世界汉英辞典　**林汉达**、盛毅人编校

上海:世界书局,1946 年,893 页。(河南图)

【0825H】(自修适用)日语汉译读本　葛祖兰著

上海:商务印书馆,1919 年 2 月,463 页,24 开。

本书共 35 课,每课包括日文、汉译文、注释和备考。书前有序,后附日语文法。(中山图　复旦图　上社院图　读秀　CADAL)

【0826H】最新详注分类尺牍快览　袁韬壶著

上海:广雅(启新)书局,1921 年。

本书共 20 类,分庆贺类、慰唁类、感谢类等。

袁智根,字韬壶,宁波人。(读秀)

【0827H】学生尺牍新范　袁韬壶编

上海:大东书局,1932 年,206 页。(浙图)

【0828H】最新各界适用酬世全书 第十编 函牍门(政界)　袁韬壶编

上海:会文堂书局,1924 年,522 页。

本书介绍人际交往中的应用文写作。(国图)

【0829H】分类尺牍大全　袁韬壶编

上海:会文堂书局,1922 年石印本,12 册。(国图)

【0830H】最新应酬实用文牍　袁韬壶编

上海:会文堂书局,1921 年石印本,2 册。(国图　上图)

【0831H】各界适用分类新尺牍大全　袁韬壶撰

上海:扫叶山房,1928 年石印本,16 册。(上图)

【0832H】新式应用白话信　袁韬壶撰

上海:群学社,民国间。

本书共 12 篇,分为庆贺类、唁慰类、家庭类、亲友类、邀约类、馈赠类、允诺类、辞却类、请托类 、借还类、道谢类、商业类。(CADAL)

【0833H】日本现代语辞典　葛祖兰编译

上海:商务印书馆,1930 年 10 月,696 页,32 开。

本书词条按日文假名顺序排列,有汉文解释,书末附索引。(浙图　国图　南图　CADAL)

【0834H】独幕剧选　顾仲彝译注

上海：北新书局，1930 年 5 月，367 页，32 开，精装。（自修英文丛刊）

本书选译英美独幕剧 5 篇，分别为《孩子回家了》(A. A. Milne)、《终局》(H. A. Jones)、《进来的主角》(J. Helburn)、《金色的恶运》(L. Dunsany)、《最先与最后》(J. Galsworthy)。（浙图　浙师大图　国图　上图　读秀　CADAL）

【0835H】欧美演说文选　顾仲彝译注

上海：北新书局，1931 年 5 月，269 页，32 开，精装。（自修英文丛刊）

本书选欧美名流演说词 15 篇，篇前有演说人简介。（宁大图　浙图　国图）

【0836H】大学二年英文　余楠秋、顾仲彝编

上海：中华书局，1934 年 2 月，466 页，32 开，精装。

本书为大学二年级英语读本。（上图）

【0837H】大学一年英文　余楠秋、顾仲彝编

上海：中华书局，1934 年 1 月，433 页，32 开，精装。

本书为大学一年级英语读本。（上图　吉林图）

【0838H】富于想象的妇人　[英]哈代著，顾仲彝译

上海：黎明书局，1933 年 9 月，87 页，32 开，冠像。（英汉对照西洋文学名著译丛）

本书讲述女主人公处于绝望的婚姻状态中，试图通过虚幻的婚外恋情来自我实现却惨遭失败的故事。（浙图　国图　上图　中山图）

【0839H】时事英文选 第 1 辑　顾仲彝编

上海：联益书社，1941 年，162 页，32 开。（安大图）

【0840H】国语文法实例　杨荫深编

上海：汉文正楷印书局，1933 年，38 页，32 开。（汉文小丛书）（国图　复旦图）

【0841H】(详注分类)袖珍尺牍大全　袁韬壶编

上海：会文堂新记书局，1936 年 1 月，814 页，64 开，精装。

本书所收书信范文按喜庆、贺寿、慰藉等 30 余类编排。（上图）

【0842H】(分类详注)新尺牍大全　袁韬壶编注

上海：群学书社，1937 年 1 月，494 页，32 开。

本书所收书信范文按商界、政界、军警、学界、家书等 40 多门类编排。（上图）

【0843H】一问三答新尺牍 袁韬壶编

上海：会文堂新记书局，1933 年 1 月，956 页，32 开。

本书分贺年、祝寿等 18 类。（国图 上图 南图）

【0844H】日语之门 冯亨嘉编

上海：启明书局，1943 年 4 月，126 页，32 开。（日语自修丛书）

本书为日语教材。

冯亨嘉（1906—?），字仲会，雪卿次孙，慈溪人。（北师大图）

【0845H】为奴隶的母亲 柔石著，史诺英译

香港：齿轮编译社，1942 年 5 月初版，97 页，32 开。（汉英对照文艺丛刊）

本书为短篇小说。

柔石（1901—1931），原名赵平福，又名赵平复、赵少雄，笔名金桥、赵璜、刘志清等，宁海县人。著有《疯人》《旧时代之死》《三姊妹》等。（西南大图 CADAL）

【0846H】国语概论 乐嗣炳编

上海：中华书局，1923 年 4 月，30 页，20 开。（国语讲义）

本书分总说、国语的成分、组织、标准、为什么要提倡国语、怎样练习国语等 8 章。

乐嗣炳（1901—1984），镇海人。语言学家，著有《怎样教授普通话》《革命实地闻录》《注音字母旗语》等。（南图 上图 复旦图 中山图 读秀 CADAL）

【0847H】怎样使用标点符号 乐嗣炳编著

上海：大众书局，1933 年 11 月，114 页，有表，32 开。

本书分序言、文法的基础、新式标点符号、旧式句点符号、发展活用及新生、误用及滥用、标点符号的功效等 7 章。（浙图 国图 上图）

【0848H】战时文选（第 2 集） 余姚县立府前路中心小学补充读物编辑委员会编

宁波：余姚县立府前路中心小学，1938 年 9 月，151 页，32 开。

本书为小学语文科补充读本,汇集了中外作家作品。(上图)

【0849H】声韵沿革大纲　乐嗣炳编

上海:中华书局,1926 年 6 月,34 页,23 开。(国语讲义)

本书分绪论、声母期、韵书期、官话期、字母期等 5 讲,偏重于国音声韵的变迁,而略声韵学的方法,故名"声韵沿革"。(国图　上图　南图　复旦图　读秀)

【0850H】古文家传记文选　杨荫深选注

长沙:商务印书馆,1938 年 7 月,110 页,32 开。(中学国文补充读本)

本书选韩愈、柳宗元、欧阳修、王安石、苏轼、归有光、姚鼐等所写的传记文 25 篇。(浙图　上图　南图　重图)

【0851H】注音符号浅说　乐嗣炳编著

上海:大众书局,1939 年 2 月,108 页。

本书共 8 章,分别为绪言、声母、韵母、拼音、声调、国音辨似、注音符号的写法、注音的练习。(浙图　南图　复旦图　津图　读秀　CADAL)

【0852H】实用国语会话　乐嗣炳编

上海:大众书局,民国间,250 页。

本书为学习国语会话的课本,包括学校会话、交际会话、应用会话、交通会话 4 部分。(复旦图　津图　读秀)

【0853H】国音讲义　乐嗣炳编

上海:中华书局,1923 年 12 月,96 页,32 开。

本书分辅音、元音、拼音、五声、国音辨似等 9 讲。(上图　南图)

【0854H】国语辨音　乐嗣炳编

上海:中华书局,1926 年 6 月,46 页,23 开。(国语讲义)

本书分语音的系统、基础的辨别及其实例等 6 讲。(上图　CADAL)

【0855H】国语学大纲　乐嗣炳编著

上海:大众书局,1935 年 1 月,395 页,32 开,有图表。

本书共 7 章,讲述国语的语音、声调、字体、词儿、组织等。(上图　国图　复旦图　读秀　CADAL)

【0856H】语言学大意　乐嗣炳编

上海:中华书局,1923 年 6 月,44 页,25 开。(国语讲义)

本书分语言的起源、演进、变迁、分类等 7 讲。（上图　CADAL）

【0857H】国语旗语　乐嗣炳著

上海：中华书局，1922 年，44 页，32 开。（国语讲义）（上图　中山图）

【0858H】综合英语会话　张其春编著

成都：路明书局，1946 年 9 月，183 页，32 开。

本书共 5 章，包括英语发音、语法及日常应用会话等。（南图　吉林图　CADAL）

【0859H】英语自修全书　［英］汤姆森著，**蒋学模**改编

上海：文摘出版社，1947 年，165 页，3 版。

本书分简明文法、从造辞到造句、如何用字正确、同义字及对义字、拼音和发音、如何增加你的字汇等 6 章。末附习题解答。（浙图　绍图　中山图　读秀　CADAL）

【0860H】拉丁重音研究　陈熙止著

宁波：增爵小修院，1941 年 6 月，57 页，32 开。

本书研究拉丁语重音的读法。书前有序。由上海土山湾印书馆印刷并代售。

陈熙止（1914—1999），天主教温州教区神父，洗名玛迪盎。（上图）

【0861H】历史故事剧本　苏开瑜著

上海：世界书局，1941 年，113 页。（南图）

【0862H】翻译之艺术　张其春著

上海：开明书店，1949 年，269 页。（南图　人大图）

【0863H】字监　胡吉宣撰

上海：商务印书馆，1940 年，40 页。（北大图　人大图　CADAL）

【0864H】论文足部字考原　胡吉宣撰

1934 年石印本，线装。（国图）

【0865H】新编初中精读文选（语体文）　**王任叔**等著，叶圣陶校订

桂林：文化供应社，1949 年，6 册，32 开。

本书取材多从名著中节录，作为初中山图文科精读教材及自修课体，另编有语法篇、文章作法篇、实国文章等。（吉林图）

【0866H】蓼室读说文记十四卷　胡吉宣撰

1931 年稿本,线装,8 册。(国图)

【0867I】批评论文选集　荃麟等著

北京:新中国书局,1949 年 6 月,415 页,32 开。(大众文艺丛刊)

本书收论文 25 篇,其中有邵荃麟的《论主观问题》《新形势下文艺运动上的几个问题》《论马恩的文艺批评》《罗曼·罗兰的搏斗》等 4 篇。

邵荃麟(1906—1971),原名邵骏远、曾用名邵逸民、邵亦民,笔名荃麟、力夫、契若,慈溪人。现代文学评论家、作家。(浙图　国图　南图　读秀)

【0868I】S. O. S.(无线电急奏)　适夷著,民族剧社改编

武汉:民族剧社,1932 年,11 页,16 开。

本书为独幕剧。书名以日本占领沈阳前后为时代背景,宣传抗日救国。

楼适夷(1905—2001),原名楼锡春,曾用笔名林莽、楼建南,余姚人。现代作家、翻译家、出版家。著有短篇小说集《挣扎》《病与梦》,散文集《话雨录》《蟹工传》《适夷散文选》《天平之甍》,诗集《适夷诗存》,剧本《活路》,电影文学剧本《盐场》,译著小说《在人间》《契诃夫、高尔基通讯集》等。(国图)

【0869I】阿贵流浪记　王任叔著

上海:光华书局,1928 年 10 月,156 页,32 开。

1925 年春,作者被光明日报馆辞退,来上海后经友人介绍到宁波同乡会工作,一天后便不再上班,他在茶楼,马路,看到学生们的演讲和散发传单,"五卅"惨案使他愤然离开了这"杀人的地狱"。小说即是作者以这段经历为素材进行创造的。(浙图　北大图　中大图　同济图　读秀 CADAL)

【0870I】爱日庐诗钞一卷　李景祥撰

出版地不详:出版者不详,1912—1949 年,线装,铅印本。

本书录诗 41 首。

李景祥(1841—1903),字书云,一字炳甫,室名"爱日庐",鄞县人(一作镇海人),光绪二十一年进士。(天一阁　上图)

【0871I】爱神的箭　袁牧之著

上海:光华书局,1930 年,163 页,32 开。(新世纪戏剧丛书)

本书为独幕剧集,收《爱神的箭》《叛徒》《爱的面目》《水银》等 4 个独幕剧。书前有朱穰丞 1928 年 12 月 31 日写于上海的《代序》。

袁牧之(1909—1978),原名袁家莱,宁波人。中国现代戏剧、电影演员。1934 年入电通股份有限公司,编写剧本《桃李劫》,担任主演获成功。(浙图 南图 读秀 CADAL)

【0872I】八路军学兵队 陈克寒著

汉口:上海杂志公司,1938 年,66 页,32 开。(战地生活丛刊)

本书为报告文学作品,共 11 章。(国图 中山图)

【0873I】石坛山房全集十卷 〔清〕陈得善著

民国二十三年(1934)陈庆麒铅印本,线装。

本书分文集三卷、诗集二卷、南乡子词一卷、变雅堂词一卷、三蕉词一卷、绿薏词一卷、桐音词一卷。

陈得善(1856—1909),字薏斋,又字一斋,号三蕉,又号南乡子,象山人。(甬图 天一图 浙图 国图 上图)

【0874I】白金的女体塑像 穆时英著

上海:现代书局,1934 年,239 页。(现代创作丛刊)

本书收《白金的女体塑像》《父亲》《旧宅》《百日》《本埠新闻栏编辑室里一札废稿上的故事》《街景》《空闲少佐》等 8 篇小说。

穆时英(1912—1940),笔名伐杨、匿名子,慈溪人。中国现代著名小说家。著有短篇小说《黑旋风》《南极报》《上海独步舞》,短篇小说集《南北极》《公墓》《白金的女体塑像》《圣处女的感情》,中篇小说《空闲少佐》,长篇小说《交流》等。(CADAL)

【0875I】白门秋 冯玉奇著

上海:正华书局,1947 年。

本书为长篇社会言情小说,共 12 章。(读秀)

【0876I】百合花开 冯玉奇著

上海:永康书店,1946 年 6 月。

本书为香艳热情讽刺长篇小说。(读秀)

【0877I】百花洲 冯玉奇著

上海:华英书局,1942 年 6 月,188 页。

本书共 10 章,长篇社会言情小说。(读秀)

【0878I】百劫玫瑰　冯玉奇著

　　上海：春明书店，1947 年 9 月，3 册。

　　本书为长篇哀艳小说。（厦图）

【0879I】棒打鸳鸯　冯玉奇著

　　上海：春明书店 1941 年 6 月，2 册。

　　本书为长篇社会写实小说。（读秀）

【0880I】豹凤缘　冯玉奇撰

　　上海：广益书局，1948 年 9 月，1 册。

　　本书为长篇小说。（首图）

【0881I】悲华经舍诗存五卷　洪允祥著

　　宁波：洪氏慎思轩，1933 年，线装。

　　本书共录诗 338 首。

　　洪允祥（1874—1933），字兆麟，自号樵舲，署名佛矢，慈溪人。近代诗人、书法家。著有《悲华经舍诗存》《悲华经舍文存》。另有《书牍存》《小说存》《醉余随笔》等文若干卷。（甬图　天一阁　浙图　上图）

【0882I】悲华经舍书牍二卷读经札记一卷　洪允祥撰

　　1937 年，线装。

　　本书卷一为与季弟书五十五通，卷二为与马湛翁书八通，附马湛翁来书六通、徐蔚如来书一通、刘次饶札记一篇。收入《清人诗文集总目提要》。（甬图　浙图　上图　国图）

【0883I】悲华经舍文存二卷附联语一卷　洪允祥撰

　　宁波：洪氏慎思轩，1936 年，线装。

　　本书收录《论韩国之二刺客》《论国民政治运动》及序、跋、传、墓志铭等文 33 篇，前有杨敏曾序，序后有《洪先生述》《洪樵舲先生传》。（甬图　天一阁　浙图　上图　方正）

【0884I】悲回风一卷　陈训正撰

　　杭州：浙江省立图书馆，1932 年，线装。

　　1931 年 5 月，冯开病逝于上海，作者撰"悲回风"文以志哀。版心下题：巾子居丛刊。（天一阁　国图　上图）

【0885I】北溟诗稿二卷补遗一卷首一卷末一卷　江起鲲撰

宁波：钧和公司，1933 年，线装，有像。

本书收录《龙山谒严子陵先生祠》《和孙铁仙丈五十自述韵》等 1914—1925 年间所作诗 206 首，补遗收录《端午即事》《和张亦湘海上近作》等诗 22 首。前有江五民、江内民序，末为其子江圣钧跋，后有校勘记。

江起鲲（1864—1925），字北溟，号朴民，奉化人。（甬图　天一阁　浙图　国图）

【0886I】被当作消遣品的男子　穆时英著

上海：良友图书印刷公司，1931 年，62 页，64 开。（一角丛书）

本书为中篇小说。主人公蓉子，谈恋爱纯粹是为了刺激，把爱她的男子作为消遣品，而"男子甘心成为女子的消遣品"。（津图　读秀）

【0887I】彼得大帝（第一部）　［苏］阿·托尔斯泰（A. N. Tolstoi）著，适夷译

北京：新中国书局，1949 年 3 月，467 页，32 开。（苏联文学丛书）

本书为长篇历史小说，主要描写了彼得为争取权力而进行的斗争、宫廷贵族之间的倾轧以及彼得为促进国家西欧化而采取的最初一些措施。（南图　南大图　厦大图）

【0888I】碧波残照　冯玉奇著

上海：武林书店，1942 年，2 册。

本书为长篇社会言情小说。（读秀）

【0889I】边风录　巴人著

重庆：读书出版社，1943 年 2 月，122 页。

本书收 21 篇杂文，其中 1 篇高尔基的《结论》是译作。（浙图　南图　北大图　南大图）

【0890I】并蒂莲　冯玉奇著

上海：汇文书局，1947 年 10 月，137 页。

本书分纨绔儿百般引诱、情切切月夜订鸳鸯、意绵绵酒楼辞别离、返故都学府逢旧雨、桃花宫伴舞险失身、半规残月魂归离恨天、日暖花香书成合欢草等 7 章。（读秀）

【0891I】玻璃门　包蕾撰

上海：立化出版社，1949 年，2 版，14 页。（乙种立化儿童戏剧丛书）

本书为独幕儿童剧，讲述在酒店门童小良和卖报童大根的悲惨生活。

玻璃门把世界分成了两个,门里头暖和,有吃、有喝、有玩、有乐;门外头寒冷,风吹雨打、下霜、下雪,隔着一扇薄薄的玻璃门,里外就大不一样。

包蕾(1918—1989),原名倪庆秩,曾用过的笔名有叶超、华萼、文仿等,镇海人。现代剧作家、童话作家、儿童文学家。(国图　上戏图　读秀)

【0892I】补拙轩遗稿三卷　朱善佐撰

1936 年木活字本,线装,1 册。

本书收录赋 2 篇,诗 12 首,杂文 28 篇,有杨翰芳题词,朱浩序,杨翰芳撰墓志铭。

朱善佐(1873—1920),字芙亭,鄞县人。(浙图　上图)

【0893I】不识面的情人　徐雉撰

上海:新文化书社,1929 年,118 页。

本书收《不识面的情人》《嫌疑》《办事员莫邪》《小说家的故事》等 4 篇小说。(南图　浙师大图　CADAL)

【0894I】沧桑痕　冯玉奇著

上海:汇文书局,1946 年,136 页。

长篇小说。《明珠泪》的后集。(读秀)

【0895I】草长莺飞　冯玉奇著

上海:永康书店,1943 年 1 月,200 页。

长篇社会言情小说。(读秀)

【0896I】蟾宫艳史　冯玉奇著

上海:正华书局,1946 年 4 月。(见春秋阁博客)

【0897I】常识以下　巴人著

上海:多样社出版部,1936 年,137 页。(多样丛书)

本书收《人,作品与批评》《论文学作品中之定命论思想》《论诗》等 15 篇文章。曾发表于《自由谈》及《青光》上。(浙图　南图　国图　上图　CADAL)

【0898I】嫦娥　顾仲彝著

上海:永祥印书馆,1946 年 1 月,131 页,32 开。(文学新刊)

五幕神话剧。(浙图　温图　国图　南图　CADAL)

【0899I】潮来的时候　徐訏著

上海:夜窗书屋,1940 年 3 月,179 页。(三思楼月书)

五幕诗剧,共 55 场。书前有《献辞》。

徐讦(1908—1980),本名徐传琮,字伯讦,笔名徐于、东方既白。慈溪人。(浙大图 国图 南图 读秀 CADAL)

【0900I】成人的童话 徐讦著

成都:东方书社,1944 年,212 页。

本书收《骆驼与蠢马》《野熊与家熊》《一只美丽鸟儿的故事》《镜子的疯》《文学家的脸孔》等 13 篇寓言故事。末附后记、《关于〈成人的童话〉》等。(国图 南图)

【0901I】刍狗漫存 夏企缓撰,柳璋校阅

上海:国光印刷所,1947 年。

本书收录《桃花》《咏梅》《除夕饮罗君逸臣家》等诗共 20 余首,前有夏企缓四十岁像,作者自序。

夏企缓,字益寿,镇海人。医生,范文甫弟子。

柳璋,字北野,四明人。律师。(甬图)

【0902I】传港集一卷 杨翰芳著

出版地不详,1944 年,1 册。

杨翰芳(1883—1940),字蕤荫,号霁园,人称霁园先生,鄞县人。著有《杨霁园诗文选集》《黄林集》《传港集》《五慎山馆联语》。(浙图 上图)

【0903I】创作小说选 荃麟选注

桂林:文化供应社,1942 年 6 月,254 页,32 开。(初中略读文库)

本书共 2 辑,收《职业》(萧军)、《县长家庭》(丁玲)、《新生》(张天翼)、《艺术干事》(沙汀)、《回家后》(艾芜)、《枪》(刘白羽)、《姐姐》(聂绀弩)、《某日》(吴组缃)等 10 篇小说。书前有选注者序。(南图 山西图)

【0904I】垂杨影外 冯玉奇著

上海:武林书店,1943 年 7 月。

本书共 12 章。(读秀)

【0905I】春残梦断 冯玉奇、邵钧轩著,诸有人校正

上海:武林书店,1947 年,162 页,32 开。

本书共 8 章。长篇社会言情小说。(上图 津图)

【0906I】春闺怨　冯玉奇著

上海：春明书店，1946 年 6 月，2 册。

长篇哀艳言情小说。（读秀）

【0907I】春花浪蝶　冯玉奇著

上海：心心书局，民国间，1 册，线装。

本书为《蝶恋花》后集。（见春秋阁博客）

【0908I】春江风月　冯玉奇著

上海：武林书店（又名星新书店），1942 年 3 月。

本书共 15 章。（见春秋阁博客）

【0909I】春韭集　徐讦著

成都：东方书社，1943 年，106 页。

本书收《住的问题》《病》《我的照相》《太太的更正》《避暑》《上学》《寻病记》《看艺术展览会》《妹妹的胖病》等 9 篇小说。（南图　人大图）

【0910I】春雨飞花　冯玉奇著

上海：永康书店，1946 年 1 月，151 页。

本书为长篇言情小说，共 8 章，又名《单恋》。（中科院图）

【0911I】春云疑雨　冯玉奇著

上海：元昌印书馆，1943 年 4 月，229 页。

本书为章回小说，又名《红楼春心》，是《小红楼》的后集。（见春秋阁博客）

【0912I】从军杂咏：附续从军杂咏　孔墉著

上海：聚珍仿宋印书局，1928 年，线装。

本书是以从军为题材的诗稿，包括《客夜》《萧县》《等戏码台怀西楚霸王》共 78 首。

孔墉（1890—1939），原名继才，字逊父，又字达元，号映龙山主人，宁海人。工书好诗，著有《从军杂咏》《映龙山诗抄》。（浙图）

【0913I】翠鸾吁天　冯玉奇著

上海：春明书店，1941 年 6 月，1 册。

本书共 12 章。（见春秋阁博客）

【0914I】寸草庐赠言十卷　张嘉禄编

宁波：著者自刊，1923 年，线装。

本书为张嘉禄之母的纪念集。含传、墓志铭、书后、赞、颂、诔、连珠、乐府、古今体诗、秋灯课读图等内容。前有鄞县志列女传至李氏传,张嘉禄撰《行述》。李氏(1828—1866),张福佑之妻、张嘉禄之母。

张嘉禄(1846—1900),字肖庵、肖荪、受百,鄞县人。张寿镛父。(浙图　国图)

【0915I】大地之爱　顾仲彝著

上海:永祥印书馆,1946 年 7 月,109 页,32 开。(文学新刊)

三幕剧。无序跋。(南图　津图　中科院图)

【0916I】大破玉佛寺　冯玉奇著

上海:大明书局,1948 年。

章回小说。《青霜剑》的后集。(读秀)

【0917I】大众抗敌讲话　适夷编

长沙:三一出版社,1937 年,80 页,36 开。

本书内收《胜利的第一步》《日本我们的敌人》《琉球的丧失》等文 37 篇。(读秀)

【0918I】单云甲戌稿一卷附录一卷　陈道量撰

民国间油印本,线装,二册。

陈道量,民国时期宁波人。(天一阁　上图)

【0919I】淡轩拾草一卷　淡轩词抄一卷　洪之霖撰

济南:出版者不详,1927 年,线装。

本书收录诗 547 首,词 35 阕。卷首有像,有田文烈、王恩绶,朱名弨序,张孝谦等人题词,张蔚蓝书后。

洪之霖(1850—?),字叔雨,鄞县人。历官河南商丘、山东鲁县知县。(国图　上图)

【0920I】当代名文选　巴人选编

重庆:北方出版社,1943 年 1 月,58 页,32 开。

本书收朱惺公、陈铭枢、胡秋原、李宗仁、章乃器、陆昌清、宓超群、蔡雪林、端木露西等人的散文 9 篇。(上图　湖南图)

【0921I】灯红酒绿　冯玉奇著

上海:春明书店,1946 年,209 页,36 开。

社会香艳长篇小说。（上图　首图）

【0922I】灯尾集　徐讦著

　　上海：宇宙风社，1939年，469页。

　　本书收《费宫人》《难填的缺憾》《荒场》《北平风光》《多余的一夜》等24个剧本。（南图　津图　中科院图）

【0923I】第三时期　适夷著

　　上海：湖风书局，1932年6月，160页，32开。（文艺创作丛书）

　　本书收短篇小说《盐场》《狱守老邦》《第三时期》《泥泞杂记》《诗人祭》《断片》等6篇。（复旦图　中大图　读秀）

【0924I】颠倒夫妻　冯玉奇著

　　上海：汇文书局，1947年11月。

　　本书共6章，章回小说。（南图）

【0925I】蝶恋花　冯玉奇著

　　上海：心心书局，1946年12月。

　　本书共10幕。后集为《春花浪蝶》。张恨水有同名书。（见春秋阁博客）

【0926I】东方亚森罗苹案　［法］勒白朗著，孙了红等译

　　上海：大东书局，1926年5月，65页，36开。

　　长篇小说。分为序，叙语，东方亚森罗苹案。侠盗亚森罗苹是法国的玛利瑟·勒白朗笔下的人物，常常盗窃非法敛财之富人的财产来救济穷人。我国曾有若干译本。

　　孙了红（1897—1958），原名咏雪，小名雪官，鄞县（一说慈溪），客寓上海。中国侦探小说作家，中国现代通俗侦探推理文学发展史上的重要人物。著有《燕尾须》、《红玫瑰》、《侠盗鲁平奇案》、《蓝色响尾蛇》、《紫色游泳衣》（又名《劫心记》）、《夜猎记》、《虎诡》、《雀语》、《鬼手》、《窃齿记》、《血纸人》、《三十三号室》、《木偶的戏剧》、《蜂媒》、《鸦鸣声》等。（浙图）

【0927I】斗　冯玉奇著

　　上海：文粹书局，1948年12月，195页，1册。

　　本书共8章，叙孔仲林、曾静由于日本侵略中国，遂致离散，后复相聚，各人都已成家，最终曾静为报夫仇，饮弹身亡，孔仲林继续战斗的故事。（见春秋阁博客）

【0928I】豆蔻女郎　冯玉奇著

上海：春明书屋，1941 年，2 册。

长篇哀艳言情小说。（南图）

【0929I】豆蔻女郎续集　冯玉奇著

上海：春明书店，1941 年 5 月，2 册。

本书共 18 章。（见春秋阁博客）

【0930I】杜威、罗素演讲录合刊　张静庐编

上海：泰东图书局，1921 年 9 月，164 页，32 开。

本书收杜威演讲录 10 篇，罗素演讲录 4 篇。编者自序略云："这本小书里，把杜威、罗素两先生在各地临时讲演的都全辑录了。"（浙图　南图　CADAL）

【0931I】端夷阁近三年诗词一卷　魏友枋著

上海：菜缘社，1934 年，线装。

收录作者 1932—1934 年间创作的诗词，有《题钱君逃禅图》《哀戴季石》《题威博梅鹤幻影图》等。

魏友枋（1869—1948），字仲章、仲车，号端夷阁，慈溪人。能书法，楷书规矩端致，行书有唐人遗法。（甬图　浙图　国图　上图）

【0932I】端夷六十后诗词　魏友枋著

上海：菜缘社，1946 年，线装。

本书收《题洪太完屺感图》《次韵禊卿兰亭即事》《和穆老八十自述》等作者六十岁以后创作的诗词，含《端夷阁近三年诗词》。（甬图　浙图　国图　上图）

【0933I】短长书　虘弢著

上海：北社，1940 年 12 月，102 页，36 开。（杂文丛书）

本书收《文苑闲话》《关于〈鲁迅全集〉的校对》《鲁迅先生的梓印工作》等 34 篇杂文、散记。（浙图　国图　南图　CADAL）

【0934I】断桥流水　冯玉奇著

上海：春明书店，1941 年 7 月，2 册。

长篇社会言情小说，共 14 章。（南图　CADAL）

【0935I】儿童文学讲义　张雪门编

北京：香山慈幼院,1930 年。（幼稚师范丛书）

本书共 3 编。上、中编为本论,分科学故事、寓言、动物植物制造物等故事、神怪故事、童话、史地故事、笑话、韵文、图画故事等 9 种;下编为概论,分 6 章,讲述神话、传说和歌谣的研究等。（CADAL）

【0936I】二十世纪的欧洲文学　弗理契（Friche）著,适夷译

上海：新生命书局,1933 年 2 月,292 页,24 开。

本书共 7 章,分别为 20 世纪文学的前驱者、意大利未来主义、20 世纪法兰西文学的主要潮流、德意志新文学的主要出现、踏踏主义、20 世纪的帝国主义潮流、中小布尔乔对帝国主义布尔乔的反动。（国图）

【0937I】二月　柔石著

上海：春潮书局,1929 年 11 月,257 页,32 开。

长篇小说。反映了大革命失败以后青年知识分子找不到出路的苦闷和彷徨。有鲁迅序。（读秀　CADAL）

【0938I】梵天庐丛录三十七卷　柴萼撰

上海：中华书局,1926 年,线装。

笔记小说,多为朝野掌故、秘闻佚事等。前有邹秋士序,张天锡等题识,作者 35 岁照。

柴萼,字小梵,慈溪人。（甬图　浙图　国图　上图）

【0939I】访梅吟舍残稿一卷　〔清〕卢以瑛撰,卢霖录

1931 年,线装。

本书共收录五言古诗 3 首、七言古诗 5 首、五言律诗 7 首、七言律诗 21 首、五言绝句 9 首、七言绝句 70 首、乐府 5 首。有张岱年、沈廉、洪辅旸序,其孙卢霖跋。末附《访梅吟舍附录》。

卢以瑛,字英甫,鄞县人。（甬图）

【0940I】风尘奇侠传　姜侠魂编

上海：振民编辑社,1916 年 3 月,130 页,24 开。

本书为文言短篇小说集,共 66 篇。所选为当时报刊和个人小说集中的武侠小说,作者有王韬等二十余人。（上图　首图）

【0941I】风铃小诗集　胡行之著

上海：芳草书店,1929 年,82 页,48 开。（武大图　CADAL）

【0942I】风萧萧 徐讦著

上海:怀正文化社,1947 年,702 页。

本书描写了抗日战争时期三个年轻貌美的女性白苹、梅瀛子、宫间美子之间错综复杂的争斗。(CADAL)

【0943I】风月恩仇 冯玉奇著

上海:三益书店,1949 年 2 月。

本书共 14 章。(见春秋阁博客)

【0944I】烽火情侣 冯玉奇著

上海:大明书局,1946 年,97 页。

本书共 10 章,叙葛太和、何美云一对情侣双双抗日,为国捐躯的故事。(见《民国章回小说大观》)

【0945I】蓟里剩稿四卷 张原炜著

1945 年,线装本。

本书收录传、碑文、寿文、墓志铭等 54 篇,含洪承祁传、沈母夏淑人传、题郭氏宗谱后、总理纪念碑文等。正文前有作者自序,后有其子张辟方跋。书名由沙孟海题写。

张原炜(1880—1950),为清光绪二十八年举人,字于相,号悦庭、蓟里老人,又以无相署之,鄞县人。(甬图 天一阁 国图 南图)

【0946I】浮碧山馆骈文二卷 〔清〕冯可镛撰

宁波:钧和公司,1917 年,线装。

本书收录所写序、表、启等文章共 28 篇,前有光绪慈溪县志之冯可镛传。后有冯开跋。冯贞群校。

冯可镛(1831—1890),原名可钛,字佐君,号舸月,慈溪人。清藏书家。编《句章征文》,校刻《慈湖遗书》,兼辑《补编》《慈湖先生年谱》。著有《鲍系斋诗抄》四卷、《浮碧山馆骈文》二卷、《国朝骈体正宗》十二卷等。(甬图 浙图 国图 南图 CADAL)

【0947I】浮生梦 冯玉奇著

上海:正华书局,1941 年。

长篇社会写实小说。(见春秋阁博客)

【0948I】斧魄冰魂 冯玉奇著

上海：春明书店，民国间，138页，32开。

长篇社会写实小说。（南图）

【0949I】复国　孙家琇著

重庆：商务印书馆，1946年，165页，32开。

本书为四幕剧，叙述西施、范蠡的故事，又名《吴越春秋》。

孙家琇（1915—2002），女，余姚人。译有《街景》《十二个月》；编著有《马克思恩格斯与莎士比亚戏剧》《论莎士比亚四大悲剧》《莎士比亚辞典》等。（浙图　南图　中山图　读秀　CADAL）

【0950I】赋竹吟稿　毛觉吾编著

编入《春风吹又生草堂丛刊》，1944年出版。（浙图）

【0951I】高尔基文艺书简集　［苏］高尔基著，楼适夷译

上海：开明书店，1937年。

本书据日译本节译。收高尔基致安特列夫、罗迦乞夫斯基、肖伯纳、柴哈罗夫、伊凡诺夫、莫洛绍夫、摩拉雪夫、史罗桀夫斯基等国内外作家的信函30余封。（浙图　南图）

【0952I】歌舞春江　冯玉奇著

上海：广益书局，1941年。（见《中国现代文学总书目》）

【0953I】个中苦　冯玉奇著

上海：春明书店，1941年5月。

本书又名《苦中苦》，共12回，为《此间乐》为续集。（见春秋阁博客）

【0954I】燕投怀　冯玉奇著

上海：春明书店，1941年6月。

本书共12章。（见春秋阁博客）

【0955I】给海兰的童话　［苏］鲍里斯·皮尔雅克著，鲁彦译

上海：大光书局，1936年8月，47页。

本书据世界语本译出，内收《长耳朵，斜视眼，短尾巴的大胆的兔子》《小蚊子》《最后的苍蝇》等5篇童话。（南图　同济图　读秀　CADAL）

【0956I】艮园诗集四卷艮园诗后集四卷首一卷末一卷　江五民著

1916年，线装，2册。

本书辑光绪三年至宣统元年诗，分《春声集》《南旋集》《野趣集》《锦溪集》《浹口吟》《龙津操》《柏墅吟》，共录诗 324 首；诗后集辑民国二年至五年诗，分《投村集》《征诗集》《末劫残生集》《玩易集》，共录诗 280 首。前有张美翊序、自序，末有江起鲲题辞。后有勘误表。

江迥（1857—1936），字五民，一字后村，号艮园，奉化人。著有《艮园文集》《艮园诗集》，辑有《剡川诗抄续编》《剡川诗抄补编》。（甬图　浙图　上图）

【0957I】艮园文集十二卷　江五民著

宁波：出版者不详，1930 年，线装。

本书收录光绪十二年至民国十九年间各类文章 200 多篇，首有"江灵园先生七十四岁小像"，有作者自序。（甬图　天一阁　浙图　书生）

【0958I】公墓　穆时英著

上海：现代书店，1933 年，234 页，32 开。

本书收《被当作消遣品的男子》《莲花落》《夜总会里的五个人》《公墓》《夜》《上海的狐步舞》《黑牡丹》等 8 篇小说。前有自序。（浙图　南图　读秀　CADAL）

【0959I】猴北吟草二卷　干人俊撰

民国间抄本，线装。

本书又名《凫谷漫咏》。（国图）

【0960I】姑嫂情深　冯玉奇著

上海：大明书局，1948 年 1 月，143 页。（见春秋阁博客）

【0961I】孤岛的狂笑　徐讦著

上海：夜窗书屋，民国间，94 页。（三思楼月书）

本书为话剧选集。收《租押顶卖》和《男婚女嫁》2 个剧本。（国图　中山图　津图　CADAL）

【0962I】孤岛泪　冯玉奇著

上海：广益书局，1948 年，120 页。

本书为长篇言情哀艳小说，分不信津门惊鸿影、细诉戴天有深仇、情夭快睹双鲤跃、载得西施香海浮、伴舞为郎心无奈、艳如桃李冷如冰 6 章。（上图）

【0963I】古城的怒吼　马彦祥编

汉口：华中山图书公司，1938 年 5 月，116 页，32 开。（抗战戏剧丛书之五）

五幕话剧。根据法国沙都的"Patrie"改编。

马彦祥(1907—1988),原名履,笔名尼一、司徒劳,马衡之子,鄞县人。戏剧活动家,戏剧导演,戏剧理论家。著有《戏剧概论》《现代戏剧讲座》《彦祥漫谈》《古城的怒吼》《海上春秋》《国贼汪精卫》《江南之春》《走》《母亲的遗像》《讨渔税》《生路》等。(浙图　国图　南图　CADAL)

【0964I】古代幽默文选　胡行之编

上海:光华书局,1933年10月,202页。

本书收录中国列代许多可读的文章,尤其是富有刺激性和幽默感的文章,丛编而成。分上、下卷,共选收86篇古代诗文。(国图　同济图　厦图　津图　读秀　CADAL)

【0965I】古菫谚铎四卷　陈炳翰撰

民国间稿本。

本书汇录3600多句宁波谚语俗言。

陈炳翰(1858—?),字洁庵,鄞县西郊人,晚清诸生。生平留心地方掌故,关心社会动态,从13岁开始到70岁为止,每年都写有关于宁波城乡纪事的诗歌,内容十分丰富。(天一阁)

【0966I】故剑泪　冯玉奇著

上海:春明书店,1946年10月,2册。

本书为长篇社会言情小说,共14章。(人大图　CADAL)

【0967I】怪面女侠　庄病骸著

上海:泰东书局,民国间。

本书为现代长篇武侠小说。描述一女子为报家仇,历尽千难万苦,终于成功的故事。

庄病骸(1885—1970),本名庄禹梅,乳名继良,病骸为庄禹梅自号,镇海庄市人。著有《甬江潮》《孙中山演义》《中国古代史析疑》《古书新考》《铁血男儿传》《双龙剑》《江湖双侠传》《霍元甲传奇》等。(首图)

【0968I】关东红胡子　姜侠魂撰

民国间武侠小说。(见《中国文化史》)

【0969I】广注诗品　〔梁〕钟嵘著,杜天縻注

上海:世界书局,1935年。

本书卷首为"引言",论《诗品》源流及钟氏作意。正文分引言、南史·

钟嵘本传、人物总览;注释正文;上、中、下三品诗人诗例、人名索引、异名录等内容。（同济图　湖南图　读秀　CADAL）

【0970I】广注文心雕龙　〔粱〕刘勰著,**杜天縻**注

上海:国学整理社,1935 年,90 页。

本书上编着重叙述各本文学作品的特征和历史演变;下编探讨创作、批评的原则和方法,以及文学和时代的关系等。正文前有注者引言、南史·刘勰本传等。（国图　人大图　津图）

【0971I】归　冯玉奇著

上海:大明书局,1948 年 6 月。

本书为长篇社会言情小说,是《征》的后集,共 8 章。（见春秋阁博客）

【0972I】闺中艳影　冯玉奇著

本书又名《闺中鸽影》。（见春秋阁博客）

【0973I】国贼汪精工　马彦祥著

重庆:青年出版社,1941 年 6 月,214 页,32 开。（中央青年剧社剧本创作选）

本书为四幕抗战剧。计述从 1938 年 12 月汪逆有感于投敌叛国阴谋败露,秘密逃离重庆潜入河内别墅开始,到 1940 年 4 月汪伪组织成立止,以实写与梦幻相结合的手法,展示了汪精卫及其追随者叛国投敌的始末。（浙图　复旦图　南图　读秀）

【0974I】海抱楼文初编一卷续编一卷　朱浩撰

1936 年,线装。

本书初编收录文章 54 篇,续编收录文章 44 篇,多为序、传等,有何有梁、朱骧序。

朱浩,字孟,鄞县人。（甬图　浙图　上图）

【0975I】海国春秋　冯玉奇著

上海:广益书局,1947 年 3 月,2 册。

本书共 36 回。（见春秋阁博客）

【0976I】海沤集二卷　张汝钊撰

宁波:四明印书局,1934 年,线装。

本书为诗文集,上卷收录《题秋山红树图》《伽耶农林记》《洪峻女士传》

等文 16 篇,下卷收录《归田咏三章》《登金山》《余姚龙泉山访阳明先生孤立》等诗 71 首。有罗家伦序。

张汝钊(1900—1970),女,慈溪人。杰出女诗人、社会活动家,曾任宁波图书馆馆长后出家,法名本空。著有《海沤卷》《烟水集》等。(甬图　天一阁　浙图　国图　上图)

【0977I】海上春秋　马彦祥编著

香港:申萱出版社,1940 年 2 月,13 页,32 开。

本书为独幕剧,剧情为:汪精卫、陈璧君夫妇到上海后,接济了欧阳一笔生活费,欧阳不但拒而不受,反而大骂陈璧君不应追随丈夫当了汉奸。(吉林图　读秀)

【0978I】海上风云　冯玉奇著

上海:三益书店,1946 年 10 月,104 页,32 开。

本书为社会写实言情小说,共 7 章。叙述王伯民心有别系,遂使妻子陶莲芬自尽;王仲华专心于叶露玲,终当美满婚姻的故事。卷前冠金雁的《海土风云序》。(国图)

【0979I】海棠红　冯玉奇著

上海:大新书店,1946 年 10 月。

本书分上、中、下三集。(读秀)

【0980I】海天鸿影　冯玉奇著

上海:春明书店,1940 年 4 月,2 册。

本书为哀艳言情小说,共 12 章,有《卷头小语》,写于 1939 年冬。(上图)

【0981I】海天集　唐弢著

上海:新钟书局,1936 年 5 月,214 页,32 开。(新钟创作丛刊)

本书为杂文集,收杂文 45 篇。大都是作者 1935 年 5 月至 1936 年 5 月间写的。书名《海天》,表达作者排遣苦闷、向往自由的情怀。(浙图　同济图　读秀　CADAL)

【0982I】癸酉集稿　鄞县县立商科职业学校学生自治会编

宁波:鄞县县立商科职业学校学生自治会,1933 年 6 月,510 页,有表。

本书分论著、商业问答栏、文艺、补白 4 部分,内收《职业教育与现代中国》(汪定国)、《如何挽救中国经济上的危机》(蒋本储)等论文 24 篇。另有

文艺类的小说、话剧、诗歌等若干篇。书前有汪涣章序。附录该校校史、章程、捐款致谢。（甬图　国图　CADAL）

【0983I】海外的情调　徐订著

成都：东方书社，1943年，118页，32开。（三思楼月书）

本书收《鲁森堡的一宿》《蒙摆拿斯的画室》《决斗》《结婚的理由》《英伦的雾》等文5篇。（浙图　南图）

【0984I】寒庄文编二卷外编一卷　虞辉祖撰

1921—1923年间，线㚖。

本书收录《晋祠观水记》《汉口兴业银行记》《科学仪器馆纪事》等文40篇，记民国初年事，有王树南、吴闿生序，姚仲实、吴辟疆等评议；《外编》为冯开辑，收录传、书、序、记、墓表等文20篇。

虞辉祖（1865—1921），字含章，号寒庄，镇海人。（天一阁　浙图　国图　上图　首图）

【0985I】合欢草　冯玉奇著

上海：正华书局，1946年4月，

本书共14章。（见春秋阁博客）

【0986I】河边　王鲁彦创作

上海：良友图书印刷公司，1936年，223页。（良友文学丛书）

本书为短篇小说集，收《河边》《一只拖鞋》《银变》《中人》《头奖》《陈老夫子》等6篇小说。（浙图　国图　南图　读秀　CADAL）

【0987I】黑牡丹　穆时英等著

上海：良友图书印刷公司，1934年，206页。

本书为短篇小说集。收《黑牡丹》《娱乐》《玫瑰花的香》《寒夜》《朋友俩》《静静的溪流》《春阳》《朱古律的回忆》《恋爱行进》《一个谜的解答》等10篇小说。（CADAL）

【0988I】恨　冯玉奇著

上海：大明书局，1948年8月。

本书共8章。（见春秋阁博客）

【0989I】横眉集　王任叔、孔另境等著

上海：世界书局，1939年，330页。（大时代文艺丛书）

本书为郑振铎、王任叔、孔另境主编的"大时代文艺丛书",收孔另境、王任叔、文载道、周木斋、周黎庵、风子(唐弢)、柯灵等七人杂文113篇,其中收唐弢杂文21篇,后记1篇。(国图　浙大图　读秀)

【0990I】红豆相思　冯玉奇著

上海:文粹书局,1948年7月。(读秀)

【0991I】红粉飘零　冯玉奇著

上海:大明书局,1946年,169页。

长篇社会言情小说。(浙图)

【0992I】红胡子　姜侠魂编

上海:振民编辑社,1920年。

本书收《怜子》(民哀)、《蒙家三侠》(海沤)、《杜力山轶事》(子俊)、《盗隐》(啸秋)等文言小说。(浙图　首图)

【0993I】红叶集　张静庐编

上海:大新书局,1935年,84页。

本书收《白书记》《死叶》《碎玉记(上)》等文3篇。(浙图　国图　CADAL)

【0994I】红叶童话集　一叶著

上海:亚东图书馆,1936年2月,162页。

本书收《红叶》《字样和白纸》《青鸟》《一个奇怪的故事》《奇遇》《鱼篓》《自由的蒲公英》《两支奇怪的笛子》等文9篇。

叶刚(1908—1930),原名叶道生,别号破浪,曾化名李建新,笔名一叶,象山县鹤浦镇螺蛳礁村人。中国早期革命童话作家,著有《红叶童话集》。(复旦图　中科院图　吉林图　读秀　CADAL)

【0995I】后素楼清泉谈一卷　张炯伯撰

民国间手抄本,线装,1册。(浙图)

【0996I】胡子和驼子　包蕾著

上海:立达图书服务社,1947年,80页。(立达少年丛书)

本书为三幕儿童剧。该剧用童话的手法表达生活在水深火热之中的国统区人民对国民党的失望、不满和愤怒。(浙图)

【0997I】湖上草　王玄冰撰

杭州:著者自刊,1948 年,18 页,32 开。

本书收录民国三十七年 6 月 13 日至 19 日在杭州所作近体诗共 87 首,前附携家人同游玉泉、三潭印月、岳坟照。

王玄冰(1902—1979),鄞县人。早年任《四明日报》编辑及县立女子中学教员,抗战时期任鄞县私立正始中学教员,后在宁波商校和财经学校任教。(甬图 浙图 国图)

【0998I】虎啸 蒋经国著

赣县:中华正气出版社,1944 年,50 页。

本书收《虎岗送别》《建筑科学的万里长城》《开辟人类的新天地》《夜宿虎岗有感》等 4 篇杂论。(国图)

【0999I】花溅泪 冯玉奇著

上海:大明书局,1946 年 4 月。

本书共 8 章,后集为《情天劫》。(见春秋阁博客)

【1000I】花落春归 冯玉奇著

上海:春明书店,1946 年 8 月。(见春秋阁博客)

【1001I】花落谁家 冯玉奇著

上海:百新书店股份有限公司,1949 年 7 月。

长篇社会写实小说。(见春秋阁博客)

【1002I】花石因缘 冯玉奇著

上海:春明书店,1939 年 2 月,102 页。

本书目次页书名页题"长篇言情小说",题名《解语花》续集。共 10 章,书前有碧筠女士的总评。(国图 南图)

【1003I】花束 〔法〕拉姆贝尔(Ch. Lambert)著,**王鲁彦译**

上海:光华书局,1928 年,133 页,32 开。

本书收《沙库泰拉和印度的戏剧》《希腊的朝山和奇迹地》《睡美人和神仙的故事》等 3 篇论文,译自 1908 年在法国出版的该书世界语版的前半部分,是作者的讲演集。(浙图 国图)

【1004I】花一般的罪恶 邵洵美著

上海:金屋书店,1928 年,55 页。

本书为诗集。收录《还我我的诗》《歌》《五月》《Z 的笑》《月和云》《情诗》

《恋歌》《日升楼下》《上海的灵魂》《花一般的罪恶》等 30 首诗。

邵洵美（1906—1968），原名云龙，后改名洵美，余姚人。新月派诗人，散文家，出版家，翻译家。著有《天堂与五月》《花一般的罪恶》。（浙图　南图　读秀）

【1005I】花迎春　冯玉奇著

上海：汇文书局，1946 年 12 月，127 页，32 开。

本书共 12 章，后集为《明月重圆夜》。（上图　吉林图）

【1006I】花月争艳　冯玉奇著

上海：武林书店，1942 年。

本书共 8 章，又名《花月争辉》。（见春秋阁博客）

【1007I】华东野史　冯玉奇著

上海：春明书店，1940 年。

本书共 28 章。余碧筠评。（见春秋阁博客）

【1008I】还泪记　顾仲彝著

上海：永祥印书馆，1938 年 7 月，158 页，32 开。（文学新刊）

本书为五幕剧集，改编自《红楼梦》，无序跋。（同济图　读秀　CADAL）

【1009I】浣锦集　苏青著

上海：天地出版社，1944 年 4 月，296 页。

本书收《谈女人》《我国的女子教育》等 57 篇杂文，内容大多是关于妇女的生活问题。书前有陶亢德的《浣锦集序》。

苏青（1914—1982），本名冯允庄，曾署名冯和仪，著有《结婚十年》《续结婚十年》《浣锦集》《涛》《饮食男女》《逝水集》《歧途佳人》等。（上社院图　北大图　CADAL）

【1010I】荒岛怪人　冯玉奇著

上海：文粹书局，1949 年 2 月。

本书为长篇社会奇情小说，分噩耗传来荒山显怪、历尽艰险爱犬失踪、舍生救主义薄云天、晴天霹雳佳偶分离、心猿意马情海风波、孽冤算清空余泪痕等 6 章。（见春秋阁博客）

【1011I】荒谬的英法海峡　徐讦著

成都：东方书社，1943 年，178 页。

本书为长篇小说，写主人公"我"坐在英法海峡的航船上，遇海盗并受盗魁史密斯之邀在海岛上的神秘经历。（湖南图　吉林图）

【1012I】黄金　王鲁彦著

上海：新生命书局，1929 年，218 页，32 开。

本书收《黄金》《毒药》《一个危险的人物》《阿长贼骨头》《微小的生物》《最后的胜利》等 6 篇小说。（浙图　国图　吉林图　津图　CADAL）

【1013I】黄金祸　冯玉奇著

上海：广艺书局，1946 年 1 月。

本书共 6 章。（见春秋阁博客）

【1014I】黄林集一卷　杨翰芳著

1944 年，铅印本，1 册。（鄞图　浙图　上图）

【1015I】黄浦江头的夜月　徐讦著

成都：东方书社，1944 年，164 页。

书末有作者后记，说明本书曾以《月亮》和《月光曲》作为书名出版过两次，这次在《月光曲》的基础上又做了修改。（南图　湖北图）

【1016I】回风堂词　冯开撰

1933 年，线装，铅印本。（彊村遗书　沧海遗音集）

冯开（1873—1931），原名鸿墀，字阶青，又名君木，号回风，慈溪人。著有《回风堂文》若干卷，词一卷，日记与杂著各若干卷。（浙图　国图）

【1017I】回风堂诗七卷前录二卷文五卷附妇学斋遗稿一卷　冯开撰

上海：中华书局，1941 年，线装，铅印本。

本书共收录文 80 篇，诗 546 首，所附《妇学斋遗稿》一卷为其夫人俞因撰。有陈训正，虞辉祖序，三贤跋，序后有沙文若状《慈溪冯先生行状》、陈三立撰《慈溪冯君墓志铭》。

俞因，字季则，慈溪人。（甬图　天一阁　浙图　上图　南图）

【1018I】回风堂诗一卷秋辛词一卷附妇学斋遗稿一卷　冯开，俞因撰

民国间抄本，1 册。（天一阁）

【1019I】悔复堂诗一卷外录一卷寥阳馆诗草一卷附录一卷　应启墀、姚寿祁撰

1942 年,线装。

《悔复堂诗》收应启墀诗 69 首词 4 阕;有冯开序,《外录》依次含:冯开撰《应君墓志铭》、陈训正撰《悔复堂诗序》、洪允祥撰《悔复堂诗题辞》、冯开撰《回风堂脞记》。《寥阳馆诗草》收姚寿祁诗 102 首(起光绪十四年,止民国二十六年),有黄立钧序,何虞跋,附录为冯贞胥撰《姚府君墓表》。

应启墀(1872—1914),字叔申,室名悔复斋,亦称悔复堂,慈溪人。

姚寿祁(1872—1938),字贞伯,慈溪人。(甬图　浙图　南图)

【1020I】毁去的序文　徐雉撰

上海:新文化书社,1924 年,124 页。

本书为短篇小说集,收《毁去的序文》《病中》2 篇小说。(浙图　南图)

【1021I】魂断斜阳　冯玉奇著

上海:万象书屋,1941 年,1 册。(见春秋阁博客)

【1022I】混世魔王　冯玉奇著

上海:正气书局,1948 年 10 月。

本书共 8 章。(见春秋阁博客)

【1023I】火与肉　邵洵美著

上海:金屋书店,1928 年,76 页。

本书收《莎弟》《史文朋》《迦多罗斯的情诗》《日出前之歌》《贼窟与圣庙之间的信徒》《高谛蔼》等 6 篇书评和散文,最后一篇为译文。(浙图　复旦图　读秀　CADAL)

【1024I】火烛小心　包蕾著

上海:华华书店,1947 年 8 月,118 页,32 开。

本书为三幕喜剧。(浙图　国图　中山图　南图)

【1025I】唧唧吟癸未集二卷　李世培撰

1943 年稿本,线装。

本书收录民国三十年(1941)至民国三十二年(1943)创作的诗 197 首,含四言古诗 5 首、五言古诗 31 首、七言古诗 51 首、五言律诗 25 首、七言律诗 18 首、五言绝句 2 首、七言绝句 65 首。有作者自序。

李世培,字江明,鄞县人。(甬图)

【1026I】吉布赛的诱惑　徐讦著

成都：东方书社，1945 年，120 页。（三思楼月书）

本书抒写了一对异国情侣的爱情故事。（浙图 南图 读秀 CADAL）

【1027I】寄生草 ［英］台维斯（H. H. Davis）著，**朱端钧**改译

上海：光华书局，1930 年。

本书为英国现代多幕剧剧本。

朱端钧（1907—1978），字公吕，余姚人。国话剧导演、戏剧教育家。（浙图 复旦图 北大图 读秀）

【1028I】佳讯 王任叔著

长沙：商务印书馆，1940 年，275 页。（文学研究会创作丛书）

本书是短篇小说集，共 2 辑，收《失掉了枪枝》《回家》《皮包和烟斗》《恋爱神圣主义曲》《乡晚》《额角运与断眉运》《自杀》《佳讯》等 8 篇小说。（国图 津图 南大图）

【1029I】奸杀奇案 庄病骸著

上海：新华小说社，1919 年，铅印本。

本书前冠杨杏佛、文公直题于"民国十六年孙中山逝世二周纪念日"或"总理逝世二周纪念日"的序。（首图）

【1030I】监狱 王任叔著

上海：光华书局，1927 年，246 页。

本书为短篇小说集，收《美的消灭》《村妇》《晚霞》等 8 篇小说。书末附《题于〈监狱〉之后》一文。（浙图 国图 南图 CADAL）

【1031I】剑阁藤杖 张延章撰

民国间诗歌手稿。

张延章（1887—1960），宁波月湖烟屿里人。字汪庄，号子采，别号拳石山人、囊云阁主、三代齐眉阁主。著有《三代齐眉阁诗草》等。（见《宁波晚报》2013 年 1 月 6 日）

【1032I】剑侠骇闻 姜侠魂撰

上海：时还书局，1917 年 12 月，148 页。

本书收《奇丐》、《叶长春》（病骸）、《紫裳女盗》（绮缘）、《姜文孙口述之剑侠》（剑山）等文共 42 篇。封面有"古今武侠名著"字样，前有庄病骸写于

1917 年冬月的叙。（国图　首图）

【1033I】剑侠女英雄　冯玉奇著

上海：协和书店，1947 年 5 月，1 册。

本书共 26 章。（见春秋阁博客）

【1034I】江湖廿十四侠　姜侠魂、杨尘因著

上海：校经山房书局，1928 年（见《文艺民俗学论文集》）

【1035I】江南英雄传　朱霞天著

上海：益新书店，1938 年。（见《中国文学史资料全编现代卷》）

【1036I】江南之春　马彦祥编著

重庆：正中书局，1943 年 9 月，212 页，32 开。（现代戏剧丛书）

本书为七幕话剧。（北大图　上社院图　CADAL）

【1037I】江上烟波　冯玉奇著

上海：龙出版社，1945 年 11 月。

本书共 10 章。（见春秋阁博客）

【1038I】交流　穆时英著

上海：芳草书店，1930 年，211 页，32 开。（浙图　CADAL）

【1039I】蛟川耆旧诗补十二卷　王荣商编；张寅辉参订；傅家铨校刊

本书辑录蛟川（镇海）一地前人诗集未收的诗，录自清顺治至光绪间，共拾遗 85 人，诗 1320 首；新增者 300 人，诗 1765 首。1918 年，线装本。（甬图　国图　上图　南图）

【1040I】蛟川诗系三十一卷续编八卷卷首一卷　〔清〕姚燮辑，〔清〕范寿金辑

1913 年盛炳炜刊印，线装。

本书为地方诗总集，辑录隋唐迄清嘉庆、道光间镇海作者凡 345 人，各选诗数首或数十首，以人系传，叙述诗人事迹，以存梗概。正集 31 卷，收诗 2621 首，补诗 460 首。续编 8 卷，为刘慈浮拾遗、范寿金增编，收诗 485 首。正续集录诗人自南宋至清末。前有盛炳炜、范寿金序。

姚燮（1805—1864），字梅伯，号野桥，一作野樵，晚号复庄，别署大梅山民、大某、上湖生、二石生、复道人等。镇海人。（甬图　浙图　国图　上图）

【1041I】蕉园三十征诗汇刊　张汝钊编

1933 年,线装。

本书收录张汝钊三十自述之作《蕉园感怀》及以此向师友(周象赞、陈禾菜等)征集的诗文,前有口籁(张汝钊表妹)序。(甬图 国图 上图)

【1042I】蕉园诗稿十二集 翁文灏撰

重庆:自刊,1946 年 6 月。

本书收录 1935 年至 1946 年间所做诗稿 341 篇,因作者抗战时期在重庆南开中学,居于蕉园,诗稿大半成于此宅,故名为《蕉园诗稿》。(浙图 国图 上图)

【1043I】教师万岁 冯玉奇著

上海:大明书局,1949 年 1 月。

本书共 8 章。(浙图 南图)

【1044I】劫泪缘 冯玉奇著

上海:锦章书局,1937 年 5 月,277 页。

本书为长篇爱情写实小说。共 18 章,卷前冠冰心子《评一》、玄机《评二》、碧筠女士《评三》。(见春秋阁博客)

【1045I】结婚十年 苏青著

上海:天地出版社,1944 年,234 页,32 开。

本书为长篇自传体小说,描述了主人公从结婚到生女备受歧视,从组织家庭到夫妻离异的全过程。(浙图 国图 南图 CADAL)

【1046I】续结婚十年 苏青著

上海:四海出版社,1947 年,230 页。

本书为长篇小说,采用章回体形式,共 21 章。(浙图 国图 南图 CADAL)

【1047I】鲒埼亭集附录二卷 冯贞群编纂

民国间稿本,2 册。(天一阁)

【1048I】她的彷徨 适夷著

上海:广益书局,1930 年 3 月,172 页,32 开。

本书为中篇小说,叙述贫家女阿毛惨苦凄凉的经历。(南图 津图 中科院图 读秀 CADAL)

【1049I】解语花 冯玉奇著

上海：春明书店，1937年，216页，32开。

本书共24章，叙石可人、解语花历尽曲折，爱情得到了考验，前途辉煌的故事。卷前冠作者序，玉琴女士《题词》12首。（见春秋阁博客）

【1050I】金屋泪痕　冯玉奇著

上海：华英书局，1943年7月，246页。

本书共14章，叙述一个贫困家庭的姑娘璞姑，在毫无公理可言的社会中遭欺骗、受凌辱的经过。（见春秋阁博客）

【1051I】精神病患者的悲歌　徐訏著

重庆：东方书社，1945年，214页。

本书为中篇小说，以E.奢拉美医师招考助手启事拉开序幕，有着较鲜明的精神分析色彩。（国图）

【1052I】精忠大侠传　朱霞天著

上海：天然书局，1931年，6册，842页，有图。

本书第一册卷首有《精忠大侠传序》《自序》。各册卷前冠回目10回、插图20幅。封面正中书名上端，镌"漱六山房校订，蛟川雕龙生著"；下端，刊"壬西神题"。正文、版权页原题"漱六山房校订，蛟川雕龙生著"。（北师大图　CADAL）

【1053I】镜花月　冯玉奇著

上海：广艺书局，1946年10月，1册。

本书为长篇小说。（见春秋阁博客）

【1054I】九秋菊燕集三卷　陈邦瑞等撰

本书为蛟川陈瑞海民国癸亥（1923年）9月宴请宾朋的纪念集，依次收录高振霄撰《九秋菊燕记》，陈曾寿绘《九秋菊燕图》，陈瑞海、陈邦瑞、左孝同、章梫、黎湛枝、童庚钊、王禹襄、高振霄等肖像，陈邦瑞、左孝同、黎湛枝、章梫、童庚钊、王禹襄、高振霄等诗及图赞。民国间出版，线装。（甬图　浙图）

【1055I】旧时代之死　柔石著

上海：北新书局，1929年10月，459页，32开。

本书为长篇小说。共2册，上册为《未成功的破坏》，下册为《冰冷冷的接吻》。（同济图　北大图　读秀　CADAL）

【1056I】救亡歌选　余姚战斗社编选

宁波:余姚战斗社,1958年。(浙图)

【1057I】鞠隐诗稿四卷首一卷 邹厥逊撰

民国十五年(1926)铅印本,2册。(天一阁)

【1058I】菊 冯玉奇著

上海:春明书店,1946年7月。

本书为长篇小说,共14章,续集为《鹃》。(见春秋阁博客)

【1059I】巨人的花园 包蕾著

上海:华华书店,1948年,80页。(儿童文学丛书)

本书为三幕儿童剧。剧中讲述在荒岛上的一个花园内,生活着巨人、巨人七岁的女儿、一个狡猾的矮子胡里,某一年,金富、金珠、田老大、小锯子、招待员、野孩子等小朋友乘船落难于荒岛之上,之后来到"闲人莫出"的巨人的花园,如何与巨人由仇变友,共同建设巨人的花园的奇特经历。(国图 复旦图 中山图 读秀 超星)

【1060I】鹃 冯玉奇著

上海:春明书店,1946年。

本书为长篇社会言情小说。为《菊》之续。(人大图 CADAL)

【1061I】康波勒托 〔美〕海敏威原著,**马彦祥译**

上海:晨光出版公司,1949年3月,189页,36开。(晨光世界文学丛书)

本书为战争小说集。收录《康波勒托》《到古巴去的一条载重船》《在山顶上的爱尔索多》等3篇小说。(南图 北大图 读秀 CADAL)

【1062I】康熙南巡秘记 四明蟫伏老人撰

上海:进步书局,1916年,124页。(稗史丛书)

本书收《太湖刺客》《假皇帝的渔色》《葛礼毒母案》《废太子案》等文。(浙图 复旦图 中山图 读秀 CADAL)

【1063I】抗敌时令歌谣 汇粋著

上海:大众文化丛书,1938年,2册,横32开。

本书收24首歌谣,均不标题目,每首歌谣附图一幅。

江粋(1912—1989),笔名白丁、黑子,镇海人。出版有《江粋版画选》和大型连环画《熊外婆》。(湖南图)

【1064I】科学的艺术论 苏联康敏学院文艺研究所编,**适夷译**

重庆：读书生活出版社，1940年10月，184页，32开。

本书分社会生活中艺术的地位、关于文学的遗产、观念形态的艺术等3部分。曾于1933年以《马克思、恩格斯艺术论》为名初版。末有日本外村史郎的"解题"。（浙图　国图　上图　读秀　CADAL）

【1065I】可庐诗钞　黄甄圭撰

上海：著者自刊，1947年，铅印本，1册，线装。

黄甄圭，四明人。（浙图　国图）

【1066I】空闲少佐　穆时英著

上海：良友图书印刷公司，1932年，60页，64开。（一角丛书）（浙图　北大图　津图）

【1067I】苦海　鲁彦译

上海：亚东图书馆，1929年6月，198页。（南大图　同济图　读秀　CADAL）

【1068I】苦海慈航　冯玉奇著

上海：文粹书局，1949年4月。

本书共8章，后集为《乱世风波》。（见春秋阁博客）

【1069I】苦中苦　冯玉奇著

上海：汇文书局，1948年4月。

本书又名《个中苦》，但仅六回，与《个中苦》的十二回本不同。为《甜如蜜》之续集，后集为《饮恨终身》。（见春秋阁博客）

【1070I】括苍游草　干人俊著

民国间抄本。（国图）

【1071I】劳薪辑　唐弢著

永安：改进出版社，1941年3月，154页，32开。（现代文艺丛刊）

本书收唐弢1937年7月至1940年9月写的杂文72篇。其中《和敌人一起倒下》等20篇曾收入《横眉集》《吉诃德颂》等，25篇曾收入《边鼓集》。（南图　中山图　读秀）

【1072I】老仆人　〔波兰〕显克微支著，王鲁彦译

重庆：文学书店，1943年9月，143页，36开。（翻译丛刊）

本书为短篇小说集。收《泉边》《宙斯的裁判》《乐人扬珂》《天使》《光照

在黑暗里》《提奥克肟》《老人仆》等 7 个短篇。书末附译者的《显克微支及其著作》一文。（南图 吉林图）

【1073I】老战士 周洁夫著

佳木斯：东北书店，1948 年，78 页，32 开。（文学战线创作丛书）

本书收《老战士》《送俘肟》《枪》《好兄弟》《变化》《平常的故事》等 6 篇小说。

周洁夫（1917—1966），镇海人。作家。著有《走向胜利》《十月的阳光》《祖国屏障》以及长诗《开垦》等。（浙图 北大图 复旦图 CADAL）

【1074I】藜照庐丛书 林集虚辑

宁波：自刊，1935 年，6 册，木活字本，线装。

本书为宋至清人著述。

林集虚，本名昌清，字乔良，号心斋。鄞县人。民国藏书家。（天一阁 浙图 国图 上图 南图）

【1075I】礼本堂集三十二卷 林景绶撰

民国间稿本。

有陈星庚序，含《礼本堂诗集》十二卷（1918 年）

林景绶（1856 年至民国初年），谱名植槐、原名棻载、字志飏、号朵峰，鄞县人。光绪二十四年进士，官福建寿宁知县。（天一阁）

【1076I】励世芮周记 励世芮撰

1936 年稿本。

本书为民国廿五年度周记，稿纸为浙江省立宁波高级工业职业学校用纸。（甬图）

【1077I】笠屐吟草二卷 干人俊撰

民国间油印本，线装，1 册。（浙图 国图）

【1078I】恋爱的情书 冯玉奇著

上海：春明书店，1939 年 3 月，208 页。

本书又名《恋爱情书》《解语花说部本事》。（见春秋阁博客）

【1079I】恋爱与阴谋 顾仲彝改编

上海：光明书局，1940 年 3 月，168 页，32 开。（光明戏剧丛书）

本书为五幕八场悲剧。据德国席勒原著《恋爱与阴谋》改编，后又改名

为《殉情》出版。（南图　中科院图　读秀　CADAL）

【1080I】梁红玉　顾仲彝著

上海：开明书店，1941 年 5 月，179 页，36 开。（开明文学新刊）

本书为四幕历史题材话剧。书前有"上海剧艺社演出剧本摄影 1940 年夏季在辣斐剧场）"一至四幕剧照 8 幅，另有舞台设计图（设计者池宁先生）4幅。还有插曲 3 首，作曲者邓尔敬先生。无序跋，版权页后有"开明文学新刊"书目。（浙图　国图　南图　读秀　CADAL）

【1081I】两代的爱　巴人著

香港：海燕书店，1941 年 2 月，228 页。

本书为五幕话剧。1947 年 5 月上海海燕书店再版时易名《杨达这个人》。（浙图　南图　中科院图　CADAL）

【1082I】两个角色演底戏　袁牧之著

上海：新月书店，1931 年，141 页，32 开。

本书收《寒暑表》《生离死别》《甜蜜的嘴唇》《流星》等 4 个剧本。（宁大图　国图　浙大图　CADAL）

【1083I】两全其美　冯玉奇著

上海：大明书局，1948 年，324 页，18 开。

本书为《红豆相思》续集，长篇小说。（读秀）

【1084I】灵魂受伤者　巴人著

上海：三通书局，1941 年 3 月，93 页。（三通小丛书）

本书为短篇小说集。收《灵魂受伤者》（巴人）、《小刘》（凌叔华）、《孤独》（叶绍钧）等 3 篇小说。（上图）

【1085I】灵石杂咏　干人俊撰

民国间油印本。（国图）

【1086I】刘三爷　顾仲彝编

上海：开明书店，1931 年 5 月，188 页。（学校剧本集）

本书收《刘三爷》《皆大胜利》《七尊菩萨》《门外汉》《我爱天亮了》等 5 个剧本。书前有作者 1931 年 1 月 1 日写于暨南（大学）的《学校剧本集序》。（浙图　同济图　读秀　CADAL）

【1087I】流沙　巴人著

上海:商务印书馆,1937 年 6 月,464 页。(文学研究会创作丛书)

本书收《流沙》《没落的最后》《有张好嘴子的女人》《隔离》《野兽派作家》《乡间的来客》《龙种》《我们那校长跟爸爸》等文 17 篇。(上图 南图 读秀 CADAL)

【1088I】流水浮云 冯玉奇著

上海:正气书局,1947 年 3 月。

本书共 8 章,后集为《雪地沉冤》。(见春秋阁博客)

【1089I】流亡诗稿一卷 汪焕章撰

宁波:宁波日报社,1949 年,线装。

本书收录战乱期间(民国三十年后)自创及与友人往来投赠之作共 50 余首。含《客窗感怀》《重九日有作》《客居丽水乡友见过有作》等多首怀念故乡、故人之作。

汪焕章,字夬伯,鄞县人。曾任鄞县县立临时联合中学校长,国民党鄞县县党部书记长。(甬图)

【1090I】六桥春 冯玉奇著

上海:锦章书局,1939 年,2 册。

本书共 30 章。(见春秋阁博客)

【1091I】龙凤花烛 冯玉奇著

上海:大明书局,1946 年 12 月。

本书共 8 章,后集为《忌魂鹃血》。(见春秋阁博客)

【1092I】龙虎剑侠缘 冯玉奇著

上海:汇文书局,1942 年 2 月,2 册。

本书为长篇侠义奇情小说。故事荒诞,书中出现飞剑、土遁、机关、迷魂帕等。续集为《童子剑》。(上图)

【1093I】龙虎剑侠缘续集 冯玉奇著

上海:汇文书局,1948 年 3 月。(上图)

【1094I】露滴牡丹 冯玉奇著

上海:汇文书局,1947 年 4 月。

本书共 5 章,后集为《弋地鸳鸯》。(见春秋阁博客)

【1095I】鲁迅全集补遗 唐弢编

上海：上海出版公司，1946 年 10 月，399 页，32 开。（文艺复兴丛书）

本书辑集《鲁迅全集》所未收的论著及译文。含《古小说钩沉序》《艺文杂话》《百草书屋札记》《他》等 33 篇。附《俄国的豪杰》《敬贺新禧》等 10 篇。（浙图　南图　CADAL）

【1096I】鲁彦短篇小说集　王鲁彦著

上海：开明书店，1936 年，510 页。

本书共 4 编，收《狗》《秋雨的诉苦》《小雀儿》《毒药》《出嫁》《黄金》《小小的心》等 28 篇小说。书前有自序和《我的创作经验》一文。（浙图　国图　南图　CADAL）

【1097I】鲁彦散文集　王鲁彦著

上海：开明书店，1947 年，176 页，32 开。

本书收《狗》《秋雨的诉苦》《战场》《清明》《雷》《厦门印象》等 22 篇文章。（浙图　复旦图　中科院图　读秀　CADAL）

【1098I】鲁彦选集　王鲁彦著。徐沉泗、叶忘忧编选

上海：中央书店，1947 年，252 页，32 开。（现代创作文库）

本书收 11 篇短篇小说和 4 篇散文。书前有茅盾的《王鲁彦论》，书末有著者写的《关于我的创作》。（南图　北大图　中山图　读秀　CADAL）

【1099I】菉绮阁诗集　张美翊著

张美翊（1856—1925），字让三，号蹇硕，晚号蹇叟，鄞县人。参编刻印有《四明丛书》《续甬上耆旧诗》等，著有《土耳其志》《东南海岛图经》《澳大利亚洲志拟稿》《奉化县志》《上虞永丰乡田氏宗谱》《甬上屠氏宗谱》等。（天一阁）

【1100I】驴子和骡子　鲁彦著

上海：生活书店，1934 年，225 页。（创作文库）

本书共两卷，上卷收《雪》《父亲的玳瑁》《开门炮》《寂寞》《四岁》《我们的太平洋》《听潮的故事》《驴子和骡子》；下卷收《船中日记》《厦门印象记》《西行杂记》《关中琐记》。（南图　中山图　读秀　CADAL）

【1101I】旅人的心　王鲁彦著

上海：文化生活出版社，1937 年，110 页。（文学丛刊）

本书收《清明》《杨梅》《钓鱼》《我们的学校》《旅人的心》《西安印象》《孩

子的马车》《战场》《雷》等文 9 篇。（南图　浙图　浙大图　国图　CADAL）

【1102I】绿窗艳影　冯玉奇著

上海：鸿文书局，1946 年，104 页。

本书为《雁南归》之后集，共 8 章。叙述秦乐文同何玉华终成伉俪，而秋雁则报杀妹之仇，远走它方的故事。（见春秋阁博客）

【1103I】绿天盦诗集一卷　〔清〕王筠仙撰

1947 年刻本，线装，1 册。

本书收录五言古诗 9 首，五言绝句 6 首，七言绝句 35 首，五言律诗 37 首，七言律诗 34 首。孙董锡光校，曾孙董维城刊。前有冯贞胥序，绿天盦主人遗画，叶同春撰《钦旌节孝诰赠恭人董母王太恭人家传》，后有何虞跋。

王筠仙（1830—1893）：江苏青浦人，慈溪金川乡（今属余姚市）董润香继室，鄞县县令王鼎勋第五女，清代女画家。（甬图　国图　上图）

【1104I】绿天簃诗集一卷词集一卷　张汝钊撰

1925 年，线装。

本书收录诗 133 首，词 40 首。扉页有曙蕉留影及老梅题赠，卷前有邹弢、王蕴章、罗云、王肇序。四明罗文甫、无锡宋森、四明罗曼公、镇海李雄芳等题词。末附勘误表。（甬图　浙图　国图　上图）

【1105I】鸾凤鸣春　冯玉奇著

上海：华英书局，1943 年 7 月。

本书共 10 章。（见春秋阁博客）

【1106I】乱世风波　冯玉奇著

上海：文粹书局，1949 年。

本书为《苦海慈航》的后集。（见春秋阁博客）

【1107I】论鲁迅的杂文　巴人著

上海：远东书店，1940 年 10 月，168 页。

本书是作者在上海“孤岛”时期写的较早以革命理论剖析鲁迅杂文的专著。共 5 章，分为序说、鲁迅思想的三个时期、鲁迅杂文的形式与风格、鲁迅杂文中所表现的思想方法、战斗文学的提倡。另附录《鲁迅先生的艺术观》和《鲁迅的创作方法》。（中科院图　上社院图　复旦图　读秀）

【1108I】论批评　荃麟等著

香港:大众文艺丛刊社,1948 年 9 月,126 页,32 开。(大众文艺丛刊)

本书收文艺评论、短篇小说、诗歌、报告文学等 19 篇,其中《论马恩的文艺批评》为邵荃麟著。(国图 复旦图 津图 读秀 CADAL)

【1109I】论幽默 邵洵美选

上海:时代书局,1949 年,147 页。

本书收《幽默杂话》《论幽默》《Mabie 氏幽默论抄》《论语一年》《幽默真谛》《写友人论写幽默》等 21 篇文章。(浙图 国图 CADAL)

【1110I】落帆集 唐弢著

上海:文化生活出版社,1948 年 10 月,164 页,36 开。(文学丛刊)

本书收唐弢 1936 年 1 月至 1948 年 5 月所写散文诗 26 篇。(浙图 浙大图 读秀)

【1111I】落花梦 冯玉奇著

上海:春明书店,1946 年 5 月,第二版。(见春秋阁博客)

【1112I】马永贞演义 戚饭牛编

上海:中华图书集成公司,1923 年,72 页,42 开。

本书为技击题材的章回小说,叙述马永贞在上海事迹。(上图)

【1113I】满园春色 冯玉奇著

本书为短篇小说集,收有满园春色、甜蜜一场、死在你怀里、奇特之烦恼、力士与美人、结识干女儿、打破处女招牌、一段意外姻缘、小嘴唇的诱惑、天作之合、女人是艺术品、摩登玩意儿、送了一个媚笑、落在陷阱、流线恋爱、欲罢不能、温香的大腿、休养、床上的婚礼、忏悔的死等。1946 年出版。(读秀)

【1114I】盲目之爱 冯玉奇著

上海:汇文书局,1948 年。

本书续集为《情天血泪》。(见《中国现代文学总书目小说卷》)

【1115I】没有女人的男人 〔美〕海敏威著,马彦祥译

上海:晨光出版公司,1949 年 3 月,148 页。(晨光世界文学丛书)

本书收短篇小说《异国情调》《像白象的山》《杀人者》《今天礼拜五》《一个清洁而灯光明亮的地方》《世界之窗》《你再也不会走的一条路》《吉利曼加诺山之雪》《牧场白》等 9 篇。(复旦图 上社院图 津图 读秀)

【1116I】梅萝香 顾仲彝著

上海:世界书局,1936 年 1 月,132 页,32 开。(仲彝戏剧专集)

本书为四幕话剧,改译自尤金·沃尔特的《捷径》,以上海和厦门两地作背景,把原作里的女主角改成戏曲演员,描写叫梅萝香的女演员的悲惨的命运。

1927 年上海开明书店出版过原题顾德隆译的《梅萝香》。(复旦图 读秀 CADAL)

【1117I】扪虱谈 王任叔著

上海:世界书局,1939 年,269 页。(大时代文艺丛书)

本书收《叛逆的灵魂》《读欧根·奥尼金走笔》《高尔基底艺术思想》《高尔基底创作手法》《德国法西斯主义的文艺学》《新诗的踪迹与其出路》《从走私问题说起》等 16 篇文学论文。有《大时代文艺丛书序》及作者的《编前小缀》。(国图 南图 读秀 CADAL)

【1118I】扪烛脞存十二卷 〔清〕陈仅撰

宁波:继雅堂,1914 年木活字本,线装,6 册。

本书分天时脞、地舆脞、形名脞等 12 部分。前有蒋湘南序,鄞县志人物传之陈仅传,陈馀山先生小像。

陈仅(1787—1868),字馀山,号涣山,鄞县人,嘉庆举人,著有《继雅堂诗集》《诗诵》《捕蝗汇编》《文英书屋詹詹言》《南山保甲书》等。(甬图 浙图 国图)

【1119I】民中酬唱集 干人俊等撰

民国间盘溪草堂丛书单行本,铅印本,附民生中学校舍文史迹,又称"民中十咏"。(国图)

【1120I】民族魂 冯玉奇著

上海:广艺书局,1946 年 9 月,158 页。

本书共 8 章,叙述邬镇人民在日本侵略者的压迫下奋起抗日的故事。(见春秋阁博客)

【1121I】明月重圆夜 冯玉奇著

上海:汇文书局,1949 年 4 月。

本书为《花迎春》之后集。(见春秋阁博客)

【1122I】明珠泪　冯玉奇著

上海:广艺书局,1946 年 11 月,120 页,32 开。

本书共 8 章,后集为《沧桑痕》。(上图)

【1123I】陌头柳色　冯玉奇著

上海:春明书店,1940 年 4 月,162 页,32 开。

本书共 14 章。(重图　吉林图)

【1124I】母亲的肖像 徐讦著

上海:夜窗书屋,1947 年,102 页。

本书为四幕剧,前有《秋天的玫瑰(钢琴独奏)》(钱仁康作曲)。(国图 CADAL)

【1125I】南北极　穆时英著

上海:湖风书局,1932 年,275 页,32 开。(文艺创作丛书)

本书收《黑旋风》《咱们的世界》《手指》《南北极》《生活在海上的人们》等 5 篇小说。(浙图　南图　CADAL)

【1126I】南北奇侠传　姜侠魂撰

上海:新新书局,1926 年 6 月,4 册。

本书有眉批及评点,第 4 册附钱锴重译的阿拉伯原本故事《航海述奇》,版权页题"姜侠魂著"。(上图　南图)

【1127I】倪高风开篇集　倪高风著

上海:莲花出版馆,1934 年,379 页。

本书收录《新生活运动》《元旦》《夫上妻坟》《黄花岗纪念》等弹词 300 余阕。书前有严独鹤、周瘦鹃、孙漱石等人题序,邓春澍、黎锦晖、冯明权等人题词。

倪高风(1908—?),号莲花馆主,镇海人。少拜何燮卿、冯铁生学艺,后闯荡上海娱乐界,著有《南国相思集》等。(甬图　读秀)

【1128I】霓裳曲　冯玉奇撰

上海:晨钟书局,1946 年 10 月,79 页。

本书为长篇社会小说。共 12 章,叙述女演员郑霓裳同导演徐雷相爱,不意老板谢根生横插一手,徐雷忽遭人谋害致死。霓裳被迫,假意允婚,在新婚之夜,杀死了谢根生,替徐雷报了仇。(浙图　上图　津图)

【1129I】霓仙遗稿一卷 〔清〕叶同春撰

1922年,线装。

本书收录诗12首,词33阙。前有冯开序,冯毓孳、陈训正、洪允祥、应启墀等人题辞,陈训正撰《叶君碑阴记》,末附长男叶秉成跋。

叶同春(1855—1902),字霓仙,慈溪人。(甬图 浙图 国图 上图)

【1130I】鸟语花香 冯玉奇著

上海:春明书店,1942年10月,1册。(见春秋阁博客)

【1131I】孽 冯玉奇著

上海:武林书店,1943年,2册。

本书为长篇言情小说,《罪》之续集,共16章。(见春秋阁博客)

【1132I】孽海潮 冯玉奇著

上海:广益书局,1939年11月。

本书为长篇小说,有自序(1939年5月)。(见《中国现代文学总书目·小说卷》)

【1133I】宁波歌谣 娄子匡编

杭州:民间会,1929年。(浙大图 CADAL)

【1134I】宁波俗言诗

本书为用宁波俚言俗语写成的七言旧体诗,一共30首,作者名字已佚,1942年曾流传在镇海、慈溪一带的小学教育界。(见《宁波晚报》2013年1月6日)

【1135I】宁中七年记 克行才著

宁波:浙江省立宁波中学学生自治会学艺部,民国间,42页。(中山图)

【1136I】侬本痴情 冯玉奇著

上海:汇文书局,1947年7月。

本书为长篇社会言情小说,共8章。(见春秋阁博客)

【1137I】怒涛惊梦 冯玉奇著

上海:春明书店,1941年7月。

本书为长篇小说共12章。(见《中国现代小说总书目续卷》)

【1138I】女侠侦探奇案 姜侠魂等辑

上海：中华图书集成公司，1922 年。（首图）

【1139I】暖谷生春　冯玉奇著

上海：文立书局，1949 年。

本书为长篇小说。（见《中国新文艺大系（1937—1949）理论史料集》）

【1140I】盘溪草　干人俊编

宁波：宁波世界书局，1930 年 8 月，44 页。

本书收诗 120 章，词 2 阕，插图 2 幅。中山大学夏廷棫作序。（南图　复旦图　北大图　读秀）

【1141I】匏园诗存四卷　杨振骥著

民国七年（1918）铅印本，线装，1 册，有像。（浙图　中科院图　南京师大图）

【1142I】皮包和烟斗　巴人著

上海：光明书局，1940 年 5 月，274 页。（光明文艺丛书）

本书收《皮包和烟斗》《保镖黄得胜》《查夜》《白鹭》《惊梦》《龙钟》《老石工》《天才》《故居》等 17 篇小说。1946 年版改收 14 篇，为 206 页。（南图　国图　中科院图　读秀　CADAL）

【1143I】平剧精选　周信芳编

上海：新运图书局，1936 年，166 页。

本书选录了《北汉王》《九更天》和《鹿台恨》等京剧剧本。

周信芳（1895—1975），名士楚，艺名麒麟童，宁波慈城人。中国京剧表演艺术家，京剧麒派艺术创始人。论著编为《周信芳戏剧散论》，常演剧目编为《周信芳演出剧本选集》，另有《艺术纪录集》《周信芳舞台艺术》等。（浙图　国图　浙大图　复旦图　读秀）

【1144I】破屋　巴人著

上海：生路社，1928 年，192 页，32 开。（生路社文艺丛书）

本书为短篇小说集，收《疲惫者》《孤独的人》《雄猫头的死》《暴风雨下》《顺民》《冲突》等 6 篇小说。另有代序《给破屋下的人们》。（国图　CADAL）

【1145I】凄情　王任叔著

上海：大光书局，1935 年，246 页。

本书为短篇小说集。收《美底消灭》《村妇》《凄情》《风子》等 4 篇小说。（同济图 吉林图 读秀 CADAL）

【1146】奇剑及其它 朝花社编,鲁迅、柔石等译

上海:上海朝花社,1929 年 4 月,182 页。（国图）

【1147】歧途 冯玉奇著

上海:正气书局,1943 年,139 页。

本书共 8 章,卷前冠著者《自序》。故事叙述傅丹华爱上了蔡美鹃。但是,蔡美鹃经不住钟伯仁的物质诱惑,遭到奸污,怀孕,终致死去。蔡晴鹃替妹妹报仇,手刃钟伯仁,坦然入狱。博丹华同蔡丽鹃成了恩爱的一对。（见春秋阁博客）

【1148】麒麟寨 邵荃麟著

永安:改进出版社,1940 年 8 月,112 页,32 开。（现代文艺丛刊）

本书为抗日题材的四幕话剧。剧中的麒麟寨是淮北一批草莽英雄们聚集的山寨,游击队政治工作人员萧子青隐去身份打入山寨,争取了寨主的信任,同阴谋进行分裂活动和准备投敌的势力展开了你死我活的斗争,最后以个人的牺牲终于唤醒了人们的觉悟,使这支队伍投入了抗战的洪流。（浙图 南图）

【1149】泣残红 冯玉奇著

上海:华英书局,1937 年。

本书共 12 章。（见春秋阁博客）

【1150】前夜 巴人著

香港:海燕书店,1940 年,160 页,32 开。（中国的悲剧丛书）

本书为四幕剧,话剧和悲剧。后改名为《费娜小姐》,上海海燕书店 1949 年 7 月新 1 版。（国图 湖南 CADAL）

【1151】倪言四卷 陈训正撰

1929 年,线装,卷端题婴宁什著。

陈训正,号婴宁。（天一阁 浙图 国图 上图）

【1152】茜纱窗下 冯玉奇著

上海:大明书局,1948 年 1 月。（见春秋阁博客）

【1153】桥 楼适夷等译

上海：文献书房，1929 年，89 页。

本书收《资本家的灵魂》《弥海儿溪亚》《多恼河的秘密》《三个小孩》《桥》等 12 篇短篇小说。书后附"译者后记"。（湖北图）

【1154I】桥上　王鲁彦著，三通书局编

上海：三通书局，1940 年，95 页。

本书收录《桥上》《枪》《鼠牙》等 3 篇小说。（南图　CADAL）

【1155I】俏姑娘　冯玉奇著

上海：汇文书局，1947 年 10 月，149 页，32 开。

本书为长篇社会言情小说，共 7 章。（上图　吉林图）

【1156I】妾无罪　冯玉奇著

上海：春明书店，1940 年。

本书为长篇哀艳言情小说，共 12 章。（上图　人大图　CADAL）

【1157I】青剑碧血录　庄病骸著

上海：时还书局，1919 年，184 页，24 开。

本书共 14 章。书前有著者自序。（国图　上图）

【1158I】青莲花馆诗存不分卷　陈康寿著

青莲花馆刻本，1920 年，线装。

本书共 6 章，题名《述祖德诗》。有王清源序，陈康瑞跋，正文前有《清貤封中宪大夫先兄瘦石公形状》（陈康瑞撰），后有附录。末有《勘误表》。

陈康寿（1845—1915），字春如，别号瘦石，慈溪人。（甬图　浙图　上图　复旦图）

【1159I】倾国倾城　冯玉奇著

上海：武林书店，1942 年，187 页。

本书为言情哀艳长篇小说，共 8 章。叙述毕静芳、毕流芳一对姐妹花，因为邂逅蔡一波，姐姐静芳爱上了他。不想一别六年，毕静芳为了要报父仇，嫁给了颜子安。颜子安病殁，她从戎抗日，战死疆场；毕流芳巧遇蔡一波，订婚之后，因抢救一波笔记，奋身投入火海而亡。蔡一波见姐妹俱殁，墓前雪中，一吐绵绵情丝。（浙图）

【1160I】清代剑侠奇观　姜侠魂编

上海：中华图书集成公司，1922 年 6 月，106 页，24 开。

本书为长篇武侠小说。卷首页题"清代剑客骇闻,王瀛洲纂辑,姜侠魂评点,庄病骸眉批"。书前有序。(上图　首图)

【1161I】清代名人手札甲集

上海:华南印书社,1926 年,影印本。

本书辑录王时敏、陈洪绶、王铎、陈之遴等 150 家传。据清人手稿影印。(浙图　浙大图　国图)

【1162I】清歌艳舞　冯玉奇著

上海:广艺书局,1947 年 2 月。

本书共 8 章,续集为《紫陌红尘》。(见春秋阁博客)

【1163I】清洪战史　鄞县中山民众教育馆编

宁波:鄞县中山民众教育馆,1935 年,8 册,32 开。

本书叙述太平天国与清政府的作战史,共 8 编。(上图　读秀)

【1164I】情奔　冯玉奇著

上海:广艺书局,1948 年 11 月,126 页。

本书共 8 章,叙述宓月娟同胡宗林相爱,在种种的打击、误解、经济的压迫下,仍始终不渝,有情人终成眷属。(见《民国章回小说大观》)

【1165I】情海恩仇　冯玉奇著

上海:正气书局,1946 年 10 月。

本书共 10 章。(见春秋阁博客)

【1166I】情海归帆　冯玉奇著

上海:大明书局,1947 年 7 月。

本书为长篇社会言情小说,是《叶落西风》续集。刘著元有同名小说。(见春秋阁博客)

【1167I】情海恨　冯玉奇著

上海:三星书局,1949 年 3 月,1 册。

本书共 7 章。(见春秋阁博客)

【1168I】情天劫　冯玉奇著

上海:大明书局,1948 年,铅印本,1 册。

本书为长篇社会言情小说,是《花溅泪》之后集。(见《中国武侠小说鉴赏评奖》)

【1169I】情天血泪　冯玉奇著

　　上海：三益书店，1948 年 5 月。

　　本书共 6 章。为《盲目之爱》之续集。（见春秋阁博客）

【1170I】秋垞诗剩一卷附言志草一卷　王玄冰撰

　　宁波：宁波工商印刷厂，1948 年，铅印本，1 册。

　　本书收录 1937 年（时作者 36 岁）至 1948 年所作诗《山居杂诗》《消夏偶占》《难叹》等诗 170 余首。有作者自序。附言志草一卷：收录赵志熙撰诗近 40 余首，有王玄冰识"言志草小引"和赵志熙自序。（甬图　天一阁）

【1171I】秋水长天　冯玉奇著

　　上海：春明书店，1946 年 9 月，166 页。

　　本书为香艳热情讽刺小说。（上图）

【1172I】秋水红蕉　冯玉奇著

　　上海：春明书店，1940 年 4 月，2 册。

　　本书共 12 章。（见春秋阁博客）

【1173I】秋荼日记　何其枢著

　　1927 年稿本，线装，1 册。

　　本书记载的时间为民国十六年三月至九月。日记末附《文官宣誓式》《政治会议分会委员》《省务委员会委员》《财政委员会委员》等名单。

　　何其枢，字璇卿。1912 年秋至 1914 年春、1926 年春至 1927 年春曾任宁波效实中学校长。（甬图）

【1174I】秋萤集二卷　叶秉成著

　　1930 年出版，线装，铅印本。

　　本书收录诗近 300 首。下卷为丙寅九月以后海上作。前有洪允祥序，后有王文翰跋。

　　叶秉成，字伯允，慈溪人。（甬图　浙图　上图）

【1175I】求我山人杂著六卷附录一卷　庄崧甫撰

　　1929 年，线装，铅印本，2 册。

　　本书分政论、函牍、传记、语录、诗词、年谱 6 部分内容。（甬图　浙图　国图　上图）

【1176I】求仙记　包蕾撰

上海:立化出版社,1949 年,13 页。（乙种立化儿童戏剧丛书）

独幕儿童剧。（国图）

【1177I】雀鼠集　王鲁彦著

上海:文化生活出版社,1935 年,160 页,32 开。（文学丛刊）

本书收《惠泽公公》《亚猛》《车中》《桥上》《枪》《鼠牙》等 6 篇小说。（浙图　南图　国图　读秀　CADAL）

【1178I】热情的女人　〔西〕倍奈文德原著,马彦祥改译

上海:现代书局,1931 年 4 月,116 页,36 开。（现代戏剧丛书）

改译自 1922 年度诺贝尔文学奖获得者西班牙作家倍奈文德的三幕剧《热情之花》。最初发表在 1929 年《戏剧》第 1 卷第 5 期上,后在 1931 年由上海现代书局出版单行本。（浙图　北大图　复旦图）

【1179I】热血冰心　冯玉奇著

上海:广益书局,1939 年 11 月。

本书为长篇小说,共 16 章。（见《中国现代文学总书目小说卷》）

【1180I】热血花　冯玉奇著

上海:广艺书局,1946 年 11 月,154 页,32 开。

本书共 8 章,为《民族魂》的续集。（上图　南图　吉林图）

【1181I】人之初　顾仲彝改编

上海:新青年书店,1939 年,155 页,32 开。

本书为四幕话剧,又名《金银世界》。改编自法国剧作家巴若莱的《小学教员》。（浙图　南图　同济图　读秀　CADAL）

【1182I】日暮途穷　冯玉奇著

上海:广益书局,1947 年 8 月。（见春秋阁博客）

【1183I】如意劫　冯玉奇著

上海:广益书局,1948 年 2 月,134 页。

本书为长篇侠义奇情小说。（读秀）

【1184I】三沪小景西江月一百首　巴人著

本书收著者旅居沪南时写的词 100 首。（读秀）

【1185I】三江李氏文编三十二卷首一卷　李槑编

借园李氏，1920 年木活字本，线装。

本书辑录三江李氏先人共 33 家传及著作。有林景绥、李罴序，附勘误表。（甬图　上图　南图）

【1186I】三千金　顾仲彝著

上海：世界书局，1944 年 1 月，149 页，32 开。（剧本丛刊）

本书为四幕讽刺剧。故事取材于莎士比亚《李尔王》和中国旧剧《王宝川》，重新编排而成，写成一部有现代人物的讽刺悲剧。剧名始为《掌上珠》，后改为《三千金》。（浙图　国图　南图　读秀）

【1187I】三十六女侠客　姜侠魂撰

上海：振民编辑社，1919 年，148 页，25 开。（武侠小说丛书）

本书共 4 集，收《侠女救国锄奸记》（冥飞）、《五娘子》（民哀）、《胡侠女》（豁公）、《黄面姑》（耐簃）、《秦绮玉》（襟亚阁主）等 36 篇文言小说。（首图　湖南图）

【1188I】三姊妹　柔石著

上海：水沫书店，1929 年 4 月，120 页，32 开。

本书为中篇小说。以青年婚姻恋爱为题材，描写他们的苦闷和挣扎。封面由钱君匋装帧设计。（浙图　中山图　同济图　读秀　CADAL）

【1189I】山居随笔　张寿镛纂

民国间抄本，6 册。（国图）

【1190I】剡川诗钞补编二卷首一卷　江五民编辑，孙锵参定

宁波：四明七千卷楼孙氏，1916 年，线装。

本书为地方诗总集。上下二卷共录诗人 39 家诗 132 首，补遗录诗 2 首。前有江五民序，末有勘误表。宁波江北岸钧和公司印。（甬图　浙图　国图　南图）

【1191I】剡川诗钞续编十二卷首一卷末一卷　江五民编辑，孙锵评定

宁波：四明七千卷楼孙氏，1916 年，线装，铅印本。

本书为地方诗总集。为《剡川诗钞》续编，编中附有孙、江二人评论，标以"砚舫诗话""艮园诗话"，记载许多诗人遗闻佚事。共录诗 168 家 1047 首。始于康熙间舒顺方，终于民国初年尚在世者孙达、王慕兰（女，独占一卷，录诗 87 首，全书中录诗最多）。前有孙锵、江五民序。末附勘误表，捐赠

姓名录。1916年宁波钧和公司承印。（甬图　浙图　国图　上图）

【1192I】伤兵旅馆　鲁彦著

汉口：大路书店，1938年，78页，36开。（大路文艺丛刊）

本书收《伤兵旅馆》《炮火下的孩子》《留守》《重逢》等4篇小说。（中科院图）

【1193I】上海男女　顾仲彝著

上海：世界书局，1946年1月，114页，32开。（仲彝戏剧专集）

本书为三幕话剧。书前有"特别启事"版权页后有"顾仲彝先生著仲彝戏剧专集目录"10种：《三千金》《重见光明》《新妇》《野火花》《八仙外传》《梅萝香》《人之初》《黄金迷》《上海男女》《同胞姊妹》。（南图　同济图　湖南图读秀）

【1194I】少有轩近体诗草三卷　傅可堂撰

1917年，线装，铅印本。

本书收录《抒感》《读毛西河萧山县志刊误》《视张丽笙茂才》等近体诗，含五律145首、绝句70首、七律74首，以往已印诗11首。后有作者自跋。

傅可堂，字家铨，镇海人。（甬图）

【1195I】蛇衣集　徐訏著

上海：夜窗书屋，1948年，337页，36开。

本书收《谈诗》《论烟》《谈科学》《谈金钱》《谈鬼神》等文33篇。（上师大图　吉林图　黑龙江图　读秀）

【1196I】社会文艺概论　胡行之辑译

上海：乐华图书公司，1934年1月，159页，32开。

本书收《社会文艺概论》（加藤一夫），《莫理斯的民众艺术论》、《哥尔梯底艺术的社会性》（本间久雄），《生活组织的艺术论》、《理论的三四个问题》（藏原惟人），《普罗文学与形式》（桥本英吉）等6篇论文。（浙图　国图　上图　南图　CADAL）

【1197I】蜃楼绮梦　冯玉奇著

上海：文友书局，1947年6月。

本书为长篇小说，共8章。（见《中国现代文学总书目·小说卷》）

【1198I】生活、思索与学习　巴人著

香港：高山书店，1940 年，314 页，32 开。

本书分"生活、思索与学习"丛抄、"生活思索与学习"支抄、边风录、公论之侧 4 辑。有附录 2 篇。（南图　中山图　复旦图）

【1199I】生与死　徐讦著

上海：夜窗书屋，1939 年，147 页。（三思楼月书）

本书为四幕剧。（浙图　南图　读秀　CADAL）

【1200I】生之哀歌　冯玉奇著

上海：汇文书局，1947 年 3 月，149 页，32 开。

本书共 8 章，叙述周自强、吕紫风在患难中产生爱情，最后离开黑暗的上海，奔赴抗日前线的故事。（国图）

【1201I】胜利之光　冯玉奇撰

上海：文粹书局，1947 年 7 月，138 页，32 开。

本书为长篇社会言情小说，共 8 章。（上图　首图）

【1202I】失去影子的人　［德］嘉米琐（A. von Chamisso）著，**鲁彦**译

上海：光华书局，1929 年 1 月，112 页。

本书叙述了一个人把影子卖给魔鬼的童话。（浙图　吉林图　读秀）

【1203I】失足恨　冯玉奇撰

上海：晨钟书局，1943 年。

本书共 17 章，上册为《歧途》。（见春秋阁博客）

【1204I】诗二十五首　邵洵美著

上海：时代图书公司，1936 年，69 页，32 开。

本书内容多为赞美生活、赞美爱等，运用了五步无韵诗体、四步无韵诗体、十四行诗体等多种新诗艺术表现形式。（浙图　读秀　CADAL）

【1205I】诗稿待删　虞和钦撰

莳熏精舍，1919 年，线装，铅印本。

有五卷本和十二卷本，收录诗共 172 首（五卷本）。版心下题莳熏精舍。

虞和钦（1879—1944），名铭新，字和钦，又字自勋，以和钦字行，镇海邬隘扎马村人。在人文科学方面著有《和钦全集》，其中《诗文集》《性理论》《徐虞于喁集》《琴镜释疑》《诗板臆论》《文辞我见》等均刊行于世。自然科学方面的著作有《化学三字经》《有机化学命名草》《实验理化教科书》等。

译著有《化学讲义实验书》和《中等化学教科书》。他还与其弟虞和寅合译《化学实用分析术》《近世化学教科书》《生物之过去未来》《生理学教科书》等。（甬图　国图　上图　首图）

【1206I】诗史初稿十六卷首一卷　张寿镛撰

约园刻本,1942 年,线装。

本书为研究《诗经》的著作。卷首为文王、武王、周公、成王四年表,附《诗总表》。前有作者自序,后有李元跋。（甬图　浙图　国图　上图）

【1207I】十二鸳鸯　冯玉奇著,余碧筠校阅

香港:文兴出版公司,1938 年。（新编社会小说丛书）

本书为侠情小说。（人大图）

【1208I】识小录　唐弢著

上海:上海出版公司,1947 年 12 月,170 页,36 开。

本书收唐弢 1940 年 10 月至 1947 年 10 月所写杂文,包括《"乏"的战术》《文艺大众化》《丑》《市侩主义》《处世小言》《关于人权》《小卒过河》等文 44 篇。（浙图　南图　复旦图　读秀　CADAL）

【1209I】世界短篇小说集　王鲁彦选译

上海:亚东图书馆,1928 年,359 页,32 开。

本书收《月桂》《古尔运》《二金虫》《访教父去》《大人物和大人物》《荒田》《月光》等 16 篇短篇小说。（浙图　南图　国图　读秀）

【1210I】适可居诗集五卷附凤山牧笛谱二卷　胡善曾撰

1916 年,线装,铅印本。

本书收录诗 465 首,凤山牧笛谱收录词 70 阕,有夏仁溥、陈训正、叶秉成序,序后有冯开、洪允祥等人题词。（甬图　浙图　国图　上图）

【1211I】书怀唱酬集一卷　胡行之编

1934 年,20 页,线装,铅印本。（浙图）

【1212I】恕醉庐初稿一卷　张应皓撰

宁波:华升印局,1935 年,线装,铅印本。

本书收录《格物》《封禅》《桐城》等各类文章 20 余篇,有张文周(兄)、王宇高跋。

张应皓(生卒年不详),字觉泉,奉化人。以教书为业,署所居之庐为

"恕醉"。（甬图　天一阁　浙图）

【1213I】双龙剑　病瘿著

上海：时还书局，1925 年 9 月，130 页，25 开。

本书为侠义小说。有评点及眉批。病瘿即庄病骇。（国图）

【1214I】双枪王　冯玉奇著

上海：正元书局，1947 年，166 页。

本书为侦探言情小说，共 11 章。（读秀）

【1215I】双侠破奸记　庄病骇著

上海：民立图书馆，1919 年，130 页，24 开。

本书为侦探小说，又名《三命奇案》。（上图）

【1216I】霜满天　冯玉奇著

上海：大明书局，1948 年 1 月，135 页。

本书为《月落乌啼》之续集，共 8 章，长篇社会写实小说。故事叙述县长柳自忠为惩治不法奸徒而遭暗算，其子柳尚武与一心要杀死柳自忠的马四雄之女马梨雅相爱，马梨雅大义灭亲，咬死马四雄，遂自杀。而柳尚武也因此被沈志彪献给龟田，被活活打死。柳尚武的未婚妻柳智仙为夫报仇，打死沈志彪，杀死龟田，不幸死去。（读秀）

【1217I】水仙花　顾仲彝著

上海：光明书局，1943 年 5 月，125 页。（仲彝戏剧集）

本书为四幕话剧。据夏绿蒂·勃朗特的小说《简·爱》译编，无序跋。（浙图　国图　南图　读秀　CADAL）

【1218I】死线上　巴人著

上海：金屋书店，1928 年，198 页。

本书为长篇小说，写的是一群小知识分子参加革命，在革命浪涛中的沉浮。（浙图　国图　上图　读秀　CADAL）

【1219I】四明春风诗社诗草　张鲁盦编

宁波：天胜公司，1927 年，线装。

本书收录四明春风社第一至十期所征的优秀诗作数百首。前有罗云序。四明春风诗社由张鲁盦于 1925 年倡立。

张鲁盦（1901—1962）原名锡诚，改名英、咀英，号鲁盦，以号行，慈溪人。现代篆刻家、鉴藏家。著有《鲁盦仿完白山人印谱》,辑有《秦汉小私印选》《张氏鲁盦印选》《何雪渔印谱》《横云山民印聚》《黄牧甫印存》《金罍印摭》等。(甬图)

【1220I】四明清诗略三十二卷卷首三卷续稿八卷附姓氏韵编一卷 〔清〕董沛辑

上海:中华书局,1930年,线装,铅印本。

本书为地方诗总集,收清代宁波地区2194家9468首诗。

董沛(1828—1895),字孟如,号觉轩,鄞县县城人。嗜学,好藏书,清同治五年(1866)纂成《明州系年录》,光绪三年(1877)中进士。著有《两浙令长考》《唐书方镇志考证》《竹书纪年拾遗》《甬上宋元诗略》《甬上明诗略》《甬上诗话》《六一山房诗集》等。(甬图 国图 浙图 CADAL)

【1221I】四明山上 疾风著

宁波:干社出版部,1947年10月。

本书记述浙东人民与日寇斗争的历史画面,是浙东抗日战争的真实写照。

蔡竹屏,号疾风,鄞县人。著有《四明山上》一书,在大报上发表文章,揭露国民党内部互相排挤的内幕。北京团结出版1993年改名《流亡三年记》出版。(上社院图 读秀)

【1222I】四明诗抄二卷 佚名辑

宁波:卧虹子刊 民国间抄本,线装。(上图)

【1223I】四明愚叟拾残录二卷首一卷 顾钊辑,程圣辂编

上海:晚晴庐,1933年,线装。

本书收录自创及与友人往来投赠之作。共分12类。上卷含:碑记、谱序、寿言;下卷含家传、家诫、志感、志悼、纪游、写怀、唱和、哀挽、杂志,后附寿联、挽联。有顾钊、程圣辂、竺士康序,顾钊跋。序前有《赠言姓氏标目》,跋后附作者三十岁、四十岁、五十岁、六十岁、七十岁肖像。

顾元琛(1864—?),原名钊,以字行,鄞县人。(甬图 浙图 上图)

【1224I】松涛集 唐弢、巴人等著

上海:世界书局,1939年7月,426页。(大时代文艺丛书)

本书收录散文12篇,小说1篇,诗3首。(中山图 南大图)

【1225I】素雪飘零 冯玉奇著

本书为社会言情短篇小说，共 8 章。（国图）

【1226I】宿店 邵荃麟著

上海：新知书店，1946 年 5 月初版，193 页，32 开。

本书收《一个女人和一条牛》《宿店》《大铜山的一夜》《旅途小景》《歌手》《一个副站长的自白》等文 6 篇。（南图 复旦图 北大图 读秀 CADAL）

【1227I】酸果 徐雉作

上海：光华书局，1929 年，123 页。

本书收《母亲的故事》《在母亲的坟墓前》《微笑》《熄了的心灵之微光》等 75 首诗。书末附"童年集"、收旧体诗 30 余首。（浙图 复旦 读秀 CADAL）

【1228I】随踪琐记 鲁彦著

上海：三通书局，1940 年，81 页，50 开。（三通小丛书）

本书收《厦门印象》《西行杂记》《关中琐记》。（津图 中科院图 CADAL）

【1229I】岁寒堂诗集二卷首一卷诗余一卷 王慕兰著

1926 年出版，线装本。

诗集二卷每卷又分三编，卷一收五言诗 47 首，卷二收录七言诗 435 首，诗余收录词 16 阕。前有王慕兰女史七十肖像，周善安、江五民、宋庆瑞、王士杰序，李沐霖、周世棠等人题词；后有孙汴环、孙瘦石跋。

王慕兰，女，奉化人，从教 40 年，人称女教育家、"闺阁诗人"。著名作家巴人的姑姑。另著有《四明王女史诗稿》。（甬图 奉化文保所 浙图）

【1230I】碎月影 冯玉奇著

上海：广益书局，1939 年，160 页。

本书共 24 回。卷前冠插图八幅，姚无畏《序》。故事叙述卖花女黄花奴同陶拜云相爱、相离，终于怨愤而死；陶拜云负歉终生，疑为梦境月影。（见《民国章回小说大观 2》）

【1231I】太极阴阳剑 冯玉奇著

上海：广益书局，1939 年。

本书续集为《血海仇》。(见《中国现代文学总书目小说卷》)

【1232I】坦庐唱和集二卷 洪绍功编

1943 年木活字本。

陈师娄藏本。(天一阁)

【1233I】棠荫诗社初集四卷二集六卷三集五卷 张天锡编

1920—1926 年,线装。(春晖丛书)

张天锡,家居甬上,曾组棠阴诗社。本书收编涛社人吟咏,唱和之作。书首有王宾、张伯岐、沈敦和、王钟秀等序。(国图)

【1234I】涛 苏青著

成都:天地出版社,1945 年 2 月,178 页,32 开。

本书收《救救孩子》《谈男人》《男人》《恋爱经》《涛》《消夏录》《做编辑的滋味》《蛋炒饭》《苏游日记》《蛾》《胸前的秘密》《谈看报》《骨子里》等杂文。(浙图 南图 吉林图 津图 CADAL)

【1235I】逃婚 冯玉奇著

上海:汇文书局,1948 年 11 月,157 页。

本书共 6 章,叙述梅定钧深爱竹秀娟,而竹秀娟却患肺病而亡。梅定钧娶了秀娟的同父异母妹妹竹丽娟,后来因生孩子亡故,定钧的妹妹梅碧云逃婚,终于当了护士。梅定钧也离家出走。(见春秋阁博客)

【1236I】桃李春风 冯玉奇著

上海:大明书局,1949 年 2 月。(见春秋阁博客)

【1237I】啼笑皆非 冯玉奇著

上海:春明书店,1946 年 10 月,235 页,2 册。

本书为长篇言情小说,共 10 章。(读秀)

【1238I】题梅百咏一卷续一卷 高振霄撰

本书收录梅花诗二百首,据稿本于 1935 年影印。

高振霄(1876—1956),字云麓、闲云,又号顽头陀、洞天真逸,鄞县人。室名云在堂、静远离、洗心室。清光绪三十年进士,官编修。民国时期寓沪教授书法,鬻书自给,间画墨梅,每日临碑读书,至老不衰。(上图)

【1239I】天机楼诗一卷善藏楼诗一卷 张成、胡尚炜撰

1939 年,线装本,铅印本。

《天机楼诗》收录《福泉山》《安山寺》《首夏访霁园子》等诗词170余首并联语20余条,前有张成像,有朱骧、胡尚炜、何有梁等序,朱浩撰"张君武墓志铭"。《善藏楼诗》收录《君襄以重印杨公治鄞政略索题赋此以应》《荒屿山岩穴拟题》《俞山晚眺》等诗120余首并联语数条,前有胡尚炜像,朱骧、杨翰芳、何友梁、周利传序,朱浩撰"胡彤父权厝铭"。

张成(1897—1942),字君武,号天机,别署苇间道人。原名张大鉴,字月亭。鄞县人。

胡尚炜,字彤父,小字葆亭,别署竹忾,鄞县人。(甬图　浙图　上图)

【1240I】天台游草　干人俊著

1936年,线装。

本书分5卷,收古体诗90余首,文言体游记4篇,为作者游浙东天台山时所写的诗文。(浙图)

【1241I】天堂与五月　邵洵美著

上海:光华书局,1927年,158页,32开。

本书分天堂之什、五月之什2编,收诗33首。(浙图　国图　复旦图CADAL)

【1242I】天涯异人传　姜侠魂辑

上海:交通图书馆,1917年8月,116页,24开。(名著小说一千种)

本书收顾古湫的《周翁》、许慕羲的《盲道人》、戴均衡的《戈照邻》、许指严的《三奇人》、胡寄尘的《桃坞先生》等文65篇。(上图　首图)

【1243I】天婴室丛稿第二辑十卷　陈训正撰

1931年,线装,铅印本。

本书收录1925年至1930年间创作的诗词文等,包括塔楼集一卷 、北迈集一卷、末丽词一卷、炎虎今乐府一卷、紫黄词一卷、吉留词一卷、圣塘集一卷、缆石秋草一卷、缆石幸草一卷、缆石春草一卷。前有作者自序。(甬图　天一阁　浙图　国图　上图　CADAL)

【1244I】天婴室丛稿第一辑九卷　陈训正撰

1925年,线装,铅印本。

本书包括无邪诗存、无邪诗旁篇、无邪杂著、哀冰集、秋岸集、逃海集、庸海集、庸海二集、阏逢困敦集。收录《飞龙引》《岁末杂感同叔申君木作》《少年行》数百首诗。前有虞辉祖序。(甬图　天一阁　浙图　国图　上图

CADAL）

【1245I】天婴室诗集一卷　陈训正撰

民国间抄本,1册。（天一阁）

【1246I】甜如蜜　冯玉奇著

上海:汇文书店,1948年,172页。

本书共11章,1946年10月上海春明书店曾以《此间乐》之名出版。故事叙述董孟邦、董蟾仙兄妹二人因为抗战之故,流入上海,以为上海的生活甜如蜜糖。终因初涉世事,遭到徐志刚、小如意的抛弃,孟邦发疯,蟾仙呕血,几入鬼录。（南图）

【1247I】铁的连队　周洁夫著

哈尔滨:光华书店,1948年,97页。

本书记述解放区军民的英雄事迹,收《真理的传布者》《团圆》《建立赵尚志团》《手枪》《选举》《赵尚志团的组织者》《新炮手》《铁的连队》《越老越进步》《垦区的一天》等10篇报道。（国图　南图　复旦图　读秀CADAL）

【1248I】铁血男儿传　庄病骸著

上海:环球书局,1931年

本书又名《孙中山演义》,以文学形式记叙孙中山先生及其革命生涯的长篇历史小说。（浙图　南图　读秀　CADAL）

【1249I】同胞姊妹　顾仲彝著

上海:真美善书店,1929年2月,136页,50开。

本书收《同胞姊妹》《结婚的一天》《金刚石》《聪明人》等4个短剧。（浙图　南图　CADAL）

【1250I】童年的悲哀　王鲁彦著

上海:亚东图书馆,1931年,177页,32开。

本书收《童年的悲哀》《幸福的哀歌》《祝福》《宴会》等4篇小说。（浙图CADAL）

【1251I】童子剑　冯玉奇著

上海:正华书局,1946年4月。

本书为《龙虎剑侠缘》之续集。后集为《小侠万人敌》,共10回,描述朝

廷九龙白玉杯失而复得的故事。因为它的内容和《龙虎剑侠缘》上挂下联，所以又名"龙虎剑侠缘续集"。（见春秋阁博客）

【1252I】投影集　唐弢著

上海：文化生活出版社，1940 年 4 月，223 页，36 开。（文学丛刊）

本书初版收 1936 年至 1939 年所写的杂文 24 篇，再版增收《珠连草》1 篇。（浙图　南图　读秀）

【1253I】推背集　唐弢著

上海：天马书店，1936 年 3 月，206 页，32 开。

本书为杂文、散文集，共收 85 篇。内容包括前记、老话以生命写成的文章、偶感二章、关于建设"新村"、"好现象"、农民的娱乐、"尽信书"、"青年的需要"、文学中的刺激性、新脸谱、再谈文学的刺激性、著作生活与"奴隶"等。（浙图　南图　北大图　中科院图　读秀　CADAL）

【1254I】退步轩诗稿四卷诗余一卷　林修华撰

宁波：钧和印刷公司，1937 年，线装。

本书诗稿收录诗 300 余首，诗余收录《如梦令》《金缕曲》等词 10 余首，卷一题为似梦吟，卷二题为携杖集，卷三题为如意草，卷四题为澹斋剩稿。前有《林兰书先生六十小象（像）》。有倪邦宪序、作者自序，刘宇一跋。

林修华（1877—?），字兰书，镇海人。（甬图　国图　上图）

【1255I】外交思痛录　庄病骸编著

上海：大同书局，1925 年 6 月，2 册。

本书历述英、美、法、日等帝国主义国家侵略中国的情况。（浙图　国图　南图　读秀　CADAL）

【1256I】晚绿居诗稿四卷附诗余一卷　周茂榕著，方积钰、江五民编

宁波：钧和公司，1916 年，线装，铅印本。

本书卷一至卷四共收录《秋怀用蒋心余韵》《和梅村先生咏物诗》《冒雨登梓荫山》等古今体诗 448 首；诗余收录《丑奴儿令》《忆瑶姬》《台城路》等词 22 阕。首有江五民序，陈继聪题辞。

周茂榕，字野臣，一字霞城，镇海人。善书。

方积钰，字式如，镇海人。（甬图　浙图　上图）

【1257I】万里行云侠　冯玉奇著

上海:文立书局,1949年。

本书为武侠长篇小说。(读秀)

【1258I】亡国影 倪轶池、**庄病骸**著

上海:爱国社,1915年6月,2册,144页,32开,有照片。

本书以章回小说体叙述1876年至1910年的朝鲜亡国史。书前有倪轶池序和庄病骸序。(浙图 国图 中科院图 CADAL)

【1259I】王征君诗稿三卷 **王慈**著,周毓邠校

盟鸥别墅,1931年木活字印本,线装。

本书卷一为养拙山房诗稿,卷二为流霞集,卷三为焚余草堂稿附锡名征梦集。前有王仁元序,周毓邠撰《王棠斋先生传》,后有王耀宗跋。

王慈,慈溪人。(甬图 浙图)

【1260I】文素臣 冯玉奇改编

上海:大中书局,1937年。

本书为长篇历史奇情香艳小说。据《野叟曝言》改编而成,共3集。(上图)

【1261I】文学的新的道路 适夷译

上海:光明书局,1940年4月,191页,32开。(光明文艺丛书)

本书系1934年8月17日至9月1日全苏作家大会上的报告和讨论发言选编,分"关于苏联文学"和"关于苏联的戏剧文学"两部分,共收文29篇。书末附译后记。(中山图 上社院图 读秀 CADAL)

【1262I】文学读本 王任叔著

上海:珠林书店,1940年,263页,32开。(青年自学读本)

本书收《文学是怎样产生的》《文学是什么》《文学的特质》《文学的创造》等4篇论文。20世纪50年代初期,《文学读本》正、续编曾易名为《文学初步》多次再版。50年代中期,经作者多处修改之后,又易名为《文学论稿》出版。(上图 南图 中科院图 吉林图)

【1263I】文学读本续编 王任叔著

上海:珠林书店,1940年11月,293页。(青年自学读本)

本书收《文学的风格及其流派》《文学的种类与形态》《新文学诸问题》等3篇。(上图 同济图 中科院图 读秀 CADAL)

【1264I】文学概论 顾仲彝、朱志泰著

上海：永祥印书馆，1945 年 10 月，76 页，32 开。（青年知识文库）

本书分绪论、诗歌、小说、戏剧、散文 5 章。（南图　读秀　CADAL）

【1265I】文学概论　胡行之著

上海：乐华图书公司，1933 年 3 月，133 页。

本书分绪论、合论、分论、余论 4 编，共 22 章。（津图　北大图　读秀　CADAL）

【1266I】文艺的新方向　荃麟等著

香港：生活书店，1947 年 3 月，111 页，25 开。（大众文艺丛刊）

本书收各家有关文艺的论文 23 篇，其中《对当前文艺运动的意见》为邵荃麟著。（国图　中山图　读秀）

【1267I】文艺短论　王任叔著

上海：珠林书店，1939 年，113 页，44 开。

本书即《常识以下》一书改书名重版，收《人，作品与批评》《论文学作品中之定命论思想》《从怀古谈起》（附录《怀古谈》）《作家与世界观》等 15 篇文章。曾发表于《自由谈》及《青光》。（国图　上图　CADAL）

【1268I】我的文学修养　［苏］高尔基著，**楼逸夫译**

上海：天马书店，1936 年，108 页。

本书收《我的文学修养》《和青年们谈话》2 篇文章。据熊泽复六的日译本转译。（浙图　国图）

【1269I】我们的喇叭　鲁彦著

重庆：烽火社，1942 年，100 页，32 开。

本书收《我们的喇叭》《伤兵旅馆》《杨连附》《陈老奶》4 篇小说。（南图　中科院图　吉林图）

【1270I】屋顶下　王鲁彦著

上海：现代书局，1934 年，200 页，32 开。（现代创作丛刊）

本书收《岔路》《屋顶下》《伴侣》《安舍》《病》《胡髭》《李妈》等 7 篇小说。（浙图　北大图　津图　读秀　CADAL）

【1271I】吴梦窗词正集笺释四卷补笺一卷事迹考一卷　〔宋〕吴文英撰，杨铁夫笺

抱香室，1936 年，线装。

本书是对吴文英《梦窗词》的笺注。有夏承焘、钱萼孙、杨铁夫等序。无锡民生印书馆代印。

吴文英(约 1200—1260),字君特,号梦窗,晚年又号觉翁,四明人。有《梦窗词集》一部,存词 340 余首。

杨铁夫(1869—1943),名玉衔,字懿生,号铁夫、季良、鸢坡,以号行,广东香山人。著有《抱香室词钞》等。(甬图　浙图　国图　上图)

【1272】五慎山馆联语:附集句集字　杨翰芳撰

杨翰芳(1883—1940),字蕤英,号霁园,别署庸溪钓叟,作者晚名其堂曰"五慎"。鄞县人。著有《庸溪日录》《西园笔记》《批注(归方)》《评点史记》《老子章义批注》《庄子批注》《墨子批注》《荀子批注》《列子批注》《太玄批注》《吴楚游钞》《燕齐游钞》《黄林集》《傅港集》《五慎山馆联语》《文家十大贤》《品题》及《诗文选集》等。(浙图)

【1273】五慎山馆文集　杨翰芳撰

民国间抄本,朱丝栏,线装。(国图)

【1274】五慎山诗集　杨翰芳撰

民国间铅印本。(天一阁)

【1275】五岳奇侠传　**朱霞天著**,漱六山房校订

上海:中央书店,1930 年。

本书为章回体侠义小说。(国图　上图　南图)

【1276】武侠大观　姜侠魂编,杨尘因批眉,庄病骸评点

上海:振民编辑社,1919 年。

近代文言武侠小说。本书辑文言武侠短篇数种,中外人物皆有,如《林肯侠史》《李秀成别传》《奥昌约瑟二世》《沈小七》《德意志之木兰》《大刀王五》等。书前有序文 18 篇,书后有跋 2 篇。(浙图　南图　首图)

【1277】舞宫春艳　冯玉奇著

上海:大文书局,1939 年 9 月。

奇情小说,内署"海上奇闻热情小说",共 16 章。(见《舞宫春艳》长江文艺,1994 年)

【1278】西港漫稿一卷西林漫稿一卷师箴十则一卷囊斋文存一卷　囊斋题语一卷　燕集词一卷　朱骧著

1944 年,线装,铅印本。

朱骧(1899—1966),字君襄,号囊斋,鄞县人。为杨霁园先生门人。
(浙图　上图)

【1279I】西流集　徐訏著

成都:东方书社,1943 年,142 页。

本书收《论中西的线条美》《论中西的风景观》《谈中西艺术》《西洋的宗教情感与文化》等 10 篇杂文,漫谈中西文化与交流。(南图　津图　读秀 CADAL)

【1280I】西线无战事　〔德〕雷马克原著,洪深、**马彦祥**译

上海:平等书店,1929 年 10 月。(现代世界文艺丛书)

长篇小说。(浙图　南图)

【1281I】西行漫记　〔美〕斯诺著,**冯宾符**、胡仲持等译

上海:上海复社,1938 年 11 月,536 页,大 32 开,插图。(光华丛刊)

本书真实记录了斯诺自 1936 年 6 月至 10 月在我国西北革命根据地进行实地采访的所见所闻,向全世界真实报道了中国和中国工农红军以及许多红军领袖、红军将领的情况。内有作者 1938 年 1 月于上海写的"序"及译者"附记"。附插图 51 幅。(国图)

【1282I】戏剧概论　马彦祥著

上海:光华书局,1929 年 7 月,136 页,32 开。(新世纪戏剧丛书)

本书分通论、戏剧之表演、剧本之编制 3 篇,介绍戏剧的基本理论。书前有洪深的《从中国的新戏说到话剧》,书末附欧美原文著作参考书 14 种。
(浙图　国图　CADAL)

【1283I】戏剧化装术　袁牧之编著

上海:世界书局,1931 年,97 页,32 开。

本书分绪论、化装的人体研究、人相底研究、化装底目的、服装等 7 章。
(浙图　南图　天津　中山图　CADAL)

【1284I】戏剧讲座　马彦祥著

上海:现代书局,1932 年 11 月,246 页,32 开。(现代文学讲座)

本书分 8 章,论述戏剧的本质、起源、种类、组织、限制和发展等问题,同时介绍 10 位欧美近代剧作家及其作品。附录《现代中国戏剧》一文。(浙图

国图 南图 CADAL）

【1285I】侠盗鲁平奇案 孙了红著

上海：万象书屋，1943 年。

本书为短篇小说集，10 万余字，此中包括鲁平冒认大侦探霍桑盗宝的《鬼手》，劫富商以救济弱质女子的《窃齿记》，写谋财害命的《血纸人》，走进魔屋历险的《三十三号屋》。（读秀）

【1286I】侠士魂 姜侠魂编

上海：泰东图书局，民国间。

本书记载六十多位游侠义士的故事。（首图）

【1287I】侠义五花图 冯玉奇著

上海：广益书局，1940 年 9 月，144 页，32 开。

本书共 20 回，叙述明季逸事。书前有吕云峰的序，写于 1938 年 12 月。（上图）

【1288I】显克微支小说集 ［波兰］显克微支著，王鲁彦译

上海：北新书局，1928 年，170 页，32 开。

本书收《泉边》《宙斯的裁判》《乐人扬珂》《天使》《光照在黑暗里》《提奥克虏》《老仆人》等 7 个短篇。据世界语本，并参照英译本转译。（浙图 南图 中山图 读秀）

【1289I】乡长先生 巴人著

上海：良友图书印刷公司，1936 年，415 页，50 开。（良友文库）

本书收《乡长先生》《血手》《友谊》《还乡》《灾》《牛市》《族长底悲哀》《仇视》《逆转》《追剿》《一夜》等 11 篇小说。（浙图 国图 南图 读秀 CADAL）

【1290I】乡下 王鲁彦著

上海：文学出版社，1936 年，92 页。（小型文库）

本书叙述陈家村三个农民的悲剧。阿毛、三品、阿利三人是桃园结义式的三兄弟。雇工出身的阿毛遭诬告后蹲进监狱，受尽摧残，几乎疯癫。当他拿起利斧准备复仇时，终因幻觉跌进河流死去。三品是个老实安分、逆来顺受的种田人，恶势力的压迫、祖坟被掘、住宅被拆，使他于郁闷中含愤而逝。身为小商贩，曾存发财幻想的阿利，也在破产后身染瘟疫而亡。

（浙图　国图　读秀　CADAL）

【1291I】香海恨　冯玉奇著

上海：智识出版社，1940年。

本书为长篇小说。（见《中国现代文学总书目·小说卷》）

【1292I】霄　冯玉奇著

上海：武林书店，1943年。

本书共20章，《孽》之续集，附续集《花》。（见春秋阁博客）

【1293I】小红楼　冯玉奇著

上海：大文宝记书局，1940年，3册。

中篇言情小说。又名《红楼秋心》，后集为《春云疑雨》。共20回，叙一表人才的银行总裁秘书辛石秋与能诗善画的才女叶小红以及表妹巢爱吾三人之间悲欢离合的情感风波。有晚香馆主序言，署名为"浮碧山樵""碧筠"的题词。（见春秋阁博客）

【1294I】小侠万人敌　冯玉奇著

上海：正华书局，1946年。

本书为《童子剑》之后集。武侠小说。（见春秋阁博客）

【1295I】小小的心　王鲁彦著

上海：天马书店，1933年，132页，32开。

本书收《小小的心》《一篇抄袭的恋爱故事》《他们恋爱了》《胖子》《兴化大炮》《恋爱行进》《夜》等7篇小说。（浙图　南图　中山图）

【1296I】晓风残月　冯玉奇著

上海：春明书店，1940年8月。

本书共20章，叙述秋石峰、余小翠相爱的故事。由于为父报仇，石峰手刃仇人，与余小翠失散，而小翠亦因环境所迫，委身于徐光耀，石峰怅然，同小翠成为陌路之人。卷前冠插图二幅。（见《民国章回小说大观2》）

【1297I】肖像　［苏］郭果尔著，**王鲁彦**译

上海：亚东图书馆，1933年，138页，32开。

本书为中短篇小说集。原著者现在通译"果戈理"。（浙图）

【1298I】歇浦春梦　冯玉奇著

上海：三益书店，1946年12月。

长篇小说。（见《中国现代文学总书目小说卷》）

【1299I】新妇　顾仔彝著

上海：世界书局，1944 年 5 月初，152 页，32 开。（剧本丛）

本书为四幕话剧。（浙图　南图　读秀　CADAL）

【1300I】新解语花　冯玉奇著

上海：汇文书局，1948 年。

长篇小说。又名《解语花三续》。（见《中国现代文学总书目小说卷》）

【1301I】新炮手　周洁夫著

佳木斯：东北书店，1948 年，14 页，50 开。（新文艺小丛书）

本书为短篇小说集。（国图　南图　津图）

【1302I】新体短篇小说集　**张静庐**著，浦方亮编辑

上海：民立图书公司，1922 年 4 月，79 页，32 开。

本书共收《我与她》《捉赌》等短篇小说 14 篇。上海洋左书局发行（封面误印"上洋海左书局发行"）。（浙图）

【1303I】苈汯遗稿一卷　〔清〕郑廷琛撰

本书分苈汯诗草（收录《游西湖作》《题南园诗草》《张资生客慈西以诗寄之》等诗 70 余首）、苈汯文存（《景员郑公宗祠助田记》《先考暨先叔父墓志》等文 4 首）、苈汯联语（30 余首）3 部分。前有陈训正序，后有洪允祥跋。1915 年，线装本。

郑廷琛（1859—1915）：字子刚，号苈汯，镇海人。洪允祥舅父。（甬图）

【1304I】兄弟　徐讦著

上海：东方书社，1944 年，134 页。（三思楼月书）

本书为五幕剧。（南图　吉林图　读秀　CADAL）

【1305I】徐虞于喁集三卷　徐翱、**虞和钦**撰

本书收录徐翱和虞和钦唱酬诗作。杭县张斌校刊。1927 年，线装。

徐翱，淮安人。（甬图　浙图　上图　国图）

【1306I】续西行漫记　〔美〕宁谟·韦尔斯著，**冯宾符**、胡仲持等译

上海：上海复社，1939 年 4 月，593 页。

本书作者以独特身份走近毛泽东、周恩来、朱德、彭德怀等中国共产党早期领导人，并以较大篇幅介绍了中国妇女与革命，故事真实生动，人物憬

感细腻，自然坦荡。（国图）

【1307I】学生与艺术　马彦祥译

上海：光华书局，1932 年 8 月，129 页，32 开。

本书收《学生与艺术》（托尔斯泰），《我们应该读什么书》（威尔斯），《论读书与文学之关系》、《托尔斯泰论艺术》（小泉八云）等 7 篇文艺短论。（浙图　国图　上图　CADAL）

【1308I】学习与战斗　巴人著

上海：上海杂志公司，1946 年，271 页，32 开。（自修大学丛书）

本书收《从"吃"和"化"说起》《"敲门砖"和"生意经"》《走出了迷路》《为了战斗》《趣味、态度和节操》《"各有巧妙不同"》《两派思路》《几样时髦病》《一套戏法》等 13 篇杂文。书末附《鲁迅先生的学习精神》《鲁迅先生的治学门法》及作者后记。（浙图　国图　CADAL）

【1309I】雪地沉冤　冯玉奇著

上海：正气书局，1947 年 4 月。

本书为《流水浮云》之后集，是长篇社会言情小说。分为色又为财负情忘义、痴心更痴意装势作腔、山穷水尽兄妹困愁城、移花接木主婢鸦换凤、明大义忍心抛家救侠士、恨良人忠言逆耳演武戏、对薄公庭浪子复遭殃、算清仇恨凡事有因果等 8 回。（见《中国现代文学总书目小说卷》）

【1310I】雪野堂文稿三卷　袁惠常撰

本书卷上收录为他人（多为奉籍名人）所作传、墓表等 20 余篇，卷中为序文、记等 20 余篇，卷下为记等 10 篇，前有吴兆璜、曾克嵩、童第德、王宇高序，目录后有《诸家评议》。1949 年，线装，铅印本。

袁惠常，奉化人。（甬图　奉化市志办　浙图　国图　上图）

【1311I】雪夜梦 附"筑堤"　包蕾撰

上海：少年儿童出版社，1946 年 5 月，92 页。

本书为儿童多幕剧。本书揭露反动派的醉生梦死，描写了儿童的悲惨生活。（中山图　读秀　超星）

【1312I】血　冯玉奇著

上海：文粹书局，1949 年 2 月。（南图）

【1313I】血泪仇　冯玉奇著

上海：广益书局，1940 年 10 月。

本书为侠义奇情小说。共 20 回，为《太极阴阳剑》之续集，又名《血海仇》。有 1940 年序。（上图）

【1314I】血海情花 冯玉奇著

上海：春明书店，1941 年 4 月。（上图）

【1315I】殉 王任叔著

上海：泰东园书局，1928 年 8 月，232 页，32 开。

本书收《倩华》《不幸的男子》《殉》《黑夜》《把戏》《杀父亲的儿子》《黄缎马褂》《卖稿之前》等 8 篇小说。（浙图 上图 南图 中山图 读秀 CADAL）

【1316I】烟圈 徐讦著

上海：夜窗书屋，1946 年，96 页。

本书收《犹太的慧星》《赌窟里的花魂》《气氛艺术的天才》《烟圈》等 4 篇小说。（国图）

【1317I】烟屿楼读书志十六卷笔记八卷 〔清〕徐时栋撰

宁波：鄞县徐氏蘐学斋，1928 年，线装。

读书志分为经、史、子、集四类，卷一至卷十一为"经"，卷十二、卷十三为"史"、卷十四卷十五为"子"、卷十六为"集"。笔记共收录笔记共 298 条。前有董沛撰《清内阁中书舍人徐先生墓表》、徐方来（孙）序。宁波钧和公司承印。

徐时栋（1814—1873），字定宇，一字同叔，号柳泉，学者称"柳泉先生"，清著名藏书家。（甬图 浙图 国图 上图）

【1318I】严范孙先生古近体诗存稿 **严修撰**，陈诵洛编

1933 年出版，收入《陈诵洛集》。

本书收录诗作 800 余首。

严修（1860—1929），字范孙，号梦扶，别号偍屝生，著有《严修东游日记》《严范孙先生古近体诗存稿》《蟫香馆手札》等。（国图）

【1319I】严范孙先生诗钟 严修撰

天津：百城书局，1933 年，影印本。（国图）

【1320I】演剧漫谈 袁牧之著

上海：现代书局，1933年，182页，有图。

本书收文40篇，如四演酒后而未得成功、制造解放、舞台情人等。另有插图6幅。（浙图　读秀　CADAL）

【1321I】彦祥漫谈　马彦祥著

天津：语林丛书出版部，1933年11月，198页，32开。（语林丛书）

本书收《捧名流》《希望有一个诸葛亮》《革命与巫婆》《大国民的态度》等杂文90篇。（北大图　复旦图　读秀）

【1322I】雁南归　冯玉奇著

上海：正气书局，民国间，101页。

本书共8章，书叙秋雁、春燕到上海去谋生，终因性情不同，结果也不同的故事。后集为《绿窗艳影》。（见《民国章回小说大观》）

【1323I】燕剪春愁　冯玉奇著

上海：万象书屋，1947年（见春秋阁博客）

【1324I】燕语莺啼　冯玉奇著

上海：春明书店，1946年9月，164页，1册。

本书共10章，故事叙述李克文邂逅朱燕。朱燕亲手击毙汉奸胡子高，自己也不幸牺牲。胡子高之女胡莺深深明大义，同父亲一刀两断，同李克文相爱，钦佩朱燕的爱国壮举并同李克文双双赴自由区，参加抗日斗争。见（《民国章回小说大观》）

【1325I】姚江诗录八卷　谢宝书辑

上海：中华书局，1931年。

本书为地方诗总集。所录始于明末清初，终于清末民初，共录诗人470余家，每位作者皆附小传。书前有诸章达叙及编者自序，并附《续姚江逸诗》《姚江诗存》所收作者姓氏录。

谢宝书，字培卿，余姚人。（慈溪图　余姚文保所　浙图　上图）

【1326I】野火　鲁彦创作

上海：良友图书印刷公司，1937年5月，446页。（良友文学丛书）

本书是鲁彦生前写成的唯一的长篇小说。作品围绕农村中被统治者与统治者的矛盾这一主线，展开三个回合的斗争：地主侮辱农民，农民奋起维护自身的尊严；反动政府滥征捐税，农民掀起抗税斗争；地主收租打死一个老农,忍无可忍的农民以武力相抗争,包围乡公所,要一举消灭村上的土豪劣绅。

王鲁彦(1901—1944),原名王衡,笔名鲁彦,镇海人。现代著名作家,文学翻译家。著有小说集《小小的心》《屋顶下》《婴儿日记》《雀鼠集》《伤兵旅馆》《河边》中篇小说《乡下》等。(南图 浙大图 北大图 读秀 CADAL)

【1327I】野火花 顾仲彝著

上海:世界书局,1944 年 12 月,83 页,36 开。(剧本丛刊)

本书为三幕悲剧。剧本系根据 J. Benavente 的"La Malquerida"改编而成,描写的是发生在南洋群岛华侨集居的某村的一个故事。(南图 读秀)

【1328I】叶落西风 冯玉奇著

上海:大明书局,1948 年 4 月。

本书为长篇小说,《红粉飘零》续集,续集为《情海归帆》。(见《中国现代文学总书目小说卷》)

【1329I】夜猎记 孙了红著

上海:大地出版社,19⊆8 年 10 月,148 页,32 开。

本书为短篇小说集。收《夜猎记》《木偶的戏剧》两篇小说。(吉林图 CADAL)

【1330I】夜莺啼月 冯玉奇著

1946 年 4 月。(见春秋阁博客)

【1331I】一代红颜 冯玉奇著

上海:正华书局,1947 年。

本书为长篇小说,共 10 章。(见春秋阁博客)

【1332I】一朵朵玫瑰 邵洵美辑译

上海:金屋书店,1928 年,51 页,50 开。

本书收《爱神颂》《女神歌》等 24 首诗。末附作者略传及诗文小注。(浙图 津图 厦图 读秀)

【1333I】一个东家的故事 巴人著

桂林:桂林未明社,19⊆2 年 3 月,64 页,32 开。(中篇小说丛书)

中篇小说。(南图 中山图 北大图 CADAL)

【1334I】一个人的谈话　邵洵美著

上海：第一出版社，1935年，66页。

本书讲述作者对于诗歌、小说、戏剧等的看法和意见。曾在《人言周刊》连载过。（浙图　国图　复旦图　读秀　CADAL）

【1335I】一家　徐讦著

成都：东方书社，1944年，138页。（CADAL）

【1336I】一山诗选不分卷　章梫撰

本书收录诗百余首。民国间，线装。

章梫（1861—1949），名正耀，字立光，号一山，宁海人。清光绪三十年登进士第，殿试授翰林院检讨。著有《康熙政要》《一山文存》《一山诗存》《一山文集》《一山息吟诗集》，译有《教育学管理法纲要》等。（国图　首图）

【1337I】一舟诗草五卷　叶桐封撰

宁波：宁海叶氏，1945年，线装，石印本。

本书收录了从戊戌（1898年）到辛巳（1941年）期间创作的诗200余首，前有叶信乐序。

叶桐封（1879—1947），字崇水，号一舟，宁海人，清光绪拔贡。（甬图　浙图　国图）

【1338I】衣冠禽兽　顾仲彝著

上海：永祥印书馆，1946年2月，125页，32开。（文学新刊）

四幕话剧。写一位富商暴病身亡后，他生前的一班"好友"，相互勾结，使用种种欺诈手段，将富商的财产据为己有，致富商的遗属顿陷贫困的生活境地，富商女儿已订的婚约，也因家产丧失被男方毁退。（浙图　国图　南图　读秀　CADAL）

【1339I】宜庐诗稿　胡行之撰

1948年，线装，铅印本。有孙表卿序、自序。（奉化文保所　浙图　国图　上图）

【1340I】遗产恨　冯玉奇著

上海：广艺书局，1946年6月。（见《中国现代文学总书目小说卷》）

【1341I】艺海双珠　冯玉奇著

上海：华英书局，1945—1946年，122页。

本书为长篇小说,共 12 章,写嵊县乡下姑娘来上海的从艺生活。后更改名为《千紫万红》出版。(浙图)

【1342I】易嫁奇缘 冯玉奇著(湖南图)

【1343I】逸庐诗稿 邬子松著

奉化:奉化文献编辑处,1948 年,26 页。

本书著录《和胡樵峰韵》《挽友弟胡雨砚》《次韵族文徽先生》《留别鄞邑文山诸生》等诗,前有作者像,俞飞鹏序。

邬子松(1870—?),字友栋。奉化西坞人,清光绪三十二年廪贡生。一生从事教育,两任奉化县议会副议长。(浙图 读秀)

【1344I】意外的惊愕 [苏]A.诺维可夫·泼立薄罕等著,**邵荃麟译**

上海:文化供应社,1943 年 9 月,60 页,32 开。(英汉对照小丛书)

本书收《意外的惊愕》(泼立薄罕)、《我变诚实了》(爱尔曼)两篇短篇小说。英汉对照。(国图)

【1345I】鄞西范氏捃残内外集不分卷

宁波:四明蘧庐山房,民国间 稿本(上图)

【1346I】饮恨终身 冯玉奇著

上海:汇文书局,1948 年 4 月,142 页,32 开。

本书共 6 回,长篇哀艳言情小说。为《苦中苦》之续集。(上图 吉林图)

【1347I】英雄 邵荃麟著

上海:文化供应社,1942 年 8 月,178 页,32 开。(文学创作丛刊)

本书收短篇小说 8 篇。(南图)

【1348I】婴儿日记 **王鲁彦**、覃谷兰著

上海:生活书店,1935 年,244 页,32 开。

本书是王鲁彦、覃谷兰夫妇生孩子(名丽莎)后第一年内的日记。(浙图 中山图 复旦图 读秀)

【1349I】楹联汇编大全八卷 王荣商辑

上海:鸿章书局,1925 年,线装,石印本。(国图)

【1350I】映龙山诗钞 孔墉著(见《宁海县志》)

【1351I】雍正七十侠 姜侠魂等辑

上海：中华图书集成公司，1922 年。（首图 浙图）

【1352I】雍正一百零八侠 姜侠魂编辑

上海：时还书局，1924 年 12 月。

本书为短篇武侠小说集，分上下卷，收集故事 66 则，均记清雍正时事。（湖南图 南大图 津图）

【1353I】永久的恋爱 胡行之著

上海：生活杂志社，1928 年 1 月初版，176 页，32 开。

本书为长篇小说。附付印后记（1927 年 1 月 9 日）。（津图）

【1354I】甬光初集 宁波旅沪同乡会编，董心琴主编

宁波：甬光出版社，1941 年。

本书分《公私集团之沿革史乘及最近概况》《教育文化之推进与设施》《金融建设与行庄名录》《工商百业之名录与经营擘划之概略》《自由职业之指引介绍》《同乡先进之嘉言懿行与生活修养》《艺术人才之历略与著作技术之超特》等 9 目，共收文 158 篇。书首有魏友菜序、镇海董心琴自序。（上社院图）

【1355I】甬江潮 庄病骸撰

上海：环球图书公司，1932 年，4 册。

本书为长篇社会小说。本书共 60 回，以"五卅"运动至"四一二"反革命政变为历史背景，描写宁波社会的情况和各类人物，包括工人、教员、店堂伙计、妓女嫖客、鸦片贩子、戏子、市侩、军队头目等，对下层市民着墨尤多。前有文公直序，末有作者识。厚斋主人校勘。（甬图）

【1356I】甬山堂诗集六卷 周世棠著

1930 年，线装，铅印本。

本书卷一收清时所作诗 10 首，卷二收民国五年至十八年所作诗共 262 首。前有江五民序，后附民国十九年袁德盛撰《周石虞先生六十双寿序》。

周世棠（1871—1940），谱名贤衷，字石虞，号和卿，奉化人。曾任上海新学会社总经理。与孙海环合编《二十世纪中外大地图》70 幅，编写《简明历史教科书》和《简明地理教科书》；著有《馆吴胜录》《春秋陪臣表》《甬山堂诗集》《甬山堂文集》等。（甬图 奉化文保所 浙图 上图 南图）

【1357I】甬上屠氏家集八卷 屠彝辑

既勤堂,1919 年木活字印本。

另有山西大学图书馆藏《甬上屠氏家集》十二卷见闻录二卷,屠彝辑,屠志恒补辑,1919 年既勤堂木活字印本。(甬图 上图)

【1358I】幽默解 邵洵美选

上海:时代图书公司,1936 年,172 页。(论语丛书)

本书内辑《论语》杂志中讨论幽默的文章 18 篇。作者有鲁迅、郁达夫、徐懋庸、邵洵美、林语堂、周谷城等 14 人。(CADAL)

【1359I】犹太小说集 王鲁彦辑译

上海:开明书店,1927 年,136 页,32 开。(文学周报社丛书)。

本书内收短篇小说 14 篇,包括夏虏姆阿莱汉姆的《腊伯赤克》《中学校》《诃夏懦腊婆的奇迹》《不幸》《宝》《创造女人的传说》;俾莱芝的《灵魂》《姊妹》《七年好运》《披藏谢标姆》《又用绞首架了》《和尔木斯与阿斯曼》;宾斯基的《搬运夫》;泰夷琪的《资本家的家属》。(浙图 读秀)

【1360I】柚子 王鲁彦著

上海:北新书局,1927 年,236 页,32 开。

本书为小说集,收《秋夜》《狗》《秋雨的诉苦》《灯》《柚子》《自立》《许是不至于罢》《阿卓呆子》《菊英的出嫁》《小雀儿》《美丽的头发》等 11 篇小说。(浙图 南图 CADAL)

【1361I】游蜀草三卷 张寿镛撰

约园:民国间,线装,铅印本。

本书收录作者游蜀地的相关著作,卷一、卷二为诗,卷三为文"游九老洞记",后附"光华附属中学戊寅级纪念刊序"。前有作者自序。(甬图 天一阁 浙图 国图 上图)

【1362I】幼稚园小学校故事集 张雪门编辑

上海:世界书局,1931 年,140 页。

本书收录故事 60 则。(中山图 CADAL)

【1363I】余姚歌谣集 邵荦水编

宁波:余姚县立民众教育馆,1934 年。

本书搜集整理余姚地区民间歌谣。(浙图)

【1364I】鱼水欢 苏青著

上海：四海出版社，1947 年 7 月，126 页，32 开。

长篇小说。原作在《力报》创刊号（1947 年 4 月 6 日）上开始连载。（绍图　南图　吉林图）

【1365I】俞老封翁维惠先生七十大寿诗文集　俞济时、俞济民、俞济昌辑

1934 年出版。（浙图）

【1366I】虞初广志十六卷　姜泣群选辑

上海：光华编译社，1914 年 8 月。

本书为文言短篇传奇、轶事小说选集，共 246 则。主要篇章有《二杨将军传》《钱东平别传》《梅花岭记》《贾义士传》《龚半伦》《鹅笼夫人传》《权奸之凶焰》《赵文华轶事》《象齿焚身录》《薛苕华》《阿婕》。有壬承霖等人的序 5 篇，书眉，书口及正文前书名均为《虞初志补》。（浙图　浙大图　国图　上图）

【1367I】语石居诗钞二卷　〔清〕林植三著，李蠡、陈宗勋编次

1933 年，线装，石印本。

本书收录律诗、绝句等数百首，前有李蠡、陈宗勋（甥）序，还有《林蔼香先生小景》。

林植三（？—1911），字蔼香，鄞县人。（甬图　上图）

【1368I】玉人来　冯玉奇著

上海：春明书店，1942 年 2 月。

本书共 12 章。（南图）

【1369I】玉屑奇花　冯玉奇著

上海：汇文书局，1948 年 8 月，96 页。

本书共 6 章。（读秀）

【1370I】鸳鸯宝带　冯玉奇著

上海：正华书局，1946 年 4 月。

长篇武侠小说。（见《中国侠文化史》）

【1371I】鸳鸯剑　冯玉奇著，大可山人评

上海：中原书局，1948 年 1 月，4 册。

长篇武侠奇情小说。（国图　人大图　CADAL）

【1372I】原寿三卷　屠磊撰

本书为贺屠父(友杏先生)七十岁寿所作文章,分绪言(述道之本原)、世德(记先世德业)、力行(述其尊人言行)3 部分内容。有叶景葵、胡祖同序,陆宝慈跋。1925 年,线装,铅印本。

屠磊,字绍濂,也作兆莲。(甬图 浙图)

【1373I】圆谎记 朱端钧著

上海:世界书局,1944 年,129 页。

本书为四幕喜剧,据英国琼斯原著《说谎记》改作。(浙图 复旦图 中科院图 读秀)

【1374I】约园演讲集一卷 张寿镛撰

上海:约园,1941 年,线装,铅印本。

本书收录作者的几次学术演讲,分别为中国文化沿革及研究文哲之方法、读墨子的方法、六经纲要、诸子纲要、汉学纲要、魏晋学术纲要、南北朝学术纲要、唐学术纲要。(甬图 浙图 国图 上图)

【1375I】约园杂著八卷 张寿镛撰

上海:约园,1936 年,3 册,线装,铅印本。

本书卷一为王学发挥,又分良知、知行、心理、直性上、下、诚意、立志、是非、本原、总论十节;卷二为读刘静修叙学书后,讲述经史子三部;卷三至卷五为四明丛书第一集至第三集序跋;卷六为文;卷七为诗;卷八为读史识略(杂志)。前有自序,后有张寿镛子张星联等识。(甬图 天一阁 浙图 国图 上图)

【1376I】约园杂著三编八卷 张寿镛撰

上海:约园,1945 年,2 册,线装。

本书为光华校友祝作者七十华诞而编印。卷一为批校本藏书题跋,卷二为明抄精抄本稿本藏书题跋,卷三为普通抄本藏书题跋,卷四、卷五为约园元明刻本编年书目,卷六为四明丛书第八集序文,卷七为杂文,卷八为诗。前有自序、金兆藩序,其子张芝联识。(甬图 天一阁 浙图 国图 上图)

【1377I】约园杂著续编八卷 张寿镛撰

上海:约园,1941 年,2 册,线装。

本书卷一为定川言行汇考,卷二至卷五为四明丛书第四至第七集序跋;卷六为和陶吟,收诗 161 首;卷七为风雨吟,收诗 40 首;卷八又分上下,

上为读史,下为杂文。前有自序。(甬图　天一阁　浙图　国图　上图)

【1378I】月光曲　徐讦著

　　上海:夜窗书屋,1941年,160页。(三思楼月书)

　　五幕话剧。(浙图　国图　南图)

【1379I】月亮　徐讦创作

　　上海:珠林书店,1939年,162页,42开。

　　三幕话剧。(南图)

【1380I】月落乌啼　冯玉奇著

　　上海:大明书局,1948年7月。

　　本书续集为《霜满天》。(见《中国现代文学总书目小说卷》)

【1381I】月缺花残　冯玉奇著

　　上海:瑛如合作社,1942年2月,2册。(读秀)

【1382I】月圆残宵　冯玉奇著

　　长春:东方书店,1939年12月,160页,32开。

　　长篇言情小说。本书共24回。(国图　首图)

【1383I】云破月圆　冯玉奇著

　　上海:春明书店,1939年,2册,260页。

　　本书共24回。故事叙述白小菱同范晓雯相爱,而晓雯的母亲从中破坏。几经挫折,终于破镜重圆。卷前冠碧筠卷头语,晚香馆主序。(见《民国章回小说大观2》)

【1384I】在没落中　王任叔著

　　上海:乐华图书公司,1930年9月,216页。

　　本书为短篇小说集。收《这样的一个晚上》《一个陌生的人》《遗恨》《三封信》《我想起了自杀》《酒里底生命》《给梦蕙》《拟牧歌》等文。(复旦图　同济图　吉林图　读秀　CADAL)

【1385I】在世界的尽头　鲁彦译

　　上海:言行出版社,1930年,298页,32开。

　　本书收《在雅室里》《新年》《坡坡和猢猻》《在世界的尽头》《安特列奥》《消夜会》《笑》《最后的一个》等8篇短篇小说。篇末均附作者传略。(南图　湖南图　北大图　中科院图)

【1386I】在我们的时代里 ［美］海敏威著,**马彦祥**译

上海:晨光出版公司,1949 年 3 月,177 页,36 开。(晨光世界文学丛书)

本书收短篇小说 16 篇。(复旦图 北大图 上社院图 读秀 CADAL)

【1387I】窄门集 巴人著

香港:海燕书店,1941 年 5 月,222 页。

本书收《民主与现实》《民族形式与大众文学》《地主性格》《问题小说》《中国气派与中国作风》等文 20 篇。(中山图 南图 同济图 读秀 CADAL)

【1388I】战地血花:宁波抗战见闻 盛行撰

上海:大志出版社,1945 年,33 页。

本书分敌寇暴行、义民反抗、战区工作情况等 6 辑,揭露日军侵华暴行和记述浙江、安徽等地抗战情况。这些文章曾在上海《甬报》上发表过。(浙图)

【1389I】战地鸳鸯 冯玉奇著

上海:汇文书局,1947 年 10 月。

本书共 5 章,为《露滴牡丹》的后集。(见《中国现代文学总书目小说卷》)

【1390I】张蹇叟先生文稿一卷 张美翊撰

民国间稿本,1 册。

本书收集了张美翊临终前几年写的文章,如 1923 年 5 月写成的《宁波华美医院募建新医院启》,是研究宁波华美医院扩建募款的第一手资料。1924 年 3 月写成的《邵君明辉墓志》,所述传主邵文耀(1868—1922)是上海童涵春药堂经理。(天一阁)

【1391I】张美翊存稿三代齐眉阁初稿续稿 张美翊、张延章等著

民国间稿本,60 册。

此稿系张美翊及其后人张延章等所作,有大量有关宁波当地风俗、景点、宗谱等人文资料,是研究宁波当地的乡邦文献。(江苏美术馆孙晓云有《张美翊存稿》复印件)

【1392I】镇海县旧志诗文删余录存二卷 陈修榆辑

上海:蔚文书局,1936 年,1 册。(上图)

【1393I】征　冯玉奇著

上海：大明书局，1948 年，217 页，32 开。

本书为社会言情长篇小说。共 8 章，后集为《归》。（国图　津图　厦图 吉林图）

【1394I】挣扎　楼建南著

上海：现代书局，1928 年 5 月，150 页，32 开。

本书收《被忘却的人》《憔悴了》《老宣》《酒鬼阿同和他的丑太太》《报 复》《怯弱》《秧歌灯》《爱兰》等 8 篇小说。（浙图）

【1395I】证章　王任叔作

上海：上海文学社，1934 年 7 月。

本书为讽刺长篇小说。故事叙述东屏山下的古城青年杜清白因丢失 "证章"，被人冒名顶替而引发的人生的悲喜剧。（南图　读秀　CADAL）

【1396I】纸上的贤妻　冯玉奇著

上海：广益书局，1940 年 11 月，138 页，有图。

本书为滑稽短篇。收小说 21 篇，如《纸上的贤妻》《真假》《电车上》《金 钱之歌》《莫名其妙之情史》《二万元》《骂人与被骂》《偶像》《欢迎》《小说家 谈话会》等。书前有《附志》，有插图 4 幅。（上图）

【1397I】纸醉金迷　冯玉奇著

上海：春明书店，民国间，2 册。

本书为长篇小说，共 14 章。（见春秋阁博客）

【1398I】中国民间趣事集第 1 卷　胡开瑜著

上海：儿童书局，1930 年 4 月。本书又名《宁波传说》。（北师大图）

【1399I】中国民间趣事集第 2 卷　清野编著

上海：儿童书局，1930 年，106 页，32 开。

本书收《孙阁老的故事》《某癫子的故事》《吴公的故事》《懂鸟语的公冶 长》《绍兴师爷的故事》《怕老婆》等文 18 篇。本书又名《余姚传说》。（津图 北师大图）

【1400I】中国文学概论　［日］儿岛献吉郎著，**胡行之译述**

上海：北新书店，1931 年，340 页。

本书分序论，内容论，形式论、结论及余论 4 篇 34 章。首卷有《译述者言》及郑万朝、尹喜求的序。附录译者编写的《贵族文学与平民文学》等 11 篇,以补充原著在介绍近代文学方面的不足。(浙图 国图 读秀)

【1401I】中国文学史讲话 胡行之著

上海:光华书局,1932 年,401 页,32 开。

本书原是作者任教春晖中学时的讲义稿,1930 年春草就初稿。分上、下两卷,上卷自"诗经底雅颂"叙至"古文的末运",下卷自"上古的歌谣""三百篇中底国风"起,述至最近革命文学之趋势。(浙图 南图 读秀 CADAL)

【1402I】中国文学研究 〔日〕儿岛献吉郎著,**胡行之译**

上海:北新书局,1936 年,329 页。

原著《支那文学杂考》共 10 章,本书选译其中 7 章,分别为毛诗考、楚辞考、诗仙李白考、诗圣杜甫考、诗佛王维考、从乐府里所见到的中国诗人底军事思想、从乐府里所见到的中国诗人底恋爱思想。(国图 复旦图 读秀)

【1403I】中国小说史大纲 第 1 编总论 张静庐著

上海:泰东图书局,1920 年 6 月,32 开,60 页。(上海新潮丛书)

本书共 10 章,为小说之总论。附录《传奇与弹词略言》。卷首有序 5 篇。《中国小说史大纲》共 5 编。其余 4 编未见成书。(浙图 中山图 吉林图)

【1404I】中国作家自叙传文钞 胡行之编

上海:光华书局,1934 年,276 页,32 开。

本书分上、下编,上编为自叙,下编为叙述其先世之作。选录上自司马迁下至谭嗣同、林纾的自叙和记传的文章共 66 篇。(浙图 南图 津图 CADAL)

【1405I】忠魂鹃血 冯玉奇著

上海:大明书局,1947 年 5 月,162 页。

本书为《龙凤花烛》之续集,共 8 章,叙司徒明、曹慧英之间的真挚爱情,最终双双为国捐躯。司徒妻子兰芬、儿子小明继承两人的遗志,抗战到底的故事。(见《民国章回小说大观》)

【1406I】钟楼怪人 袁牧之著

上海:世界书局,1944 年,118 页,32 开。(剧本丛刊)

六幕剧。(浙图 南图 中山图 读秀 CADAL)

【1407I】重订虞初广志　姜泣群选辑，杨南部评订

上海：东方书局，1915 年 12 月，1030 页，32 开。

本书增收 200 余篇短篇小说。书前有李定夷、杨南部等人序 3 篇。（国图　上图　中科院图　厦图　津图）

【1408I】重见光明　顾仲彝著

上海：世界书局，1944 年 3 月，103 页，36 开。（剧本丛刊）

本书为四幕话剧。据著者同名电影文学剧本改编，该电影剧本改编自纪德的《田园交响曲》。书前有"特别启事"及作者自序。（浙图　南图）

【1409I】珠岩斋文初编五卷　王宇高撰

宁波：宁波钧和公司，1936 年，线装。

王宇高（1897—1984），字式墉、墉伯，奉化人。著有《珠岩斋文初编》《珠岩斋医话》《本草问答》《论医杂著》《古今验方评选》《经方研究》等。（甬图　天一阁　上图）

【1410I】竹洲文献二卷 附图像　杨贻诚编

宁波：鄞县县立女子中学，1936 年，线装，有图。

竹州为宁波月湖十景之一。1932 年鄞县女子中学新建校舍于此。全书二卷。卷一为竹洲纪略，卷二为竹洲诗文录，汇辑历代名家 19 人吟咏竹洲及月湖的诗文。其中有宋代史浩、元代袁桷、明代高宇泰、清代全祖望等，尤以史浩诗、全祖望文为多。书首有竹洲风景图 2 幅及竹洲先哲丰稷、杨简、全祖望等 14 人画像，前有蔡和铿序。

杨贻诚，字菊庭。（甬图　浙图　国图　上图）

【1411I】注韩室诗存一卷　〔清〕梅调鼎撰

本书收录《寥寥庵与友人看牡丹》《赠范柳堂》《题陈山农独立岩下小像》等诗近百首，有民国二十二年张颐序。1933 年，线装本。

梅调鼎（1839—1906），字友竹，晚号赧翁，慈溪人。书法家。有《赧翁集锦》和《梅赧翁手书山谷梅花诗真迹》印行于世。（甬图　国图　上图）

【1412I】缀学堂丛稿初集十种　陈汉章撰

本书收录《礼书通故识语》《论语征知录》《周书后案》《辽史索引》《后汉书补表校录》《崇文总目辑释补正》《集古录补目补》《南田志略》《风俗通姓氏篇校补》《苏诗注补》等 10 种书，由其子陈庆麒先生校印。1936 年，线装本。初名《见山楼丛书》。（天一阁　浙图　国图）

【1413I】捉鬼篇 巴人著

上海：新城书局，1936 年，207 页。（新城丛书）

本书收《捉鬼篇》《自杀尝试者》《若木君底烦恼》《雾》《茶社里》《仿佛》等 6 篇小说。前有自序。（国图 CADAL）

【1414I】紫陌红尘 冯玉奇著

上海：广艺书局，1947 年 4 月。

本书为《清歌艳舞》之续集，共 8 章。故事叙述鸿文珠爱上了李英龙，却发现李英龙是有妻子的骗子，而追求她的顾元洪也是玩弄女性的恶棍，鸿文珠被李英龙的手枪走火而毙。一向被文珠看不上眼的秦钟，却和文珠的妹妹爱玉情意相投，终于结成恩爱的一对。（见《民国章回小说大观 2》）

【1415I】走 马彦祥著，汪子美绘图

重庆：文风书局，1944 年 10 月，54 页，32 开。（新少年文库）

本书为儿童剧剧本，独幕剧。（国图）

【1416I】祖国的儿女 包蕾撰

上海：少年出版社，1939 年。

本书是包蕾创作生涯中的第一本书。收录作者 1938 年到 1939 年间写的《谁插的旗子》《小同志》《一条心》《胜利的新年》《犹太人起来》等剧本。是一本表现中国儿童抗日爱国的、可供儿童自己演出的剧本集。（见《中国现代文学戏剧版本闻见录续集 1908—1949》）

【1417I】最佳抗战剧选 马彦祥编著

汉口：上海杂志公司，1938 年 4 月，201 页，36 开。（抗战戏剧丛刊）

本书收街头剧《盲哑恨》（李增援）、《难民曲》（光未然）、《有力的出力》（王勉）、《九一八以来》（集体创作）；独幕剧《民族公敌》（舒非）、《打鬼子去》（荒煤）。每剧后均附剧情、排演、道具、服装、舞台设计说明等。1939 年改书名为《最佳独幕剧选》重版。（南图 复旦图 中山图 读秀）

【1418I】罪 冯玉奇著

上海：武林书店，1943 年，180 页，32 开。

长篇社会言情小说。本书续集为《孽》。（重图）

【1419I】情天奇侠传 曹梦鱼著，赵苕狂评点，章育青绘图，朱亮基校订

上海：南方书店，1928 年，146 页。

本书为现代长篇武侠小说,乾隆年间女侠蔡剑娘的故事。(津图)

【1420I】人民的炮兵 周洁夫著

上海:上杂出版社,1949 年 10 月,87 页。

本书收录《新炮手》《复仇的大炮》《铁的连队》《大炮进街》《坚强的人》《顽强的意志》《变化》等 7 篇小说,前有作者序 1949 年 8 月 1 日写的前言。(厦图 首图 读秀)

【1421I】四十诗综 徐訏著

上海:夜窗书屋,1948 年,2 册,720 页,28 开。

本书是作者 40 岁编写的一部诗集,分灯笼集、借火集、幻袭集、进香集、末了集 5 集。收《夜鸟》《相思鸟》等 493 首。(暨大图 延大图)

【1422I】从上海归来 徐訏著

重庆:新生图书文具公司,1944 年,122 页。(作风文艺小丛书)

本书记述作者抗战期间,自上海流亡到桂林途中经历的长篇散文。(南图 吉林图)

【1423I】鬼恋 徐訏著

上海:夜窗书屋,1947 年 3 月,108 页。(三思楼月书)

本书作者借助"鬼"的文学形象,虚构了人鬼相逢产生友谊与爱情的故事。(读秀)

【1424I】可园诗集二卷附一卷 陈得森撰

民国间象山陈绳祖石印,又有民国八年(1919)油印本。

陈和森,字可园,象山人。(南图 复旦图)

【1425I】逸庐文稿 邬友栋著

宁波:奉化文献编辑处,1948 年。(浙图 南图)

【1426I】招魂 何志浩著

南京:国民政府军事委员会,1928 年,82 页。(日月文学社丛书)(CADAL)

【1427I】国学常识问答 经传类 冯都良编著

上海:珠林书店,1938 年,79 页。

本书分经总义、《周易》、《尚书》、《诗经》、《春秋》、《三礼》、《论语》、《孟子》(附《四书》)、《尔雅》、《孝经》、小学、石经、谶纬、经学与理学 12 部分。

（CADAL）

【1428I】宋词面目 冯都良选注，况又韩绘图

上海：珠林书店，245 页，有图。

本书共收范仲淹、张先、晏殊等 66 家 187 首词。有各词人简介及词义诠释。书后附《宋词撷隽》一文。（读秀 CADAL）

【1429I】怅惘 冯都良撰

上海：光华书局，1925 年 11 月，144 页，32 开。

本书为短篇小说集，收《怅惘》《她的烦恼》《外慕》《游艺会》《美人之心》《回乡》《优胜劣败》《三张美术片》《元旦的汤团祸》《母亲的心》《E 姑娘的入学问题》《出嫁》《谨愿者的失败》《怎样关系》和《盘算错了》等短篇小说。

冯都良（1901—1977），原名喜孙，后改名贞胥，江北区慈城镇人，冯开长子。著名新闻记者、书法家。著有《酬知篇呈曼略先生》等。（南图 复旦图 津图 CADAL 读秀）

【1430I】新珠 ［日］菊池宽著，**周伯棣**译

上海：大陆书局，1932 年，646 页，32 开。

本书为长篇小说。故事写著名的日本画画家筱崎去世后，遗下三个年轻美貌的女儿。贵族子爵、西洋画画家堀田义辅对三姐妹逐一追求。大姐和二姐均不同程度地深受其害。最后，当堀田义辅一心想娶三妹烂子为妻时，遭到烂子的嘲弄和拒绝。烂子为两个姐姐尽情地做了报复。（浙图 国图）

【1431I】乐园之花 ［法］法朔士著，**顾仲彝**译

上海：真美善书店，1929 年 9 月，186 页，32 开。

本书为散文集，共 67 章。（浙图 南图 读秀）

【1432I】威尼斯商人 ［英］莎士比亚著，**顾仲彝**译，梁实秋校

上海：新月书店，1930 年 5 月，159 页，32 开。

本书为五幕喜剧。（浙图 读秀）

【1433I】天边外 ［美］翁赖尔著，**顾仲彝**译

长沙：商务印书馆，1939 年 2 月，240 页，32 开。

本书包括《天边外》和《琼斯皇》两个剧本。书后附《戏剧家奥尼尔评传》。（国图 南图 北大图 读秀 CADAL）

【1434I】哈代短篇小说选　［英］哈代著，**顾仲彝**译

上海：开明书店，1930 年 11 月，201 页，32 开。

本书收短篇小说 4 篇。（国图）

【1435I】相鼠有皮　［英］高尔斯华绥著，**顾德隆**改译

上海：商务印书馆，1925 年，142 页，32 开。（文学研究会通俗戏剧丛书）

本书为三幕剧。暗讽欧洲大战，邝家代表德国，薛家代表英国。前有译者“叙”。（浙图　国图）

【1436I】京居一年记　吴贤岳著

宁波：新民学社，1946 年，102 页，32 开。

本书为著者 1936 年在南京的生活与见闻的日记。

吴贤岳，奉化人。（甬图）

【1437I】中国民间文学概说　杨荫深著

上海：华通书局，1930 年，190 页，32 开。

本书共 6 章。前 5 章概述民间文学的定义、民间文学与文学的关系及区别、民间文学的价值和分类问题；最后一章评述中国民间文学作品。（浙图　国图　南图　读秀）

【1438I】中国文学史大纲　杨荫深著

上海：商务印书馆，1947 年 3 月，594 页。（新中学文库）

本书共 30 章，介绍韵文、散文、乐府、辞赋、散文、五言诗、新乐府、骈俪文、小说、批评文学、诗、传奇文、古文运动、词、四六文、话本、散曲、散文、传奇、章回小说、平话传奇、诗词、散骈文、近代通俗文学、新文学运动等内容。（国图　南图　读秀　CADAL）

【1439I】磐石和蒲苇　杨荫深著

上海：光华书局，1928 年，61 页，42 开。

三幕话剧。（浙图　北大图　中大图）

【1440I】哭与笑　杨荫深著

上海：现代书局，1930 年 10 月，149 页。

长篇小说，约 6 万字，以第一人称展开叙述。（国图　复旦图　读秀　CADAL）

【1441I】词林佳话　陈登元辑注

南京:南京书店,1931 年 1 月,107 页。

本书收录 45 家共百余首词,同时记述与词相关的事件和词人佚事。
(北大图　复旦图　读秀　CADAL)

【1442I】曼娜　杨荫深著

上海:现代书局,1930 年 4 月,227 页。

本书为长篇小说,采用书信的形式,写女青年曼娜与罗特相恋,罗特却
对她诸多猜忌,最后曼娜得知罗特已与一女人结婚后,绝望自杀的故事。
(中山图　复旦图　北大图　读秀)

【1443I】良友小说集(上)　张静庐选编

1923 年,48 页,32 开。

本书收《去国》《七子之母》《夜寒霜月》《制育良友》《我的邻居》等 10 篇
小说。(读秀)

【1444I】单恋集　张静庐著

上海:中国文会,1924 年 4 月,88 页。

本书为短篇小说集,含《旅馆之一夜》《苦肉计》《似曾相识》《电车上》
《湖畔艳遇》《弃妇》《战地归鸿》《离婚之一幕》《电灯与笑》《楼下之趣剧》《刘
师母之自杀政策》《阿娥的嫁人问题》《归梦》《兵士之家》等。(读秀
CADAL)

【1445I】再和我接个吻　[日]菊池宽著,**葛祖兰译**

上海:国光印书局,1928 年,286 页,32 开。

本书为长篇小说。书前有译者的"开场白",以及忍公、沈端先、都良、
子恺等四人的评论文章。(南图　中山图　上社院图　吉林图)

【1446I】(言文对照)东莱博议　[宋]吕祖谦撰,**袁韬壶译**

上海:广益书局,1934 年 10 月,144 页。

《东莱博议》又称《左氏博议》,虽是"为诸生课试之作",却多有吕祖谦
的真知灼见,共 4 卷,选《左传》文 66 篇,分析透彻,议论明达,不少地方阐发
了他卓越的史学思想。本书是对《东莱博议》的解释与注释。(南图
CADAL　读秀)

【1447I】老板　[苏]高尔基著,**适夷译**

上海:文艺新潮社,1940 年 9 月,199 页,36 开。(文艺新潮小丛书)

　　本书为自传体中篇小说,据日译本转译。1948 年上海杂志公司以《面包房里》为书名出版。(国图　北大图　读秀)

【1448I】人间　［苏]高尔基著,**楼适夷译**
　　上海:开明书店,1941 年 6 月。
　　本书为长篇小说。据日译本转译。(复旦图　上社院图　读秀)

【1449I】苏联文学与戏剧　莱奥诺夫著,**适夷译**
　　上海:光明书局,1946 年 4 月,187 页,32 开。(光明文艺丛书)
　　本书分关于苏联文学、关于苏联的戏剧文学两部分。(浙大图　读秀　CADAL)

【1450I】海上儿女　［法]艾克脱·马洛著,**适夷译**
　　上海:燎原书屋,1946 年 5 月,311 页,32 开。
　　本书为儿童文学,长篇小说。目录页书名下题"少年罗曼之奋斗"。(复旦图　吉林图　中山图)

【1451I】奥莱叔华　［苏]高尔基著,**适夷译**
　　香港:生活书店,1948 年 4 月,152 页,32 开。
　　本书为长篇小说。据日译本转译。(中山图　南图　读秀)

【1452I】意大利故事　［苏]高尔基著,**适夷译**
　　上海:开明书店,1946 年 5 月,168 页,36 开。
　　本书收短篇故事 27 篇。据日译本转译。(南图　浙大图　复旦图　读秀　CADAL)

【1453I】仇敌　［苏]高尔基著,**适夷译**
　　上海:国民书店,1941 年 12 月,125 页,36 开。(高尔基戏剧集)
　　本书为三幕剧。据日译本转译。(读秀)

【1454I】奥古洛夫镇　［苏]高尔基著,**适夷译**
　　重庆:大时代书局,1941 年 1 月初版,211 页,32 开。
　　本书为长篇小说。据日译本转译。(南图　北大图　复旦图　读秀)

【1455I】奴隶　柔石著
　　上海:新文学书局,1946 年 7 月,125 页,32 开。(南图)

【1456I】希望　柔石著

上海：商务印书馆,1930 年 7 月,206 页,32 开。

本书为短篇小说集。收作者 1928—1929 年的作品 28 篇,有《一个春天的午后》《人鬼和他底妻的故事》《会合》《没有人听完她底哀诉》《死猫》《生日》《夜底怪眼》《别》等。(CADAL)

【1457I】海国男儿　［法］马洛著,**适夷译**

上海：建文书店,1947 年 7 月,387 页,32 开。(世界少年文学名著)

本书为长篇小说。目次为怒海英灵、海的喘息、岛上之家、到城里去、狗和面包、母亲一面、出发途中、旅行画家、马戏班子、流浪少女、演技童角、到巴黎去、绝望深涧、无赖少年、梦想之港、海上英雄、慈母心肠。(南图　北大图　复旦图　中山图　读秀)

【1458I】穷儿苦狗记　［英］维代尔著,**适夷译**

上海：儿童书局,1932 年 11 月,112 页,32 开。

本书叙述少年儿童故事。(中山图　南图　复旦图)

【1459I】病与梦　楼适夷著

上海：光华书局,1929 年 3 月,66 页,42 开。(文艺小丛书)

本书收《病》《梦的憧憬》《革命的 Y 先生》3 篇小说。(中山图　读秀)

【1460I】书(关于书的话)　张孟闻著

上海：中国科学图书仪器公司,1942 年 9 月,49 页。

本书分书的赞颂、本论、余论 3 部分。其中本论又分关于作者、书之由来——书的历史、说得书之难、书的看法 4 个部分。(中山图　读秀)

【1461I】爱丽斯异乡纪游　林汉达译

上海：世界书局,1930 年,93 页。(厦图)

【1462I】光荣的死　蒋经国著

赣州：中华正气出版社,1942 年,30 页。(见《江西古今书目》)

【1463I】虹彩的梦　李运鉴著

宁波：宁波文学会,1940 年。

短篇小说集。(见《中国新文艺大系(1937—1949)理论史料集》)

【1464I】上海的狐步舞　穆时英著

短篇小说,为中国戏剧出版社等多次再版。(读秀)

【1465I】匪窟悲思记　乐振葆著

民国二十二年(1933)铅印本,线装。

本书收录作者 1932 年被绑架期间所作的诗 18 首,及出险后的诗文若干。

乐振葆(1869—1941),名俊宝,字振葆,以字行,晚号玉几山人,鄞县人,民族资本家。(甬图　上图)

【1466I】五十元　王统照、**鲁彦**著

上海:三通书局,1940 年。(三通小丛书)

本书收王统照的《五十元》和鲁彦的《屋顶下》2 篇小说。(见《中国现代作家著译书目》)

【1467I】紫色游泳衣　侠盗鲁平奇案　孙了红著

上海:大地出版社,1948 年,168 页,32 开。

本书收《紫色游泳衣》《囤鱼肝油者》《鸦鸣声》等 3 篇小说。(南图　吉林图)

【1468I】浮士德与城　［苏]卢那卡尔斯基著,**柔石**译

上海:神州国光社,1930 年 9 月,231 页,32 开。(现代文艺丛书)

本书为十一幕剧,据英译本转译。(浙图　南图　读秀)

【1469I】丹麦短篇小说集　金桥、淡秋、**柔石**选译

上海:商务印书馆,1937 年 3 月,335 页,32 开。(汉译世界名著)

本书收短篇小说 17 篇,其中有柔石所译《芳斯夫人》《教堂中的船》等 11 篇。书末附作家生卒年表。(浙图　南图　津图　读秀　CADAL)

【1470I】戈理基文录　［苏]戈理基著,**柔石**等译,鲁迅编

上海:光华书局,1930 年 8 月,252 页,32 开。

本书收《托尔斯泰的回忆》(柔石译)、《关于托尔斯泰的一封信》(柔石译)、《契诃夫的回忆》(侍桁译)、《列宁之为人》(侍桁译)、《莫斯科通信》(沈端先译)、《给苏联底“机械的市民”们》(雪峰译)、《劳动阶级应当养成文化的工作者》(雪峰译)等 7 篇。据英、日文本转译。(浙图　南图　中山图　读秀)

【1471I】颓废　［苏]高尔基著,**柔石**译

上海:商务印书馆,1934 年 3 月,581 页,32 开。(世界文学名著)

本书为长篇小说。(中山图　南图　浙大图　读秀　CADAL)

【1472I】裒裒集 第 2 集 开篇专号　倪高风编

上海：利利广播无线电台,1934 年 3 月,200 页,32 开。（读秀）

【1473I】倪高风对唱开篇集　倪高风著

上海：莲花出版馆,1939 年,198 页,32 开。（复旦）

【1474I】南国相思录　**倪高风**著,严独鹤校订

上海：莲花出版馆,1938 年,104 页,64 开。

本书又名《红豆丛话》,辑录有关红豆的故事和诗文百余篇。

倪高风,又名倪皋封,镇海人。（见《民国笔记概观》）

【1475I】人生小讽刺　[英]哈代著,虚白、**仲彝**译

上海：真善美书店,1923 年 9 月,316 页,32 开。

本书收《儿子的否决权》《为良心故》《两个野心家的悲剧》《西路巡审》《取媚他的妻子》《德国队里的一个郁闷的骑兵》《舞乐师》《理想的妇人》等 8 篇短篇小说。（复旦图　津图　吉林图　读秀）

【1476I】秋星　疾风著

宁波：春风社,1948 年 12 月,99 页。

本书为诗集,收《寂寞》《生命的反刍》《战神底独唱》《池边》《池塘地细雨》《夜》《雨天小唱》等诗 53 首。（复旦图　津图　读秀）

【1477I】疯人　赵平复著

宁波：华陞印局,1925 年 1 月,96 页,32 开。

本书收《疯人》《他俩的前途》《无聊的谈话》《船中》《爱的隔膜》和《一线的爱呀》等 6 个短篇。扉页署名赵平复,即柔石。（见《消逝的风景新文学版本录》）

【1478I】薄幸集　张静庐著

上海：群众图书公司,1925 年,58 页,32 开。

本书共 2 卷,上卷收《薄幸记》,下卷收《碎玉记》。（上图　国图）

【1479I】志浩诗集　何志浩著

上海：南华书店,1934 年 12 月,375 页。（日月文学社丛书）

本书内容分《招魂之什》《感愤之什》《零碎之什》《归来之什》《鹃声之什》和《弦外之什》等。前有曹天戈的序文和刘伯伦的序诗,后有炳辉、陈埏、徐雉、古怀、董向遥、曹元戈、毛明山、蒋坚忍、王玄冰、张超、张伯觐、SH、

邹枋、蔡志卿、胡劳达、陆钦德、毛觉吾等人的评论诗文。（上图　复旦图）

【1480I】民歌选　胡怀琛、**杨荫深**选注

上海：商务印书馆，1938 年，76 页，32 开。（中学国文补充读本）

本书选辑各地已出版的歌谣集中的作品约 200 首，分家庭歌、情歌、时令歌、滑稽歌、杂歌 5 类。（中山图　复旦图）

【1481I】中国俗文学概论　杨荫深著

上海：世界书局，1944 年 12 月，128 页。

本书论述中国各种体裁的俗文学，包括谣谚、民歌、俗曲、话本、章回小说、杂剧与院本、戏文传奇昆曲、元杂剧与南杂剧，皮黄戏、地方戏、变文、诸宫调、宝卷、弹词、鼓词、相声等。（浙图　国图　南图　读秀　CADAL）

【1482I】五代文学　杨荫深著

上海：商务印书馆，1935 年，122 页。（百科小丛书）

本书按朝代讲述五代十国文学，并在最后以单独一章介绍民间词曲，共 17 章。（浙大图　上社院图　北大图　读秀　CADAL）

【1483I】古今名人游记选　**杨荫深**、黄逸之选注

上海：商务印书馆，1938 年，101 页，32 开。（中学国文补充读本）

本书收柳宗元、柳开、王安石、苏轼、元好问、麻革、宋濂、刘基、李裕、杨慎、王叔承、王世贞、姚希孟、钱谦益、施闰章、方苞、袁枚、龚自珍、吴敏树等 35 人的游记 35 篇。书前有选注者的导言。（浙图　浙大图　复旦图　北大图　读秀　CADAL）

【1484I】一阵狂风　杨荫深著

上海：光华书局，1926 年，70 页，40 开。

本书为多幕剧。（浙图　中山图　中大图　复旦图　厦图　读秀）

【1485I】延秋室诗稿　严廷桢撰

杭州：西泠印社，1919 年，线装，影印本，有图。（浙图）

【1486I】中国文学概略　［日］儿岛献吉郎著，**胡行之译**

上海：北新书局，1944 年，340 页。

本书共 4 编，第 1 编序论，第 2 编内容论，第 3 编形式论，第 4 编结论及余论含结论、余论 2 章。末有附录。（读秀）

【1487I】卖淫妇　徐雉著

上海：现代书局，1931 年，167 页，36 开。

本书收《卖淫妇》《无冠皇帝》《从坟墓中出》《革命前后》《复活》等 5 篇小说。（南大图 中社院图）

【1488I】先秦文学大纲 中国文学大纲 第 1 卷 杨荫深编

上海：华通书局，1933 年，285 页，25 开。

本书分传说中的古代文学、周代文学、秦代文学 3 篇。（浙图 复旦图 厦图 CADAL）

【1489I】生之哀歌 杨荫深等著

上海：文林书店，1941 年，146 页，32 开。

本书为短篇创作集，收录杨荫深的《生之哀歌》、周楞伽的《将种》、草明的《记账员》、丁谛的《他们是有孩子的》、彭子仪的《暧昧》等 11 篇小说。（浙图 南图）

【1490I】童话世界 〔日〕藤川淡水选辑，**冯亨嘉译述**

上海：世界书局，1932 年，148 页。（浙图）

【1491I】血泪碑 童苍怀著

上海：新小说社，1914 年，122 页，32 开。

本书为中篇小说。共 16 回，故事叙述石如玉、梁如珍相爱，遭到陆文卿、梁如宝的陷害。梁如珍呕血而死。石如玉手刃仇人陆文卿、梁如宝，自己也一头撞死在爱人的墓碑下，殉情而死。卷前冠《血泪碑序》。

童爱楼，号石窗山民，四明人。（吉林图）

【1492I】四明山杂记 适夷著

香港：求实出版社，1949 年 12 月，117 页，32 开。（求实文艺丛刊）

本书收《带路的孩子》《路上》《一个县政府》《开始了新的生活》《郑家岩》《王鼎三和小白脸》《荒村印厂》《林湖大队》《误会》《童灿》《口信》《石狮子》《吕明》等文共 13 篇。（复旦图 读秀 CADAL）

【1493I】苏联短篇小说集 适夷编译

上海：天马书店，1933 年 5 月，177 页，32 开。（国际文学丛刊）

本书收《一个人的出生》《强果尔河畔》《农夫》《克罗波摩尔》《信》《光》等短篇小说 6 篇；《斯拉汉的夜》《工场的一天》《尼基契娜的报告》等报告文学 3 篇。（浙图 南图 上社院图 读秀 CADAL）

【1494I】抗战姑娘　翁北溟著

江西：青年文学月报社，1941年，152页，32开。

本书收《转过念头的题材》《游击专家》《小玲子》《钱益顺》《抗战姑娘》《有办法》《歇业》《橡皮先生》等8篇小说。（中山图）

【1495I】喻樨室六十唱和集不分卷　黄广辑

1937年，线装，铅印本，1册。

本书有张弘弢跋、黄文《编辑后记》、万云鸿《黄越川先生六十寿序》。（上图　绍图）

【1496I】粮食　保卫沙里津　［苏］A.托尔斯泰著，**蒋学模译**

重庆：大时代书局，1941年1月，358页，32开。

本书为长篇小说，描述了自1917年12月《布列斯和约》起，到1918年7月保卫沙里律止，这9个月中间工人阶级对布尔乔亚的反抗，和布尔什维克与孟什维克社会革命党及左派共产党的斗争情形。（南图　中山图　读秀）

【1497I】基度山恩仇记　［法］大仲马著，**蒋学模译**

上海：文摘出版社，1947年，4册，32开。（世界文学名著）

本书主要讲述的是19世纪一位名叫埃德蒙·唐泰斯的大副受到陷害后的悲惨遭遇以及日后以基度山伯爵身份成功复仇的故事。（浙图　中山图　南图　厦图　CADAL）

【1498I】苏联行　［美］约翰·史坦倍克著，贾开基、**蒋学模译**

上海：文摘出版社，1948年，251页。

本书为回忆录，记载作者和摄影家罗拔卡脱柏到苏联去拍摄苏联人民生活照片，采访苏联人民真实生活的情形。（浙图　南图　浙大图）

【1499I】生财有道　［法］莫利哀原著，**顾仲彝改编**

上海：剧场艺术出版社，1940年3月，92页，32开。

本书为五幕喜剧。根据法国莫里哀《悭吝人》改编。1946年1月易题为"黄金梦"，由世界书局出版（104页32开），列入"仲彝戏剧专集"。（南图　中山图　读秀　CADAL）

【1500I】陶立德博士　［美］罗夫丁（H. J. Lofting）著，**蒋学楷译**

上海：开明书店，1931年，176页，32开。（世界少年文学丛刊）

本书共21章。为童话《多利特尔医生的故事》的不同中译本之一。（津

图　北大图　读秀）

【1501I】鹿童泪　［美］罗林斯著，**李俍民译**

上海：新纪元出版社，1948 年 9 月，303 页。

本书为长篇小说，又名《一岁的小鹿》，共 33 章，描写美国佛罗里达农民潘南和裴弟一家的生活。（复旦图　南大图　读秀）

【1502I】汽车王　辛克莱著，**蒋学楷译**

重庆：大时代书局，1940 年，248 页，32 开。

本书是一部关于福特美国的长篇小说。（浙图　中山图　复旦图　北大图　读秀　CADAL）

【1503I】哀乐中年　桑弧著

上海：潮峰出版社，1949 年，95 页，32 开。（文学者丛刊）

讲述一个老人和三个子女的婚嫁故事，以及各自的人生态度。

桑弧（1916—2004），原名李培林，宁波人。中国著名导演、编剧。（复旦图　津图　中科院图　CADAL）

【1504I】火底典礼　胡苏著

贵阳：文通书局，1943 年，138 页，32 开。

本书收《家》《墙壁》《矿界》《雨》《火底典礼》等 5 篇小说。（复旦图　苏大图　吉林图）

【1505I】周春贵南下　胡苏撰

出版地不详：新华书店，1949 年。

本书为中篇小说。

胡苏（1915—1986），原名谢相箴，镇海县人。（浙大图　复旦图　中山图）

【1506I】鲛人　裘柱常著

上海：现代书局，1928 年，103 页，50 开。（畸形小集）

本书分"期待""秋天"两部分。收《期待》《咖啡》《我望着耶路撒冷》《月夜》《灵岩》《秋天的下午》《故乡》《追访》《心的悲痛》《哀调》等 46 首诗。书前有序诗《鲛人的夜歌》等 28 首。

裘柱常（？—1990），余姚人。历任中学教师，上海新闻报编辑，上海《新闻日报》编辑、编委，上海中华书局编辑所编审。著有诗集《鲛人》，译著小说《海狼》《毒日头》《金融家》等。（浙图　厦图　北大图　CADAL）

【1507I】淞沪参战前后日记　李士珍编

1938 年,94 页,50 开。

本书收录作者 1937 年 9 月到 1938 年 1 月的日记百余篇,记录了他在上海参战以及撤离南京的经过。书前附有《上海附近形势图》。(上图　国图)

【1508I】文学作品选读(上册)　荃麟、葛琴编

上海:实践出版社,1949 年 4 月,310 页,32 开。

本书收各家各体作品共 12 篇。(南图　CADAL)

【1509I】文学作品选读(下册)　荃麟、葛琴同辑

上海:生活·读书·新知上海联合发行所,1949 年 6 月,410 页,32 开。

本书收小说 11 篇,诗 4 首,散文 3 篇,报告 2 篇,速写 1 篇,杂文 1 篇,独幕剧 1 个。(中山图　津图　北大图　同济图　读秀)

【1510I】游击队员范思加　[苏]弗兰欧门著,荃麟译

桂林:文献出版社,1941 年 7 月,82 页,32 开。(翻译小丛书)

本书为中篇小说。(中山图　复旦图　读秀　CADAL)

【1511I】送子入关 歌剧　朱漪著,任虹、止怡曲

沈阳:东北书店,1949 年,32 页,32 开。(戏剧音乐丛书)

朱漪(1921—?),女,宁波人。著有独幕剧剧本《出车》,童话剧剧本《想不到》。(南图　读秀　CADAL)

【1512I】苏联文学　[苏]绥维林、[苏]托里伏诺夫著,戴何勿译

上海:读者书房,1937 年,357 页,32 开。

本书原为苏联中学教科书,据日译本转译。分《大俄罗斯文学》和《苏联诸民族的文学》两篇。

萧岱(1913—1988),原名戴行恩,又名戴何勿,鄞县人。著有《残雪》等。(浙图　南图　复旦图　读秀)

【1513I】虚心的人　[荷]布尔修士(H. J. Buthuis)著,周尧译

上海:中华书局,1935 年,80 页,32 开。(新中华丛书)

本书为三幕剧。最早刊于《中华月刊》。(浙图　国图　复旦图　读秀　CADAL)

【1514I】约园文存　张寿镛著

民国间稿本。

本书包括鄞县陈钧堂先生墓表、方贞惠公赞有序、族叔梅庵先生六秩暨德配李夫人五秩晋五双庆寿序、胡康元先生暨德配王夫人六秩双庆寿序、读陆节母吴太夫人事略书后、许氏说文部首音序（稿本以《序》为题）、苕香馆遗草序等。（上图）

【1515I】炼狱杂忆　郭静唐著

　　山东：山东新华书店，1946 年 5 月，76 页，32 开。

　　作者署名"一青"，副题为"上饶集中营续篇"。作者的文字功底很深，描写十分生动，语言诙谐而又辛辣，记录了国民党监狱这个人间地狱中可笑可叹可愤可憎的东西，是一部"确非小说家言，乃是身历其境，亲受其虐者的真实记载"的史书。（浙图　国图　南图　CADAL）

【1516I】当代名作选（中国文学）　韩振业编

　　上海：天马书店，1934 年。

　　本书选录当时一些名作，共 10 种。（南图　中山图　复旦图　读秀　CADAL）

【1517I】法国文学　［法］Maurice Baring 著，蒋学楷译

　　上海：南华图书局，1929 年，119 页，32 开。

　　本书分法国文学的起源、法国文学的中叶、文艺复兴、十七世纪、十八世纪、新时代等 6 章，简述法国文学的发展。（国图　CADAL）

【1518I】英勇的抗战故事

　　宁波：浙江省立宁波中学附属小学印行，1939 年，108 页。（南图）

【1519I】柴火

　　宁波：华陞印局，1925 年 9 月，168 页，32 开。

　　本书为诗集。（南图）

【1520I】履素诗稿　严圣浩著

　　宁波：严氏奉觉楼，1947 年，40 页，有像。

　　严圣浩（1871—1937）．字澄卿，号履素，奉化人。曾为奉化初中校长。（奉化文保所　南图）

【1521I】留痕　蒋学楷作

　　上海：南华图书局，1929 年，128 页。

　　本书收《银谷》《生之幻城》《残生》《社会的恩赐》《在春之怀》等 5 篇短篇

小说。（CADAL）

【1522I】磨盾集一卷补遗一卷　何志浩撰

宁波：日月文学社，1945 年，2 册，油印本。（日月文学社丛书）

本书附作者自传。（国图　上图　南图）

【1523I】影子　王任叔著

上海：励群书店，1929 年 6 月。

本书收《齿痛》《一室之内》《不会腐烂的日记》《站野里》《影》《火》等 6 篇短篇小说，后有作者跋。（CADAL）

【1524I】铁　［日］岩滕雪夫著，巴人译

人民书店，1939 年，129 页。（中大图　中科院图）

【1525I】三泸小景：西江月一百首　巴人著

本书收著者旅居沪南时写的词 100 首。民国间出版，共 34 页。（国图）

【1526I】少年义勇剧　胡开瑜著

上海：乐华图书公司，1934 年，176 页。

本书收录历史剧剧本《荆轲》《聂政》《张良》三部。（国图　南图）

【1527I】唐人故事诗　陈登元编

南京：南京书店，1931 年，151 页，32 开。

本书选辑刘希夷、王维、李白、杜甫、孟浩然、韩愈、白居易等 37 人的诗 80 余首，并有作者介绍、注释及关于作诗背景的故事。（浙图　CADAL）

【1528I】四明王女史函稿　王慕兰著

上海：新学会社，1920 年。（奉化文保所）

【1529I】周公集传　孙诒著

南京：朝报馆，1929 年。（奉化文保所）

【1530I】半山庐文稿　孙振麒著

民国间稿本。因结庐山腰，且又喜王半山诗，遂以半山榜其居。

孙振麒（1870—1967）字表卿，奉化人。（奉化文保所）

【1531I】半山庐诗稿　孙振麒著

民国间稿本。（奉化文保所）

【1532I】率真楼诗文稿　严翼銎著

民国间稿本。（奉化文保所）

【1533I】灰姑娘　〔英〕鲁意司·勃理格斯（Louise Briggs）著，**适夷译**

上海：开明书店，1931 年 6 月，114 页，32 开。（世界少年文学丛刊）

本书收 6 个儿童剧集。据世界语本译出。（浙图　南图）

【1534I】林房雄集　〔日〕林房雄著，**适夷译**

上海：开明书店，1933 年 10 月，185 页，32 开。

本书为短篇小说集。收《百合子的幸运》《茧》《凯府大剧场暗杀案》《自由射手之歌》《S 半岛的舆论》《剪发的社会学》等 6 篇。（浙图　南图）

【1535I】谁之罪　〔俄〕赫尔詹（A. N. Tepueh）著，**适夷译**

上海：大用图书公司，1947 年 1 月，188 页，32 开。

本书为中篇小说，分前篇与后篇。书前有"献词"，《译记》的前面几部分写到了作者与版本。现代版作者普遍译为"赫尔岑"。（国图）

【1536I】恶党　〔俄〕柯罗连科著，**适夷译**

上海：湖风书局，1931 年 9 月，129 页，32 开。（世界文学名著译丛）

本书为中篇小说。（南图　复旦图　上社院图）

【1537I】桥　楼建南译

上海：文献书房，1929 年，89 页，32 开。（世界新兴文学选集）

本书收《资本家的灵魂》《弥海儿溪亚》《多瑙河的秘密》《三个小孩》《桥》等 12 篇短篇小说。其中《多瑙河的秘密》为北冈译，《揭光者》为巩子译。（南图　厦图）

【1538I】浮世辑　穆时英等著

上海：良友图书公司，1935 年，358 页，32 开。

本书收：被当作消遣品的男子（穆时英）、在潮神庙（彭家煌）、检查（彭家煌）、不开花的春天（陈梦家）、慷慨的王子（沈从文）、浮世画（蓬子）、丽丽（汪锡鹏）。（南图　读秀　CADAL）

【1539I】圣处女的感情　穆时英著

上海：良友图书印刷公司，1935 年，248 页。（良友文库）

本书收《圣处女的感情》《某夫人》《玲子》《墨绿衫的小姐》《骆驼尼采主义者与女人》《烟》《贫士日记》《五月》《红色的女猎神》等 9 篇短篇小说。（华东师大图　人大图　CADAL）

【1540I】失恋后　徐雉著

上海：光华书局，1936年，2版，64页，50开。

本书收《失恋后》和《白衣的天使》2篇小说。（南图）

【1541I】海外的鳞爪　徐訏著

上海：夜窗书屋，1941年，106页，32开（三思楼月书）

本书收《改良个体与改良环境》《鲁文之秋》《我在英国时之房东》《漫话巴黎》《回国途中》《谈中西的人情》《谈房间艺术》7篇。（浙图　南图）

【1542I】精神病患者的悲歌　徐訏著

上海：夜窗书屋，1941年，214页。（三思楼月书）

本书为长篇小说，讲"我"作为心理研究所志愿者帮助治疗性格古怪的富家女白蒂，其间与她的美丽女仆海兰坠入爱河，三人爱恨纠结的悲剧故事。（国图　南图　人大图）

【1543I】幻觉　徐訏著

上海：夜窗书屋，1948年，177页，32开。（三思楼月书）

本书收《滔滔》《属于夜》《春》《旧地》《幻觉》等5篇小说。（厦图　读秀　CADAL）

【1544I】阿剌伯海的女神　徐訏著

上海：夜窗书屋，1946年，149页，32开。（三思楼月书）

本书收《内外》《本质》《小刺儿们》《助产士》《郭庆记》《阿剌伯海的女神》等6篇小说。（浙图　南图　读秀　CADAL）

【1545I】元元哲学　徐訏著

上海：时空出版部，民国间。（CADAL）

【1546I】被侮辱与被损害的　［俄］陀思妥耶夫斯基著，荃麟译

桂林：文光书店，1943年10月至1944年4月，2册（610页），32开。（世界文学名著译丛）

本书为长篇小说，据英译本转译。（南图　中山图　南大图　CADAL）

【1547I】喜酒　邵荃麟著

桂林：文化供应社，1942年2月，84页，32开。（少年文库）

本书收3个独幕剧。（南图　CADAL）

【1548I】阴影与曙光　［苏］欧根·雷斯著，荃麟译

上海:开明书店,1947 年 2 月,216 页,36 开。

本书为长篇小说,共 14 章。(浙图 南图 读秀 CADAL)

【1549】忏悔 [南斯拉夫]汶嘉奇次著,**鲁彦**译

上海:亚东图书馆,1931 年,230 页,32 开。

本书为日记体小说,据世界语转译。(南图 中山图)

【1550】惠泽公公 **鲁彦**著,三通书局编辑部编

上海:三通书局,1941 年,80 页。(三通小丛书)

本书为短篇小说集。(北师大图 CADAL)

【1551】鲁彦杰作选 巴雷编选

上海:新象书店,1947 年,144 页。(当代创作文库)

本书收《河边》《鼠牙》等 11 篇小说。书名页书名为"鲁彦"。(复旦图 中科院图 厦大图 读秀 CADAL)

【1552】鲁彦创作选 筱梅编

上海:仿古书店,1936 年 11 月,227 页。

本书收《李妈》《幸福的哀歌》《兴化大炮》《夜》《屋顶下》《恋爱行进》《黄金》7 篇短篇小说,《钓鱼》《驴子和骡子》2 篇散文。(首图 读秀 CADAL)

【1553】蓝色响尾蛇 孙了红著

上海:大地出版社,1948 年,174 页。

本书收《真假之间》《蓝色响尾蛇》2 篇小说。封面题有"侠盗鲁平奇案"。(国图)

【1554】情缔因缘 庄病骸著

上海:公记书局,民国间,197 页,32 开。(南图)

【1555】赣南杂记 蒋经国著

重庆:前峰出版社,1942 年 12 月,85 页。

本书用以纪念作者母亲遇难三周年。记述作者赣南的"工作杂记"。附辑"光荣的死"。(北师大图 CADAL)

【1556】我的死了的生活的回忆 [爱尔兰]乔治·莫尔(G. A. Moore)著,**邵洵美**译

上海:金屋书店,1929 年,45 页,32 开。

本书为回忆录。选译自 *Memoirs of My Dead Life* 中的一个片断 "Euphorion in Texas"。（中科院图　南图）

【1557I】饭牛翁小丛书　戚饭牛著

上海：中孚书局，1934 年 7 月，3 册，32 开。

本书为诗文集。卷一为《牧牛庵笔记》，卷二为《绿杉野屋诗话》，卷三《红树楼吟草》，卷四为《双鱼馆尺牍》，卷五《天问阁杂俎》。（南图　人大图）

【1558I】山东女侠盗　戚饭牛著

上海：百新书店，1932 年 3 月，4 册。

本书为现代武侠长篇小说，共 40 回，以天启年间进士遗孤吴振宗的一生历程为背景，描写山东女侠窦玉虹的侠肝义胆。（北师大图　CADAL）

【1559I】苏青与张爱玲　白鸥编者

北京：沙漠书店，1945 年。

本书含《题记》《苏青与爱玲对谈记》《张爱玲的文章》《我的苏青》《评张爱玲》《记苏青》《访苏青记》《我对婚姻》《姑姑语录》《河边》《留情》《双声》《苏青与张爱玲的书像》等内容。（浙大图　复旦图　北大图　CADAL）

【1560I】歧途佳人　苏青著

上海：四海出版社，1948 年 12 月。

本书为中篇自传体小说，女主角符小眉以苏青自己为原型。（人大图　CADAL）

【1561I】饮食男女　苏青著

上海：天地出版社，1945 年 7 月，84 页，32 开。

本书为散文小品集。（南图）

【1562I】上海小姐　胡考著

上海：独立出版社，1935 年。

本书为杂著。每段文字均配有一幅插图。（中科院图　CADAL）

【1563I】灾难　胡考著

山东：新华书店，1946 年 8 月，89 页。

本书为长诗，从第一诗章到第六诗章。（津图　中科院图　读秀）

第四节 艺术类

【1564J】表号图案 陈之佛编

上海:天马书店,1934年,204页。

本书讲述象征表号、基督教艺术的象征表号、用作表号的色、近世的表号、审美表号、西洋的种种表号、中国的表号图案及其意义、中国之寓意的画题等各种表号图案。书中附有大量图案,珍贵图照10张。材料大部分取于日本小室信藏氏的《图案之意匠资料》。(浙图 国图 复旦图 读秀)

【1565J】慈溪季氏叔侄书画合册 季守正、季康绘

民国间,影印本。

季守正(1875—1949),号无暇居士,慈溪人,现代书画家,工书、擅画、精篆刻。季康(1913—?),字宁复,别署福寿康宁之斋,慈溪人。擅绘画,尤以仕女著称。(上图)

【1566J】从社会学见地来看艺术 [法]居友(J. M. Guyau)著,巴人译

上海:大江书铺,1933年,232页。

本书共5章。书末附原著底解说、重译者附语。(浙图 国图 浙师大图 读秀 CADAL)

【1567J】儿童画本教授指要 陈之佛编

上海:儿童书局,1932年,92页。(国图)

【1568J】二弩精舍印谱 六卷 赵时棡刻,张鲁盦辑

本书为印谱。共六卷,每卷收50印,附边款,共收印300方。有会稽王同愈(秀仁)题签,罗振玉书扉页,余杭褚德彝序,张鲁庵跋。1941年成弓。

赵时棡(1874—1947),又作赵枫,原名润祥,字纫苌、献忱,更名时棡,字叔孺,晚号二弩老人,著有《汉印分韵补》《古印文字韵林》《二弩精舍印存》《二弩精舍藏印》。(上图)

【1569J】高利贷 胡人编著

宁波:浙东新闻社,1947年。

独幕讽刺剧。(浙图)

【1570J】构图法示例　陈影梅著

上海：开明书店，1936 年，95 页。

本书共分 5 章，介绍构图的使命、构图的实例、背景、桌线与地平线等。

陈影梅（？—1982），现代美术理论家，陈之佛从弟。（国图　津图）

【1571J】古印文字韵林　赵时枫著

本书收《汉印分韵》未收的文字，仿《汉印分韵》例，以诗韵平、上、去、入排列。民国间成书。（见《中国历代藏书家辞典》）

【1572J】国防音乐　王云阶著，江敉作画

桂林：时代书店，1940 年。

本书包括儿童歌曲表演、儿童一般歌曲、妇女歌曲、空军歌曲、合唱曲、一般歌曲等 6 部分，收 29 首歌曲。书末附《国防音乐的成长及发展》《简易歌咏指挥法》《用歌咏把孩子们组织起来》等文章。

江敉（1912—1989），别名江心康，镇海人。擅长版画。1937 年在上海编辑《非常时漫画》宣传抗日救亡，1939 年任教于贵州毕节师范学校、西南人民艺术学院。（浙图　温图）

【1573J】绘画入门　许敦谷、陈影梅编

上海：开明书店，1939 年 7 月，116 页。

本书分序论、作画的一般的要件、写生画各论 3 章。（浙图　超星）

【1574J】集拓新出汉魏石经残字　马衡编

1928 年，4 册，线装。

本书为著录论语残字五石，43 字。收入《凡将斋金石丛稿》（中华书局，1977 年 10 月）（国图　陕西师大图）

【1575J】故乡吟　胡人词

宁波：春风文艺社，1947 年 2 月。

本书收《风台山》《巢潮颂》《怀念含山》《赣江水愁异乡人》《乡愁》《舜江！你偕我归去》《阳明颂》等 7 首。（国图）

【1576J】荆轲插曲　顾一樵编剧，梁实秋作歌，应尚能制谱

上海：咏葵乐谱刊印社，1940 年，41 页。

本书内收荆轲独唱及男声四部合唱、荆轲独唱及女声三部合唱、荆轲与秋纹二部合唱、混声四部合唱等 6 首插曲，五线谱、附钢琴伴奏谱。

应尚能(1902—1973)，宁波人，著名男中音歌唱家，声乐教育家、作曲家。撰有声乐理论专著《以字行腔》。（国图　吉林图　南图）

【1577J】剧场　顾仲彝编著

上海：商务印书馆，1937年，43页，32开。（社会教育小丛书）

本书分5章，讲述小剧场的起源、组织、戏剧的上演、排演方法，以及小剧场的装置。（浙图　国图　南图　CADAL）

【1578J】乐学纲要　应尚能著

上海：商务印书馆，1936年，85页。（国立音乐专科学校丛书）

本书介绍乐理。分写谱法、乐谱符号解、记号、装饰音、音阶、音程等13章。（浙图　浙大区　国图　读秀）

【1579J】齐飞馆印留近人印谱　**吴泽**刻印，秦康祥辑，高式熊审拓

本书为钤印本，濮尊朱佛斋出版，成书于民国三十七年（1948），计二册。黑格；每页一印，拓有边款，钱罕署签，马衡题首，沙文若序，任堇叔题记。有吴公阜像及传，张咀英跋。

吴泽(1898—1935)，字公阜，鄞县人。书法家，室名齐飞馆，著作有《齐飞馆书牍》《齐飞馆述印》《齐飞馆封泥选》等。（天一阁　国图）

【1580J】陆卖饼　陈文茂、金玉兰口述，宁波市甬剧团记录

杭州：浙江省文化局剧协浙江分会，民国间。

本书为甬剧的剧本。（浙图）

【1581J】略画事典　章育青编绘

上海：中央书店，1935年。

本书介绍绘画技法。（读秀）

【1582J】梅鹤幻影图题咏一卷　冯度辑

民国二十二年（1933）影印本，1册，线装。

本书辑录杨敏曾、魏友枋、陈训正、洪允祥、洪日梅、钱罕等人对"梅鹤幻影图"的题咏，末有钱罕记。前有"梅鹤幻影图"并虞伯旸所作图一张。民国十九年（1930）冯度偕妻子儿女游杭，于孤山放鹤亭边合照全家福一张，题为"梅鹤幻影图"。

冯度(1891—1951)，字威博，号涵生，又名德成。（甬图　浙图）

【1583J】牧之随笔　袁牧之著

上海：微明出版社，1940 年，163 页。

本书包括不易表演的戏剧、不同的角色和不同的自己、怎样制造面部皱纹等 40 篇随笔。（浙图　浙工大图　国图　读秀　CADAL）

【1584J】宁波五更调
上海：仁记书局，民国间石印本。（上图）

【1585J】琴镜释疑一卷　虞和钦著
莳熏精舍，1930 年铅印本。

书签题琴镜释疑诗板臆论合册，与其所撰诗板臆论合订。（天一阁　浙图　国图　上图）

【1586J】求恒斋书画目录二卷　冯贞群编
民国稿本。（天一阁）

【1587J】谈小文艺　大不贤著
丽水：浙东印刷厂印（云和），1943 年。（浙图）

【1588J】图案法 ABC　陈之佛著
上海：ABC 丛书社，1934 年，136 页。

本书分序说、美得原则、图案与实用、研究图案的方针、自然与便化、模样分类、平面模样组织法、图案色彩、立体图案大意等 9 篇。书末附《关于图案制作上的种种手续》。书中有附图 72 幅。（国图　津图　复旦图　上科院图　读秀）

【1589J】图案构成法　陈之佛编
上海：开明书店，1937 年，294 页，32 开。

本书分绪论、图案的意义、图案理论法、图案资料、便化法、色彩法、平面图案法、立体图案等 8 章。其中，第二章图案理论法，对形式原理、形式法则、统觉与错觉进行了论述。（首图　津图　广美院图）

【1590J】图案教材　陈之佛编著
上海：天马书店，1935 年，293 页。

本书为中学美术教材。叙述图案的目的与意义、图案的种类、图案资料与模样化等。（浙图）

【1591J】问菊轩画集　钱季寅辑
上海：书画保存会，1929 年，石印本。

本书刊入王一亭、胡郯卿、王念慈、邓春澍、杨士猷、顾九烟等百家作品。有童仰慈、张文海、庄谦、孔昭钫、秦伯来序、末有钱季寅弁言。（上图成都图）

【1592J】我教你写字　马衡著

重庆：文风书层，1944 年 10 月，26 页。（新少年文库）

本书分文字的起源与演进、字体的变迁、工具的使用、习字的程序等 5 章。（国图）

【1593J】西洋绘画史话　陈之佛、陈影梅编

长沙：商务印书馆，1940 年，119 页。（中法文化丛书）

本书共 12 篇，依次为序论、意大利文艺复兴期以前、意大利文艺复兴期、北欧的绘画、西班牙的绘画、法兰西的绘画、英吉利的绘画、19 世纪德意志的绘画、现代欧美诸国的绘画、20 世纪的画派 12 部分，丰子恺序。（国图　中山图　读秀）

【1594J】西洋美术概论　陈之佛编

上海：现代书局，1934 年，182 页。

本书据［日］相良德三著的《西洋美术史》略加增删编成，共 12 章，叙述自上古至现代的西洋美术变迁及美术家的趣闻逸事，每章之前有主要艺术家的作品。（浙图　国图）

【1595J】中国书法史　潘天寿著

抗战时期重庆出版。

潘天寿（1886—1971），原名天授，字太颐，号阿寿，别号寿者、霄婆头峰寿者、懒秃、朽居士，室名听天阁、无谓斋，宁海人。现代画家，教育家。著有《中国绘画史》《中国书法史》《治印丛谈》《听天阁诗存》《听天阁画谈随笔》《无谓斋谈屑》《潘天寿论画笔录》《顾恺之研究》。（见《重庆文化艺术志》）

【1596J】呆大烧香全本一卷

新编宁波滩簧剧目。清末民初。（浙图）

【1597J】卖花线一卷

新编宁波滩簧剧目。清末民初出版。（浙图）

【1598J】秋香送茶一卷

新编宁波滩簧剧目。清末民初出版。（浙图）

【1599J】男告私情一卷

　　新编宁波滩簧剧目。清末民初出版。（浙图）

【1600J】女告私情一卷

　　新编宁波滩簧剧目。清末民初出版。（浙图）

【1601J】双投河一卷

　　新编宁波滩簧剧目。清末民初出版。（浙图）

【1602J】新出宁波三马浪荡全本一卷

　　上海：统一书局，清末民初。

　　新编宁波滩簧剧目。（浙图）

【1603J】学画门径　章育青编绘

　　上海：中央书店，1940 年，180 页，32 开。

　　本书介绍铅笔画、钢笔画、毛笔画、图案画、漫画、速写画等画法。（中山图　津图）

【1604J】演剧艺术讲话　顾仲彝等著

　　上海：光明书局，1940 年 4 月，269 页。

　　本书收戏剧的源流（顾仲彝），继承中国戏剧的遗产问题（周贻白）等文。（浙图　国图）

【1605J】艺用人体解剖学　陈之佛编

　　上海：开明书店，1935 年，172 页。

　　本书原为中央大学艺术科的讲义，分总论、论骨、论筋 3 章。附人体各个与筋内图解、人体解剖表解、颜面画法的要领等。（浙图　国图　陈之佛艺术馆）

【1606J】影绘　陈之佛编

　　上海：天马书店，1931—1933 年，线装，2 册。

　　本书分二集。第一集编于 1931 年 3 月，第二集 1933 年 9 月初版。（浙图　上图）

【1607J】月荫轩谱　施良坤编

　　本书为韩干梅古乐师民国十六年（1927）手抄工尺谱——《月荫轩谱》。1927 年手抄本。（镇海韩新高藏）

【1608J】怎样教小孩子学画　宋易编译，**陈之佛订**

上海：儿童书局，1931年初版，124页，32开。

本书分图画之目的与方法、图画为思想之表现物、图画的教学、人物画、动物画、静物写生、毛笔画、色彩的教学、图案画等9章。（浙图　津图）

【1609J】赵叔孺先生画册　张鲁庵编

上海：永美画品公司安定珂罗出版社，1944年10月。

张鲁庵（1901—1962），字炎夫，号幼蕉，慈溪人。西泠印社社员，精篆刻又以善制印泥名驰遐迩。刻印行世者，有《仿邓完白山人印谱》两卷（民国元年影印）、《鲁庵印选》、《鲁庵印谱》。另辑有《寄黝山人印存》《横云山氏印聚》《金叠印搋》《钟乔中印存》《完白山人印谱》等。（见《浙东文化》2003年第1期）

【1610J】之佛图案集第一集　陈之佛著

上海：开明书局，1929年3月，20页，16开。

扉页由丰子恺题"之佛图案集"。（浙图　国图　中央美院图）

【1611J】中国绘画史　潘天寿编

上海：商务印书馆，1926年，250页。（大学丛书）

本书共4编，分为古代史、上世史、中世史、近世史，分别论述了历代绘画的概貌、特质和源流，并对古代绘画理论的嬗变历程也予以重点考察和深入剖析。（浙图　复旦图　中山图　国图　读秀）

【1612J】创作歌集　应尚能编著

上海：商务印书馆，1935年，17页，10开。（国立音乐专科学校丛书）

本书内收《怀疑之梦》《快活歌》《赠别》《红树》等8首五线谱，附钢琴伴奏谱。（西南大图　沈音图　读秀）

【1613J】标准口琴名曲选1　石人望编著

上海：大众口琴会出版部，1939年，68页，16开。

本书内收《和来序曲》《卡门进行曲》《我的太阳》《旧曲精华》《采莲谣》《梅花三弄》《牧童短笛》《忠义军行曲》等30首中外名曲。（国家图书馆外文采编部主任顾犇藏）

【1614J】合唱指挥法　赵梅伯著

上海：商务印书馆，1946年，203页，16开。

本书分合唱指挥之艺术与技术、重要的声乐作家之作风及个性、著名的指挥家之个性等 3 编,有对"弥赛亚"的简单分析。书末附击拍的图形、总谱的形式、关于指挥的参考书。

赵梅伯(1905—1999),奉化人。歌唱家,指挥家,声乐教育家,被誉为"一部活的中国声乐史"。著有《黄钟史》《合唱指挥法》《唱歌的艺术》《赵梅伯名歌选》《赵梅伯回忆录》等。(津图　中山图　张元济图　读秀)

【1615J】中外歌唱入门 第 1 册　［美］安德生(E. J. Anderson),**赵梅伯**编

上海:商务印书馆,1929 年,137 页,23 开。

本书为乐理知识,分 37 课,每课后均附练习题。(见《商务印书馆图书目录(1897—1949)》)

【1616J】西厢记连环图画　**胡考**、曹聚仁著

上海:千秋出版社,1935 年,61 页,32 开。

胡考(1912—1994),余姚人。擅长漫画肖像。著有长篇小说《行军记事》《新四军的一个连队》《两重奏》等。(上社院图)

【1617J】今人物志　胡考著

上海:独立出版社,民国间,54 页。

本书画了 27 幅漫画,刻画了上海三教九流的各式人物,反映了 20 世纪 30 年代中国社会的众生相。1998 年山东画报出版社将《今人物志》和《上海小姐》合并再版。(复旦图　吉林图　读秀)

【1618J】黄金迷　顾仲彝著

上海:世界书局,1946 年 1 月,104 页。(仲彝戏剧专集)

本书为五幕喜剧剧本。(读秀)

【1619J】战地新歌　孙慎编

桂林:南方出版社,1940 年,113 页,32 开。(战地工作丛书)

本书内收《战地服务歌》《抗敌到底》等 52 首歌曲。书前有张发奎的序及 4 篇歌曲理论文章。书末附录编者的歌曲说明、吕骥采集并记谱的民歌 32 首。(温图)

【1620J】新音乐歌集　孙慎等编辑

桂林:立体出版社,1943 年,58 页,32 开。

孙慎(1916—?),原名孙立成,曾用名孙家模、孙学毅,镇海人,作曲家、

音乐活动家。（苏大图　中山图）

【1621J】儿童新歌曲集　孙慎编

桂林：歌曲研究社，1943 年，116 页，32 开。

本书包括齐唱歌曲之部、轮唱合唱歌曲之部、舞蹈表现歌曲之部等，收 61 首。附《儿童与唱歌》（缪天瑞）、《儿童怎样唱歌，怎样教儿童唱歌?》（张洪岛）、《怎样选择教材?》（孙慎）等。附儿童唱歌教学法。（读秀）

【1622J】洋娃娃病了　李平之编著

杭州：浙江省音乐协会，1946 年，23 页，32 开。

本书为儿童独幕歌剧。

李平之（1909—1992），宁波人。音乐教育家。著有《初中音乐·读谱法》《和声学纲要》《中学音乐教程》《音乐基础教程》等书，与人合编有《中学音乐教材》《解放歌声》等书。创作歌曲《示儿》《煮豆燃豆萁》《思母曲》《自力更生》《热血男儿》《振兴中华》《我爱宁波山和水》，儿童歌剧音乐《洋娃娃病了》等。（上图　国图）

【1623J】八仙外传　顾仲彝著

上海：世界书局，1945 年 6 月初版，99 页，32 开。（剧本丛刊）

本书为四幕神话喜剧。剧本描写七仙下凡求觅一仙的神话故事。（南图　同济图　读秀）

【1624J】皮簧唱片谱　柳尧章编著

上海：文明书局，1931 年，80 页，横 16 开。

本书内收《卖马》《洪羊洞》《孝感天》《哭皇天》等 10 张唱片的曲谱。

柳尧章（1905—1996），又名中尧，鄞县人。音乐教育家。（黑龙江图　吉林图）

【1625J】民众歌咏 ABC　刘良模编

昆明：云南省立民众教育馆民众歌咏团，1937 年，24 页，42 开。

本书包括怎样教民众唱歌、怎样获得音乐的时代的常识、怎样组织民众歌咏会 3 部分内容。

刘良模（1909—1988），镇海人。（黑龙江图　沈图　郑大图）

【1626J】芳华剧刊（尹桂芳专集）　徐进编辑

上海：芳华剧团出版部，1947 年 6 月，160 页，16 开，有图。

本书包括尹桂芳的自传"从艺十五年",以及该团的剧目、各剧的唱词等。(上图)

【1627J】木刻(第 1 辑)　余白墅编

上海:波涛出版社,1949 年 5 月,34 页,16 开。

本书收赵延年、烟桥、野夫、余白墅、徐甫堡、麦杆等 13 人的木刻画 17 幅。书末有编后记。

余白墅(1920—2008),余姚人。现代版画家。主编有《救亡木刻》《木刻艺术》《新艺风》《解放漫画选集》等刊物。(国图　上图)

【1628J】沪宁、沪杭甬两路同人会京剧二周纪念特刊　两路同人会京剧部编

上海:两路同人会京剧部刊,1929 年 8 月,80 页,25 开。

本书收录《醉梨轩剧话》(浦秋樵)、《戏剧和政治生活》(张寄涯)、《越剧之优点》(湖憨珠)、《外行谈剧》(空我)、《旧戏剧与真艺术》(张国枸)、《旧剧之改进观》(宋传骧)等 20 余篇文章。末附票房沿革史。(上图)

【1629J】京沪沪杭甬两路同人会京剧部九周纪念特刊　两路同人会京剧部编

上海:两路同人会京剧部刊,1934 年 11 月,85 页,32 开。

本书收有关京剧及表演艺术问题的杂论数篇。发刊词写于 1934 年 11 月。(上图　国图)

【1630J】大众画集

宁波:奉化县动员会教文组,1939 年,52 页。(南图)

【1631J】老百姓歌曲集 1　鄞县民众俱乐部编

宁波:鄞县民众俱乐部,1935 年 12 月,28 页,32 开。

本书内收歌曲《贺新年暨民国成立纪念歌》《地方纪念歌》《总理逝世纪念歌》等 22 首,简谱、工尺谱对照。(南图　国图)

【1632J】戏剧漫谈　袁牧之著

上海:现代书局,1933 年 2 月,182 页。

本书收录袁牧之的戏剧理论共 40 篇,如《不同的角色和不同的自己》《演员的目光》《从独角戏多角戏谈到两个角色演底戏》《笑与哭》《天才到底是什么》等。插图 6 幅。(读秀)

第五节　历史地理类

【1633K】桃源乡志八卷　〔清〕臧麟炳撰

民国二十三年（1934）油印本，线装。

本书目次前有《重修桃源志例言》、《桃源乡图》（旧图已失，图为民国二十三年增绘）、《新增都图村聚表》（民国二十三年增）。有汪焕章序。（甬图　天一阁　浙图　上图）

【1634K】伴石老人寿序一卷

民国间抄本，17页。（天一阁）

【1635K】保国寺志十卷附一卷　钱三照撰

民国十年（1921）稿本，15册。

本书有奉化江五民序。保国寺始建于南宋绍兴时期，原属慈溪，今属宁波市江北区。

钱三照，字子青，清末民初慈溪人，与江五民交好。其《咏七塔寺轶闻》收入《七塔寺志》。（天一阁）

【1636K】慈溪记八卷　干人俊撰

民国间稿本。（见《民国慈溪县新志稿》）

【1637K】编辑四明丛书记闻　冯贞群编

民国三十五年（1946）铅印本，1册。

本书从缘起、甄录、辑佚、访书、编辑、结论几方面详细描述《四明丛书》编辑过程，收入《约园著作选辑》（张寿镛著，张芝联编，1995年）。

冯贞群（1886—1962），字孟颛、曼儒，号伏跗居士，慈溪人。藏书家，目录学家。著有《鄞范氏一阁书目内编》《续甬上耆旧诗集考略》《宁波市古物陈列所医家书目初稿》《浙江史料稿目》等。（国图）

【1638K】冰天雪地　蒋经国著

赣州：著者刊，1941年88页。

本书系蒋经国在1925年12月至1937年3月的日记片断，记叙其在苏联学习、工作、参观的情况及感受。（国图）

【1639K】蔡和锵行述　蔡同滋等撰

民国铅印本。

本书叙述蔡和锵的生平概略。

蔡和锵（1873—1935），字芳卿、号鸣玉，鄞县人，为蔡同滋之父。辑有《论海》一百卷。（甬图）

【1640K】蔡君雨潮家传　张寿镛撰

民国铅印本，线装。

本书叙述蔡和霄的生平概略。

蔡和霄，字雨潮，宁波人。上海蔡同德堂的创始人蔡鸿仪的后人，1932年10月蔡和霄申请核准注册"鹿鹤寿星"图商标，至今仍是蔡同德堂的注册商标之一。（甬图）

【1641K】曹鹤侪先生遗德录二卷卷首一卷附挽幛一卷　林景绥编

宁波：四明印刷公司，1922年。

林景绥，字朵峰，号志飓，室名礼本堂，鄞县人。光绪二十四年进士，著有《礼本堂诗文集》。

曹鹤侪（1862—1922），名缘皋，江苏武进人。撰有《石食诗集四卷》，藏中国社会科学院文学研究所。（浙图　吉林图　南图）

【1642K】朝野新谈　姜泣群编

上海：光华编辑社，1914年3月，172页。（稗海珍珠船）

本书又名《民国野史》，分甲、乙、丙、丁、戊、己六编。所收都是有关民国时期的佚事、人物传闻。甲、乙编包括《记王照述吴禄贞烈士死事状》《檄文中之檄文》《辛亥湖北革命党运动史》《何海鸣笔记》《武昌起义三烈士供词》《无名之英雄》等58篇。书前有袁世凯、章太炎等人的照片16幅，以及小凤等人的序2篇。丙、丁编收《辛亥武汉赤十字会日记》《名士遭劫记》等57篇。书前有率真的序及民初名人墨迹。戊、己编收《赵声传》等72篇。书前有序3篇。（国图　上图）

【1643K】陈布雷回忆录　陈布雷著

上海：廿世纪出版社，1949年，168页。

本书是作者对其50年生活的回忆。共2部分，第1部分叙述其前半生的经历（1890—1921），第2部分回忆他后半生的政治生涯（1921—1939）。（国图）

【1644K】陈节母江太君讣告及家传　张美翊等撰

民国九年(1920)石印本,线装。

本书内含姚家镛撰《陈节母江太孺人家传》、张美翊撰《钦旌节孝陈母江太孺人灵表》、陈圣佐撰《哀述》等内容。

陈节母江太君(1855—1920),鄞县人。江学海(四川知县)之女,陈子黻妻,陈圣佐母。有像赞。(甬图)

【1645K】陈谦夫先生纪念册　胡绳系编

民国三十六年(1947)铅印本,线装,1册。

本书收录纪念陈谦夫的文章10余篇,附录陈训正撰《陈君谦夫先生圹铭》、洪曰楣撰《六十寿序》及《陈公谦夫文存》(含文47篇,诗13首,日记、年谱等)。前有《弁言》(胡绳系撰)、《陈君谦夫遗像》、《像赞》(李宣龚撰)、《题词五桢》(陈布雷等撰)、《追悼歌》(王仲邑词、孙婴曲)、《挽歌》(魏友枋撰)、《挽诗》(程方撰);末有《勘误表》。

胡绳系(1913—2000),余姚丈亭人。曾任慈湖中学校长,后执教宁波师范。(甬图　浙图　上图)

【1646K】春秋总论初稿　毛起著

上海:生活书店,1935年,154页。

本书为研究诸子的论文汇集。共分孔子与春秋,春秋之始终,三传作者、春秋之教等4篇。

毛起(1899—1961),原名宗翰,字无止,又字禹州,舟山岱山岛斗镇人。(甬图　浙大图　读秀)

【1647K】慈湖陈瑶圃侍郎行状　高振霄撰

民国十四年(1925)铅印本,线装。(上图)

【1648K】慈溪陈谦夫先生纪念册　韩焕章编

宁波:慈溪陈玮冠刊,1947年,铅印本。

陈公谦夫年表(陈谦夫自撰年谱)一卷。

陈谦夫(1880—1945),名夏常,字谦夫,慈溪人。曾两度任效实中学校长。(浙图)

【1649K】慈溪沈师桥第一次万安统沙涂报告册　沈嘉玱辑

民国四年(1915)铅印本。(上图)

【1650K】慈溪县志　陈训正、陈训慈等纂修

民国二十五年(1936)未刊稿本。

因抗战事起,书未成,稿也散佚,仅存纲目。(浙江省地方志学会)

【1651K】慈溪县志例目草案

民国间铅印本。

慈溪县志的例目草案,共九条。(甬图)

【1652K】民国慈溪县志略一卷　胡善曾撰

胡善曾,字葆卿,室名适可居(有《适可居诗集》五卷)。光绪八年(1882)举人。居风山,以医名。(见童银舫著《方志札记》)

【1653K】大清钱谱　张美翊辑

民国十二年(1923)拓印本,线装。

本书辑录清顺治至光绪年间的钱谱。(甬图)

【1654K】大学教授陈公伯弢行述一卷　陈庆麒、陈庆粹述

民国二十七(1938)铅印本,线装。

本书收陈汉章经、史、子、集著作 100 种,其中经部 26 种,史部 31 种,子部 19 种,集部 23 种。附《缀学堂丛稿目》。(浙图　上图)

【1655K】戴季石讣告

民国铅印本,线装。

本书有戴季石像及陈星庚、魏友枋、张原炜、章间等人撰文。

戴季石(1860—1930),名鸿祺,字季石,宁波人。清光绪间举人。(甬图)

【1156K】地理学之意义与范围　张雨峰撰

宁波:宁波地理学会,1931 年。

本书是《地理区域与政治区域》改订本。(浙图)

【1657K】地质研究所师弟修业记　**翁文灏、章鸿钊纂**

北京:京华印书局刷印,1916 年,1 册,有图,线装,铅印本。

本书为章鸿钊和翁文灏师生 1913 年至 1916 年间在野外地质考察报告的汇总。(浙图　国图　南图　上图)

【1658K】丁松生与浙江文献　陈训慈著

杭州:浙江省立图书馆,1932 年,线装。

本书为浙江省立图书馆月刊第 1 卷第 7、8 期合刊单行本。内容分丁松

生与浙江文献、丁氏兴复文澜阁书记两部分,介绍著名藏书家丁松生(1832—1899)一生从事搜集、整理浙江文献,并对文澜阁《四库全书》进行拾残补缺,使其得以幸存的历史功绩。(浙图　南图)

【1659K】丁文江先生　翁文灏等著,张其昀编辑

上海:华夏图书出版公司,1948 年,60 页,32 开。(现代文库)

本书收翁文灏的《丁文江先生传》《追悼丁在君先生》,以及章鸿钊的《我对丁在君先生的回忆》等纪念文章。并有《丁文江先生著作系年目录》。(中大图　上师大图　CADAL)

【1660K】东北问题第 1 辑　张其昀著

遵义:国立浙江大学史地教育研究室,1942 年,66 页,24 开。(史地教育丛刊)

本书共 8 篇,有《东北是中国的生命线》《沙上楼阁之日本大陆政策》《沦陷后之东北》《罗邱宣言与东北问题》《东北与南洋》等。(浙图　国图　读秀　CADAL)

【1661K】东北与列强　陈叔兑编

上海:中华书局,1932 年 5 月,118 页。(东北研究丛书)

本书记述 1895 年至 1931 年"九一八"事变期间,帝国主义列强争夺中国东北的经过。

陈训慂(1901—1972),字叔兑,慈溪人 陈布雷弟。一直在国民党中从事新闻宣传工作。曾在《新生命》1930 年第 2 期上发表《人口问题之新观察》。曾任香港《国民日报》社长,《中央日报》总编辑。(宁大图　浙图　国图)

【1662K】东路中俄决裂之真相　董显光著

上海:真美善书店,1929 年,156 页。

本书记述中苏因中东路事件而断交的经过始末,并汇集有关文件。附录《中俄合办东省铁路公司合同》等。(宁大图　浙图　国图　浙大图　读秀)

【1663K】东钱湖志四卷　王荣商篡

民国五年(1916)刻本,线装。

本书分为水利、名胜、文献、工程 4 部分,末附浚湖始末。

王荣商(1852—1921),字友莱,镇海人。光绪十二年进士,授翰林院编修。著有《容膝下轩文稿》八卷,《容膝轩诗草》六卷、《容膝轩诗钞》四卷。(浙图　国图　上图)

【1664K】董节母传　冯贞胥撰，钱罕书

民国三十五年（1946）石印本。（甬图）

【1665K】二十一条之交涉经过　王正廷编

北京：出版者不详，1923年3月，46页。

本书汇集1915年日本政府对中国政府强行提出签订二十一条不平等条约的有关资料。有序。（国图　上图）

【1666K】范孙自定年谱一卷补一卷　严修编，高彤补编

天津：严氏自刊，1943年影印本。

严修，字范孙，号梦扶，又号屏庐，慈溪人。此谱自叙至戊午夏四月，后十一年由谱主弟子高彤据《日记》补。刊本谱后有《行状》。原谱未载号梦扶，兹据《词林辑略》补录。收入《贵州省地方志参考丛书》。（国图）

【1667K】方氏家言二卷　镇海方氏余庆堂编

民国二十二年（1933）木活字印本，线装。

本书上卷收录宗仪9首、家人箴15首，青阳上田义门诗，下卷收录其祥先生遗训15条，六桂堂宗规24条。有江五民序。（甬图）

【1668K】方孝孺　胡行之编撰

杭州：浙江省立西湖博物馆，1936年，44页，肖像，照片。（浙贤小丛书）

本书介绍明方孝孺（1357—1402）的生平事迹及学术活动。方孝孺字希直，又字希古，号逊志，学者称正学先生，宁海人。

胡行之，奉化人。民国时期著名学者、诗人。曾著《中国文学史讲话》《文学概论》《宜庐诗稿》等。（浙图）

【1669K】防共轴心论　陈叔时编著

重庆：正中书局，1939年，82页。

本书评论德、意、日防共轴心的形成，三国合作的基因及其性质等。（上图　复旦图　国图　读秀）

【1670K】飞龙山志六卷　干人俊辑

民国三十四年（1945）稿本，1册。（天一阁　浙图）

【1671K】冯母洪孺人家传　冯贞胥撰，王贤书

民国三十年（1941）石印本。

本书又名《伯嫂洪孺人家传》，叙述冯母洪孺人的事迹。

洪孺人,原名洪临谛,宁波慈溪人。父洪绍闻,冯勉勤妻。(甬图　天一阁　上图)

【1672K】冯余姚哲人家传 一卷　谢宝书撰,季守正书

民国间石印本,线装。

谢宝书(1875—?),字崟卿,又字佩青。曾在家乡汝湖之滨创办了浙东地区第一所农业专科学校——汝湖农校。(上图)

【1673K】奉化王蓉轩先生荣哀录不分卷　蒋中正等撰

民国十六年(1927)铅印本,1册。

王蓉轩,奉化人,毕业于储才学堂(宁波府中学堂),参与宁波辛亥光复,担任宁波军政分府执法副部长。(天一阁)

【1674K】奉化王母施太夫人七秩寿言　杨祖琛辑

民国十二年(1923)铅印本,2册。

本书内有图及像。施氏(1853—?),王正庸之母。(国图)

【1675K】奉化文献二集四卷　严竹书主编

宁波:奉化文献编辑处,1948年。

本书卷一有岩霖书屋记、丛桂文社记、半死室记、孙氏义仓记等;卷二有挽严筱轩广文,同友人登高二首,和江后邨山长石榴花韵等;卷三有自湖州府武康县学署寄友人收,与赵平之书,覆姚君书;卷四有奉川新立义学记,观风告示,光绪奉化县志序。(CADAL)

【1676K】奉化文献六集　严竹书编

民国间 铅印本 76 页,32 开。(南图)

【1677K】奉化县补义志十卷　蒋尧裳纂

宁波:剡曲草堂,1912 年木活字印本。

《凡例》:"所为补义云何? 以补光绪志之阙也。"又有民国铅印本,天一阁有藏,洪焕椿《浙江方志考》误作蒋光裳。(天一阁　浙图　上图)

【1678K】奉化县志　庄崧甫修,俞廷芳、方汝舟纂

卷数不详,1923 年成书,1927 年奉化大桥晋源印刷局铅印 100 部。(见《宁波古今方志录要》)

【1679K】奉化谢孝子纪实录二卷　高振霄编

民国二十一年(1932)铅印本,1册,线装。(浙图)

【1680K】奉化新志不分卷　民国奉化县政府编印

宁波：民国奉化县政府编印，1939年。

本书仅有11篇，收入《中国地方志集成》。（中国第一历史档案馆存油印本）

【1681K】奉化严筱轩先生传略及其学术思想　严传棻、严传菜、严传杲著

宁波：奉化严氏率真楼，1947年，16页。

本书介绍严筱轩的生平概略及学术思想。

严筱轩，奉化人，曾创办龙津学堂。（浙图　南图）

【1682K】戈戟之研究　马衡著

北京：燕京大学，1929年，8页，16开。

封面印有"燕京学报第五期单行本"。本书考证中国古代兵器戈戟的形制、尺寸、使用方法及其各自特点。书中配有汉砖、彝器中有关戈戟的拓片和实物照片多幅。（国图）

【1683K】孤山与林和靖　胡行之编撰

杭州：浙江省立西湖博物馆，1936年，42页，50开。（名胜与史迹丛书）

本书介绍宋代诗人林和靖的生平事迹，以及他与杭州西湖孤山的关系。附录《和靖先生诗集序》（宋梅尧臣）、《寄林处士》（宋范仲淹）等。（浙图）

【1684K】国民革命军战史初稿第二辑　陈训正编

1936年，3册，1050页。

本书记述了从辛亥革命前各地革命党人发难到1930年蒋、冯、阎、唐军阀大战所经历的各次战役及重要战斗，并从政治和军事的角度对战事发生前国内外形势、交战目的、作战方针、计划的策定、部署及实施、军队的组织、训练、纪律及装备等基本情况进行了概括和分析。其材料"多采自各师部之报告及行军日记"。（浙图）

【1685K】国名疏故　陈登原著

上海：商务印书馆，1936年铅印本，1册，79页。（国学小丛书）

本书收作者论文6篇，考释"中国"的词义，来源及秦汉以前中国的疆域范围和四邻，书前冠叙。（浙图　国图　南图　CADAL）

【1686K】杭州四明公所报告民国二十三年份收支来往各款清册　佚名编

民国二十三年（1934）铅印本，1册。（上图）

【1687K】何肖雅先生家传 张寿镛撰

1936 年铅印本,线装,1 册。

何刚德(1856—1935),字肖雅,号平斋,福建闽侯人。(上图 国图)

【1688K】黑人成功传 [美]华盛顿(B. T. Washington)著,**林汉达**、胡山
源译

上海:世界书局,1939 年,200 页。(世界名人传记丛刊)

本书共 17 章。原名 *Up from slavery;An autobiography*(美国黑人教师布克·华盛顿自传)。记述其从奴隶到自由人,以及为创办塔斯基吉工业学院而进行的奋斗。卷首有胡山源序(写于 1938 年),评述先前的几种译本有随意删节的问题。(国图 上科院图 北大图 CADAL)

【1689K】红闺轶闻大观 姜侠魂撰

上海:交通图书馆,1917 年,200 页,24 开。

本书选辑各家笔记小说 181 篇,分哀艳、侠义、幻悟、文艺等类。(上图 首图 吉林图)

【1690K】胡君叔田行述 孙振麒述

民国石印本,线装。

本书介绍胡翔青的生平概略。

胡翔青,字叔田,鄞县人。在民国时期担任过国会议员。

孙振麒(1870—1967),字表卿,奉化人。(甬图)

【1691K】胡咏骐先生纪念册 上海市保险业同业公会等编

上海:上海市保险业同业公会,1941 年,28 页,16 开。

本书收胡咏骐照片、传略、各界纪念文、挽词、遗著选录等。胡咏骐(1897—1940),字志昂,鄞县人,曾在宁波创建青年会,曾任上海市保险业同业公会主席。(上图)

【1692K】黄梨洲学谱 谢国桢编

上海:商务印书馆,1933 年 6 月,176 页。(国学小丛书)

本书为黄宗羲的年谱。共分七章,介绍了其生平学术生涯、学术思想、生平著述及平生学侣等,末附《彭茗斋先生著述考》。(复旦图 同济图 中科院图 津图 读秀)

【1693K】记汉居延笔 马衡撰,刘复写

西北科学考查团理事会，1932 年影印本。（国图）

【1694K】甲申三百年祭　郭沫若著

宁波：浙东韬奋书店，1945 年。

本书是郭沫若在 1944 年完成的著名论文。

浙东韬奋书店：1944 年第二次反顽斗争胜利结束后成立，由浙东区党委宣传部长张瑞昌（顾德欢）直接领导，当时称浙东书局。同年冬，为纪念邹韬奋在上海不幸逝世，改名为浙东韬奋书店。（浙图）

【1695K】建修万季野先生祠墓纪念刊　建修万季野先生祠墓事务所辑

民国二十六年（1937）铅印本，线装。

本书收录相关纪念文 39 首、颂词 6 首、诗 106 首、词 3 首、联语、题额等。附蒋中正撰《弁言》《万斯同遗像》《明史稿墨迹》《墓图四幅》《祠图》《墓前公祭摄影》《路程图》《路程图说》《募捐启》《征文启》《征信录》。

万斯同（1638—1702），字季野，号石园，私谥贞文，鄞县人。（甬图　浙图　国图　上图　北大图）

【1696K】建修万季野先生祠墓捐册　建修万季野先生祠墓事务所辑

宁波：钞本印刷公司，1936 年。

本书含季野先生像、墓图、奉化忠义乡志有关万墓的介绍，万墓由宁波去路图及图说、建修万季野先生祠墓募捐启，万季野先生行状、墓表、墓志铭、传、遗著目录等内容。（甬图　天一阁　浙图　国图　上图）

【1697K】姜君炳生行述　忻江明、高振霄撰

民国间铅印本。

本书叙述姜炳生的生平概略及一生之善行，附家传一卷。姜炳生（1867—1933），名忠汾，字炳生，鄞县人。

忻江明（1873—1939），字绍如，号鹤巢，鄞县下应人。光绪三十年进士。民国后从事教育。助张寿镛辑刊《四明丛书》，续辑《四明清诗略》。著有《鹤巢诗文存》等。（上图）

【1698K】姜西溟先生年谱一卷　冯贞群编

民国间稿本，有冯贞群序，正文前载《姜氏世系》、后有《西溟著作目》《西溟帖石目》。（天一阁）

【1699K】蒋介卿讣告　蒋国柄述

民国间铅印本,线装。

本书含《介卿先生遗像》、林森题《介卿先生像赞》、蒋国柄述《哀启》。

蒋介卿(1875—1936),名瑞生,字介卿,号锡侯,别号前安,谱名周康,蒋介石的同父异母兄长。(甬图)

【1700K】蒋经国先生思想与生活　丁钟山编纂

赣县:正气出版社,1948年。

本书收文54篇,记叙蒋经国的经历、生活、家庭、思想、政治主张,以及故乡、家训等,并有蒋经国的演说。(宁大图　浙图　国图)

【1701K】捷克斯拉夫　冯宾符著

上海:珠林书店,1938年,72页,36开,有图。(世界现势丛书)

本书介绍捷克斯洛伐克概况,评述捷克少数民族问题,希特勒的野心,捷克斯洛伐克会不会成为另一个奥地利等问题。内容分六章,依次为鹰之国,上帝树立的堡垒,少数民族问题、马萨里克和贝奈斯,希特勒与捷克,捷克会成奥地利第二吗。(宁大图　浙图　国图　上图　重图　读秀)

【1702K】鲒埼亭谢三宝考六卷　柴德赓辑

民国铅印本,1册。(天一阁)

【1703K】金峨寺志六卷　吴振藩辑

宁波:鄞县丁成章,1934年木活字本,线装。

金峨寺在鄞县东南金峨乡金峨山团飘峰,建于唐大历年间(766—779)。清光绪年间周苎亭曾纂寺志,但稿未成。吴振藩据之重订。全书分山川、建置、释传、形胜四目,共六卷。书首吴振藩、寺主卓梵二序。

释卓梵,清光绪至民国(1875—1949)时奉化松岙人,字破斋,俗姓卓。1919年任鄞县金峨寺住持。1920年新建大悲阁,由孙锵作记。1926年9月修建天王殿及两厢殿宇。1934年修《金峨寺志》。擅书法,行草尤为潇洒脱俗。

吴振藩,字渊如,奉化人。(甬图　天一阁　上图)

【1704K】金圣叹传　陈登原著

上海:商务印书馆,1935年,81页。(国学小丛书)

本书简介金圣叹生平事迹。(浙图　国图　南图　CADAL)

【1705K】近世欧洲革命史　陈叔谅选述

上海:商务印书馆,1930年,192页。(新时代史地丛书)

本书叙述18世纪至20世纪20年代的欧洲革命史,共9章。(浙图　国图)

【1706K】李母戴太夫人行状

民国石印本,线装。

本书叙述李母戴太夫人的生平概略。含《李母戴太夫人遗像》,王文翰、竺梅先、虞和德、孙遵瀍、秦祖泽、谢天赐、蒋锡侯、楼舜儒、李铭、袁礼、毛秉礼、陈贤凯、袁承纲、陆衍锠等题《李母戴太夫人像赞》,李振瑢等述《哀启》。

李母戴太夫人(1860—1931),鄞县人。(甬图)

【1707K】李母张太夫人家传　张寿镛撰

民国石印本,线装。

本书叙述张寿婉的生平概略。张寿婉,张寿镛姐,李如山妻。书又名《伯姊李母夫人家传》。(甬图)

【1708K】李氏张太夫人讣告家传　章炳麟等撰

民国石印本,线装。

本书含遗像、像赞、神诰、诔辞、家传等内容。

李氏张太夫人(1843—1918),鄞县人,小港李家李厚佑母。

李厚佑(1867—1935),字云书,上海巨商,同盟会元老,辛亥革命功臣。曾任上海商务总会第三任总理。(甬图)

【1709K】历代车战考一卷　陈汉章著

民国间本　活字印本,1册(戊寅丛编)。

书口题:缀学堂史部稿。(国图　读秀)

【1710K】历代帝王纪元表　张之铭编纂

上海:皋月张氏古欢室,1944年,1册。(古欢室张氏纪年丛刊)(浙图　国图　上图)

【1711K】历代甲子纪年表　张之铭编辑

上海:实学通艺馆,1938年。

本书为表两帧。从黄帝八年至民国,共77个甲子。(浙图)

【1712K】历史　陈训慈、沈嵩华编著

重庆:正中书局,1943年,336页,32开。

本书共 2 册,遵照教育部颁课程标准编著,供师范、乡村师范、幼稚师范用。(浙图)

【1713K】民国慈溪县新志稿二十三卷　干人俊编纂

民国三十六年(1947)稿本。

该书是慈溪县的一部重要志书,填补了清末以来慈溪县历史记载的空白,保存了民国成立到抗日战争这一时期慈溪县地理、经济、政治、社会乃至艺文、人物等各个方面的不少资料。慈溪县志办公室 1987 年刊印。(慈溪方志办　国图　卖秀)

【1714K】民国奉化县新志稿二十八卷　干人俊纂

民国间抄本,5 册。

有自序。

干人俊(1901—1982):字庭芝,号梅园,宁海人。致力于地方志资料的搜集和编写工作,共纂修省内外志书 3 辑 62 种 1176 卷。著有《盘溪诗草》《天台游草》《金陵杂志》《括苍游草》等诗作多卷。(奉化文保所)

【1715K】民国宁海县续志稿十八卷卷首一卷　干人俊纂修

民国间抄本。

有章梫来函代序。(国图　中科院图　宁海县文化馆)

【1716K】民国余姚县新志稿二十六卷首一卷末一卷　干人俊纂

民国三十六年(1947)稿本,未刊印。

有自序。(余姚方志办)

【1717K】历史的研究　周希贤编辑

宁波:新学会社,1913 年,172 页。

本书共 9 章,介绍史学研究的方法;论述历史化的阶段、风俗的沿革、学术的变迁、中国的宗教、佛学昌盛的原因、地理形势与历史的关系、殖民地、租借治之历史等。

周希贤,奉化人。(宁大图　国图　复旦图　读秀　CADAL)

【1718K】历史之重演　陈登原著

上海:商务印书馆,1937 年,137 页。

本书是据作者所编《大泞一国史》一书的第一章"何以读史"改写而成的,共 12 节。书中举许多实例说明历史重演的可能。书前有吕思勉及作者

的序,书后有附录《史事记载四弊论》一文。(上图　重图　南图　CADAL)

【1719K】莲居庵志十卷　**孙峻**纂辑,释圣裔增订

民国二十年(1931)刻本,蓝印,2册,有图。

本书内有"古延寿庵更名莲居记"碑帖9幅。(国图)

【1720K】辽史索隐八卷　陈汉章撰

民国二十五年(1936)铅印本,线装,2册。(国图)

【1721K】列女传斠注三卷　陈汉章撰

民国二十四年(1935)铅印本,线装。(天一阁　浙图　国图)

【1722K】林母史夫人家传　唐文治撰,**赵时**枫书

民国三十二年(1943)石印本,线装。

本书叙述林母史夫人的事迹。太仓唐文治撰,赵时枫书。

史夫人(1886—1940),四明望族史鼎辅长女,林克祚继室。(甬图)

【1723K】六十年来日本侵略中国简史　奉化县抗日自卫委员会编

宁波:奉化县抗日自卫委员会,1938年。(浙图)

【1724K】旅美见闻录　张其昀著

上海:商务印书馆,1947年,96页,32开。

本书为作者于1943年6月至1945年10月间在美旅行视察的12篇文章。其中8篇载于重庆《大公报》,1篇载于《思想与时代》月刊。(浙图　国图　读秀　CADAL)

【1725K】论第二次世界大战　邵荃麟著

金华:充实丛书社,1939年,228页,32开。(充实丛书)

本书分经济危机与第一次世界大战、慕尼黑会议后的欧洲形势、英法苏谈判到苏德互不侵犯条约、第二次世界大战与苏联、大战前途及其与中国抗战的关系等9章。附录:骆耕漠《第二次世界大战与中国经济》。(浙图　国图　上图　CADAL)

【1726K】罗芹伯先生讣告行述　秦祖泽等撰

民国二十四年(1935)铅印本。

慈溪罗国华讣告,附秦祖泽撰《罗君芹伯述》(行述)、子罗瑞祉等述《哀启》。

罗国华(1877—1935),字芹伯,慈溪人。(甬图)

【1727K】骆宾王　胡行之编撰

杭州:浙江省立西湖博物馆,1936 年,64 页。(浙贤小丛书)

骆宾王(约 640—?),唐代文学家。本书分 7 个部分,介绍骆宾王的生平事迹及其文学成就。(宁大图　浙图　浙大图　国图　南图　CADAL)

【1728K】民国十五年以前之蒋介石先生八编　毛思诚辑

1937 年铅印本,线装,20 册。(奉化文保所　浙图　国图)

【1729K】民国鄞县通志五十一编　张传保、汪焕章修,陈训正、马瀛纂

宁波:鄞县通志馆,1935 年,线装。

本书 51 编,分为舆地、改教、博物,文献、食货、工程六志,共 36 册,末附地图 26 幅及一函。(浙图　国图　CADAL)

【1730K】民国镇海县新志备稿二卷　董祖义编

上海:蔚文印刷局,193□ 年。

附于民国《镇海县志》之后,记述民国《镇海县志》截稿后近事及补缺拾遗。(甬图　国图)

【1731K】民国镇海县志四十五卷首一卷　洪锡范、盛鸿焘修,王荣商、杨敏曾纂

上海:蔚文印刷局,1931 年。

本书含建制沿革表附考、晷度图表、疆域、里至、金石、艺文、风俗、物产、祥异、杂识、旧志源流、修志经过之事实、助款姓氏等内容。卷首含宝庆志县境图、宝庆志县治图等 22 幅图。前有盛鸿焘、杨敏曾序。(甬图)

【1732K】民族名人传记与历史教学　陈训慈著

南京:正中书局,1935 年,40 页。(教与学月刊社丛篇)

本书收《今日中国历史教学应有之中心目标》《民族名人传记在历史教学上之重要》《历史教学中民族名人传记的应用》《应用传记教材中历史教育方法的商榷》《历史科应用民族名人传记教材的功用》等。附录《近代期刊中所见中国民族伟人传记示例》。(浙图　南图)

【1733K】明代浙江御倭人物志　杜天縻著

金华:国民出版社,1942 年。

杜天縻(1891—1958),余姚人。曾主持《浙东日报》。抗战胜利后,回沪筹办大成出版社,从事中学课外读物编辑工作。著有《明代浙江御倭人

物志》《文字形演》等。（见《余姚市志》）

【1734K】明州定应大师布袋和尚传：二般　释广如撰
　　上海：商务印书馆，1923—1925 年。
　　据传名为契此的唐五代布袋和尚的传记，收入《大日本续藏经丛书》。
（浙图　国图）

【1735K】南北史合八代史目录　陈汉章著
　　民国间稿本。（浙图）

【1736K】南田县志三十五卷首一卷　吕耀钤、厉家祯修；吕延芝、施仁纬纂
　　宁波：华达印刷公司，线装 2 册 1 函　铅印本
　　本书卷一至卷四为图，卷五至卷二十三为表，卷二十四至卷三十五依
次为南田县党务概况、地理、庙祀寺观、户赋志、武备、古迹、风土、人物、金
石、艺文、杂志、开禁故事。前有朱家骅、林鹍翔题辞，吕耀钤、蔡慎、厉家祯
序。末有《南田县志勘误表》。版心印"华达印刷公司印"。
　　吕耀钤，字伯庸，江苏武进人。1915 年 5 月至 1920 年 5 月任南田县
长。（甬图）

【1737K】南田志略　陈汉章纂
　　民国二十六年（1937）铅印本，线装，1 册。
　　南田系浙江象山县南百五十里海中的大佛头山，前属宁波府，自宋以
前史籍不曾记斯山一语。此文系先生考察所录，以时代排列，可补县志所
不及。收入《缀学堂丛稿初集》。（浙图　国图　上图）

【1738K】宁波的民族英雄　杨静著
　　本书分为血染着商桥、霍山译的殒星、西子湖头的血花、朱将军的一
家、黑水党等 5 部分。
　　宁波：桃江小学，1937 年 5 月，86 页。（CADAL）

【1739K】宁波东钱湖凤山济佛开化录
　　民国二十四年（1935）铅印本，线装。（上图）

【1740K】宁波民国日报六周年纪念暨二十年国庆纪念合刊　左洵编
　　民国日报社，1931 年，160 页，16 开。
　　本书分为摄影、题词、特载、论著、文艺、本社法规、会议录等 7 部分。
（浙图　国图）

【1741K】宁波市之过去现在和将来　宁波市政府秘书处编

宁波:宁波市政府秘书处,1929年,50页,32开,有图像及表。

本书介绍市沿革、地位,市政府的成立、行政组织及将来的计划等。
(浙图　厦图　国图　南图)

【1742K】宁波杂志　陈仲回编

上海:上海旅沪学会,1923年,铅印本。

发行者张静庐,参校者汪北平。书中有《宁波港口之变迁观》《宁波中等学校之文化运动》《宁波公文库缘起》《四明野乘》《甬上风土小识》《元封塔语》等内容。首有编者按语。(天一阁)

【1743K】宁海六记二卷　干人俊纂修

民国二十三年(1934)木活字本,线装。

本书有章梫来函代序。(浙图　国图　上图)

【1744K】宁海漫记四卷　干人俊纂修

民国二十二年(1933)木活字本,线装。

有章梫来函代序,及许尊贤、袁亨、施督辉序,陈汉章、褚传诰、曹希璨、齐厥民题辞。(天一阁　浙图　国图　南图　津图)

【1745K】宁海三记三卷　干人俊纂修

民国间稿本暨油印本。

有自序。(国图)

【1746K】宁海四记二卷　干人俊纂修

民国三十年稿本暨油印本。

有陈汉章、章梫来函代序。(国图)

【1747K】宁海倭乱纪略　干人俊辑

民国间油印本。(浙图　国图)

【1748K】宁海五记四卷　干人俊纂修

民国间抄本。

有自序,陈立树序。(中科院图)

【1749K】宁海县志稿　童鸣岗、潘以治、屠伊新等纂修

民国三十七年(1948)前后,县内设修志馆于孔庙,童鸣岗任馆长,潘以治任副馆长,屠伊新总纂,章梫名誉总纂。民国三十二年始修,民国三十五

年续其事,成稿约在新中国成立前夕。卷数不清,今未见传本。浙江省档案馆藏有《重修宁海县志大纲》,县档案馆藏有县修志馆人事、经费等册。(宁海县档案馆)

【1750K】宁海续记二卷　干人俊纂修

民国二十四年(1935)石印本,线装。

本书分上下二卷,以记载宁海当地的人物、著作等为主,另有谚语、古迹、特产等,后有《民国宁海县历任知事县长到任日期表》(民国元年至民国二十五年)、《宁海县乡镇名称改置表》(民国二十四年六月采访)。有民国二十四年临海项士元序,天台陈锺祺序。(浙图　国图)

【1751K】宁海续志稿十八卷　干人俊纂

民国间稿本。

续光绪《宁海县志》之后,下限至1940年。18卷,稿成未刊。民国间干人俊撰《民国宁海续志稿》,系续清光绪《宁海县志》之后,然于此前,有所补阙,下限则至民国二十九年(1940)三门建县之前止。全书设卷首及正文十八卷。稿成未刊,今手稿存县档案馆。(宁海县档案馆)

【1752K】欧美考察日记　俞飞鹏著

222页,24开,精装,有图像。

作者奉国民党政府命令赴意、德、苏、波、法、英、美等国考察交通及军事交通,此为日记。偕行者17人,日期从1934年5月10日至1935年3月3日。

俞飞鹏(1884—1966),乳名丰年,又名忠稚,字樵峰,宁波奉化县人。(上图　国图)

【1753K】七塔寺志八卷　陈寥士撰

民国二十六年(1937)铅印本,线装。

本书前有许圣妙等人题词,梅光羲、朱鼎煦等人序,大雄宝殿观音菩萨像等照片,分志图记、金石、沿革、建置、僧谱、法要、产业、艺文等8部分内容。

陈寥士(1898—1970),原名道量,字企白,一作器伯,号寥士、玉谷、十园,镇海人。著有《单云甲戌稿》《单云阁诗》《单云杂著》《单云阁诗话》等。(甬图　浙图　国图)

【1754K】钱币学　张迥伯撰

民国间稿本。

张迥伯（1885—1969），另名张晋，又作张炯伯，鄞县人，民国时期上海大收藏家、钱币学家，银行家。致力于研究中国古钱。著作有《何谓泉货学》《货币释名》《泉钱辨名》《新莽货币志》《后素楼清钱谈》《两铢泉考》《小五铢钱考》等。（江苏美术馆孙晓云有手稿）

【1755K】钱母陈太夫人七十寿辞汇刊　魏友枋等撰

宁波：慈溪印刷公司，1935 年。

本书收录寿辞、寿诗、寿联等，附录《劝孝歌》《治疯狗咬经验良方》《个人卫生十二要》。前有钱太夫人像、魏渭泉等人惠赐墨迹、征文启、寿序。

钱母陈太夫人，慈溪人，陈秋珊长女，钱祖绶母。（甬图）

【1756K】钱武肃王银简图考　钱季寅辑

民国十四年（1925）石印本，线装。

本书研究钱镠的银简图录。钱镠（852—932），五代吴越国的创建者，吴越文化的主要开创者，苏杭"人间天堂"的奠基者。字具美，小名婆留，今临安市锦城镇钱坞垄人。907 年立吴越国，定都杭城。（甬图　国图）

【1757K】钱张二公暨南明诸先哲纪念特辑　国民党鄞县县党部编

民国二十七年（1938）铅印本，30 页。

本书为宁波各界纪念钱肃乐、张煌言等南明先哲的文章总集。书首有张、钱二人遗像。内收明忠臣钱希声、张苍水传略。卷首有徐箴序，末附《南明诸先烈奋斗记》（汪焕章）、《钱张二公祠奉祀南明诸先哲记》（杨贻诚）、《祭南明诸先哲文》（王玄冰）等。

钱肃乐（1606—1648）明末官员。字希声，一字虞孙，号止亭，汉族，鄞县人。崇祯十年进士，有《正气堂集》。

张煌言（1620—1664）南明儒将、诗人。字玄著，号苍水，汉族，鄞县人，崇祯举人，有《张苍水集》行世。（甬图）

【1758K】潜菊洪先生行述（潜菊洪君事略）　杨敏曾撰

民国活字印本，线装。

本书叙述洪善倬的生平概略。洪善倬，字同甫，号潜菊，慈溪人，洪兆麟（佛矢）父，精医术。（甬图）

【1759K】清朝议大夫李云衔暨配范恭人墓表　赵时枫书，赵时桐撰

民国十三年（1924）石印本，线装。（浙图）

【1760K】清代圣人陆稼书演义　戚饭牛著

上海：中华图书集成公司，1924年。

陆稼书(1630—1692)，名陇其，浙江平湖人，本书为述及陆稼书之历史专辑。(浙图　浙大图　读秀　CADAL)

【1761K】清国新事业之一斑(清日实业家交欢之纪念)　沈敦和辑

上海：商务印书馆，1911年8月，192页。

本书为摄影报道集，收有文化、经济、卫生等各个方面照片。封面题"清国赴日实业团敬赠"，序写于1911年8月。(上图)

【1762K】求我山人年谱一卷　庄景仲编

宁波：自刊，1929年铅印本。

本书为庄景仲年谱，庄景仲(1860—1939)，别号求我山人。收入《北京图书馆藏珍本年谱丛刊》。(国图)

【1763K】群岛之国——印度尼西亚　巴人著

上海：新中国书局，1949年，72页。(青年自学丛书)

本书以通信的方式介绍印度尼西亚的地理、历史、政治、文化以及华侨等各方面的情况。(浙图　绍图　北大图　国图　南图　CADAL)

【1764K】热河　张其昀等著，太平洋书店编

上海：太平洋书店，1933年，160页。(现代百科文献)

本书包括《热河之概况》《热河的形势》《热河最近的内容》《热河之失陷》等4篇论文。(国图)

【1765K】人地学论丛第1集　张其昀著

南京：钟山书局，1932年，266页。

本书收文18篇，其中有《中国之国都问题》《论江苏之新省会》《葫芦岛与东北之前途》等论文及讲稿。书中有图、表多种。(浙图　国图)

【1766K】人生地理教科书　张其昀编纂

上海：商务印书馆，1926年，3册。

本书为初级中学用教材，共12章，内容包括地位与人生之关系、水利与人生之关系、生物与人生之关系、人类相互间之关系、热带生活、温带生活、热带生活及各大路综括、中国与世界之关系等。(国图)

【1767K】日本投降以来英美帝国主义侵华史　胡华著

河间:冀中新华书店,1947 年 6 月,23 页。(华北联合大学史地丛书)

本书记述 1945 年日本投降后,美帝国主义从政治、经济、军事等各个方面对中国的侵略和掠夺。卷首有成仿吾的序言。

胡华(1921—1987),原名胡家骅,奉化人。中国著名历史学家,党史研究专家。(见《中国大百科全书·中国历史》)

【1768K】日本投降以来中国政局史话　　**胡华**、彭明著

河间:冀中新华书店,1947 年 8 月,57 页,32 开。(华北联合大学史地丛书)

全书共 4 章,分为记第一次武装自卫斗争时期、和平斗争时期、第二次爱国自卫武装斗争时期、坚寺和平民主独立反对内战独裁卖国等。于力作序。书后附《中外大事记(1945 年 8 月至 1947 年 5 月)》。(国图　读秀)

【1769K】日游萦思录　　戴东原著

上海:元益公司,1928 年。

本书记录作者于民国十六年间去日本长崎、别府、神户、大阪等地游览的所见所闻所感。内有日本景点插图 24 幅。

戴东原,鄞县人。(甬图　津图　读秀)

【1770K】三代齐眉阁稿　　张延章著

本书记载大量有关宁波当地风俗、景点、宗谱等,是研究宁波当地的乡邦文献。(宁波朱道初私藏)

【1771K】三江笔记二卷　　三江游客撰

民国元年(1912 年 11 月)铅印本,线装,1 册。(天一阁)

【1772K】三茅普安寺志二卷　　释无住纂

民国二十四年(1935)铅印本。线装

本书分位置、山名缘始、建寺缘始、清代重兴、民国重兴、灯传、寺产、建筑、古迹、艺文、杂识、旧三茅志叙等 12 部分内容,前有三茅山与普安寺全图、普安寺山门内图片、释无住序。(甬图　上图)

【1773K】剡源乡志二十五卷首一卷　　〔清〕赵霈涛撰

民国五年(1916)铅印本,线装。

本书卷首含序、凡例、图,有民国五年屠景曾《重印剡源乡志序》,蒋猷《书赵醉仙先生剡源乡志后》,沈寿铭《剡源乡志序》。前有《乡都图》《四明

石窗图》。(甬图　浙图)

【1774K】上古史　陈汉章编

民国间铅印本,1册。

本书是以作者在北京大学授课《上古史》的讲义编写而成。附地图及表。(浙图　国图)

【1775K】上海四明公所大事记一卷附编一卷　葛恩元编

上海:聚珍仿宋印书局,1920年9月,铅印本,线装,1册。

上海四明公所为清嘉庆初年由宁波所属各邑旅沪者创建。本书略述该所的沿革、会务活动及主要管理创办者的事略,对于两次"四明公所事件"亦有详细记载。张美翊、严廷桢序,并附有四明公所地图、四明公所南厂地图、四明公所北厂地图、四明医院基地图。(上图　上海档案馆　国图)

【1776K】上海四明公所二十九年征信录,甬所岁捐汇源清帐义务学校收付账略　上海四明公所辑

民国二十九年(1940)石印本。(上图)

【1777K】上海四明公所二十三年征信录　上海四明公所辑

民国二十三年(1934)石印本。(上图)

【1778K】上海四明公所四大建筑征信全录四卷　葛恩元辑

民国十四年(1925)石印本。

本书记述四明公所四大建筑的建置过程及募款捐助者名录。

四明公所于1903年重建日晖港南厂,1920年在虹口建成四明公所北厂,1922年四明医院、浦东四明分所也相继竣工。(上图　上海档案馆)

【1779K】上海四明公所文件　上海四明公所辑

民国间抄本。(上图)

【1780K】上海四明公所戊辰年征信录　上海四明公所辑

民国十七年(1928)铅印本。(上图)

【1781K】上海四明公所新建北厂题名记　葛恩元撰

民国间抄本。(上图)

【1782K】上海四明公所征信录　甬公所特捐清册　上海四明公所辑

民国三十六年(1947)铅印本。(上图)

【1783K】邵二云先生年谱一卷　黄云眉编

南京：金陵大学中国文化研究所，1933 年。

卷首附邵氏遗墨。初稿成于民国二十年，旋毁于"一·二八"之难，复重辑补正，而于次年成编。年谱于邵氏生平事迹、学术交游、著述情况皆做细致梳理。〔清〕邵晋涵（1743—1796），字二云。

黄云眉（1898—1977），字子亭，号半坡，余姚县人，现代历史学家、教育家。（浙图　国图）

【1784K】沈母夏淑人行述传诔墓志铭　陈训正撰，张原炜撰传，冯开撰诔

民国间印本。

本文叙述沈母夏淑人的生平概略。含沈母夏淑人遗像、陈时夏撰《沈母夏淑人像赞》、陈训正《沈母夏淑人行述》、张原炜撰《沈母夏淑人传》、冯开撰《沈母夏淑人诔》、袁思亮撰《沈母夏淑人墓志铭》。

沈母夏淑人（1870—1949），沈观妻，沈椿年母。（甬图）

【1785K】石鼓为秦刻石考　马衡撰

民国二十年（1931）石印本，1 册。

作者认为鼓上籀文为秦文，故正其名曰"秦刻石"。（浙图　国图）

【1786K】史通补释二卷　陈汉章著

本书分上下册，上册为《史通内篇补释》，下册为《史通外篇补释》。（浙图）

【1787K】史学大纲　张寿镛著

上海：约园，1943 年，线装，铅印本，1 册。

本书收录张寿镛 1943 年 3 月至 6 月间的 14 次演讲。（浙图）

【1788K】史学通论　陈汉章著

南京：中央大学，民国间铅印本，线装，1 册。

本书共分 12 章，依次为论史学之解谊、论史书之本原、论史官之职掌、论史部之类别、论正史之体裁、论史家之撰述、论史论之变迁、论史注之进出、论史钞之概略、论史考之品目、论史科资取资。（浙图）

【1789K】世界大战史　陈叔谅著

上海：商务印书馆，1928—1929 年，220 页，1 册。（新时代史地丛书）

本书共 19 章。叙述第一次世界大战的起因、经过和结果书前冠引言。书末附世界大战大事表、中国关于大战史书目录。（浙图　浙大图　上图

国图）

【1790K】世界史之地理因素　陈叔时著

杭州：贞社，1935 年，186 页，32 开。（贞社丛书）

本书分绪论、内海时代、海洋时代、铁道时代、阿美利加、东洋、法兰西、苏俄等 11 章，论述地理因素在世界历史中所起的作用。（宁大图　浙图　国图　浙大）

【1791K】侍坐录一卷　张之铭撰

萧山朱鼎煦别宥斋蓝丝栏抄本，1 册。（天一阁）

【1792K】宋舒岳祥年谱一卷卷首一卷杂录一卷　干人俊编

民国三十四年（1945），1 册。

书签题《宋舒阆风年谱》。年谱记录舒阆风家事、受业、科第、仕历、学术等。谱中录原诗、原文教多，引文皆注出处。

舒岳祥（1219—1298），字舜侯，以旧字景薛行，宁海阆风里人，学者称阆风先生。（浙图　国图）

【1793K】从诗后到南山路　阮毅成著

台湾：商务印书馆股份有限公司，1949 年 6 月，344 页。

本书辑录作者在抗战到复员前后在担任浙江省民政厅厅长十年期间的演讲词和工作报告。书前有王云五总序、作者自序。（武大图　读秀）

【1794K】四明丛书作者列传　李续川撰

上海：四明张氏约园，民国间抄本，线装，1 册。（国图）

【1795K】宋嘉祐石经考一卷　陈汉章著

稿本，1921 年

本书述及"宋嘉祐石经"各种异说，或"移置燕京，或沉没河水"，广采辑录诸家言，以补顾亭林、万季野、朱竹烷诸大家所未及。（见《经史学家陈汉章》）

【1796K】太平天国与国民革命　胡行之编著

上海：生路社，1929 年 7 月，221 页。

本书分 7 节。书后附太平天国檄告、禁律、书牍 20 余件及太平历、夏历、西历对照表。（浙图　上图　复旦图　读秀）

【1797K】唐宋元明清稗史秘籍　姜侠魂辑

上海：交通图书馆，1917 年 8 月，188 页。（名著小说一千种）

本书辑录唐、宋、元、明、清五朝的宫廷轶事、历史事件和人物传闻共 20篇。书前有庄病骸的序。后又改名为《(唐宋元明清)五朝稗史》重版。(首图 国图 上图 复旦图)

【1798K】天童寺续志二卷首一卷 〔清〕释莲萍纂

民国九年(1920)刻本,线装。

本书记载天童寺的地理位置、建置沿革、清规成约、寺僧传记、题咏诗文等。上卷含山川考、建置考、先觉考、盛典考,下卷含云踪考、法要考、塔像考、表贻考,辖丽考、志余考。卷首有刘承干、黄庆澜、姜若、励振骧、张美翊序。(甬图 天一阁 复旦图 嘉兴图)

【1799K】天一阁藏书考一卷 陈登原撰

南京:金陵大学中国文化研究所,1932 年 9 月,线装。(南京金陵大学中国文化研究所丛刊(甲种))

本书共 9 章,分别为三百年前浙东藏书之盛、天一阁主人、天一阁收藏之来源、天一阁之组织及管理、天一阁与四库全书、天一阁书目及其内容、菁华小记、天一阁之散佚、天一阁之善后问题;附录四篇。(天一阁 浙图 国图)

【1800K】屠母谢太宜人六秩征诗文略 沈椿年等

宁波:四明印刷公司,民国间石印本,线装。

本书为屠母谢太宜人六十大寿的征文诗集。谢太宜人,屠应春继室,屠士恒(浙江第二届省会议员)母。(甬图)

【1801K】晚近浙江省文献述概一卷 陈训慈著

杭州:浙江省立图书馆,1935 年铅印本,线装。

本书分郡邑丛书之辑刊、地方志乘之纂修、省贤谱传之撰述、鄞天一阁之修葺等 4 部分内容。(甬图 浙图)

【1802K】万季野先生系年要录一卷 王焕镳编

宁波:四明张芝联,1944 年抄本,绿格。

作者曾写成《万季野年谱》,1936 年以其前半部刊登于浙大史地杂志;其后半部未刊稿则于抗日战火中遗失。此篇盖其所写年谱之摘要。以记从学、交游、修史为主,侧重于纂修《明史》之记载,对其父万泰及其兄斯年、斯大、斯备之行迹亦有所涉猎,然均较简略。(国图)

【1803K】王母庄太夫人八十大寿征言略　蒋介石等撰

民国十九年(1930)铅印本,线装。

本书为王母庄太夫人八十大寿的征文启事。

庄太夫人(1850—?),奉化人,王文翰母。(甬图)

【1804K】王翁方清家传　冯开撰,钱罕书

民国十一年(1922)石印本,线装,1册。

本书记载王方清事迹。(浙图)

【1805K】王志尚先生纪念集

民国间抄本,毛装。

本书收录纪念王子让的文章。含沈世揆撰《王志尚先生传》、冯度撰《悼王君志尚文》、陈夏常撰《王君志尚事略》、王和之撰《奉化王君志尚丧辞》等。

王子让(1889—1922),字志尚,奉化人,效实中学理化学教师,父王绍翰。(甬图)

【1806K】为争回宁波福建会馆敬告同乡书　陈钧等撰

民国十七年(1928)铅印本,线装。(上图)

【1807K】魏文节公事略　魏颂唐编

民国二十五年(1936)铅印本。

魏杞(1121—1184),字南夫,谥文节 鄞县人。宋高宗绍兴十二年(1142)进士。(甬图　国图)

【1808K】翁文灏先生言论集　翁文灏著

上海:友联书社,1936年5月,244页,长25开,有表。

本书内收《日本人如何取得铁矿砂的供给》《建设与计划》《整顿内政之必要》《中国应如何挽救国难》等39篇。(宁大图　浙图　浙大图　国图)

【1809K】倭祸九年记　张超撰

民国三十四年(1945)铅印本,线装,66页。

本书按年记录1937年至1945年抗日战争期间作者的见闻及所感。

张超,奉化人。(甬图　读秀)

【1810K】五卅痛史　陈叔谅著

上海:上海国际问题研究会,1927年5月,59页。

本书分 8 节,记述"五卅"惨案的原因、经过及对"五卅"运动成绩的评述。(浙图　国图　上图　读秀)

【1811K】西湖图景　张其昀等著

上海:华爱图书出版公司,1948 年,24 页,32 开。(现代文库)

本书收录《西湖胜迹的自由》(张其昀)、《西湖名胜史迹述略》。有西湖名胜图片、游览区胜迹图、地形图、交通图、各游览区名胜索引等。(浙图　中山图　上师大图)

【1812K】先妣王太夫人事略　**蒋介石述**,于右任书

民国十年(1921)石印本,线装。

本书叙述王太夫人的生平概略。王太夫人,王采玉(1863—1922),原名彩玉,浙江省嵊县葛竹村人,王有则女,蒋介石母。(甬图)

【1813K】咸丰大钱考　张纲伯编

上海:银行周报社,民国间,铅印本,影印本,线装,1 册。

本书曾作为银行周报第四百号增刊出版。(浙图　国图)

【1814K】民国象山县志三十二卷卷首一卷　罗士筠修,**陈汉章纂**

宁波:天胜印刷公司,1927 年,线装,20 册。

本书分 28 个子目,它是象山明清两朝纂修县志以来体例最善、征引最博的一部。内封张原炜题写书名,有郑迈、劳纬章、罗士筠序。(甬图　浙图　国图)

【1815K】象山县志纲目说明书　陈汉章纂

民国间石印本,线装,1 册。(浙图)

【1816K】象山县志文存疑　樊家桢著

1947 年铅印本,线装,60 页。

本书分 4 卷记述、校勘陈汉章等纂《象山县志》中的漏错。或又名《象山县志志文存疑》。(上图　南大图)

【1817K】校订万氏宋季忠义录　张寿镛撰

民国二十年(1931)稿本,蓝丝栏,线装,1 册。(国图)

【1818K】校续光绪慈溪志稿　郭永析撰

卷数不详,稿本,线装。

郭永析,宁海人,民国初慈溪文溪小学教员。(见《宁波古今方志录要》)

【1819K】新莽货币志　张炯伯著

本书收入《中国货币史丛书》之中。（读秀）

【1820K】宣统己酉元琛自述　顾钊著

顾元琛（1864—？），原名钊，以字行，鄞县人。曾经理宁波四明银行和宁波总商会。（宁大图）

【1821K】雪窦山志　雪窦寺编纂

民国二十三年（1934）铅印本，线装，1册。（余姚文保所）

【1822K】雪窦小志　太虚著

上海：佛学书局，1932年。（见《太虚大师全书》第32卷杂藏·文丛）

【1823K】严范孙先生手札　严修撰

上海：文化学社，1930年12月影印本。（国图　津图）

【1824K】严范孙先生遗墨　严修撰，陈诵洛编

1932年影印本。

陈诵洛（1897—1965），字涌洛。民国著名诗人。与著名教育家严修结为忘年交。1929年严修逝世后，他编著了纪念严修的《虫覃香馆别记》，搜集整理出版了《严范孙先生古近体诗存稿》《严范孙先生遗墨》。这三部书都收录在新出版的《陈诵洛集》中。书中还收录了他的诗集《侠龛诗存》《转蓬集》，笔记《侠龛随笔》《今雨谈屑》《南归志》以及《陈中岳信稿簿》等。（国图　上图　津图）

【1825K】严氏两世事略　严修撰

著者自刊，1915年石印本，线装。

本书以端庄的小楷印就，是严修追述祖辈、父辈创业之艰辛、行善积德、家教庭训而作的回忆性著作。杨懿年题签。（津图）

【1826K】鄞古砖目五卷　马廉编

马氏平妖堂，民国间，蓝丝栏抄本，线装，1册。

马廉（1893—1935），字隅卿，鄞县人。近现代著名的藏书家，小说戏曲家。著有《中国小说史》《曲录补正》《鄞居访书录》《不登大雅文库书目》《千晋斋专录》《〈录鬼簿〉新校注》《〈曲录〉补正》《劳久笔记》《隅卿杂抄》等，译有《京本通俗小说与清平山堂》《明代之通俗短篇小说》《论明之小说三言及其他》。（天一阁）

【1827K】鄞三江口涂案卷　冯贞群编（天一阁）

【1828K】鄞屠氏谱稿　屠氏修谱事务所编

民国间抄本,线装。

本书收录有关鄞县屠宗基、张太夫人的文章,含王文达、陈士达撰《鄞屠氏母张太夫人事略》,虞辉祖、李庆坊、张寿镐等撰《屠母张太夫人六十寿序》,屠用锡撰《先姚张太君行述》《屠公墓志铭》,毛宗藩撰《从舅氏云孙屠先生行状》,范贤方撰《云孙老伯大人屠先生哀辞》,陈时夏撰《屠公云孙传》,卢莱撰《屠公云孙行状》。

张太夫人(1860—1927),屠宗基继室,屠用锡母。屠宗基(? —1905),鄞县人,字松龄,号云孙,屠继烈子,屠用锡父,曾任福建永福县知县。屠用锡,字康侯,继烈之孙,民国初年浙省议员。（甬图）

【1829K】鄞县地方性教材　毛觉吾编著

宁波:鄞县县政府,1944 年,80 页,32 开。

本书简述鄞县的地理、历史、风俗习惯、物产出品等。（浙图）

【1830K】鄞县邵母夏孺人彰节录一卷　佚名辑

民国九年(1920)铅印本,线装。（上图）

【1831K】鄞县通志人物编　陈训正编

杭州:鄞县通志编纂委员会,1938 年,2 册,634 页。

本书分儒行、仕绩、武功、忠烈、孝义、节概、遗佚(附方外)、方闻、义行、学术(一、二)等 11 类,是将县志中人物抽出而编成。（国图　CADAL）

【1832K】鄞县通志样本　陈训正编

杭州:鄞县通志馆,1936 年铅印本,线装。（浙图）

【1833K】鄞县通志政教部调查要目

民国铅印本。

本书收录鄞县通志政教志编写中需要调查的内容要目。含鄞县政教机关调查表、鄞县行政调查表、鄞县财政调查表、鄞县司法调查表、鄞县自治调查表、鄞县教育调查表、鄞县实业调查表、鄞县交通事业调查表、鄞县宗教调查表、鄞县祀典调查表、鄞县救济事业调查表、鄞县党部及民众团体调查表等。（甬图）

【1834K】鄞县医林传卷数不详　周利川撰

周利川,鄞县人。(见民国《鄞县通志》)

【1835K】鄞县战时乡土教材　毛觉吾编

宁波:鄞县县政府,1939年,92页,32开。

本书分46课,介绍该县地理、名胜、历史、风俗、交通及文教卫生等。(斯坦福图)

【1836K】蟫香馆别记　严修撰,陈诵洛编(见《陈诵洛集》)

【1837K】蟫香馆使黔日记　严修撰

民国二十四年(1935)影印本,线装,9册。

本书共9辑,收录了作者自光绪二十年(1894)九月至光绪二十三年(1897)十二月的全部日记,以小楷行书记叙,不仅详尽记录了其案临各属进行科举考试之事,还记录了有关贵州风俗、民情等方面的内容。徐世昌题签,赵元礼作序。(国图)

【1838K】印尼社会发展概观　王任叔著

上海:上海书店,1948年,283页,25开。(新世纪丛刊)

本书分绪言、印度尼西亚社会的简描、前殖民地时期印度尼西亚社会等10章。(浙大图　国图　读秀　CADAL)

【1839K】甬上史迹琐志不分卷　杨贻诚撰

民国间稿本,1册,线装。

杨菊庭(1888—1969),原名贻诚,别号端虚,宁波人。著有《竹州文献》《端虚室行余稿》《双湖纪略》《甬上史迹琐志》等。(天一阁)

【1840K】甬上重建万氏白云庄及追祀乡贤纪　陈训慈著

杭州:浙江图书馆铅印本,1935年,线装。

本书为有关白云庄历史情况及重建经过的文章汇编。对当时发现万氏二墓(万斯选、万斯昌)的经过及鄞县文献会筹资修墓,修复白云庄、祀诸贤组建南雷社的整个过程作了详细的介绍。(甬图　浙图)

【1841K】甬言稽古十卷附二卷　应种编撰

民国间稿本,未刊,线装,11册。

应种,鄞县人。(天一阁)

【1842K】佑圣道观不分卷　佚名编

民国间抄本,毛装。

本书分佑圣道观碑记、浙江会稽道道尹公署布告、佑圣观记、中华民国国民政府浙江省宁波市政府训令、律坛清规榜、律坛执事行为榜等内容。（甬图）

【1843K】余姚兰塘乡千金湖浚垦志略 陈国才编
　　民国十五年(1926)铅印本，线装。（余姚文保所 上图）

【1844K】余姚六仓志四十四卷首一卷末一卷 杨积芳等纂
　　民国九年(1920)铅印本，8 册。
　　六仓于余姚濒海北部，跨七乡，东临慈溪，西邻上虞，系埤上仓、埤下仓、柏上仓、柏下仓、梁上仓、梁下仓之总称。现收入《中国地方志集成》。（天一阁 梨洲文献馆 上图 国图）

【1845K】余姚鲁指南研究不分卷 鲁指南编
　　民国间抄本，线装。（上图）

【1846K】余姚毛母余太夫人贤孝征文录 毛羽丰辑
　　民国十六年(1927)铅印本，线装。（上图）

【1847K】余姚县志记略 谢宝书撰
　　民国间稿本，未刊，线装，1 册。
　　封面注有"永思居存稿"字样。此稿本主要就光绪《余姚县志》做了正讹、补遗，分卷分条系之。
　　谢宝书，余姚人。（天一阁）

【1848K】余姚陷敌四周年大事记 中国国民党浙江省余姚县党部编
　　宁波：编者刊，1945 年。（浙图）

【1849K】俞母周太夫人七旬大庆征文启
　　民国间铅印红字本，线装。
　　周太夫人七旬大庆的征文启事，附俞佐廷、俞佐宸述《家慈七旬征文事略》。周太夫人(1866—?)，镇海周苣孙女，俞佐廷母。俞佐廷(1888—1951)，字崇功，镇海人。（甬图）

【1850K】虞洽卿先生 汪北平、郑大慈编
　　宁波：宁波文物社，1946 年，60 页，36 开。
　　本书为虞洽卿(1867—1945)的纪念集，包括生平、大事记和轶事 3 部分。（浙图）

【1851K】远古的人类　［美］房龙（H. W. Van Loon）著，**陈训慈译**

上海：商务印书馆，1928 年，166 页，有图。（儿童史地丛书）

本书以故事体裁讲述原始人类的生活。（国图　上图　读秀）

【1852K】约园记事不分卷　张康潮等辑录

民国间铅印本，线装，1 册。（天一阁）

【1853K】岳王与岳王庙　胡行之编撰

杭州：浙江省立西湖博物馆，1936 年，52 页。（名胜与史迹丛书）（南图）

【1854K】在出版界二十年：张静庐自传　张静庐著

武汉：上海杂志公司，1938 年，196 页。

本书介绍张静庐（1898—1968）从事出版工作的情况，共有 31 篇。（国图）

【1855K】战后新世界　［美］鲍曼·以赛亚原著，**张其昀**等译

上海：商务印书馆，1930 年铅印本。

本书共分为 34 章，有续篇《美国之地位》，主要介绍第一次世界大战后的世界政治地理及各国疆界变迁情况。（甬图　国图）

【1856K】张公约园逝世周年纪念册　张康沄等辑

民国三十五年（1946）铅印本，线装。

张寿镛逝世周年的纪念册，收录张康潮等撰《行述》，吕思勉撰《张咏霓先生创办光华大学记》，冯贞群述《编辑四明丛书记闻》，前附蒋介石题词。

张寿镛（1876—1945），字咏霓，一字伯颂，别署约园，鄞县人。（甬图　天一阁　浙图　国图　上图）

【1857K】赵亚曾先生抚恤纪念及遗孤教育各款报告　翁文灏著

北京：农商部地质调查所，1930 年，36 页，25 开。

赵亚曾，字予仁。地质学家、古生物学家、地层学家。1898 年生于河北蠡县，1929 年 11 月 16 日于云南昭通遇害去世。（见《科学与理化：翁文灏文存》）

【1858K】浙东旅行记　侯鸿鉴撰

民国九年（1920），铅印本，线装。

本书为病骥旅行记之第十二种。（天一阁　国图）

【1859K】浙东三郡纪略一卷　齐中嶷撰

民国间抄本，线装，1 册。（浙图　中山图）

【1860K】浙东山水簿六卷首一卷末一卷　范铸撰

宁波:鄞县林集虚大酉山房,1928年。

本书仅含目录、卷首、叙录及卷末叙例。(天一阁　国图)

【1861K】浙东山水经行记:天台山行记一卷后记一卷　范铸撰

民国四年(1915)铅印本。(天一阁　浙图　北大图)

【1862K】浙东闻人像

宁波:民国间,75页。(浙图)

【1863K】浙东政事　浙东行署编

宁波:1945年。(浙图)

【1864K】浙江慈溪沈师桥乡沈高生受委任建筑倒反灭功河害经遇事实宣告录

民国十七年(1928)铅印本,线装。(上图)

【1865K】浙江宁属鄞县忠义录一卷　程良驭编

宁波:民国十二年(1923)油印本,线装。(上图)

【1866K】浙江省风景区之比较观　张其昀著

北京:中国地理学会,1934年,8页,16开。

本书分地势、地质、水系、植物、古迹等5节。封面印有:曾载中国地理学会学报 第1卷 第2期。(国图　CADAL)

【1867K】浙江省史地纪要　张其昀编

上海:商务印书馆,1925年,156页,32开。

本书分钱塘江之源流、浙江东南部之山川与海岛、浙江省开辟小史、浙江之土产、浙江之三个商港、普陀与浙东诸名山之朝拜等12章。书中有插图29幅。书后有"评注之部"。(浙图　浙大图　国图　读秀)

【1868K】浙江省史略　陈训慈编纂

杭州:浙江青年月刊,1935年,线装。

本书论述了上古三代以来的浙江2400余年的历史,重点论述了春秋时期及其以后越国地区的文化史,共9节。为《浙江青年》月刊单行本。(浙图　国图　上图)

【1869K】镇海荡寇志　第三战区政治部编著

镇海：编者刊，1939 年，26 页，64 开。

本书记述 1939 年 7 月镇海军民抗击日寇侵略的事迹。（国图）

【1870K】镇海贺德邻先生讣告　贺师俊等撰辑

1947 年铅印暨石印本，线装。

贺得霖（1887—1947），字德邻。（国图）

【1871K】镇海塔峙圃藏琴录一卷　徐桴撰

民国三十五年（1946）铅印本，线装，19 页。

本书详细著录了收藏的杨氏藏琴。

徐桴，号北峙塔主人，字圣禅，以徐圣禅行世，镇海人。（浙图　国图
上图）

【1872K】镇海县新志备稿二卷　董祖义纂

民国二十年（1931）铅印本，线装，2 册。

本书原附于民国《镇海县志》后，记述民国志截稿后近事及补缺拾遗。
（甬图　天一阁　国图　南图）

【1873K】镇海县志四十五卷卷首一卷勘误表一卷　洪锡范、盛鸿焘修，王荣
　　　　商、杨敏曾纂

上海：蔚文印刷局，1931 年，有图。

本书记载至宣统三年（1911），卷首地图 1 卷，24 册，正志 45 卷。绘图
44 幅，附书后。其中城区乡图，四境衔接、脉络分明，为本志一大特色。书
首有盛、杨二序。因其辑录至清代，后有董祖义依民国制度分门辑成《镇海
县新志稿》二卷。（甬图　天一阁　镇海文管会　镇海区档案馆　CADAL）

【1874K】镇海张镇峰先生五世稀古咏倡和集　张荫乔辑（国图作张际春辑）

宁波：民国二十一年（1932）铅印本，1 册。

本书卷首有镇峰先生像。（上图　国图）

【1875K】中国大事年表　陈庆麒著

上海：商务印书馆，1934 年，354 页。

本书为纪事年表，记述时段为黄帝元年（公元前 2697 年）至民国二十一
年（1932）。分上古、中古、近古、近世及现代 4 编。书前有"中西纪元对照
表""西周共和以前历年异说表"，后附"民元以来大事补遗"。

陈庆麒（1894—1967），象山人。1918 年北京大学毕业，获甲等文学士。

著有《中国历代大事年表》《中国史学史》《四史研究》《民德与礼制》等。〔同
济图　武大图　苏大图　读秀〕

【1876K】中国地理大纲　张其昀著

上海：商务印书馆，1930 年，75 页，32 开。（百科小丛书）

本书分中国之地势、水利、气候、物产、民族与人口、都市与交通、政治
区域、天然区域等 8 章。书后附中国地理参考要目。书中有各种地图、表格
20 种。（浙图　杭师大图　读秀　CADAL）

【1877K】中国近代革命史讲话初稿（第 2 编）　胡华著

北京：华北大学，1946 年 5 月，84 页，32 开。

本书共 4 章，记述五四运动到大革命（1919—1927）的历史。（国图）

【1878K】中国近代革命史讲话初稿（第 3 编）　胡华著

北京：华北大学，1949 年，62 页，32 开。

本书共 4 章，记述中国人民十年土地革命史（1927—1937）。（国图）

【1879K】中国近世史　陈训慈编

南京：美丰祥印书馆，1931 年，310 页。

本书主要介绍中国近世史，共 10 章，包括欧洲人之来中国与其影响、明
季之衰乱与后金之兴、明清之争衡与清之统一等。（浙图　国图）

【1880K】中国历代疆域变迁图　章育青绘

上海：教育书店，民国间，32 开。

本书收夏、周、周末七国、秦、两汉、三国、两晋、南北朝、隋、唐五代、宋
辽、宋金、元、明、清初、现代中国、现代世界等 19 幅地图。

章育青（1909—1993），慈溪人。擅长年画。

教育书店是在 1934 年 2 月由镇海人贺礼逊（贺廉生）所办，书店先在上
海福州路 69 弄的东华里 6 号，后迁至山东路经纬书局的楼上。抗战时迁往
武汉、重庆，抗战胜利后又迁回上海福州路 379 弄 12 号。（上社院图）

【1881K】中国历代民俗考　陈汉章著

北京：国立北京大学中国民俗学会，242 页。（国立北京大学中国民俗
学会民俗丛书）

本书包括元始民俗、蚩尤始乱民俗、唐虞时雍民俗、三代隆污民俗、周
诗民俗、周列国民俗，以及先秦、两汉魏晋、六朝、北朝、隋、唐、五代、宋、元、

明、清民俗等十部分。（浙图　首图　读秀）

【1882K】中国民族志　张其昀著

上海：商务印书馆，1928 年 6 月，183 页。（新中学文库）

本书包括中华民族发展史、中华民族之现状、海外华侨与祖国之关系、移民实边政策、外蒙问题与西藏问题等 8 章。书前有提要。（浙图　国图　上图）

【1883K】中国人地关系概论　张其昀著

上海：大东书局，1947 年 2 月，64 页，32 开。（史地丛刊）

本书介绍中国的气候、水利、人口、资源、实业、交通、都市、民族、国防及其与地理地形的相互关系。书后附全国地势鸟瞰图及地名注释。（浙图　浙大图　国图　CADAL）

【1884K】中国史讲义　杨敏曾编

北京：北京大学，1918 年，铅印本，线装。

本书分上世史和中世史二部。

杨敏曾（1858—1939），字逊斋，慈溪人，陈布雷丈人。清末民国教育家、文史学者，著有《异峰草庐遗稿》、《自怡室诗文稿》（未刊）。（国图）

【1885K】中国通史十卷　陈汉章编

民国间铅印本，7 册。（国图）

【1886K】中国通史讲义三卷　陈汉章编

民国间铅印本，2 册。

本书版心题中国通史，叙目题中国通史上古史。（国图）

【1887K】中国文化史　陈登原著

上海：世界书局，1935 年，2 册。

本书共 4 卷，依次为上古（先秦）、中古（秦至隋）、近古（唐至明）、近世（清至五四运动）等卷。另有卷首"叙意"一卷，论述中国文化史的意义、史料和治中国文化史者的态度等问题。书前冠自叙。（浙图　上图　国图　南图　CADAL）

【1888K】中国最高领袖蒋介石　董显光著，蒋鼎黼、邹慕农译校

上海：上海文史研究会，1945 年，289 页。

本书共 34 章，详细介绍蒋介石的世系、家庭及各个时期的活动。（浙图

国图）

【1889K】中国最高领袖蒋介石及著名将领

北京：自强书局，民国间，32 页。

本书内收蒋介石、徐永昌、何应钦、汤恩伯、胡宗南、阎锡山、刘峙等 27 位国民党将领的小传。（国图）

【1890K】中华历代大教育家史略　张其昀著

上海：大东书局，1946 年，56 页。

本书概述我国历代影响较大的 12 位教育家的教育思想。包括孔子、孟子、荀子、董仲舒、王通、韩愈、胡瑗、程颢、程颐、朱熹、陆九渊、王守仁。（浙图　国图　CADAL）

【1891K】重建白云庄记　童弟德撰

宁波：1937 年，油印，线装。

本书收重建白云庄记，附奉祠诸人名氏。（甬图）

【1892K】重整天一阁募捐册一卷

宁波：宁波钧和公司，1933 年，1 册。

书中有"鄞县天一阁管理委员会图记"印。（天一阁）

【1893K】周少溪联语录存不分卷　冯开辑

宁波：民国抄本，线装，1 册。（天一阁）

【1894K】朱子元先生追悼会纪念刊　翁文灏等撰

民国间石印本，线装。

朱森（1902—1942），字子元，湖南郴县人，中国构造地质学家、地质教育家。（国图）

【1895K】竺夫人纪念册　诸葛麒、**陈训慈**编

出版地不详，1938 年，17 页，有肖像，线装。

本书为竺可桢校长夫人张侠魂的纪念册。张侠魂，湖南湘乡人。（浙图　浙大档案馆）

【1896K】缀学堂河朔碑刻跋尾一卷　**陈汉章**著，顾燮光校录

杭州：会稽顾燮光金佳石好楼，1922 年石印本，1 册，线装。

本书凡收录河朔碑刻拓本跋文 28 篇，计汉一，魏三，东魏八，齐七，隋四，唐五。书前有陈氏记。附刻于《循园金石文字跋尾》二卷（范寿铭撰，顾

燮光辑合)之后。(浙图　国图)

【1897K】自反录　**蒋介石著,毛思诚、陈屺怀编**

本书两集共 12 册,民国初年到民国二十年间蒋介石自己所作及幕僚秉承其意为其执笔的文电、函牍、讲词等的汇集。(浙图　奉化图　读秀)

【1898K】遵义新志　张其昀主编

杭州:国立浙江大学,1948 年 5 月,162 页,16 开。

本书共 11 章,介绍遵义的地质、气候、地形、土地、聚落、区域、历史、地理等概况。书后附地图及图表 21 种。(浙图　浙大图　上图　国图　读秀CADAL)

【1899K】转瞬五十　严竹书编著

1944 年,198 页,32 开。

本书系作者 50 岁生日之际回顾五十载的生活经历而作,目的是纪念其先辈,补充宗谱之不足。内分家世、家教、坟墓、家宅、先贤、遗闻、教育、建设、求学、游踪、建议、感想等十二卷。书后附世系、年表、年谱、预嘱、近影及其亲属为该书作的跋等。(国图　CADAL)

【1900K】今日之世界　柳岛生著

上海:沪滨书局,1929 年,176 页。

本书共 5 章,介绍国际政局、国际无产阶级运动、苏维埃联邦、殖民地解放运动等。(中社院图)

【1901K】世界史纲　〔日〕上田茂树著,**柳岛生译**

上海:历史研究会,1930 年,364 页。

本书分国际政局、国际普罗列塔利亚运动、苏维埃联邦、殖民地解放运动、帝国主义诸国的劳动运动等 5 章。叙述 1924 年后三四年的世界历史。柳岛生即杨贤江笔名。(浙图)

【1902K】埃及一瞥　〔英〕刻黎(R. T. Kelly)著,**顾仲彝译**

上海:商务印书馆,1928 年,83 页,32 开。(少年史地丛书)

本书分埃及的古迹、埃及的土地、开罗、尼罗河、古代建筑、人民、沙漠等 10 章。原书名 *Egypt*。(浙图　上科院图　津图　读秀)

【1903K】苏格兰小史　〔英〕密顿(G. E. Mitton)著,**顾德隆译**

上海:商务印书馆,1926 年 5 月,105 页,32 开。(少年史地丛书)

本书为通俗历史读物。共 11 章,内容包括耶教传入苏格兰、马克柏司和女巫、王嗣之争、布鲁司三等。书名原文 *Scotland*。(国图　上图)

【1904K】二十世纪中国大地图　周世棠、孙海环编著

上海:新学会社,1926 年,31 页。(陕西师大图)

【1905K】岁时令节　杨荫深编

上海:世界书局,1946 年,81 页,32 开。(日常事物掌故丛书)

本书介绍各种节日,如元旦、立春、社日、清明、端午等。书前有日常事物掌故丛书总序,作者自序,书后有附录。(上社院　杭师大图)

【1906K】上海宁波周报国庆特刊第 4 期　上海宁波周报社编

上海:上海宁波周报社,1947 年,68 页,16 开。

本书报道宁波消息和在沪同乡行止,大部分为广告。(上图)

【1907K】宁波旅京同乡会工作报告书　宁波旅京同乡会编

上海:宁波旅京同乡会,1933 年,242 页,25 开。

本书包括资送被难同乡回籍事项、筹募水灾赈款事项、抗日事项、该会经济事项等 8 部分。书前有序、计划中新会所图样、该会基地图、相片、职员录及改会章程。书后附录第一、二届征求会员题名录。(国图)

【1908K】宁波旅沪同乡会第十二届征求会员大会纪念刊　宁波旅沪同乡会编

上海:宁波旅沪同乡会,1942 年,154 页,25 开。

本书包括照片、记载、报告、附志 4 项内容。(上图)

【1909K】宁波旅沪同乡会纪念册　宁波旅沪同乡会编

上海:宁波旅沪同乡会,1921 年,22 页,16 开。

本书为宁波旅沪同乡会十周年纪略,含宁波旅沪同乡会历任职董题名录。(上图)

【1910K】宁波旅沪同乡会章程　宁波旅沪同乡会编

上海:宁波旅沪同乡会,1934 年,10 页,32 开。

本书分定名、宗旨、事业、会员会董及会费、职员选任及任期、会员大会及职员等 9 章。(上图)

【1911K】宁波旅沪同乡会章则汇刊　宁波旅沪同乡会编

上海:宁波旅沪同乡会,1937 年 7 月,60 页,25 开。(上图)

【1912K】上海宁波公报三周纪念特刊　上海宁波公报馆编

上海：宁波公报馆，1941年，60页，8开。（读秀）

【1913K】战后苏联印象记　〔英〕坎脱勃里詹森著，**宾符**译

上海：世界知识社，1948年，365页。（世界知识<u>丛</u>书）

本书记述作者在苏联旅行考察3个月的见闻，共12章。（读秀）

【1914K】宁波旅沪同乡会会员题名录　宁波旅沪同乡会编

上海：宁波旅沪同乡会，1928年，403页，32开。

书前有例言。（上图）

【1915K】宁波旅沪同乡会会员题名录（民国十三年）　宁波旅沪同乡会编

上海：宁波旅沪同乡会，1924年，312页，32开。（上图）

【1916K】宁波旅沪同乡会会员题名录（民国十五年）　宁波旅沪同乡会编

上海：宁波旅沪同乡会，1926年，232页，32开。（上图）

【1917K】宁波旅沪同乡会会员题名录（民国十九年）　宁波旅沪同乡会编

上海：宁波旅沪同乡会，1930年，193页，32开。（上图）

【1918K】慈溪县战时乡土常识　慈溪县教育会编辑

宁波：慈溪县教育会，1930年，128页，32开。

本书分沿革、地势、天象、山脉、河流、交通、民众生活、教育、商业、党务等60个部分。书前有序3篇，作者为章驹、徐慎岭、陈中坚。（慈溪档案馆）

【1919K】战时镇海七七抗建两周年纪念特刊　毛崇芳编辑

宁波：镇海县抗日自卫委员会战时教育文化事业委员会，1939年，36页，32开。

本书收录抗战时论、政论及纪念性短文等10篇。（国图）

【1920K】小麦育种专家沈骊英先生行述　沈宗瀚述

述者自刊，1941年，33页，25开。

沈骊英（1897—1941），曾任中央农业实验所技正。本书系其丈夫编辑，收入《亡妻沈君骊英行述》、《悼沈骊英技正》（谢家声）、《十年改良小麦之一得》（沈骊英遗著）、《哭亡妻沈君骊英》（为二七忌辰纪念作）等文7篇。（吉林图）

【1921K】我在苏联的生活　蒋经国著

杭州:前锋出版社,1947 年,65 页,32 开。

本书共 13 篇文章。著者自述从 1925 年 12 月至 1937 年 3 月在苏联学习、参观的经过,以及对所见所闻的感想。(上社院图 吉林图 津图 中社院图 读秀)

【1922K】黄梨洲生活 刘行巽编

上海:世界书局,1932 年 11 月,115 页。

本书讲述黄宗羲的生平事迹、思想与著述,共 13 章。(南大图 复旦图 读秀 CADAL)

【1923K】中国文人故事 杨荫深著

上海:中华书局,1936 年,173 页。

本书选述四十大文豪故事。附人物图像二十幅。(上社院图 津图北大图 读秀 CADAL)

【1924K】李后主 杨荫深著

上海:商务印书馆,1935 年 7 月,68 页,32 开。(百科小丛书)

本书共 2 编,上编记叙其先世、少年、继位时期的生活,被害经过及其性格,下编分析三个不同时期的写作风格。附录收有李后主的作品、李后主的年谱。李后主(937—978),五代时南唐皇帝,名煜,字重光,世称李后主。(宁大图 复旦图 浙工大图 读秀 CADAL)

【1925K】中国文学家列传 杨荫深编

上海:中华书局,1936 年 2 月,498 页,24 开。

本书收上起周代,下迄清末的著名文学家,包括诗人、戏曲家、小说家、辞赋家、散文家、批评家、翻译家等 520 人的传记。附录中国文学家籍贯生卒著作表和索引。(宁大图 浙大图 读秀 CADAL)

【1926K】高适与岑参 杨荫深著

上海:商务印书馆,1936 年,71 页,32 开。(国学小丛书)

本书分上下篇,介绍唐代诗人高适(706—765)和岑参的生平与作品。(宁大图 浙大图 浙师大图 复旦图 读秀 CADAL)

【1927K】王维与孟浩然 杨荫深著

上海:商务印书馆,1936 年,74 页,32 开。(国学小丛书)

本书论述唐代诗人王维与孟浩然的生平和作品。(宁大图 浙师大图

读秀　CADAL）

【1928K】蒋经国打虎记　大业出版社编

上海：大业出版社，1948 年 9 月，30 页，32 开。

本书为蒋经国 1948 年在上海推行金圆券情况的新闻报道选辑。（国图　上图　上社院图）

【1929K】西班牙一瞥　［英］布牢温（E. A. Browne）著，**顾德隆**译

上海：商务印书馆，1926 年，85 页，32 开。（少年史地丛书）（宁大图　复旦图　中山图　读秀）

【1930K】暹罗一瞥　杨伊伦斯特（B. Ernest Young）著，**顾德隆**译

上海：商务印书馆，1927 年，80 页，32 开。（少年史地丛书）

本书共 18 章，介绍暹罗的历史地理、风俗物产和自然风光。（上社院图　复旦图　中山图　读秀）

【1931K】蒋经国在上海　蔡真云编著

上海：中华印刷出版公司，1948 年 10 月，91 页，32 开，有图像。（时事丛刊）

本书记叙蒋经国在上海活动的文章 7 篇，轶闻 36 则。有编后记。（国图　上图　上社院图）

【1932K】蒋经国专集　文西编著

上海：励志出版社，1948 年 10 月，15 页，16 开。

本书介绍蒋经国的面貌、性格、家庭、政绩及其工作精神等。附年略表，书前有编者前言代序。（国图　上图）

【1933K】曹操评　陈登原著

南京：金陵大学，1933 年，33 页。

本书为《金陵学报》第三卷第二期的抽印本。（南大图）

【1937K】蒋委员长西安半月记　蒋夫人西安事变回忆录　蒋中正、宋美龄著

南京：正中书局，1937 年，115 页。

本书分蒋委员长西安半月记、蒋夫人西安事变回忆录、附录蒋委员长离陕前对张杨之训话 3 部分内容。（浙大图　津图　上社院图　读秀）

【1935K】蒋委员长西安半月记蒋夫人西安回忆录读后感　邵洵美著

上海:时代图书公司,52 页。(论语小册子)

本书分领袖的赐与、两部伟大的作品、人格之表现、读书与修养等 4 部分。(浙图 津图)

【1936K】十八个月在前方 刘良模著

上海:青年协会书局,1939 年,63 页。(非常时丛书)

本书为作者对抗日前线情况的记述。分到苏州去服务、第一次的流浪生活、伤兵的领袖、大家来服务军人、长沙的大火等 5 章。(吉林图 读秀)

【1937K】浙游纪胜 张其昀著

中国地理学会,1933 年,50 页,16 开。

本书为《地理学报》创刊号抽印本。介绍浙江省各风景名胜的地势、地质、水系、气候、植物、交通、古建筑、聚落、文献。书后附照片 12 幅。(上图)

【1938K】西湖风景史 张其昀著

上海:商务印书馆,1929 年,19 页,16 开。

本书为《东方杂志》第 26 卷第 10 号的抽印本。分山光水色、四时花木、流风遗韵、都市繁华等 4 章。(中山图)

【1939K】社会科学史纲 第 2 册 人生地理学 ［法］白吕纳(J. Brunhes)著,
     张其昀译

上海:商务印书馆,1944 年,85 页,36 开。

本书分何谓人文地理学、人文地理事实的集成与分类、人文地理学的基本事实等 7 章。(浙大图 中山图)

【1940K】孙中山全史 徐翰臣著

上海:唤群书报社,1925 年,68 页,32 开。

本书分为全传、人格、主义、宣言、演说、谈话、建议、轶事、病史、弥留、遗嘱、存骸、移殡、丧仪等 14 部分。(中山图)

【1941K】蒋委员长故乡名胜 何铁华摄记

广州:当代公司,1937 年 4 月,10 页,32 开。

本书分引言、游览略图、武岭门、蒋氏家祠、桃林、溪口竹筏、武岭学校、医院、千丈岩、妙高台、雪窦寺、雪窦山上眺望、肩舆八山亭、游程等 15 节,介绍奉化溪口的名胜古迹。(国图 上图)

【1942K】外国地理 胡焕庸、张其昀编著

重庆：钟山书局，1939 年 2 月，162 页。

本书是高中地理教科书，原分上中下三册，前两册由张其昀编，下册由胡焕庸续编。共分为亚洲、欧洲、美洲等 5 编。（读秀）

【1943K】人生地理学史　［法］白吕纳（J. Brunhes）著，**张其昀译**

上海：商务印书馆，1930 年 11 月，117 页，25 开。（社会科学史丛书）

本书共 7 章，叙述人生地理学的发展过程，在结论部分附《人生地理学上题目分类之纲要表》，说明人生地理学的研究范围和内容。译本由竺可桢校订。（国图　上图　复旦图　读秀）

【1944K】新学制人生地理教科书　**张其昀**编，竺可桢、朱经农校订

上海：商务印书馆，1925 年，2 册（611 页），32 开，有图。

本书为初级中学用书。（宁大图　浙师大图　读秀）

【1945K】中国国势的鸟瞰　张其昀编讲

广州：国立暨南大学出版课，1936 年 10 月，31 页，32 开。（国立暨南大学中国现代问题讲座丛刊）

本书介绍中国的地理、人口、物产、工业、农业、交通、商业、华侨等状况。（上图）

【1946K】娄椒生先生事略不分卷　严修等撰

民国抄本，线装，1 册。

本书题为事略，实则文录。收民国四年严修等士绅"为请故世道员娄春蕃附祀李文忠公专祠及将其事迹请交清史馆立传一案之禀文"，附批示及娄氏履历事实清册等。（绍图）

【1947K】新昌县志二十卷　金城、**陈畲纂修**

绍兴：1919 年，线装，10 册。

本书分舆图、建置、山川、食货、礼制、氏族、大事记、职官表、选举表、人物、传、艺文、金石、古迹、寺观、杂记、轶文等卷，后附《沃州诗存》一卷、《沃州文存》一卷。

陈畲（1867—1930），原名得心，字应文，号雨香、宇襄，自号沧浪词人。象山人，清光绪二十九年进士。纂修有《新昌县志》《象山县志》等。（绍图　浙图）

【1948K】日本侵略东北的阴谋　乐嗣炳编

上海:中华书局,1934 年 7 月,44 页,32 开。(东北小丛书)

本书共 4 章,分为廿一条与西原借款、田中积极政策的根据及其纲领、商租权亡国的阴谋、铁道亡国的阴谋等。(国图 上图)

【1949K】日本侵略东北的机关 乐嗣炳、郭超凡编

上海:中华书局,1934 年,44 页,32 开。(东北小丛书)

本书共 5 章,揭露日本在中国东北的南满铁道公司、关东厅、领事馆、驻军及文化机关等的对华侵略行径。(上图)

【1950K】南田山杂志一卷 陈汉章编

宁波:民国初年石印本,线装,1 册。

本书将方志略而不详的轶事及作者所见辑录成册,以备史志之缺文。(浙图)

【1951K】太平洋国际地理 任美锷著

遵义:国立浙江大学史地教育研究室,1942 年 8 月,164 页。

本书分总论、太平洋区域之人口与土地利用、资源鸟瞰、国际贸易、英日在远东市场之斗争、澳洲资源概观、澳洲之殖民与白澳政策、南洋之命名与范围、荷印最近之经济发展等 22 章。

任美锷(1913—2008),宁波人,自然地理学与海岸科学家,中国科学院院士。(复旦图 中山图 中社院图 读秀)

【1952K】欧洲政治地理 任美锷著

重庆:中国文化服务社,1940 年 12 月,65 页。(史地教育丛刊)

本书共 12 章,内容取材,尤注重一国或一区之主要特色,论英国则侧重于其纺织业,论荷兰则侧重于其治水工程,选择欧洲最特殊区域加以较详细叙述。附参考文献举要。(浙大图 复旦图 中山图 读秀)

【1953K】人地学原理 〔法〕白吕纳(J. Brunhes)原著,任美锷、李旭旦译

南京:钟山书局,1935 年 8 月,660 页,25 开。

本书分何谓人文地理学、地理的精神等 7 章。卷首有胡焕庸长序。上海世界书局出版的《人文地理学》是其另一种译本。(复旦图 津图 读秀 CADAL)

【1954K】苏彝士运河 任美锷、严钦尚编译

南京:正中书局,1941 年,86 页,32 开。(时事丛书)

本书大部分据英国 H. J. Schonfield 的《苏伊士运河》(*Suez Canal*)一书编译,共 4 章。介绍苏伊士运河的历史、现状及埃及的国际关系问题。(宁大图　浙大图　国图　南图)

【1955K】希特勒与新德意志　蒋学楷编

上海:黎明书局,1933 年 4 月,214 页。

本书共 19 章,记叙"谜一样"的德意志,用文学的笔调来叙述希特勒的生平、发展,及其德国政治的关系。(浙图　国图　读秀)

【1956K】人与地——当代一位哲人的自传　[西]G. 桑达雅那(George Santayana)著,**蒋学模译**

上海:文摘出版社,1946 年,254 页,32 开。

本书为西班牙哲学家、小说家桑达雅那自传。原书名:*Persons & Places*。(中山图　复旦图)

【1957K】日本帝国主义侵略中国史　蒋坚忍著

上海:上海联合书店,1930 年,412 页。

本书描述了自明代倭寇扰海岸直至"八一三"的侵略战争,分自日俄战争至欧洲大战、经济侵略的成绩、文化侵略的成绩等 13 章。

蒋坚忍(1903—1993),字孝全,奉化人。毕业于上海大学、黄埔军官学校及中央航空学校。(宁大图　浙大图　读秀)

【1958K】抗战中的几个根本问题　蒋坚忍著

中国空军出版社,1938 年,42 页,36 开。

本书论述中心信仰、统一战线、政治改革、外交路线等问题。(河北师大图)

【1959K】俄国革命　张明养著

上海:开明书店,1936 年,88 页,50 开。(开明中学丛书)

本书分革命前夜的俄国经济政治、1905 年的革命、1917 年的革命和苏维埃政权的巩固和发展等 4 章。(宁大图　浙大图　中山图　CADAL)

【1960K】中国革命纪念画　乌叔养绘

南京:江苏省立教育学院研究实验部,1931 年 9 月,55 页,32 开。

本书将各纪念日绘成图画,并附以相应口号。

乌叔养(1902—1966),镇海县人。我国著名的油画家,出版有《乌叔养

作品集》。（国图）

【1961K】香港沦陷记　唐海著

上海：新新出版社，1942 年 3 月，108 页。

中篇报告文学，1942 年 2 月完成于桂林。反映香港沦陷时社会现状，深刻揭示日本侵略者的残暴。又名《十八天的战争》。

唐海（1920—?），镇海人。曾任上海、香港《文汇报》记者、采访主任。著有《臧大咬子传》《朝鲜纪行》等。（复旦图　吉林图　重图　读秀）

【1962K】学生世界地理　［美］房龙（H. W. Van Loon）著，**张其春**译

南京：钟山书局，1933 年，375 页，25 开。

本书共 29 章，书名原文 *Geography*。（读秀）

【1963K】中国史简编　胡玉堂编著

上海：商务印书馆，1943 年 4 月，135 页。（国民教育文库）

本书专为小学教师编写的教材，分上古三代、封建衰落与军国斗争、异族第二次统治中国等 8 章。

胡玉堂（1918—1988），字金如，余姚人。长期从事历史学教学研究，编著《西洋史简编》《中国史简编》。（中山图　津图　读秀）

【1964K】西洋史简编　胡玉堂编著

上海：商务印书馆，1943 年 4 月，133 页。（国民教育文库）

本书为小学历史教科书。分为人类的孩提时代、古近东各民族、古希腊、罗马人与罗马帝国等 9 章。（宁大图　浙大图　中山图　读秀）

【1965K】沪宁沪杭甬铁路第二期旅行指南　沪宁沪杭甬两路编查科编

上海：沪宁沪杭甬铁路管理局，1919 年 11 月，204 页，25 开。

本书介绍沿线各站的名胜古迹、物产、交通，包含宁波内容。史清原题写书名。书前有任傅榜、胡韫玉的序，凡例，有照片、铁路图百余幅。（上图　国图　读秀）

【1966K】沪宁沪杭甬铁路第三期旅行指南　沪宁沪杭甬铁路编查课编辑

上海：沪宁沪杭甬铁路管理局发行，1922 年，324 页，25 开，有图。

本书介绍沪宁线、松沪支线、沪杭甬沪杭线、江墅支线、沪杭甬甬绍线沿途站点及当地名胜古迹、物产交通等情况，配有多图。有任傅榜、胡韫玉的序。（甬图）

【1967K】沪杭甬路旅行指南　姚逸云编

上海：世界出版合作社，1933 年 10 月，260 页，32 开，有图。

本书分为上海、松江、嘉善、嘉兴、杭州、萧山、绍兴、余姚、慈溪、宁波 10 处。书前有编辑大意，沪杭甬路路线图，沪杭甬路胜迹图 13 幅。（温图　国图　上图　读秀）

【1968K】中日战争的炮火响了——卢沟桥事件我们应有的认识和准备　宁波民众教育馆编

宁波：浙江省立宁波民众教育馆，1937 年，20 页，32 开。

本书介绍卢沟桥事变经过，号召人民起来抗日，文后有蒋介石对卢沟桥事变的谈话。（读秀）

【1969K】美国开始大总统华盛顿纪事本末　［美］励德厚著，**徐翰臣**译

上海：广学会，1914 年，63 页，有肖像。（世界政治家列传）

本书封面题名《美国华盛顿》。（浙图　南图）

【1970K】中山故事　中国国民党浙江省鄞县执行委员会宣传部编

民国间铅印本，50 页，32 开。（南图）

【1971K】贾魏公年谱不分卷　［日］内藤虎次郎编，**张其春**译

民国间抄本，线装，1 册。

本书据 1933 年《方志月刊》第 6 卷第 1 期抄。贾魏公即贾耽。

张其春（1913—1967），字觉峰，笔名贝金，鄞县人。译有《日本人文地理》《新地学》《学生世界地理》《日人眼中之东北经济》，编撰有《综合英语会话》等。（上图）

【1972K】日本人文地理　［日］石桥五郎等著，**张其春**译

长沙：商务印书馆，1940 年，2 册（544 页），有图。

本书共 23 篇。总论、民族、国土沿革等前 14 篇译自改造社《日本地理大系总论篇》，林业、水产业等后 8 篇译自改造社《地理讲座日本篇总论》，第 23 篇《日本国势之鸟瞰》由张其昀撰写。（南图　国图）

【1973K】假如大战爆发　［美］杜伯（R. E. Dupuy）、［美］爱里阿（G. F. Eliot）著，许天虹、**蒋学楷**合译

上海：珠林书店，1938 年，340 页。

本书为原著 *If war comes* 的另一译本，共 2 编 17 章。附录各国现代

陆海空军情况。（匡图）

【1974K】中华民国新地图　丁文江、**翁文灏**、曾世英编

上海：申报馆，1934 年 4 月，1 册。

本书为《申报》60 周年纪念本。1930 年始编，1934 年出版。包括总图、分区图和城市图 3 部分。末附地名索引 36000 余条。（国图）

【1975K】卢鸿沧先生纪念册　卢成章等辑

民国二十六年（1937）石印本暨铅印本，线装，1 册。

卢鸿沧，原名洪昶，以字行，鄞县人。曾任汉口分行经理，汉口商务总会首任总理。（上图）

【1976K】东坝考察记　胡焕庸、**任美锷**、李旭旦著

本书分旅程、现状、历史、地形、水利与交通 5 部分。（国图　CADAL）

【1977K】中国地理大纲　任美锷编著

南京：正中书局，1944 年，141 页。（教育部青年基本丛书）

本书共 11 章，分别为我们的河山、我们的经济建设要素、抗战根据的西南、民族宝库的西北、我国生命线的东北、革命发祥地的闽粤、文化摇篮的中原、经济枢纽的江浙、我国心脏的中部、我们的边疆——蒙古和西藏、我国地理与经济建设。（浙图　南图　国图　CADAL）

【1978K】中国革命实地见闻录　［日］断水楼主人著，**乐嗣炳译**

上海：三民公司，1927 年，216 页，32 开。

本书记辛亥革命前孙中山的革命活动及历次起义，共 22 节。著者为孙中山的密友，多次同孙中山一起进行革命活动。后附孙中山、汪精卫轶事。（浙图　国图）

【1979K】中国学术家列传　杨荫深著

上海：光明书局，1937 年。

本书收录从西周到民国年间各种学术上著名人物 462 人，可与《中国文学家列传》互为补充，以时代先后说明每人的生平、学说及著作。（CADAL）

【1980K】民国定海县志十六卷卷首一卷　陈训正、马瀛纂修

上海：旅沪同乡会，1924 年铅印本，6 册，有图及照片，线装。

本书分舆地志、营缮志、交通志、财赋志、鱼盐志、食货志、物产志、教育

志、选举志、人物志、职官志、军警志、礼教志、艺文志、故宾志、方俗志等 16 个部分。（浙图　上图）

【1981K】宗泽　胡行之编

　　杭州：浙江省立西湖博物馆，1936 年，62 页，50 开。（浙贤小丛书）

　　本书内分 7 部分，介绍宋代名将宗泽（1059—1128）的生平、战略，轶事等。（南图）

【1982K】浙江诸市县新志稿　干人俊纂修

　　民国间成书，现存 39 种全书子目总数不详；书名代拟。1. 民国杭州市新志稿：三十八卷卷首一卷，2. 民国桐庐县新志稿：二十六卷卷首一卷，3. 民国乐清县新志稿：二十四卷卷首一卷，4. 民国嘉兴县新志稿：二十一卷卷首一卷，5. 民国崇德县新志稿：十八卷卷首一卷，6. 民国海盐县新志稿：二十二卷卷首一卷，7. 民国武康县新志稿：二十卷卷首一卷，8. 民国绍兴县新志稿：二十四卷卷首一卷卷末一卷，9. 民国义乌县新志稿：二十五卷卷首一卷，10. 民国临海县新志稿：二十六卷卷首一卷，11. 民国温岭县新志稿：二十二卷卷首一卷，12. 民国仙居县新志稿：二十卷卷首一卷，13. 民国缙云县新志稿：十六卷卷首一卷，14. 民国新宁区志三十卷卷首一卷，15. 民国诸暨县新志稿二十六卷，16. 民国云和县新志稿二十六卷，17. 民国永嘉县新志稿二十五卷，18. 民国永康县新志稿二十六卷，19. 民国吴兴县新志稿三十卷，20. 民国天台县新志稿二十六卷，21. 民国遂昌县新志稿二十六卷，22. 民国上虞县新志稿二十四卷，23. 民国青田新志二十卷，24. 民国龙泉县新志稿一卷，25. 民国临安县新志稿二十二卷，26. 民国丽水县新志稿二十二卷，27. 民国兰溪县新志稿二十一卷，28. 民国开化县新志稿二十卷，29. 民国金华县新志稿二十三卷，30. 民国江山县新志稿二十九卷，31. 民国黄岩县新志稿二十五卷，32. 民国海宁县新志稿二十二卷，33. 民国富阳县新志稿二十五卷，34. 民国东阳县新志稿二十四卷，35. 民国淳安县新志稿二十一卷，36. 民国德清县新志稿二十四卷首一卷，37. 民国安吉县新志稿二十二卷，38. 民国长兴县新志稿二十六卷，39. 民国常山县新志稿二十二卷。（国图　中科院图）

【1983K】伽利略传　［德］布赖安特（W. W. Bryant）著，**蔡宾牟译**

　　上海：商务印书馆，1935 年 9 月，55 页。（自然科学小丛书）

　　本书分诞生与教育、大学教席、伽利略之望远镜、太阳斑点之发现、反抗之开始、反抗之原因、"分析者"之出版、"世界二系统之对话集"、"对话集"出版后之纠纷、伽利略之被审、伽利略之暮年、结论等 12 章。(湖州图　读秀)

【1984K】姚江陆亦仙先生遗集一卷　陆骥撰

宁波：余姚陆源盛铅印,1920 年,86 页,有像,线装。

本书又题名《亦仙遗稿一卷》。全书搜罗作者生前所作陆氏宗谱、祭文共 83 篇。

陆骥(1854—1920),字亦仙,余姚人。(南图)

【1985K】清初测绘地图考　翁文灏著

北京：中国地学会,1930 年,34 页,16 开。

本书分为绪言、康熙年测绘地图之尺度、康熙年测绘地图之次序及范围、测量之方法、康熙地图所根据之经纬度、几处用天文观察所定之经纬度、北京经纬度之测量、西藏地图之测量、新疆地图之测量、结论等。发表于《地学杂志》第 18 卷第 3 期。(国图　南大图　北大图　地质图　CADAL)

第六节　自然科学类

【1986N】科学概论　卢于道著

上海：上海书店出版社,1934 年 1 月,302 页。(青年文库)

本书分为科学定义和特征、科学的发展、宇宙体系、宇宙运动、地球、物质元素、光与辐射、科学与社会等 14 章。(浙图　国图　南图　读秀　CADAL)

【1987N】锥指集　翁文灏著

北京：地质图书馆,1930 年,274 页,24 开。

本书收录地质学、地震学、矿床学、古生物学、考古学及地理学等方面的论文 26 篇。前有自序。(国图　读秀)

【1988N】法尔布科学故事　[法]法布尔著,董纯才译,**适夷校**

上海：儿童书局,1932 年,101 页,32 开。

本书收录《蚂蚁建筑城市》《牛棚》《老梨树》等 9 个故事。(中山图　南

图　读秀）

【1989N】现代科学在中国的发展　张孟闻著

上海：民本出版公司，1948年，41页，32开。（中国科学社小丛书）

本书分为萌芽时期、洋务时期、启蒙时期、学院时期、民主时期、回顾与前瞻等6部分，全面论述中国现代科学的发展历史。

张孟闻（1903—1993），宁波人，动物学家、教学家。著有《南京双栖类志》《中国的鳄类》《生命起源与其发展》《中国动物志·爬行纲卷》《浙江两种蝾螈》《浙江爬行类动物简述》《四川两栖类动物略述》《四川爬行类动物略述》《黔桂棘皮蝾螈志》《长江流域习见脊椎动物名录》《中国两栖纲动物》等。（浙大图　津图　读秀）

【1990N】植物系统解剖学　［日］小仓谦著，舒贻上、**何育杰译**

上海：商务印书馆，1939年5月，115页。（自然科学小丛书）

本书分4章，内容依次为概说、羊齿植物、裸子植物、被子植物，附录参考书目。（中山图　北大图　上社院图　中大图　读秀）

【1991N】运动机构学　E. J. Marey著，黄澹哉、**何育杰译**

上海：商务印书馆，1940年1月，338页。（自然科学小丛书）

本书论述动物的力、热、电、运动、机构，地上的运动和昆虫的飞翔等。（武大图　读秀）

【1992N】中国科学史举隅　张孟闻著

上海：中国文化服务社，1947年，118页，36开。（南图）

【1993O】有机化学讲义　包容著

民国十七年（1928），油印本。（国图）

【1994O】自然之机构　［英］安特莱德（E. N. da. C. Andrade）著，**何育杰译**

上海：商务印书馆，1935年，147页，32开。（自然科学小丛书）

本书论述自然科学基本知识，附中西文对照表。书首有节录作者原序的译文，另有译者附语。（浙图　读秀）

【1995O】普通物理学　戴运轨编著

成都：兴华印刷所，1943年11月，398页，25开。

本书为物理学教材，共6编。（读秀　CADAL）

【1996O】物理哲学　［德］蒲朗克（M. planck）著，**蔡宾牟**、王光煦译

上海：商务印书馆，1937 年，79 页，36 开。（汉译世界名著）

本书共 4 章，依次为物理学与世界哲学，自然之因果律，科学观念：其原始及其效果，科学与信仰。（北大图　读秀）

【1997O】对数表新编　冯度编

上海：开明书店，1935 年 4 月，134 页。

本书为中学数学教材。包括对数表 9 张和使用法说明。

冯度（1891—1951），字威博，慈溪人。（甬图　读秀　CADAL）

【1998O】应用力学大意　薛祉镐编著

上海：商务印书馆，1938 年 2 月，148 页，32 开。（职业学校教科书）

本书共两编 6 章，第一编分为固体动力学，分为力学总论、固体静力学、固体动力学 3 章，第二编分为液体力学，分为总论、液体静力学、液体动力学 3 章。附中文德文及德文中文名词对照表。

薛祉镐（1898—1975），鄞县人，是建立我国国家级计量基准、标准的主要技术指导人和组织者。（中山图　读秀）

【1999O】比较无机化学　［英］萨弗雷（T. H. Savory）著，**袁秀顺**译

上海：中国科学图书仪器公司，1948 年，160 页，32 开。

本书分为元素之分类、碱金属、碱土金属、金属类等 16 章，附录冶金过程中之化学反应、习题、英汉名词索引。

袁秀顺，宁波人。我国分析化学界的开拓者之一。（浙工大图　北大图　津图　读秀）

【2000O】英汉德法对照化学词典　魏岩寿主编

上海：中国科学图书仪器公司，1933 年 5 月，280 页，24 开。

本书分为序、凡例、汉名检索表、法英对照表、德英对照表、正文，收录化学名词 3000 个左右。（中山图　津图　北大图）

【2001P】地震　翁文灏著

上海：商务印书馆，1934 年 1 月，90 页。（百科小丛书）

本书介绍关于地震基本知识，分地震现象、研究、原因、分布、预防等 5 章。（浙图　北大图　中大图　读秀　CADAL）

【2002P】地质矿物学大辞典　杜其堡编，**翁文灏**等校

上海：商务印书馆，1930 年，1145 页。

本书收录了包括地质学、矿物学、结晶学、岩石学、古生物地层学以及与地质学有密切关系的化石学和地文学词条,共 8000 多个条目、2300 多个矿物词汇(翁文灏作序)。(浙图　南图　读秀)

【2003P】调查湖北西路矿产报告书　张寿镛撰

南京:1915 年铅印本,线装。

本书收入《国家图书馆藏清代民国调查报告丛刊》。有北京燕山出版社 2007 年版。(国图　上图)

【2004P】几个地质学的大师　翁文灏著

北京:中国地质学会,1936 年,6 页,抽印本。

本书曾发表于《地质评论》,讲述史密斯、麦克鲁、薄世等几位地质学家。(国图　中山图)

【2005P】气象学新编　包容编译

上海:新学会社,1932 年,117 页,有图。

本书分为 22 章,附录我国气象观测简章。

包容(1894—1975),原名成芳,字伯度,慈溪浒山人。著译有《中等农产制造学》《广西农林考察记》《气象学新编》《肥料学》《民众农化读本》《农产制造学》《青岛参观小记》《土壤》《重游日本记》等。(国图　读秀)

【2006P】物质与量子　茵菲尔(L. Infeld)著,何育杰译

上海:商务印书馆,1936 年,2 册。(自然科学小丛书)

本书分为物理学中思想之方法、辐射、物质、原子核、物质与辐射、现代量子力学等 6 章。

何育杰(1882—1939),慈溪人,物理学家,教育家。译有《自然之机构》《物质与量子》等。(浙图　同济图　读秀)

【2007P】扬子江中下游重要地层之比较　翁文灏著

北京:地质研究所,1930 年,10 页,16 开。

本书主要研究长江中下游的底层地质概貌。摘印《地质汇报》第 14 期。(国图)

【2008P】中国地质纲要　翁文灏著

北京:中国科学社,1928 年,159—184 页。

本书论述中国山脉。曾载于《科学》第十三卷第二期。(浙图　国图

CADAL）

【2009P】中国矿产志略　翁文灏撰

北京：农商部地质调查所，1919 年 10 月，270 页。

本书内容包括目录、第一编总论、第二编金属矿产、第三编非金属矿床（除煤）。（读秀　CADAL）

【2010P】中国山脉考　翁文灏著

上海：中国科学社，1925 年，35 页，16 开。

本书分绪言、中国山脉学说之变迁、分水果为山脉乎、山脉研究渐归重于地质构造等内容。（中科院图）

【2011P】中华中学地理教科书　**李廷翰**编，史礼绥参订

上海：中华书局，1912—1920 年，4 册，32 开，有图。

本书介绍中学地理知识。（浙图）

【2012P】星空的巡礼　［英］皮脱（E. A. Beet）著，**王幼于**译

上海：开明书店，1934 年，110 页，32 开。（开明青年丛书）

本书漫谈星座及观天、摄影等知识。附天文图。

王幼于（1914—2010），慈溪人。译著有《俄罗斯化学史话》《奇妙的原子》《什么是相对论》《原子能问答》《生物是怎样进化的》等。（绍图　复旦图　中社院图　中山图　读秀）

【2013P】均历法　虞和寅著

北京：著者刊，1928 年，25 页，16 开，有表。

本书初稿曾刊于《中国天文学会民国十六年年报》，有著者序。（国图　南大图　读秀）

【2014P】地质矿产陈列馆第一次报告　翁文灏著

北京：地质调查所，1925 年，16 页，14 开。

地质矿产陈列馆是地质调查所的附设机构。（上图）

【2015P】中国石炭之分类　翁文灏著

北京：农商部地质调查所，1926 年，48 页，16 开。

本书分为绪言、以纯燃质为根据之分类、兼顾水粉之分类、新分类法及石炭记号、石炭记号之用法等章节。（读秀）

【2016P】钱塘江塘工地质后编（钱塘江之发育及其变迁）　朱庭祐、**盛莘夫**、

何立贤著

杭州:1947 年油印本,23 页。(浙图)

【2017P】浙江地质纪要　盛莘夫著

杭州:浙江省立西湖博物馆,1934 年 5 月,8 页,16 开。

本书讲述浙江省的地形、地文、地层、侵入岩类等。(浙图　北大图　上图)

【2018P】中国煤矿储量新估计　胡博渊、翁文灏著,孙健初译

南京:中国矿业工程学会,1929 年 5 月,26 页,16 开。

本书为中国矿冶工程学会《矿冶会志》第 2 卷第 7、8 期抽印本。原著曾用英文发表于"世界动力会议"上。(国图　地质图)

【2019Q】进化思想十二讲　〔日〕小栗庆太郎著,胡行之译

上海:开明书店 1933 年 10 月,379 页。

本书共 12 讲,论述达尔文进化论产生后世界上出现的许多进化论思想。书前冠序。(浙图　南图　读秀)

【2020Q】神经解剖学　卢于道著

北京:北平京城印书局,1932 年,244 页,16 开。

本书分为神经系统、神经系统之各部分、神经系的组织、脊脑神经及神经节、头部神经、自动神经系、行为之神经的基础、神经系之比较的研究等 17 章。(北大图　复旦图　国图　读秀)

【2021Q】优种学浅说　〔英〕达尔文著,卢于道译

上海:商务印书馆,1937 年。(自然科学小丛书)

卢于道(1906—1985),鄞县人。中国解剖学的先驱。(浙图　国图　读秀)

【2022Q】中国人种学　陈汉章著

1925 年,稿本。

本书分中国人类之原始、中国人种之生化、中国人种之迁徙、辨中国人种非由东国来等 7 部分内容。(浙图)

【2023Q】山西中部古生代植物化石　〔瑞典〕赫勒(T. G. Halle)著,翁文灏节述

北京:地质调查所,1927 年,580 页,16 开。(中国古生物志)

本书系统描述了 48 属 133 种山西中部古生代植物化石,附有 64 幅图片。(地质图)

【2024Q】蒙古第三纪脊椎动物化石　　［德］舒罗塞（M. Schlossre）著，**翁文灏**节述

北京：农商部地质调查所，1924 年 5 月，132 页，16 开。（中国古生物志）

英文本，附中文节述。（国图）

【2025Q】中国灵长类动物化石　　［德］舒罗塞著，**翁文灏**节述

北京：农商部地质调查所，1924 年，15 页，16 开。（中国古生物志）

本书所研究之灵长类动物有三，一为安氏猕猴，二为维氏狒狒，三为蒙古类人猿。其时代皆属第三纪之中新统后期，与三趾马同时。（国图）

【2026Q】实验无脊椎动物学　　陈伯康著

北京：中国生物科学会，1933 年 1 月，130 页，23 开。

陈伯康（1897—1980），奉化人。长期从事组织胚胎学的教学与研究。著有《实验动物学》等。（国图）

【2027Q】陕西之昆虫　　周尧著

咸阳：天则昆虫研究所出版部，1947 年 12 月，30 页，16 开。（天则昆虫研究所丛书）（国图）

【2028Q】趣味的昆虫　　周尧著

南通：昆虫趣味会，1935 年 10 月，74 页，18 开。

周尧（1910—2008），鄞县人，昆虫学家。1935 年 3 月创办"昆虫趣味会"，主编《趣味的昆虫》月刊；1946 年 6 月创办"天则昆虫研究所"。编著有《普通昆虫学》《农作物害虫挂图》《检疫害虫图说》《中国盾蚧志》《植物花时历》《农业昆虫学》等。（国图）

【2029Q】实验昆虫学　　［英］Frank Balfout-Browne 著，**周尧**译

天则昆虫研究所，1948 年，132 页。（天则昆虫研究所乙种丛书）（读秀）

【2030Q】生物物理化学　　［日］野村七郎著，**魏岩寿**译

上海：商务印书馆，1935 年，193 页，32 开。（自然科学小丛书）

本书共分 7 编，依次为绪论、氧化还原电位、电传导度、原形质膜及其半透过性、渗透压及冰点降下、电解质及其作用、氢离子浓度。（浙大图　浙师大图　北大图　读秀）

【2031Q】微生物　　［日］竹内松次郎著，**魏岩寿**译

上海：商务印书馆，1935 年 3 月，129 页。（自然科学小丛书）

本书分为肉眼不能见之世界、微生物之作用、土壤与微生物、吾人之营养与微生物、疾病与微生物、免疫血清及预防疫苗等 6 章。（厦图　浙师大图　复旦图　读秀）

【2032Q】细菌之变异及菌解素　〔日〕小林六造著，**魏岩寿**译述

上海：商务印书馆，1935 年 3 月，105 页。（自然科学小丛书）

本书共 9 章，依次为细菌之性状、细菌变异性状之概要、细菌变异之主要者、获得变异与消失变异、生成细菌变异之因子、变异之归还、女聚落、细菌变异之研究及其应用之发展、菌解素之概念。（读秀）

【2033Q】呼吸及酸酵　〔日〕柴田桂太、田宫博原著，**魏岩寿**译述

上海：商务印书馆，1936 年 9 月，144 页。（自然科学小丛书）

本书共 6 篇，内容依次为绪言、氧呼吸、分解呼吸、氧呼吸与分解呼吸之关系、依无机物之氧气所行之呼吸、能之转变、诸种发酵。（浙大图　杭师大图　北大图　读秀）

【2034R】彩色精图中西汇参辨舌指南六卷　曹炳章撰述

上海：大东书局，1921 年，石印本，线装，6 册。（曹氏医学丛书）

本书分为 5 编：辨舌总论、观舌总纲、辨舌证治、辨舌各论、杂论方案。（浙图　读秀）

【2035R】彩图辨舌指南六卷　曹炳章撰

上海：集古阁，1928 年石印本，线装。

本书详细地论述了舌的生理、辨舌内容及要领，诸家辨舌治病方法，舌病有效方药和古今辨舌医案等，并收录了舌图共 130 多幅。前有周炳墀序。版心题辨舌指南。（甬图　浙图　上图　国图　首图）

【2036R】巢氏宣导法　〔隋〕巢元方著，〔清〕廖平辑撰，**曹炳章**续辑

上海：大东书局，1936 年，56、34 页。（中国医学大成）

本书又名《养生方导引法》。隋代巢元方编，辑于《诸病源候论》中，清末廖平曾将此部分摘出成编，未辑的后半部分，又经近人曹炳章续编，复辑出佚文。主要内容是用导引气功的方法治疗各种疾病，把近三百种"补养宣导法"录于各种病源之后，以便对症施治。（国图　上海中医大图）

【2037R】澄清堂医存十二卷　范文虎著

范文虎（1870—1936），名赓治，字文甫，别号古狂生，著名中医，为鄞西

天一阁后裔,家学渊源。其诗稿一册共 3 万余言,370 多首,另著《澄清堂医存》十二卷和《外科纪录》一卷。(天一阁)

【2038R】慈溪保黎医会十周年纪念册　慈溪保黎医会编
宁波:慈溪保黎医会,1919 年,54 页。(中山图)

【2039R】慈溪刘廷桢中西骨骼辩证　廖平撰
成都:四川存古书局,1916 年,线装。(六译馆医学丛书)
本书"总论"曾称:"尝考中土医书,汗牛充栋,自《素问》、《灵枢》、《甲乙》等经以下,所载骨数散见错出,其融会贯通者实鲜……西洋详核人身骨数,确有二百,统分五大类,曰头面、曰脊梁、曰胸膛、曰上肢、曰下肢。此外,耳部另有微细小骨左右各三枚,又齿牙三十二,共得二百三十八骨。"刘廷桢《中西骨骼辩正》可能是我国研究骨骼学的最早专门著作。(国图)

【2040R】大脑皮层生后髓鞘之发展　卢于道著
上海:国立中央研究院心理研究所,1933 年,1 册,12 页。(国立中央研究院心理研究所丛刊)
本书为英文本,附中文摘要。(上图　国图)

【2041R】疔疮紧要秘方　〔清〕庐真人编
宁波:华升局铅印本,1923 年,线装。
本书为外科类医书。全书绘图并详述不同部位疔疮的挑刺法及内服、外用药物,简明扼要。书末载有疔疮紧要秘方。
庐真人,又称为卢真人,清末(生卒不详)道人,善治疔疮。(甬图)

【2042R】儿童保育　张雪门编著
重庆:中华书局有限公司,1944 年,104 页。
本书为幼稚师范教科书,分胎儿的保育、幼儿的发育、疾病看护与急救常识、心理卫生、儿童福利事业等 16 章。(国图　南图)

【2043R】范氏医籍丛抄　范赓治辑
宁波:范氏门人抄录本,民国间,线装。
本书共抄录 12 种医书,含四明宋博川先生产后全书、叶天士家传课徒草、济阴元机辑要、疫痧草、咽喉全书、同仁堂秘授喉科十八症、白喉全生集、白喉忌表抉微、喉科秘方、时疫白喉捷要、丹溪外科图药、精理秘授跌打损伤集验良方。(甬图)

【2044R】奉化公立医院第一期报告册　刘崇燕编

宁波：民国二十三年（1934）铅印本。（上图）

【2045R】感证辑要四卷　严鸿志纂辑

宁波：汲绠书庄，1921年石印本，线装。

本书是对《感证辑要》的校注，共四卷。分别为名医通论、俞根初等人对以伤寒六经证治、戴麟郊等人对温病证治、录感证方剂。

严鸿志，字痴孙，慈溪人。近代医家，所著《感证辑要》《女科证治约旨》《女科精华》《女科医案选粹》，合称《退思庐医书四种合刻》，另著有《退思庐金匮广义》等书。（国图　上海中医大图　浙江中医大图　读秀）

【2046R】退思庐金匮广义四卷　严鸿志撰

宁波：钧和印刷公司，1924年，线装。

本书共四卷，总计22篇，其篇目次第及其正文，皆以《医宗金鉴》本为依据。（上海中医大图　浙江中医大图　浙江省中医药研究院）

【2047R】高等针灸学讲义：针治学、灸治学　缪绍予编译，张俊义校

宁波：东方针灸研究社，1930年，130页，32开。

本书译自日本《延命山针灸学院讲义录》，共2部分，即针治学和灸治学。（上图　国图　中山图）

【2048R】高等针灸学讲义：经穴学、孔穴学　［日］猪又启岩编，张俊义译述

宁波：东方针灸书局，1931年10月，224页，32开。

本书分经穴学与孔穴学两大部分。（吉林图）

【2049R】工业卫生学　严镜清著

上海：商务印书馆，1945年，130页，32开。

本书共9章，内容有意外伤害、职业病、健康保险、劳工福利等。

严镜清（1906—2005），宁波人，公共卫生学家。（北大图　中山图　武大图　津图　读秀）

【2050R】古本康平伤寒论　余云岫、范行准鉴定

苏州：友助医学社，1947年，124页。

古本康平伤寒论，简称《康平伤寒论》。汉代张机所撰《伤寒论》的古传本之一。系1346年（日本贞和二年）日人和气朝臣复录丹波雅忠手抄的我国古卷子本。由于丹波氏抄录于日本康平三年（1060），故以"康平"为书名。本书较北宋本《伤寒论》为早,但篇次少于宋本。

本书共 12 篇,包括伤寒例、六经病及霍乱、阴阳易、差后劳复等。(国图)

【2051R】古本难经阐注校正四卷　〔清〕丁锦注,**陈颐寿撰**

民国十八年(1929)影印本,线装。

《难经》相传为秦越人(扁鹊)所著,用问答形式阐发《内经》的疑义要旨。清丁锦融合各家注释,附入个人心得,著成《古本难经阐注》。民国时期陈颐寿兼取前贤注语,参合己意,以批语、按语形式详加校正。(甬图　天一阁　国图　中科院图)

【2052R】古代疾病名候疏义　余云岫著

《古代疾病名候疏义》是中医门类中的文献考据著作,原定主旨为汇集古书疾病名与证候名逐一疏释,并与现代医学名称相对照,故名"名候疏义"。此书材料极为宏富,对魏(含)前古书之病名证候名做了一次大规模搜集与解释,规模气象远远超过清儒训释《内经》诸作。原书编于 1947 年。(读秀)

【2053R】喉痧证治要略　曹炳章撰

绍兴:和济药局,1936 年 16 页,线装。(曹氏医药学丛书)

本书总结了历代医家对疫喉的论述,并结合曹氏临证经验,把喉科病症分为喉痧和白喉两种。再对喉痧和白喉的病因、病理、诊断、治疗进行了扼要的介绍。末附内服方 31 首,外治方 8 首。(浙图)

【2054R】皇汉医学批评　余云岫著

上海:社会医报馆出版部,1931 年 12 月,152 页,32 开。(社会医学丛书)

本书主要是批评日本汤本求真所著《皇汉医学》一书。(上图)

【2055R】疾病看护法讲义　鄞县中山民众教育馆编

宁波:鄞县中山民众教育馆,1936 年。(浙图)

【2056R】精神病广义二卷　周岐隐编

宁波:四明怡怡书屋,1931 年,线装,125 页。

本书为内科类医书。上卷系统整理中医有关精神病学的内容,包括病因病机、临床症状、理法方药等;下卷分集案、专载、译论 3 章,介绍现代医学对精神病学的认识。前有王宇高序并自序。(甬图　上图)

【2057R】旧医学校系统案驳议　余岩撰

民国间铅印本。

该本收入《余云岫中医研究与批判》(祖述宪编)。(国图)

【2058R】临床应用汉方医学解说　[日]汤本四郎右卫门著,**刘泗桥**译述兼
　　　发行,章成之校订

上海:东洞学社,1929 年,182 页,23 开,有图。

本书用西医解说仲景所创东洋古医学,解释中医成方百余种。各方剂
后附治验病例、适应症、成分、剂量等。

刘泗桥(1901—1930),镇海人。曾任淞沪教养院义务医生。及国医学
院教务之职。编有《皇汉医学》等。(浙图　国图　中山图)

【2059R】皇汉医学三卷　[日]汤本求真著,刘泗桥译

上海:东洞学社,1930 年 7 月,2 册(1150 页),23 开,有图像。

本书以张仲景《伤寒论》《金匮要略方论》两书为基础,先是综合性论
释,再分述中医治疗原则,又述及中医诊断学。书前有曹拙巢、时逸人序及
著者自序。(天一阁　上图　中山图)

【2060R】灵素商兑一卷附砭新医一卷箴病人一卷　余云岫著

出版者、出版地不详,1917 年,线装,96 页。

《灵素商兑》共 10 篇,乃全面批判和否定中医的奠基之作,为消灭中医
而“堕其首都也,塞其本源也”。《砭新医》共 9 篇,《箴病人》共 4 篇。(甬图
　天一阁　读秀)

【2061R】宁波华美医院三十六年度工作报告

宁波:华美医院,1947 年。(浙图)

【2062R】秋瘟证治要略　曹炳章著,徐友丞校

绍兴:和济药局,1918 年,19 页,线装。

本书主要阐述秋瘟的病因、病机、临床表现和诊断、临床治疗、鉴别诊
断和预防等。另有 1929 年余姚徐友丞刊本。(浙图　超星)

【2063R】伤寒汲古三卷　周岐隐撰

宁波:四明怡怡书屋,1936 年,线装。

本书取《古本伤寒杂病论》与当时流通本比类参互,录佚文,订讹误,共
录佚文 165 条,订误 79 条,佚方 88 首。有张寿颐、刘瑞瀜等人序。

周岐隐(1897—1968),原名利川,字薇泉,后更名岐隐,鄞县人。著有《伤

寒汲古》《精神病广义》《妇科不谢方》《伤寒求真》等。（甬图 上图 读秀）

【2064R】释名病释 余岩著

上海：华丰印刷铸字所，1938 年。

余氏择刘熙《释名》释疾病、释形体、释姿容之意，以毕沅《疏证》、王先谦之《疏证补》两本为据，诠释病名，每一病名后用方言表述，再以《广雅》《说文》《尔雅》等所载病名继之。全书共释病名 56 种。

余岩（1879—1954），字云岫，号百之。镇海人。著有《医学革命论》《灵素商兑》等。（浙图 读秀）

【2065R】松心医案 〔清〕缪松心撰，张和菜校，董寿慈编

民国四年（1915），张存存斋藏本，线装。

本书记录了涉及 19 门病症的医案 131 则、处方 300 首。

张和菜，字性如，一字莘墅，慈溪人。以善治伤寒、喉痧、脚气著称。著有《医悟》《急治汇编》《医案》等。（甬图）

【2066R】汤头歌诀续集 严苍山著

出版者、出版地不详，1924 年。

本书选辑临床常用方剂 139 首（包括附方），按清代汪昂《汤头歌诀》的体例编写，并与《汤头歌诀》合编为《汤头歌诀正续集》。有 1958 年上海科学技术出版社排印本。

严苍山（1898—1968），名云，宁海人。著有《疫痉家庭自疗集》《汤头歌诀续集》等，遗有《严苍山先生医案》稿。上海卢湾区卫生局曾收集整理其事迹及遗作，出版有《苍山劲》一书。（读秀）

【2067R】严苍山先生医案 严云著

上海：抄本，1945 年。

本书列温病、泄泻、发热、经行腹痛、带下、小儿疳积、疟疾等 13 种病证，近 110 则医案。（上海中医大图）

【2068R】疫痉家庭自疗集二卷 严苍山著

上海：上海家庭医学顾问社，1932 年。

本书又名《脑膜炎家庭自疗集》，共 5 编，是第一部以“疫痉”命名的疫病学专著。（上图 上海中医大图 镇江图）

【2069R】通俗伤寒论十二卷 〔清〕俞根初撰，何炳元增补，**曹炳章**编

上海：六也堂书局，1934 年，10 册，线装。（何氏医学丛书）

本书共 12 卷，分别为勘伤寒要诀、六经方药、表里寒热、气血虚实、伤寒诊法、伤寒脉舌、伤寒本证、伤寒兼证、伤寒夹证、伤寒怀证、伤寒变证、瘥后调理法。1948 年《校勘通俗伤寒论》由重庆中西医药图书社重版发行。

曹炳章（1877—1956），名赤电，又名琳笙，后以字行。著述有《彩图辨舌指南》《规定药品商榷》《增订伪药条辨》《增订医医病书补注》《曹氏医药论文集》《浙江名医传略》《瘟痧诊治要略》《鸦片烟戒除法》《秋瘟诊治要略》等。（浙图）

【2070R】外科合药本一卷　范文虎著（天一阁）

【2071R】外科疗法　余云岫编
上海：商务印书馆，1920 年，48 页，48 开。（《医学小丛书》）

本书分绪言、伤寒及类伤寒、霍乱、痢疾、发疹伤寒、鼠疫、猩红热、膜状炎、天然痘、流行性感冒、流行性脑脊髓膜炎、肺炎等 12 章。（绍图　中大图　津图　国图　读秀）

【2072R】微生物　余云岫著
上海：商务印书馆，1929 年，49 页。

本书介绍有关病原微生物的知识，共 8 章。（浙大图　浙师大图　中山图　读秀）

【2073R】卫生学常识：个人卫生编　鄞县中山民众教育馆编
宁波：鄞县中山民众教育馆，1936 年。（浙图）

【2074R】温灸术研究法　张鸥波编，魏其光校
宁波：东方针灸学社，1930 年 10 月，88 页，32 开，有图表。

本书系宁波东方针灸学社招生培训温灸术宣传之作，其中绪言部分，介绍该社宗旨、温灸的优点等。（上图　中山图）

【2075R】温灸学讲义　张俊义编纂
宁波：东方针灸学社，1928 年 10 月，303 页，32 开。

本书参考日本东洋温针医学院院长坂本贡氏的温灸学讲义，内分解剖生理学、诊察学大意、病理学大意、一般统论、孔穴学、治疗学、附录等 7 编。（绍图　国图　中山图）

【2076R】温灸学讲义补编　张俊义编纂

宁波：东方针灸学社,1935 年,68 页,32 开。

本书介绍了两种温灸器(东方甲种温灸器、东方乙种温灸器)的使用方法与特长,这是近代将温灸器用于治疗的较早记载。(见《民国针灸文献提要》)

【2077R】鸦片戒除法　曹炳章著

上海：中医书局,1931 年,156 页,32 开。

本书介绍鸦片的危害、戒除方法、戒烟处方等,共 4 编 40 章。(浙图)

【2078R】药理学　〔日〕林春雄编,**余云岫**编译

上海：商务印书馆,上册,1920 年(310 页);下册,1922 年。(342 页)

本书分总论、处方学及各论 3 部分。原著参考 Schmiedeberg 氏《药物学》及 Meyer and Cottlieb 氏《药物学》编写。(津图　读秀)

【2079R】医药常识　鄞县中山民众教育馆编

宁波：鄞县中山民众教育馆,1936 年。(浙图)

【2080R】鄞徐氏捐赠天一阁医籍目录不分卷　冯贞群编

宁波：民国稿本,线装,2 册。

本书为徐余藻原藏医籍书目。徐余藻,宁波名医。(天一阁)

【2081R】饮食防毒法　余云岫编

上海：商务印书馆,1939 年,57 页。

本书讲述各种常见食物中的防治法。(国图　中山图　读秀)

【2082R】影印古本医学丛书　钱季寅编

上海：上海中医书局,影印本,线装,1930—1931 年。

本书共十种,分两集出版。包括古本难经阐注二卷、伤寒撮要四卷。(上图　国图)

【2083R】痈疽集方　陈颐寿编

民国间抄本,线装。

本书收录治疗痈疽的药方。痈疽,毒疮,多而广的叫痈,深的叫疽。

陈颐寿,字君诒(贻),鄞县人,名中医、前清拔贡。著有《古本难经阐注校正》等。1909 年与李云书兄弟等集资在上海创办《华商联合报》。(甬图)

【2084R】余氏医述六卷　余岩著

上海：社会医报馆,1932 年,线装,404 页。

本书又名《医学革命论集》。内收著者 1913 年至 1926 年间发表在各种

医刊、书报上有关使中国医学科学化的文章 43 篇。前有著者自序。（甬图
浙图　上图　国图）

【2085R】余氏医述四卷　余岩著
上海：社会医报馆，1928 年 11 月，线装，166 页。
本书又名《余氏医述二集》，为医案医话类著作，系作者继《医学革命论
集》后所作的续集。（甬图　天一阁　北大图　读秀）

【2086R】余姚县中医公会一周年纪念特刊　余姚县中医公会编辑股编
宁波：余姚县中医公会总务股，1936 年 12 月，108 页，16 开。
余姚县中医公会成立于 1935 年 12 月 15 日，创办人胡之山等，会员
120 人。第二年会员增加到 198 名。（浙图　上图　国图）

【2087R】与恽铁樵论群经见智录书　余云岫著
民国间出版，14 页，23 开。
本书内容曾发表于《心声》1923 年第 9、10 期。恽铁樵所著《群经见智
录》，批驳了余云岫攻击《内经》之说。余云岫对于恽铁樵先生的论述大为
不满，作《与恽铁樵论群经见智录书》进行辩驳。（上图）

【2088R】赵翰香居验方类编不分卷　赵文通编
上海：赵翰香居，1923 年石印本，线装。
本书共收录成方 461 首，分"补益心肾门""脾胃泄泻门""饮食气滞门"等
16 门介绍。前有孙祖德、盛炳纬等人序。又名《赵翰香居膏丹丸散全录》。
赵文通，鄞县人。赵翰香居于 1888 年（戊子年）始迁入天后宫前街，
1902 年（壬寅年）起在上海设立分号。（甬图　浙图）

【2089R】针灸医学大纲　张俊义编纂
上海：东方医学书局，1937 年。
本书共两部分。第一部分讲述针灸学的历史沿革、在国外的影响以及
医治效用等；第二部分为温灸研究法、介绍温灸术的特点、温灸器的使用
等。又名《针灸术研究法》。（国图　上海中医大图　重图）

【2090R】诊脉法一卷　吕献采辑
宁波：民国间稿本，线装。
本书介绍诊脉的注意事项，及常见脉象。
吕献采，字锦壹，四明人。（甬图）

【2091R】镇海同义医院报告册(1934—1935) 镇海同义医院编

宁波:镇海同义医院,1935 年。

镇海同义医院 1919 年由旅沪镇海人士叶雨庵、董李荪、叶子衡等人发起,捐募资金,在庄市横河堰创办,设病床 30 张;并在上海建立"镇海同义医院旅沪同志会"。(上图)

【2092R】镇海同义医院二十年汇志 镇海同义医院编

宁波:镇海同义医院,1949 年,260 页,18 开,精装。

本书内容包括序言、文献、公牍、历年议案、捐款、会计、医务报告及 1938 年度报告。(上图)

【2093R】中国医学大成总目提要十三卷 曹炳章编著

上海:大东书局,1935 年,690 页。

本书介绍丛书《中国医学大成》的发行缘起、凡例、书目及各书提要等。辑录魏晋至明、清历代重要医著及少数日本医家著作 365 种。(浙图 国图)

【2094R】中医科学化之商兑、中国医学之根生问题 **钱季寅**、顾惕生著

上海:中医书局,1929 年 12 月,12 页,32 开。

本书封面印有"欢迎全国医药总会第二次代表大会举行"等字样。(国图)

【2095R】卫生学与卫生行政 陈方之著

上海:商务印书馆,1934 年 12 月,276 页,24 开。

本书分两编,即总论、实验卫生学。胡适作序。

陈方之(1884—1969),鄞县人,流行病学专家。(浙大图 复旦图 国图 上图 读秀 CADAL)

【2096R】急慢性传染病 陈方之著

重庆:商务印书馆,1942 年 6 月至 1946 年 11 月,3 册,24 开。

本书为医学专业教材,论述癞、结核、霍乱、地中海热等传染病的诊治。(上图 国图 读秀)

【2097R】性欲卫生 胡定安、**谢筠寿**编,顾寿白校

上海:商务印书馆,1925 年,36 页,32 开。(医学小丛书)

本书讲述男女青春期生理卫生知识,手淫、纵欲的危害及自疗法。(浙图 上图 津图 读秀)

【2098R】性病指迷 谢筠寿著

上海:谢筠寿医师诊所,1927 年 10 月,线装,158 页,32 开。(社会医学丛书)

谢筠寿(1897—?),余姚泗门人,妇科专家。著有《性病指迷》《淋病真相》《肺病预防疗养教则》《针灸喻穴索引》等。(浙图)

【2099R】淋病真相　谢筠寿编著

上海:谢筠寿医师诊所,1934 年,158 页,32 开。

本书主要介绍淋病的基本知识,又名《淋病常识》。(国图)

【2100R】肺病预防疗养教则　［日］原荣讲述,**谢筠寿**译述,孙去病校

上海:社会医报馆,1933 年 4 月,16 页,25 开。(社会医学丛书)(浙图国图　上图)

【2101R】勉斋医话　许勉斋著

杭州:中国印书馆,1937 年 线装。(勉斋医学丛书)

本书内容包含伤寒、咳嗽、霍乱等病症。附章太炎先生答范文虎书。书前有自序,徐究仁、王治华序。

许勉斋(1901—1982),余姚县人。1938 年曾任余姚中医公会理事会主席。著有《勉斋医话》《病理学》等。(浙图　国图　读秀)

【2102R】慈溪魏氏验案类编初集四卷　魏长春撰

杭州:宏文书局,1935 年 11 月。

本书记载临证治验病案 182 例,详细介绍各例病案的治疗经过及诊断、用药等分析说明。

魏长春(1898—1987),字文燿,慈溪人。著有《慈溪魏氏验案类编初集》《魏长春医案》《魏长春临床经验选辑》《中医实践经验录》等。(甬图　浙图)

【2103R】性病　刘崇燕等编

上海:商务印书馆,1935 年 4 月,106 页。

本书分为 3 编共 23 章,第一编为梅毒,第二编为软下疳,第三编为淋病。

刘崇燕,宁波人。(浙大图　读秀　CADAL)

【2104R】麻疹风疹及水痘　**刘崇燕**编著,顾寿白校

上海:商务印书馆,1924 年,59 页,32 开。(医学小丛书)

本文内容包括麻疹、风疹、水痘的病因、诊断和治疗。(浙大图　津图读秀)

【2105R】传染病全书（卷 1 赤痢篇）　余云岫、刘崇燕著

上海：商务印书馆,1922 年 7 月,158 页,23 开。（上图　国图　中山图　津图）

【2106R】传染病全书（卷 2 伤寒篇）　**刘崇燕**著,顾寿白校

上海：商务印书馆,1924 年 3 月,159 页,23 开。（上图　国图　中山图　津图）

【2107R】传染病　余云岫编

上海：商务印书馆,1931 年,46 页,32 开。（新中学文库;医学小丛书）

本书共 12 章,附图说 1 章。依次为绪言、伤寒及类伤寒、霍乱、痢疾、发疹伤寒、鼠疫、猩红热、膜状炎、天然痘、流行感冒、流行性脑脊髓膜炎、肺炎。（浙师大图　复旦图　上科院图　读秀）

【2108R】温灸医报（第 1 卷 分类丛编）　张鸥波编

宁波：东方针灸学社,1935 年,100 页,32 开。

本书内容分为论文、同人谈话会、高桥式中枢施术点之公开、温灸治验医案、温灸学讲义笺释、温灸学讲义答问 6 类。（国图）

【2109R】妇科不谢方　周岐隐著

宁波：宁波印刷公司,1931 年,铅印本,线装。

本书分调经、崩漏、带下、妊娠、半产、临产、产后、杂病、专载等 9 章。书末附周氏临证验案 23 则。（天一阁　浙图）

【2110R】痢之马齿苋疗法第一报告（临症方面）　余云岫等著

上海：现代医学社,1940 年,63 页,16 开。

本书为《现代医学》第 2 卷第 5 期抽印本。（上图）

【2111R】中国医学大成　曹炳章编

上海：大东书局,1936 年。

本书为中医丛书巨著,共收入各种医籍 134 种,约 660 卷,皆为唐、晋、宋、明、清历代医家之重要著书,或拾遗补阙之专著。以明清期间医籍居多。后有《续编》和《三编》。（上图　国图　读秀）

【2112R】实用外科手术　［日］松本喜代美著,汪于岗译,**余云岫**校

上海：商务印书馆,1920 年 12 月,282 页,23 开。

本书分为手术之准备、防腐法、麻醉法、组织之切离及缝合等 10 余章。

书后有中文索引。（国图　上图　读秀）

【2113R】胎产病防护法　姚昶绪编，余云岫校

上海：商务印书馆，1920年，48页，48开。（医学小丛书）

本书共分4编，依次为绪言、妊娠期中之障碍、分娩期中之障碍、产褥期中之障碍、初生儿之疾病。（津图　中山图　读秀）

【2114R】病理各论　［德］考富曼（Kaufmann）著，洪伯容译，余云岫校

上海：商务印书馆，1922年，2册，23开。（大学丛书）

本书分为上下两卷，上卷分为循环器、血液淋巴及造血脏器；下卷分为消化器、泌尿器，共25章。（浙大图　北大图　中山图　读秀）

【2115R】肺病预防及疗养法　［日］原荣著，王颂远译，余云岫订补

上海：商务印书馆，1921年3月，2册（48、48），48开。（医学小丛书）

本书共2卷，上卷分为绪言、预防总法、消极预防法、积极预防法、疗养总法，下卷分为肺痨病人疗养之根本法、附录。有余云岫序。（上图　国图　中山图）

【2116R】宁波华美医院征信录　华美医院编

宁波：华美医院，1930年3月，53页，23开，有图表。（国图）

【2117R】皮肤病汇编　［美］海贝殖（L. F. Heimburger），杨传炳编

上海：中国博医会编译部，1929年2月，400页，23开，有图像。（上图　国图　读秀）

【2118R】梅毒详论　［美］海贝殖（L. F. Heimburger）编著，杨传炳、鲁德馨校

上海：中国博医会，1924年2月，163页，24开。（国图）

【2119R】胎儿的故事　［美］吉尔柏（B. S. Gilbert）著，刘祖洞译

上海：家杂志社，1948年，82页，32开。

本书介绍胚胎学知识，孪生、变异及畸形产生的原因。

刘祖洞（1917—1998），镇海人，著名遗传学家。（绍图　中山图　读秀）

【2120R】实用药性字典　胡安邦编

上海：中央书店，1935年12月，272页。

本书为药类工具书，按中药功用分为31个门类，收常用中药近400味，列出别名、产地、成分、性味、主治、各家学说、用量、禁忌、药价、编者经

验等。

胡安邦(1911—?),鄞县人,著有《湿温大论》等。(浙图 北京中医大图 南京中医大图 读秀）

【2121R】国医生理学 胡安邦著

上海:中央书店,1935 年,56 页,32 开。

本书包括概论、五脏、六腑、形体、七窍、经络等。论述人体生理学,融会中西,简明扼要、通俗易懂。(厦图 中山图 津图)

【2122R】百病诊断门径二卷 胡安邦编著

上海:中央书店,1935 年 123 页 32 开

本书上卷共 6 章,望、闻、问、切四诊分而论之,并妇科、小儿诊断特点各一章;下卷为问答一百题,列举 100 个具体病例。(浙图 复旦图)

【2123R】医生必备口西外科大全 胡安邦著

上海:中央书店,1936 年,236 页,32 开。

本书在沦陷区出版,简述各种病的病因、症状、治法及方药。封面书名为《(中西自疗)外科大全》。(国图 上海中医大图)

【2124R】国医病理学 胡安邦著,储菊人校

上海:中央书店,1935 年,50 页,32 开。

本书包括概论、病原论、六淫、七情(即气)、血、水、食、五劳、六欲、七伤、内因、外因,并附《内经》病机十九条、《内经》病机十九条之商榷、《内经》之脏腑病理、《内经》病理杂论等四篇文章。(绍图 国图 津图 上海中医大图)

【2125R】性病自疗大全 胡安邦编,顾灏源校

上海:中央书店,1935 年铅印本,212 页,32 开。

本书分为男子部和女子部。分别论述了男子和女子生殖系统疾病的治疗方法。封面书名为《性病治疗大全》。(绍图 上图 厦图)

【2126R】医学门径 胡安邦著,储菊人校订

上海:中央书后,1936 年,262 页,32 开。

本书分读书、本草、生理、病理、诊断、治疗、处方、方剂等 8 编。(上图 国图)

【2127R】国医开业术 胡安邦著,秦伯未校

上海：胡氏医院，1933 年 11 月，82 页，32 开。

本书 15 章，介绍中医师开业应诊的内容及注意事项等。（上海中医大图）

【2128R】湿温大论　胡安邦编

上海：上海中医指导社，1935 年，铅印本，1 册。

本书系统论述湿温病的病因、病机、辨证论治，载有治疗湿温症的方剂——辛苦香淡汤。（上图）

【2129R】成方便读四卷　张秉成辑，**岑冠华**校

上海：千顷堂书局，1935 年，石印本。

岑冠华（1911—1987），余姚人，专长中医妇科。（复旦图）

【2130R】华人患假硬化时所显之 Kayser-Fleiser 角膜环　林文秉著

北京：中华医学杂志社，1934 年，12 页，16 开。

本书为《中华医学杂志》第 18 卷第 5 期抽印本。（国图）

【2131R】原发性青光眼 绿内障 药品治疗法之进步及其理论　［法］萨尔曼（Sallmann）著，林文秉译

北京：中华医学杂志社，1931 年，14 页，16 开。

本书为《中华医学杂志》第 16 卷第 5 期抽印本。（国图）

【2132R】跳蚤与苍蝇　尤其伟、**陈家祥**编，陆费执校

上海：中华书局，1926 年 12 月，154 页，36 开，有图。（常识丛书）

本书上编共 7 章，专述跳蚤，下编共 5 章，专述苍蝇，并另附跳蚤参考书籍目录于后。（上图　国图　津图　中大图　读秀　CADAL）

【2133R】蚊蝇消灭　陈家祥编

上海：商务印书馆，1927 年 3 月，45 页，32 开。（平民丛书）

陈家祥（1899—1983），奉化人，曾任专长蝗虫和螟虫的防治。（上图国图）

【2134R】臭虫与蚊虫　尤其伟、**陈家祥**编

上海：中华书局，1926 年 6 月，92 页，36 开，有图像。（常识丛书）

本书分上下两编，共 12 章，上编 6 章述臭虫，下编 6 章述蚊虫，各自为次序。（上图　国图　中山图　CADAL）

【2135R】战时卫生工作规程 第 4 编 护病　周美玉编著

中华民国红十字会总会救护队部、军政部战时卫生人员联合训练所，

1940 年,80 页,32 开。

周美玉(1910—2001),女,慈溪人。(中山图 读秀)

【2136R】临症处方学 沈焕章编著

上海:大众书局,1933 年 6 月,80 页,32 开。(国医丛书)

本书按补益、和解、发表、攻里剂等分 21 个门类,介绍方剂约 200 种。书前有曹湘人、盛心如及作者序。

沈焕章,余姚人。(上图 上海中医大图 读秀)

【2137R】讴歌集 黄楚九编

上海:上海印刷公司,1917 年 9 月,56 页,24 开,有图。

本书介绍黄楚九创制的中药——九造真正血补剂。

黄楚九(1872—1931),名承乾,号磋玖,晚年自署知足庐主人,余姚人。曾任新药业同业公会第一主席、上海总商会执行主席。(上图)

【2138R】丹方集异四卷 黄楚九编

本书论述内科、外科、妇科、儿科等 25 科,录单方 900 余首,秘方数百个。1917 年铅印本。(甬区 上海中医大图)

【2139R】关于中国麻疯几个重要问题 邬志坚著

上海:中华麻疯救济会,14 页,64 开。(麻疯小丛书)

邬志坚(1890—?),奉化人,创办沪北浸会堂,任中华麻疯救济会总干事,主编《麻风季刊》。(上图)

【2140R】麻疯 傅乐仁著,邬志坚编译

上海:中华麻疯救济会,17 页,50 开。(上图)

【2141R】广益良方 徐友丞编

宁波:徐友丞,1918 年。

本书为病时卫生必须知识。谈及延医、煎药、病时饮食起居等。

徐友丞,余姚人。曾创办中药卫生公会,编有《卫生丛录》《广益良方》等。(上海中医大图 中医科院图)

【2142S】菜园经营法 吴耕民著,杨静盦校

上海:商务印书馆,1930 年,117 页。(农学小丛书;万有文库)

本书分为总说、经营菜园之六大栽培要素、蔬菜种类及品种之选择、苗木等 8 章。(浙图 读秀)

【2143S】德县西瓜调查报告　吴耕民等著

济南:国立山东大学农学院,1934 年。

本书介绍山东德县西瓜栽培历史、现状、地势、土质、品种、栽培法,瓜子瓜栽培法。(浙图　上社院图)

【2144S】杜鹃　黄岳渊著

上海:上海园艺事业改进协会,1947 年。(上海园艺事业改进协会丛刊)

本书论述中国十大名花之一杜鹃的栽培技术和方法。

黄岳渊(1880—1964)名渭,别名鹤苑,号刿曲灌叟,奉化人。著《杜鹃》《花经》等。(浙图)

【2145S】花经　黄岳渊、黄德邻著

上海:新纪元出版社,1949 年,568 页。

本书共两编,上编为通论,叙述花木一般之栽植法;下编为各论,分述一切花草树木之培养法。前有黄岳渊之子黄德邻序《写在〈花经〉的前面》、周瘦鹃序、郑逸梅序、黄岳渊自序。(读秀)

【2146S】肥城桃调查报告　吴耕民等编著

济南:国立山东大学农学院,1934 年,1 册,20 页。

本书分绪言、肥桃栽培之历史等 14 章。(浙图　北大图)

【2147S】肥料学　包容著

上海:中国农业书局,1942 年,132 页。

本书根据化学原理叙述各种肥料之制造性质组成施用法等,共 3 编。(超星)

【2148S】果树修剪整枝法　吴耕民著

上海:中华农业图书社,1937 年,284 页。

本书共 31 章,分别介绍梨、苹果、枇杷、山楂、石榴、柑橘等各种果树修剪整枝的方法,附图 170 余幅,有于右任序。(浙图　读秀)

【2149S】果树园艺学　吴耕民编

上海:商务印书馆,1934 年,378 页。

本书分总论和各论,共 29 章。为职业教科书。(浙图　读秀)

【2150S】莱阳梨调查报告　吴耕民、管超著

济南:国立山东大学农学院,1935 年,1 册,24 页。

本书书前有铜版图 13 帧。

吴耕民(1896—1991),原名润苍,后改润苍为字,余姚县孝义乡人。著名园艺学家、园艺教育家。著有《菜园经营法》《青岛果树园艺调查报告》《园艺学研究法》《蔬菜园艺学》《果树修剪整枝法》《果树园艺学通论》《果树园艺学各论(柑桔)》《果树园艺学各论(葡萄、醋栗、穗状醋栗、石榴)》《农林园艺植物用语辞典》。(浙匽 上图 北大图)

【2151S】农家便览 叶谋兴编

宁波:镇海三益农林场·中华农业社,1926 年,46 页,24 开。

本书介绍每年各节气应进行的园艺、植树、养蚕、养蜂、畜牧等农事活动。

叶谋兴,镇海人。据《镇海县志》记载,1936 年叶谋兴等人发起成立镇海有限责任农产品(蔬菜)运销合作社。(中山图)

【2152S】农林园艺植物用语辞典:中英文对照 **吴耕民**、储椒生编

杭州:西湖农园出版部·1948 年,531 页。

本书包括农林园艺植牧术语名词约 16400 条,按英文名词的字顺排列,对照中文名词,属于农科工具书。(浙图 同大图 读秀)

【2153S】青岛果树园艺调查报告 吴耕民编

青岛:青岛市农林事物所,1934 年,89 页。

本书主要介绍青岛气候、地势土质、果树分布状况及栽培数量等。封面书名为沈鸿烈题。(南农大图 读秀)

【2154S】山东园艺改进刍议 吴耕民著

济南:国立山东大学农学院,1934 年,18 页。(上图 国图)

【2155S】实用螟虫防除法 庄崧甫编著

上海:新学会社,1929 年,16 页,32 开。

本书封面及里封署求我山人编辑。(浙图 上图)

【2156S】蔬菜园艺学 吴耕民著

上海:中国农业书社 1946 年,2 册,766 页是。

本书分为总论、根菜类、茎菜类、叶菜类、花菜类、果菜类、杂类等部分。于右任作序。(山西图)

【2157S】蔬菜栽培新法:学理应用 吴球著

上海：新学会社，1924年，65页是。

本书共17章，附四季二十四节表等图。（浙图　南农大图　读秀）

【2158S】四明种苗场售品目录兼苗木栽培法：实业部立案　傅益农编辑

宁波：奉化四明种苗场，1937年，48页。（安徽图）

【2159S】益都甜瓜调查报告　吴耕民等著

济南：国立山东大学农学院，1934年，34页。

本书介绍益都西瓜栽培历史及现状、气候、地势及土质等。附历成县甜瓜品种。（浙图）

【2160S】余姚四门兄弟农场经济学栽培法　谢从政著

宁波：余姚四门乡兄弟农场，1925年，13页。（浙图）

【2161S】浙东杨梅调查报告　李驹、章恢志著

杭州：省立农业改良场，1932年8月，28页。（浙图　津图）

【2162S】治螟方法的补遗　庄崧甫著

上海：新学会社，1929年10月。（浙图）

【2163S】余姚治虫年报　余姚县政府治虫委员会编

宁波：编者刊，1930年，100页，16开。

本书内封题"余姚县政府治虫委员会十八年度工作年报"。（上图）

【2164S】果树园经营法　严竹书、赵仰夫编译

上海：新学会社，1931年，372页。

本书译自日本农学博士恩田铁弥氏著《果树园经营法》，共7章。（浙大图　读秀）

【2165S】鄞慈镇奉四县联合治虫讲习会会刊

宁波：出版者不详，1934年6月，194页，16开。

本书收有防治害虫问题的报告、讲词、演说等。（上图）

【2166S】台湾省糖业试验所研究汇报第1号　卢守耕辑

台北：台湾省糖业试验所，1946年，132页，16开。

本书收该所研究员（大都为日籍人员）所写有关甘蔗新育成品及其病虫害等方面的研究论文9篇，其中大部分为英文。（国图　中山图）

【2167S】肥田粉不可滥用的理由　包容编

杭州:国立浙江大学农学院推广部,1929 年 2 月,8 页,32 开。(国图
上图)

【2168S】奉化茂森农场果树种苗价目录　杨昌德编
宁波:奉化茂森农场,民国间,90 页,32 开。(上图)

【2169S】奉化县政府治螟特刊　奉化县政府编
宁波:奉化县政府,1930 年 6 月,68 页,32 开。(上图)

【2170S】竹林培养法　[日]大岛甚三郎、岛村继夫著,**赵仰夫译**
上海:新学会社,1931 年 4 月,156 页。
本书共 6 编,依次为总论、竹林栽种法、培养法、竹林生产收获法、竹林
的保护法、笋的栽培法。(读秀)

【2171S】实用蔬菜园艺学　周清、**赵仰夫编著**
上海:新学会社,1929 年 2 月,381 页,有图表。(浙图)

【2172S】林业经营学　赵仰夫编译
上海:中国农学社,1935 年 7 月,241 页,24 开,有图表。(浙图　津图
上社院图　中山图)

【2173S】实利主义养成多产鸡之研究　赵仰夫译著
上海:新学会社,1928.7 56 页 32 开 有图表
本书书口书名题《养成多产鸡之研究》。(南农大图)

【2174S】种茶法、种竹法、种蓝法　江志伊编,**孙锵、庄景仲校**
上海:新学会社,1915 年,66 页,23 开。(《农艺辑要》)(津图)

【2175S】谷蔬瓜果　杨荫深编
上海:世界书局,1946 年 9 月,86 页,32 开。(日常事物掌故丛书)
本书记述谷、蔬、瓜、果等数十种作物的名称、来源、历史典故、故事等。
(浙大图　上社院图)

【2176S】花草竹木　杨荫深著
上海:世界书局,1946 年 9 月,77 页,32 开。(日常事物掌故丛书)
本书介绍牡丹、芍药、腊梅、水仙等 22 种花草竹木的典故及名称来源
等。(上社院图　读秀)

【2177S】越中农谚不分卷　茆宅梵辑

民国间稿本,线装,8 册。

本书汇集越地农谚,前 7 册类涉农事、生产、节气、时令、劳作、五谷、畜牧等;第 8 册为节序节日考。有朱笔圈点并批改。

胡宅梵(1902—1980),原名维铨,又名谪凡,法名胜月,余姚人。毕生从事佛学研究,致力于乡土文献研究。著有《地藏菩萨本愿经白话解》《舜帝庙志》《越中风俗志》《越郡风俗词》《卧龙山志》《越中趣事见闻录》《群贤逸音》《越歌一千首》等。(绍图)

【2178S】我国农作物种子改良及推广方法刍议　沈宗瀚著

南京:金陵大学,1928 年,24 页,23 开。(金陵大学农林科农林丛刊)(上图)

【2179S】中国各省小麦之适应区域　**沈宗瀚**、万德昭等著

南京:实业部中央农业实验所,1937 年,76 页,16 开。(实业部中央农业实验所特刊)

本书为中英文对照。(北大图)

【2180S】烟草之栽培及其烤法　盛莘夫译述

上海:新学会社,1949 年,72 页,32 开。

本书分为总论、烟草的品种、风土、栽培法、病虫害、收获及调制、烟叶的烤法等 7 章。有自序。(浙图　国图　读秀)

【2181S】稻作增收法　盛莘夫编

上海:新学会社,1929 年,200 页,32 开。

本书为总说、稻作与气候的关系、稻作与土质的关系、稻作增收的栽培法等 6 章。童玉民作序。(读秀)

【2182S】农艺化学　叶元鼎编

上海:黎明书局,1933 年 7 月,244 页,32 开。(黎明农业丛书)

本书分述土壤、肥料、作物、家畜等的化学成分与变化。书末附土壤化学分析法及分析结果之报告、棉植之营养问题等。

叶元鼎(1891—?),字铸侯,镇海人,作物学家。著有《棉作病虫害学》《农艺化学》《棉作品种试验》等。(浙大图　国图　上图　中山图　读秀)

【2183S】棉作病虫害学　叶元鼎编译

上海:商务印书馆,1936 年 11 月,477 页,42 开。

本书共 7 章,补遗表 2 张,论述棉作物的病虫害机理及防治。附中、日、英文参考资料。(浙大图 杭师大图 国图 读秀)

【2184S】棉作学 马广文编著,**叶元鼎**校

上海:商务印书馆,1933 年 7 月,161 页,32 开。

本书共 13 章,依次为绪论、世界之棉业概况、我国棉业近况等。(国图 上图 中山图 津图 读秀)

【2185S】植烟学 张宗成、**叶元鼎**编译,李积新等校订

上海:民智书局,1928 年 11 月,105 页,有图表,32 开。

本书共 14 章。分别为苗床之管理、移植摘心及整枝、收获之方法、分类及销售等。(国图 上图 读秀)

【2186S】棉作之疾病 叶元鼎著

上海:实业部上海商品检验局农作物检验组,1933 年 11 月,28 页,16 开,有图。(国图)

【2187S】青年植棉竞进团之成绩 叶元鼎著

南京:1925 年 4 月,8 页,24 开。

本书报告该团 1923—1925 年间的工作成绩。(上图)

【2188S】棉作果部化学之研究 叶元鼎著

本书曾发表于《东大农学》1924 年 1 卷第 1 期。(西南大图)

【2189S】日光与林木之关系 姚传法著

南京:编者刊,1930 年 9 月,44 页,23 开。(森林丛刊)

姚传法(1893—1959),鄞县人。林学家,长于木材学研究。1929 年创办《林学》杂志。(津图)

【2190S】林业教育刍议 姚传法著

南京:首都造林运动委员会,1930 年,8 页,32 开。

本书介绍东西各国的林业教育概况,我国林业教育失败的原因及今后应采取的方针等。(津图)

【2191S】中国之土壤 梭颇著,**李庆逵**、李连捷译

南京:实业部地质调查所、国立北平研究院地质学研究所,1936 年,244 页,16 开。

本书分绪言、地理之背景、成土作用及主要土壤、黑钙土及粟钙土、土

壤与人民、结论共 16 章。附有插图 95 版及七百五十万分之一中国土壤概图。(复旦图　上社院图　同济图　读秀)

【2192S】四川之土壤　余皓、李庆逵编著

南京:经济部中央调查所,1944 年,110 页,16 开,有图表。

本书分土壤与地理环境、土壤分类纲要、土壤与农业等 12 章。附土壤概图。(国图)

【2193S】作物育种学泛论　沈学年著

杭州:浙江大学农学院,1948 年 1 月,150 页。

本书以农艺作物及园艺作物为对象而撰述,共 17 章。竺可桢题写书名,书前有自序。

沈学年(1906—2002),余姚人,长期从事作物育种、水稻栽培和耕作制度的教学与研究,著有《作物育种学泛论》《水稻》。(浙图　读秀)

【2194S】米谷贮藏之理论与实际　[日]近藤万太郎著,忻介六译

上海:商务印书馆,1937 年,320 页,32 开。(农学丛书)

本书共 10 章,概述日本米谷的贮藏及仓库的历史、贮藏习惯与方法、贮藏期中米质的变化。(复旦图　厦图　中山图　津图　读秀)

【2195S】江西三十七县积谷害虫防治报告　忻介六、钟秀群编著

江西省农业院,1937 年,92 页,16 开。(江西省农业院专刊)

忻介六,鄞县人。专于贮藏物昆虫学和蜱螨学。著有《中国粮食害虫学》《蜱螨学纲要》《农业螨类学》《土壤动物知识》。(厦图)

【2196S】桃树园艺　童玉民著

上海:新学会社,1925 年,81 页,23 开。

本书共 24 章,有书前序。(津图　读秀)

【2197S】脱字美棉　叶元鼎编

南京:国立中央大学农学院推广部,民国间。(农业浅说丛书)(浙图)

【2198S】选择美棉的方法　叶元鼎编

南京:国立中央大学农学院推广部,民国间,13 页。(农业浅说丛书)(浙图)

【2199S】乡村赛会　叶元鼎著

南京:国立中央大学农学院推广部,民国间,12 页。(农业浅说丛书)

（浙图）

【2200S】青年植棉团的组织及其办法　叶元鼎编
　　　　南京:国立中央大学农学院推广部,民国间,6页。(农业浅说丛书)
　　　　封面题名"青年植棉团的组织"。(浙图)

【2201S】花卉园艺　童玉民编著
　　　　上海:商务印书馆,1926年,244页,32开。(浙图)

【2202S】农业万宝全书　周碧猷、孙道生等编
　　　　宁波:奉化勤生农林场,1926年,198页,16开。
　　　　本书介绍勤生农林场办场经验。
　　　　孙道生,奉化萧王庙镇人。(南图　CADAL)

【2203S】公园　童玉民著
　　　　上海:商务印书馆,1928年4月,79页。(百科小丛书)
　　　　本书分绪论、公园之发展、公园之效用、中国公园概况等13章。(复旦
　　图　中山图　津图　北大图　读秀)

【2204S】科学化金鱼饲养法　林汉达编著
　　　　上海:世界书局,1941年,74页,32开。(浙图　南图)

【2205S】养鹅法　赵仰夫编
　　　　上海:中国实业书店,1933年,136页,32开。(浙图　国图　南图)

【2206S】养鸭法　赵仰夫编述
　　　　上海:中国实业书店,1933年,314页。(浙图)

【2207S】副业养鸡法　[日]仁部富之助、千叶幸藏著,**赵仰夫译述**
　　　　上海:新学会社,1930年,234页。
　　　　本书目录、正文及版权页题名为"实利主义副业养鸡法"。(国图)

【2208S】自作农创定法　赵仰夫编
　　　　上海:新学会社,1929年,78页。(南图)

【2209T】本书为钱塘江街口水力发电计划概要　翁文灏编
　　　　南京:资源委员会等,1948年,4页,16开。
　　　　钱塘江街口水力发电发展的汇报材料。中英文本。(浙图　浙档案)

【2210T】隋书律历志十五等尺　马衡著

北京:出版者不详,1932 年,18 页,32 开。

本书为中英文本。十五等尺为周尺、晋田父玉尺、梁表尺、汉官尺、魏尺、晋后尺、后魏前尺、中尺、后尺、东后魏尺、蔡邕铜钥尺、宋氏尺、开皇十年万宝常所造律吕水尺、杂尺、梁朝俗间尺。(浙图　国图　北大图　中大图)

【2211T】实验农产制造新编　顾鸣盛编译,**张际春**订正

上海:科学书局,1911 年,109 页。

本书介绍砂糖、淀粉、酒精、麦酒、葡萄酒、酱油、茶叶、烟草及罐藏物等的制造法。书前冠"实验农产制造新编序"。(中大图)

【2212T】中等农产制造学　包容编

上海:中华书局,1937 年,128 页,32 开。

本书讲述发酵防腐理论、淀粉、糖、酒、茶、烟的制造等。书封面题:新学制农业教科书。(厦图)

【2213T】宁波市建筑规则附宁波市全图　宁波市政府工务局印行

本书收录宁波市建筑规则共 88 条,附《宁波市全图》。1930 年出版发行。(甬图)

【2214T】水利实验谈　庄崧甫著

上海:新学会社,1936 年,60 页。

本书包括浚治水口、坚筑堤防、广造森林等内容。(浙图　读秀)

【2215T】衣冠服饰　杨荫深编

上海:世界书局,1946 年,71 页,32 开。(日常事物掌故丛书)

本书讲述衣冠服饰方面的历史典故。(南大图　上社院图　苏大图　读秀)

【2216T】材料强弱学概要　薛祉镐著

上海:商务印书馆,1940 年,154 页,32 开。

本书共 10 章。附录华德、德华名词对照表。(浙大图　津图　中山图　读秀)

【2217T】台湾省糖业试验所要览　卢守耕编

台湾:台湾省糖业试验所,1947 年,30 页,23 开。

本书介绍该所的沿革、组织规程、办事细则、设备概况、研究成绩、三十六年度工作纲要等。

卢守耕(1896—1988),字亦秋,余姚人。作物育种学家,农业教育家。著有《稻作学》《现代作物育种学》,与人合著有《作物育种学导论》,合译有《作物育种学》等。(浙图)

【2218T】高粱酒　魏岩寿、何正礼编,袁秉美校

上海:商务印书馆,1935 年 5 月,131 页,32 开。(工学小丛书)

本书分绪论和国内高粱酒之酿造实施 2 篇。(浙大图　读秀)

【2219T】乳腐毛霉之研究　魏岩寿、祝汝佐著

南京:国立中央大学农学院,1928 年 6 月,12 页,23 开。(国立中央大学农学院研究报告)

本书曾发表于《农学杂志》1928 年第 3 号,讲述作者 1928 年在浙江绍兴城内糟坊发现豆腐乳上发现一种丝状菌,后又在江苏无锡发现类似菌,对此从形态、生理方面进行生物学剖析。(上图)

【2220T】饮料食品　杨荫深编著

上海:世界书局,1946 年,78 页,32 开。(日常事物掌故丛书)

本书讲述茶、酒、饭、粱、油、盐、糖、肉等 20 种饮料食品的产生、制造、使用、变迁等。(上图　国图　读秀)

【2221T】器用杂物　杨荫深编著

上海:世界书局,1946 年,79 页,32 开。(日常事物掌故丛书)

本书介绍文具、妆具、篷具、食具、家具等历史知识。(中科院图　上师大图　读秀)

【2222T】中国蚕丝　乐嗣炳编,胡山源校订

上海:世界书局,1935 年 8 月,443 页,25 开。

本书分 3 编共 19 章,上编为家蚕业,中编为柞蚕业,下编为我国北部诸省及东三省的蚕丝业。(温图　浙大图　复旦图　读秀)

【2223T】居住交通　杨荫深编著

上海:世界书局,1946 年,72 页,32 开。(日常事物掌故丛书)

本书记述有关居住建筑、交通方面的史料。附录"历代居室制度辑略、历代车舆制度辑略"。(中山图　上社院图　读秀)

【2224T】造庭园艺　童玉民编

上海:商务印书馆,1926 年,182 页,32 开。(实用农艺丛书)

本书分庭院总论、设计、施工、管理等 4 篇。（浙图　CADAL）

【2225T】续刻杜白两湖全书　叶瀚编，杨振骧续纂

宁波：吴锦堂刊行，1917 年，147 页，8 开，有图像，精装。

本书内容为浙江慈溪县北乡的杜湖、白洋湖设闸、兴修水利工程的建议和经过等。所收资料自光绪三十三年至民国六年。附两湖全图。余姚文保所卷首书名题：续刻杜白二湖四浦水利全书。（上图　浙大图复印本）

【2226T】道路建筑学　陈树棠著

上海：中华全国道路建设协会，1934 年，232 页，32 开。

本书共 3 编，上编为道路之进行，中编为铺道之类别，下编为建筑之准备。前有孙洪尹、王正廷、陆丹林序并作者自序。

陈树棠，字露香，一作露芗，为南社社友。（浙大图　北大图　读秀）

【2227U】行船预防冲突法　孙德全译

上海：招商局总管理处，1929 年 5 月，32 页，36 开，有图。

本书原文为 1889 年在华盛顿决议的 *Regulations for Preventing Collisions at Sea*。书口题"海上冲突预防法"。（上图　国图）

【2228U】海员须知　**孙德全**、黄乃穆编

上海：上海市航业同业公会，1933 年，866 页，2 册，36 开。

本书共 4 编，论述船员职责、纪律、服务，船长职权及海运防险、营业等。卷首有题词、绪言、陈伯刚和提廷梓序、孙慎钦先生小传。（上社院图　津图）

【2229U】京沪沪杭甬铁路机车车辆及行车设备便览 京沪沪杭甬铁路车务处运输课编

上海：京沪沪杭甬铁路车务处运输课，1934 年，210 页，50 开。

本书全部为表。内分京沪线、沪杭甬线、沪闸段与曹甬段 3 部分。（上图　国图）

【2230U】京沪沪杭甬铁路行车附则 京沪沪杭甬铁路管理局编

上海：京沪沪杭甬铁路管理局，1936 年，80 页，50 开。（上图　国图）

【2231U】京沪沪杭甬铁路行车保安规章　京沪沪杭甬铁路管理局车务处辑

上海：京沪沪杭甬铁路管理局车务处，1935 年，31 页，36 开。

本书内收行车保安办法纲要、预防货列车冲越号志办法等。（上图）

【2232U】列车与车辆调度规章　京沪沪杭甬铁路管理局车务处编

上海:京沪沪杭甬铁路管理局车务处,1935 年 1 月,27 页,32 开。

本书目次页题名为:京沪、沪杭甬铁路列车与车辆调度规章。(上图)

【2233U】国有铁路联运车辆检修及修理规则 京沪沪杭甬铁路管理局车务处编

上海:京沪沪杭甬铁路管理局车务处,1934 年 9 月,29 页,48 开。(上图)

【2234U】飞机翼下的世界 宾符、贝叶编

上海:生活书店,1937 年 4 月,267 页,32 开。(世界知识丛书)

本书封面题"世界知识社编",内收《征服天空的前奏曲》《杂谈飞机本身》《飞机翼下的世界》3 篇文章。(中山图 复旦图 北大图 读秀)

第七节 综合类

【2235Z】抱经楼丛刊五种 〔清〕沈德寿编

宁波:慈溪沈德寿,1927 年,铅印本,线装,6 册。

本书辑录《诗传注疏》《游宦纪闻》《玉峰先生脚气集》《南阳集》《徐文长佚草》等 5 种旧椠旧抄。(浙图)

【2236Z】抱经楼藏书志六十四卷 沈德寿编

宁波:慈溪沈氏美天印局,1924 年,铅印本,线装,20 册。

本书书前有《抱经楼书目记》。系仿《爱日精庐藏书志》和《皕宋楼藏书志》而作,但上述两志截止明朝,此志延及清代,专载旧椠旧抄之流传罕见者,每书有解题并兼收诸书序跋,登录前人手迹题识。(浙图 国图)

【2237Z】不登大雅文库书目 马廉编

民国间抄本,线装。

本书为 19 箱图书目录,包含戏曲、小说、内词、诗余、集子等。(国图)

【2238Z】奉化文献初集四卷 严竹书辑

重庆:1945 年,铅印本,线装,32 开。

本书主要刊载奉化名人文章和名人介绍。

严竹书(1895—?),奉化人,曾就职于《四明日报》。1945 年开始编辑出版《奉化文献》,到 1949 年共出版 4 集共 18 卷。(上图)

【2239Z】伏跗室碑录不分卷　冯贞群编
　　民国间凫泉山馆稿本,线装,1册。(天一阁)

【2240Z】伏跗室碑帖目不分卷　冯贞群编
　　宁波:民国稿本,线装,1册。(天一阁)

【2241Z】伏跗室借书目录不分卷　冯贞群编
　　宁波:民国稿本,线装,1册。(天一阁)

【2242Z】伏跗室续汇刻帖目稿四卷　冯贞群编
　　民国二十七年(1938)稿本,线装,4册。
　　冯贞群(1886—1962)字孟颛、曼儒,号伏跗居士,慈溪人,藏书家,目录学家。著有《鄞范氏一阁书目内编》《续甬上耆旧诗集考略》《宁波市古物陈列所医家书目初稿》《浙江史料稿目》等。(天一阁)

【2243Z】经学通论　陈汉章著
　　宁波:民国间铅印本,线装,1册,有图表。
　　本书论述经学的范围、性质和治经的途径,概述清以前各代经学,并分论《周易》《尚书》《诗经》《三礼》《三传》。(国图)

【2244Z】孔贾经疏异同评一卷附录一卷　陈汉章著
　　宁波:民国间木活字印本,线装,1册。
　　本书书口题"缀学堂经部稿",收入《四明丛书》第七集。(国图　上图)

【2245Z】抹云楼藏书目　秦润卿编
　　宁波:民国间抹云楼抄本,线装。
　　本书为抹云楼所受赠书的书目,含赵氏家属赠叔孺先生遗书167部2698册,张氏家属赠让三先生遗书746部4125册,章显庭先生赠书10部572册,何学愚赠书3部22册,诸友赠书4部37册。(甬图)

【2246Z】目睹天一阁书录四卷附编二卷　林集虚编
　　宁波:1938年藜照庐木活字本,线装,2册。
　　本书卷首为林集虚《目睹天一阁书录缘起》,依薛福成《天一阁见存书目》次序编次,区四部而不分门类,著录书名、卷数、存卷、著者、纸张、本数、版本、版式、书根题字、藏书印等。卷末为林集虚《辨天一阁藏书非丰氏万卷楼旧物》。(天一阁)

【2247Z】鄞县县立图书馆书目　杨铁夫编

1932年铅印本,线装,1册。

本书分为丛书类书部、分类部两大部,末附赠书目录。有杨铁夫序跋,末有蓝印《附言四则》(凌仁榆识)、《外借图书简约》一则。该书版心题"宁波市立图书馆书目"。(甬图 天一阁 浙图 国图 上图)

【2248Z】宁波学人著书目一卷 张寿镛编

宁波:张氏约园抄本,民国间,乌丝栏线装,1册。

本书据光绪三年鄞县志、光绪二十五年慈溪县志、光绪三十四年奉化县志、光绪三十八年定海厅志辑录鄞县、慈溪、奉化、定海四邑人士著作。并以一流学者所纂述的作品收录最为详细,如鄞县万氏、定海黄氏。(杭图 国图)

【2249Z】求恒斋书目不分卷一卷君木书目一卷 冯开、冯贞群编

民国间稿本,线装。(元一阁)

【2250Z】日用百科常识(三编、附编、后编) 姜泣群等编

上海:教育图书馆,1928年,1448页,6册,32开。

本书分岁时、法政、交际、家政、医药、书画、历史等38篇。附录跳舞常识等。(北大图)

【2251Z】抱经楼钞书六种 沈德寿编

民国间稿本,12册。

本书含《二刘先生阚湖说诗》《阚湖记言》《毛诗原解》《梁昭明太子六律六吕文启》《语词演义》《苏长公小品》六种。钤"授经楼藏书印""浙东沈德寿家藏之印"等印,版心下镌沈氏授经楼钞藏。

沈德寿(1862—?),字长龄,号药庵,别号癫民,慈溪北乡师桥人。著《百幅庵书画记》。(国图)

【2252Z】四明经籍提要 张寿镛编

民国间稿本,12册。

本书仿四库提要体例,从《四库提要》提取四明文献,编成《四明经籍提要》甲集十卷。

张寿镛于1934年6月着手组织人员编辑该提要,集资数千元,借宁波旅沪同乡会三楼藏书室作为社址,礼聘同乡耆宿夏启瑜为编辑主任。

夏启瑜(1865—1935),字伯英、同甫,鄞县人。曾创立四明文献社。(国图)

【2253Z】四明经籍志四十五卷　张寿镛辑

民国间抄本，4 册。

本书依据各时期郡县艺文志等资料编成，仿焦竑《国史经籍志》例，取各志所著者，分经史子集类例之，记录乡贤著作。（天一阁　浙图　国图）

【2254Z】太平御览校录八卷　陈汉章著

1925 年稿本，4 册。

本书无序跋。前三册为逐条校录、释文。最后一册为所引书目索引。该书稿节第四册用的稿纸是"研究国学门"，正是陈汉章在北大执教的后期。（浙图）

【2255Z】镇海县动员委员会教育文化事业组藏书分类目录　镇海县动员委员会教育文化事业组编

宁波：镇海县动员委员会教育文化事业组，1939 年，40 页，32 开。

本书分总类、哲学、社会科学、自然科学及应用技术、文学、地图辞书、杂志、本组出版物等类。（读秀）

【2256Z】汇刻书目二编十卷　周毓邠编

上海：上海千顷堂书局，1919 年，线装，6 册。

本书补清人朱学勤《汇刻书目》未收的丛书。

周毓邠（1876—?），名亨初，原名兆熊，字渭渔，号苇渔，更号新初，别号懋庐子。（陕西师大图　斯坦福图）

【2257Z】天一阁简目两种　冯贞群编

宁波：天一阁，1936 年，336 页，32 开。

本书包括《天一阁方志目》《天一阁藏明代试士录目》两部。《方志目》收天一阁藏明刊方志 270 余种，清志 10 余种。《明试士录目》收天一阁藏明进士会试、乡试、武举录 374 种。附清初 20 种。卷首有冯贞群序。（甬图　温图　浙图　国图）

【2258Z】效实中学图书馆分类图书目录　效实中学图书馆编

宁波：效实中学图书馆，1931 年，460 页。

本书收录总类、哲学、宗教、社会科学、语文学、自然科学、应用技术、美术、文学、史地共 10 大类 3271 种、5907 册图书。有冯度题字"文化渊薮"。（浙图　CADAL）

【2259Z】鄞范氏天一阁书目内编十卷 冯贞群编

宁波:重修天一阁委员会,1937—1940 年,线装。

本书含劫余书目四卷、书藏目录一卷、附录四卷、补遗一卷。附录天一阁史料。卷首有自序,见例。(甬图 天一阁 浙图 国图 上图)

【2260Z】鄞南张氏古骊室藏书目录 张之铭编

民国二十四年(1935)稿本。(天一阁)

【2261Z】鄞县文献展览会出品目录 鄞县文献展览会编

宁波:鄞县文献展览会,1936 年,272 页。

本书收录《宁波府属各县方志目》《四明丛书目》《鄞先贤画像目》《鄞舆图目》《天一阁方志目》《天一阁藏明代试士录目》《鄞古物陈列所礼器目》《鄞通志馆碑碣拓本目》《鄞砖甓目》等目录。依据公家藏品编目,不包括私家藏品。前有《鄞县文献展览会陈列所线路图》。(甬图 浙图 国图 上图 读秀 CADAL)

【2262Z】浙江鄞县县立图书馆图书目录 鄞县县立图书馆编

宁波:鄞县县立图书馆,1936 年,510 页,25 开。

本书收录该馆 1935 年 8 月以前入藏图书 8531 种,依王云五"中外图书统一分类法"编排。有叶谦谅、凌次榆序。书前载分类大纲、四部分类检页表。封面有陈宝麟题字。(浙图 CADAL)

【2263Z】约园藏书志 张寿镛编

张氏约园,民国间抄本,2 册。

私家藏书目录。(民国时期私家藏书目录丛刊)(国图)

【2264Z】张寿镛约园藏书志善本目录六卷 张寿镛编

民国间抄本。(天一阁)

【2265Z】张约园遗书目录一卷 编辑四明丛书记闻一卷 冯贞群编

宁波:1946 年,铅印本,线装,2 卷。

本书含张寿镛所著书目 11 种、所辑书目 8 种、所刻书目 160 种。《编辑四明丛书记闻》分缘起、甄录、辑佚、访书、编辑、结论、附录 7 部分。(甬图 国图 上图)

【2266Z】浙江省立宁波中学图书目录 宁波中学图书馆编

宁波:宁波中学图书馆,1937 年,202 页。

本书分为总论、哲学、宗教、社会科学、语文学、自然科学、应用技术、艺术、文学、史地类,比较详细记载馆藏书的相关信息。(浙图　浙大图　CADAL)

【2267Z】重编宁波范氏天一阁图书目录　杨铁夫著

南京:金陵大学中国文化研究所,1932年。

本书著录书籍962种,共7991册,是薛福成《天一阁见存书目》的一半。所录各书,以四库分类,每书著录书名,原册数、现存册数、全或缺四项。附天一阁藏书考。卷首有宁波市市长杨子毅《呈浙江省教育厅》文,及《令天一阁族老范佑卿等》文。另有天一阁1930年油印本。

杨铁夫(1869—1943),名玉衔,字季良,广东香山(今中山)人。(天一阁　浙图　国图)

【2268Z】汉和图书分类法　**裘开明**、于震寰著

美国出版中英对照本,1943年,361页。

本书又称《燕京哈佛大学中文图书分类法》(燕京大学图书馆,1933年),设有中国经学、哲学宗教、历史科学、社会科学、语文、美术游艺、自然科、农林工艺、总录书志等9大类,为美国的一些东方文献的收藏机构所采用。

裘开明(Qiu Kaiming,1898—1977),字暗耀,镇海县人。图书馆学家。曾任哈佛燕京图书馆首任馆长。著《中国图书编目法》《汉和图书分类法》《哈佛燕京图书馆中文善本图书》《四库未收明代类书考》等50余种专著和论文。(见《国书分类法问题研究资料》)

【2269Z】美国哈佛大学哈佛燕京学社汉和图书馆汉籍分类目录　裘开明编

北京:燕京大学哈佛燕京学社编,1930—1940年,3册,8开。

本书分为经学类、哲学宗教类、历史科学类三大部分。(浙师大图　国图　上图　苏大图　中科院图)

【2270Z】四明丛书　张寿镛编

民国间刻本,线装。

本书收集四明(今浙江宁波)地区作者历代著作文献,共8集,收录文献162种、1188卷。(甬图　浙图　国图　上图)

第二章　报　　刊

第一节　五四运动时期

【BK001】**四明日报**　清宣统二年(1910年6月30日)由蔡琴荪等发起创办。社址在江北岸洋船弄。股东为甬城著名绅商。设有股东委员会,有"绅士报"之称。先后担任主笔的有王荦、张朴生、章巨摩、庄禹梅(代理)、吴铁花、叶莞、陈布雷、李琯卿等。

　　《四明日报》日出对开2大张,8版,其中新闻、广告各4版。白报纸铅印,一版刊登广告启事,二、三版刊登国内外专电、新闻及时评。设"专电""汇电""紧要新闻""海外要闻""各省通讯""本省通讯""本郡通讯"及"琐闻"等栏目。后陆续辟《四明艺苑》《四明俱乐部》《谭薮》《余霞》《新谈助》等副刊。民国十四年(1925)5月后,该报被国家主义派所控制。民国十六年(1927)3月国民革命军进驻宁波时被封闭。(甬图　甬档案馆)

【BK002】**卫生杂志**　清宣统三年(1911)创刊于宁波,徐友丞主办,共出57期。1918年后改称《卫生公报》。

【BK003】**新佛教**　清宣统三年(1911年3月)创刊于宁波,宁波新佛教社主办,1911年3月至7月共出版6期。1920年3月起期数另起,又出版两卷共10期。1921年1月停刊。(上图　四川图)

【BK004】**朔望报**   清宣统三年(1911 年 7 月)创刊,半月刊,宁波朔望报社编辑及发行,社长天恨(应彦开),编辑主任沧浪、化尘。章程称:"以唤起国民爱国思想,鼓励国民尚武精神,灌输学术,针砭社会为宗旨。"停刊时间未详。(浙图 湖南图)

【BK005】**余姚医学报**   民国元年(1912)余姚医会同人创办。医药卫生类专业期刊。

【BK006】**促进报**   民国元年(1912)5 月创刊,同年 7 月停刊,月刊,出版 3 期。宁波社会公益促进会主办。(编译局信息部　浙图)

【BK007】**方闻报**   民国二年(1913)创刊,日刊,社址江北岸中马路,经理袁礼敦,主编陆珠浦。宣传三民主义,日出对开一张。内容与《四明日报》同。不到一年,因经费支绌停刊。
　　袁履登(1879—1954),名礼敦,生于宁波,祖籍绍兴。

【BK008】**四明医铎**   民国二年(1913)1 月创刊于宁波,郭永年主编。出版 2 期,医药卫生类专业期刊。

【BK009】**兰江报**   民国三年(1914 年春,一说 1913 年 2 月)创刊,日刊,主办人叶梧春,主编向蜇庵,石印 4 开一张,为专报道妓馆消息,教唆人们如何嫖妓及研究嫖学的淫靡小报。订阅者少,不一年停刊。这是有史料记载的时间最早的宁波近代小报。

【BK010】**浙东公报**   民国四年(1915)创办,日刊,中国同盟会会员卢浩、钱衍纠合同志集资一万元创办。社址在江北岸桃渡路。总经理袁炳熊(明山)、经理卢浩、协理钱衍。主编向龙(蜇庵)。日出 4 开 4 版 1 张,由钧和印刷公司代印。每张铜元一枚。内容与《四明日报》相似。宣传爱国图治,伸张民权。后因人员更迭,渐失本来面目,1917 年停刊。

【BK011】**詹詹报**   民国四年(1915 年,一说 1917 年)创刊,周刊,主办人金臻庠,主编乌一蝶,铅印 4 开一张,专载剧评及戏剧界消息,其实是为捧京剧演员芙蓉草(赵桐珊)而出版。约出 10 余期停刊。

【BK012】**民意报**   民国五年(1916)创刊于上海,宁波人创办。(上图)

【BK013】**小甬报**   民国五年(1916)9 月创刊,日刊,汪北平、胡重耳主办,江北岸鸿运里新闻报分馆编印。

【BK014】**余姚医药卫生报**　民国七年(1918)余姚中华卫生公会创办于余姚,民国十年(1921)停刊。共出 57 期。医药卫生类专业期刊。

【BK015】**医学卫生报**　民国七年(1918)徐友丞在宁波创办该刊,1920 年停刊,共 25 期。月刊。医药卫生类专业期刊。

【BK016】**明州报**　民国八年(1919)创刊,梁觉人主办,小型报,逢 3、6、9 日刊出,不久停刊。社址百丈街土地巷。

【BK017】**天鸣**　民国八年(1919)创刊于宁波,戴统痴主编。白话刊物。时政类进步刊物。

【BK018】**火花**　民国八年(1919 年)创刊于宁波。主编不详,五四运动时期宁波进步白话刊物。

【BK019】**效实学生自助会周刊**　民国八年(1919)5 月创刊,周刊。效实中学学生自助会编辑出版,主编胡仲持、毛起。初为油印,1919 年 6 月 1 日起正式铅字排印,8 开 4 版,设有"论说""常识""专件""每周新闻"等栏目,是五四后宁波第一份进步学生刊物。宣传爱国排日,提倡科学民主,曾刊登《亡国恨》剧本和《觉悟》《民气》等进步文章,有强烈的爱国主义色彩。

【BK020】**救国**　民国八年(1919)6 月由宁波救国十人团联合会编,乌一蝶等主编。五四运动时期宁波进步白话刊物。又称《救国要览》。

　　救国十人团联合会于 1919 年 6 月初在江北岸余使君庙北隅第三小学成立,金臻庠(钟灵小学教师,后任记者)被推举为救国十人团联合会会长,乌一蝶(《四明日报》记者)为秘书长。其他主要成员有陈荐荪(印刷业)、王冰生(商界)、赵宇椿(商界)、陈寥士(甘白小学教师)、金梦麟(小学教师)等。救国十人团每团十人,团设团代表,有 126 个团,团员 1260 人。创办团刊《救国》《良心》。

【BK021】**良心**　民国八年(1919)6 月由宁波救国十人团联合会编。

【BK022】**民意**　民国八年(1919)6 月由宁波救国十人团联合会编,出版 10 余期。

【BK023】**宁波工厂周报**　民国八年(1919 年 11 月 25 日,一说 1919 年 11 月 15 日)创刊,周刊,林端甫主编。它是五四时期代表民族资产阶级说话的刊物,也是宁波历史上第一张企业报刊。该刊振兴实业,亦向工人灌输知识,介绍世界各国工业发展和劳动界状况,报道国内工矿企业现状,以及当时焚烧日货动态等。设有讲演、世界观、国内要闻、厂务丛载、艺徒成绩、常识、修养、俱乐部等栏目。停刊时间不详。已见最后一期是 1920 年 1 月 31日出版的。刊名所指"宁波工厂",是一家创办于 1915 年 3 月、规模不大、制造机械、只有职工十余人的工厂。(上图)

【BK024】浙江会稽道公报　民国九年(1920)创刊,5 日刊,浙江宁波会稽道公署发行,逢 1 日、6 日出报,16 开张。1922 年停刊。(浙图　国图)

【BK025】明州繁华报　民国九年(1920)创刊,3 日刊,内容以小品文为主,兼及花事、剧艺。

【BK026】宁波青年　民国九年(1920)创刊,宁波基督教青年会主办。(浙图上图)

【BK027】时事公报,宁波时事公报　民国九年(1920 年 6 月 1 日)创刊。由五四时期宁波救国十人团团长金臻庠集资创办,金自任经理,乌一蝶任主笔。社址在江北岸同兴街。初期发行量为 967 份,日出对开一大张,民国十一年至二十二年(1922—1933)曾出对开三大张。分国内外电讯、本省本地新闻和广告、评论等栏。副刊先后有"新月""散花场""闲云""五味架""珊瑚网""憧憬"等专栏,抗战初期副刊改名《挺进》,抗战胜利后改为《四明山》。曾辟"工商界""经济新闻"栏目,以数字密集型新闻反映市场商品行情。宁波沦陷时,被敌伪劫夺。1946 年 2 月 11 日复刊,改名《宁波时事公报》。1948 年 10 月 24 日被国民党当局勒令停刊。(甬图　上图)

【BK028】一六刊　民国九年(1920)12 月创刊于奉化,奉化裘村民学会主办,庄嵩甫任发行人,吴景明任主编,逢周一、六出版。

【BK029】宁海旅杭同学会月刊　民国十年(1921)5 月创刊于杭州,柔石(赵复平)等主编。宁海旅杭同学会成立于 1921 年,由潘天寿、杨企陶、柴辅文、童中岳、柔石、邬光煜、范禹声、陆卓方、赵邦仁、叶希旦等先后毕业于正学高等小学的同乡同学发动成立,参加者有 40 余人,还曾出版过月刊和《缦光》,反对宁海的封建势力。(浙图)

【BK030】缦光　民国十年(1921 年 5 月 22 日)创刊于杭州,柔石(赵平复)等发起,宁海旅杭同学会创办,月刊。(傅斯年图)

【BK031】宁波旅沪同乡会月刊　民国十年(1921)6 月 15 日创刊于上海,宁波沪旅同乡会创办。月刊。原刊名《宁波旅沪同乡会月报》。第 1—9 期由江觉斋义务主编。1924 年 5 月第 10 期起由洪达观常任主编,至 1929 年 7 月止,出版 72 期。1929 年 8 月第 73 期起,由余道惟主编,至 1937 年 7 月出至 168 期,抗战发生停刊。

该刊除了向同乡会员汇报各种会务纪要、财政收支情况外,还开辟了"四明近讯""七邑近闻""甬地游记""明州轶事""乡音考"等专门介绍宁波讯息的栏目。此外,在插图栏载有不少介绍宁波风光的照片。(浙图　上图　读秀)

【BK032】晨光　民国十年(1921)10 月创刊于杭州浙江省立第一师范学校。为晨光文学社所编刊物,10 天一期,内容多为诗和散文。

晨光文学社是浙江第一个新文学团体,由汪静之、潘漠华、冯雪峰、魏金枝、柔石等人组织,于 1921 年 10 月 10 日在浙江省第一师范学校成立。文学社开始时人数不多,除潘漠华、冯雪峰以外,柔石和魏金枝、汪静之都是第一批会员。以后汪静之又去联络蕙兰中学、安定中学的学生,先后有 20 余人参加。国文教员叶圣陶、朱自清和英文教员、新诗倡导者刘延陵当顾问。

【BK033】宁波市报　民国十一年(1922)创刊,日刊,傅尹人主办,1923 年停刊。

【BK034】宁波新报　民国十一年(1922)创刊,日刊,叶莞为经理兼主编,编辑有戴渭春与王漱琅。销量不大,不到一年停刊。

【BK035】明日　民国十一年(1922)4 月创刊,由浙江省立第四师范学校毕业生同学会编辑,王任叔任编辑主任,周刊。《四明日报》1923 年 4 月 7 日第五版刊载《明日周刊》启事二则,自启事后该刊成为宁波《四明日报》附张,稿件寄往慈溪普迪学校。每周星期日出刊。

【BK036】春风周报　民国十一年(1922)秋创刊,王任叔、王仲隅、王吟雪等主持,春风周报社出版,一说 1923 年 4 月创刊,由春风学社编辑出版,周刊,4 开 4 版。社址在宁波佛教孤儿院。内容分青年、儿童二部,青年之部主要刊载散文、诗歌、杂文、文艺评论、戏剧等,设有"新文艺""零星"等栏目,儿童之部设有"儿歌""童谣""急口令""笑话""故事""民间传说""谜语"等专栏,常发表小学生习作。(上图)

【BK037】澄报　民国十二年(1923)创刊,3 日刊,吴梅仙主办。

【BK038】四中之半月 民国十二年(1923)创刊,半月刊,4 开一张。省立第四中学校友会会刊。在夏丏尊、朱自清等的倡议下经亨颐创办。有演说词、论著、文艺、小说、校讯等。(浙博)

【BK039】正言 民国十二年(1923)春创刊于象山石浦。一说为《正言报》,民办综合类时政小报,主要发表民主革命正义言论。

　　另注:上海 1940 年 9 月 20 日创刊过一份《正言报》。

【BK040】月湖之光 民国十二年(1923)5 月创刊于宁波,浙江省第四师范学校主办,校刊。

【BK041】宁波杂志 民国十二年(1923)5 月 15 日创刊于上海,上海宁波旅沪学会出版,主编陈仲田、发行张静庐、参校者汪北平,月刊。社址在上海贵州路 133 号,设有新闻、论说、时评、谭丛、纪事、撰录等栏目。(天一阁　上图　浙图)

【BK042】秋灯月刊 民国十二年(1923)夏创刊于象山石浦,1923 年秋停刊。月刊,文艺类刊物。

【BK043】新奉化 民国十二年(1923)7 月 10 日创刊于奉化,1926 年 5 月停刊。奉化进步知识分子团体剡社主办,主编胡颖之,年刊。1926 年 1 月王任叔接编后改为月刊,1927 年四一二反革命政变后,于 5 月出 5 期后停刊。北京永明印书局承印,宁波四明日报馆发行。以"反映民情,端正乡风,振兴实业,改良社会"为宗旨。

　　内容有言论、调查、人物、传记、本县大事记、文艺、通讯、附录及实业计划、资政言论、风俗漫谈、同人消息等。该刊评论时政、反映民间疾苦、宣传五四新思想。(奉化文保所　浙图)

【BK044】新宁波 民国十二年(1923)12 月创刊于宁波,1924 年 6 月停刊。屠哲隐主编,新宁波杂志社刊行,1923 年 12 月至 1924 年 6 月出版第 1 卷第 1 至 3 期。是一种大型的综合性刊物。

【BK045】石浦商报 民国十二年(1923)冬创刊于象山石浦,1924 春停刊。月刊,经济类刊物。

【BK046】姚江周报 民国十二年(1923)冬创刊,周刊,韩振业主办,张一渠(薏居)任总编辑。4 开报,若逢重大节日,则出对开报。每期约印 500 份。内容以本地社会新闻为主,间有诗词、文艺作品,鲜涉政治问题。社址在邵家花园,由宁波华升印刷厂代印的。是余姚第一张地方报纸。

【BK047】舜江 民国十三年(1924)创刊,3 日刊,余姚出版的报纸。

【BK048】锦溪 民国十三年(1924)创刊于宁波奉化初级中学,停刊于 1926年,王任叔、王以仁主编,双旬刊。奉化初中校刊。

该刊前 10 期为报张式,从第 11 期起改为书装式,对外发卖。除以一定篇幅记载校内大事外,主要是刊登学术文章,如王以仁的《中国韵文之变迁》《心理分析与文学》,王任叔的《论独幕剧》《小说论》。

【BK049】余姚青年 民国十三年(1924)创刊于余姚,郭静唐、楼适夷创办,半月刊,32 开本。《余姚评论》同人的业余产物,在余姚青年中宣传新文化,传播革命新思想。

【BK050】东光 民国十三年(1924)春创刊于宁波,周焕任编辑,半月刊,约出刊 10 余期,为东光社社刊。童文光、周焕、沙文汉等一部分鄞东乡就读甬城的学生,组织起东光社。

【BK051】月霞 民国十三年(1924)创刊于宁波,月刊,张超主编。(浙图傅斯年图)

【BK052】四明中学年刊 民国十三年(1924)创刊于宁波,宁波四明中学(教会学校)编,校刊。仅见 1 期。除发表学生的各科学术研究论文、学习心得和文学作品外,还用大量篇幅刊登校园、学校教职员的年刊社人员及各级学生照片,介绍级史、学生社团、教员组织、工人平民学校及体育活动等,并报道校闻。(浙图 北大图)

【BK053】四中季刊 民国十三年(1924)创刊于宁波,浙江省立第四中学学生自治会出版股编印,季刊。丰子恺曾在四中任教美术、音乐,封面画上,画了一本书和一只燃烧着的蜡烛。(上图 北大图)

【BK054】宁波公报 民国十三年(1924)1 月由美国人司徒克秋创办于宁波江北岸。司徒克秋,宁波旅沪同乡会题名录,永远会董。(来源:《浙江省外事志》)

【BK055】农林报 民国十三年(1924)4 月创刊于宁波奉化,宁波农林报馆主办发行,原为月刊,后改为半月刊。(上图 湖南图)

【BK056】飞蛾 民国十三年(1924)5 月创刊于宁波,浙江省立四中学生飞蛾社主办,杨荫深、竺时英等主编。

竺时英(1904—1934),又名良甲,字乙卿,奉化人。1919 年,考入宁波省立第四师范,1923 年 9 月,宁波第四师范并入省立四中,与同学一起在校内组织了飞蛾社。

【BK057】余姚评论　民国十三年(1924)5 月创刊于余姚,1927 年 7 月停刊。余姚进步青年集资创办,郭静唐、楼适夷先后任主编,半月刊或旬刊。以宣传新思想,抨击时弊为宗旨。另称《姚江评论》每期发行 500 份。1926 年年底受军阀孙传芳部迫害一度停刊。1927 年 2 月,国民党余姚县党部成立后复刊,为县党部主办刊物。同年"四一二"政变后被查封。(《余姚党史资料》1984 年第 23 期可见第八期内容提要;《宁波革命史迹画册》可见图片)

【BK058】甬江声　民国十三年(1924)5 月创刊,甬江女子中学主办,私立甬江女子中学的校刊。著名教育家经亨颐先生曾为该刊题"清风唱和"以示祝贺,刊物为 16 开本,中英文合刊,中文 90 页,英文 40 页。该社刊成员有 26 人组成,社长胡彩玉,书记金石音。《甬江声》以刊发学生习作为主,中文部分设有"言论""小说""随笔""译述""杂著""诗词""纪事"七个栏目。(上图　浙图　中山图)

【BK059】宁波评论　民国十三年(1924)5 月 15 日创刊于宁波,同年 11 月停刊,半月刊,后改为不定期出版,8 开 4 版,铅印。共出版 10 期。周天僇、谢传茂等根据团组织指示以个人名义创办,实为中共宁波地方组织机关刊物。由日新街宁波明星书局发售,在镇海、奉化、杭州、上海、南京等地设立代售处,撰稿人周天僇、谢传茂、赵济猛、王任叔(巴人)、曹静渊等。该刊结合宁波实际,鼓吹新文化、新思想,批判旧文化、旧道德,反对帝国主义和地方封建顽固势力。(上图)

【BK060】我们　民国十三年(1924)7 月 30 日创刊于宁波,中国文学研究会宁波分会创办,倡导五四新文化。朱自清主编,俞平伯、叶圣陶等为助编。不定期出版。(温图　国图　读秀)

【BK061】日月旬刊　民国十三年(1924)8 月 15 日创刊于宁波,王玄冰主编,浙江省立第四中学日月文学社主办,旬刊,4 开 2 版。在《四明日报》的附刊《闻报》上每隔 10 日出版一期,共出过七八期。每期有编者王玄冰写的一篇文学评论文章。

日月文学社为浙江省立第四中学(现宁波中学)学生建立的进步文学

社团组织,由王玄冰、何志皆等人创办。

【BK062】宁波周报　民国十三年(1924)8 月 20 日创刊,周刊,1925 年 3 月终刊。上海宁波周报馆编辑发行,主编张静庐、汪北平。社址为上海五马路福裕里 75 号。

　　辟有论说、通讯、特载、纪事、附录、编余等栏目。以研讨宁波政治、推进宁波之建设为宗旨。内容包括对宁波地方政治、经济、文化教育、社会诸方面的报道。提出各种建设主张并评述国内时事。所发文章多反映改良主义观点。(甬图　浙图　编译局信息部　上图　读秀)

【BK063】农林品种报　民国十三年(1924)秋创刊于奉化。浙江宁波农林报馆发行,奉化尚田勤生农局总办事处主办,随《农林报》附送。(上图)

【BK064】文学　民国十三年(1924)10 月 7 日创刊,雪花文学社创办,每期 4 开 2 版,作为《四明日报》附刊,第四期起由王任叔主编。文艺类周刊。

【BK065】农产汇报　民国十四年(1925)创刊于宁波,宁波浙东农林垦务处主办,随报附送《中华农报》。(上图)

【BK066】农国周报　民国十四年(1925)创刊于宁波,浙江宁波农国周报馆主办。农林类专业期刊。(上图)

【BK067】五味架　民国十四年(1925)创刊,时事公报附刊。(甬图　上图)

【BK068】春光　民国十四年(1925)创刊,宁波氛星社主办,出版《上海(五卅)惨案增刊》,刊登《警告同胞》和《五卅案之最大起因及其善后》等文章,揭露帝国主义的罪行。

　　氛星社是 1925 年"五卅"以后产生的宁波爱国团体,创办社刊《春光》,并组织剧团,进行反帝宣传活动。

【BK069】农林讲义　民国十四年(1925)创刊于宁波,宁波中国农林技学互相研究所主办。农林类专业期刊。(上图)

【BK070】生计学说　民国十四年(1925)创刊于宁波,宁波中宁农工社主办。(上图)

【BK071】新村蔷薇园　民国十四年(1925)创刊于宁波,宁波大同农社新村蔷薇园主办。(上图)

【BK072】中华农报　民国十四年(1925 年)创刊于宁波,宁波中华农报社主

办,共出 29 期。1925 年 3 月停刊。(中大图)

【BK073】**爱国运动**　民国十四年(1925)创刊于宁波,宁波勤生农林场对外后援会主办。(上图)

【BK074】**宁波学生**　民国十四年(1925 年)创刊于宁波,宁波学生联合会主办,又名《宁波学生联合会周刊》。初为周刊,1927 年 3 月 20 日起改为半月刊,32 开 16 页。宁波学生联合会会刊。由周曹裔负责编辑。刊物内容有学生论文、理论研究、青年问题讨论、会务报告、文学艺术作品等。(甬图　国图　复旦图)

【BK075】**宁海旅沪学会会刊**　民国十四年(1925)创刊于上海,宁海旅沪学会主办。1925 年 10 月,蒋如琮、范金镳、林淡秋、潘天寿、章广田、王育和、俞岳等在上海大同大学发起成立了"宁海旅沪学会",创办会刊,传播革命思想。(浙图)

【BK076】**晨光**　民国十四年(1925 年)宁波浸会高级小学晨光社创办,非卖品。

【BK077】**宁波旬报**　民国十四年(1925)1 月 1 日创刊,旬刊。

【BK078】**宁波旬刊**　民国十四年(1925)1 月 1 日创刊于宁波。红字铅印,4 开 4 版,旬刊。社址江北岸洋船弄 116 号,分售处日新街新学会社。王任叔著小说《不速之客》载《宁波旬刊》第 1 期,此期还登有霜枫《非基督运动之意义》等文。

【BK079】**火曜**　民国十四年(1925)3 月 24 日创刊于宁波,玫瑰(潘念之)主编,华小蜂(华岗)、汪子望等任编辑,日新街明星书局发行(一说宁波日升街明星书局),周刊,铅印,32 开本,16 版。中共宁波党团组织机关刊物。为《宁波评论》的继承刊物,以主张国民革命,反对帝国主义和军阀,提倡科学与民治,反对迷信与专制,注意本地区问题讨论为宗旨。1925 年 8 月 22 日停刊,共出 15 期。(编译局信息部　复旦图)

【BK080】**市情日刊**　民国十四年(1925)4 月创刊,日刊,8 开 2 版,毕维葶主编。以刊登商品广告和甬埠、上海各业市情为主,偶尔刊登一些商业评论,及旅行表、简便年历之类。社址在江北岸马澜桥,后迁城内应家弄。(甬图)

【BK081】**爱国青年**　民国十四年(1925)5 月创刊于宁波,1927 年停刊。半月刊。宁波爱国青年社编,李琯卿主编。宣传国家主义,主张内除军阀,外抗强敌。

1925 年年初,李琯卿、张希为、陈荇荪等人在浙江宁波组织成立"爱国青年社",发行《爱国青年》半月刊。(浙图 读秀)

【BK082】劳星 民国十四年(1925)5 月 1 日创刊,月刊,钧和印刷公司工人联合会的少数印刷工人集资创办,4 开 4 版。办刊宗旨是"翼以微细之鸥声,唤醒被压之同胞","为劳力同志交换意见,增进知识,达到真正自由"。创刊号登有《本刊临盆的几句话》《切身问题》《我之对于劳工同胞之商榷》等文章,有发刊词。办事处设在钧和印刷公司内排字部。

【BK083】宁波旅杭同乡会月刊 民国十四年(1925)6 月创刊于杭州,宁波旅杭同乡会主办,宁波旅杭同乡会副会长郑宜亭委托颜耿性主编,月刊。据编者自称,"系完全义务",刊物内容几乎由颜耿性独撰,但多为时令小品文,涉及同乡会事务者很少。目前仅见第二期。(浙图)

【BK084】大风 民国十四年(1925)8 月创刊,雪花社创办,终刊于 1926 年 1 月,周刊。张孟闻主编,宣传进步思想,抨击地方恶势力。约出至八九期停刊。

【BK085】甬江枪声 民国十四年(1925)8 月 26 日创刊于宁波,浙江省立四中学生编发,不定期出版,4 开一张。其主旨拥护经亨颐担任四中校长以来的一系列教育改革,传播新文化、新思想,反对保守势力驱经活动,激励青年学生反帝反封建。

【BK086】新蚶 民国十四年(1925)9 月 11 日创刊于象山,1926 年 2 月停刊,象山旅甬学生组织"新蚶社"主办。4 开版,免费分送。每月 1 日、15 日出刊,负责人宋轼,后限于人力财力,改为不定期。

新蚶社 1925 年 9 月由象山旅甬学生许福莹、倪毓水、刘积铨(均宁波甲商学生)主持,有会员 20 余人,负责人宋轼,宗旨是"联络感情,服务社会"。社址象山丹城忠烈祠。

【BK087】桃源 民国十四年(1925)9 月 18 日创刊于奉化,宁波奉化县萧王庙桃源社主办,月刊。文艺类刊物。(上图)

【BK088】慈溪周报 民国十四年(1925)10 月创刊,周刊,约半年后停刊,主办人郑留隐、冯孝同、杨渊如。

【BK089】二小月刊 民国十四年(1925)10月创刊于鄞县,鄞县县立第二小学自治会编辑出版。(甬图)

【BK090】苍蝇 民国十四年(1925)10月7日创刊于宁波,宁波乙丑编译社编行,主编乌一蝶,停刊于1927年4月,月刊。1925年10月由《乙丑》月刊改名而来,是一份具有讽刺性的文艺刊物,共出版5期。(上图)

【BK091】慈北青年 民国十四年(1925)10月25日创刊于宁波,慈北旅甬青年社主办,沈邦祺、沈孝绩等主编。出版过油印刊物一期。

沈邦祺(1904—1941),又名松龄、鸿毅,师桥镇埂田村。(慈溪党史办公室)

【BK092】浃滨旬报 民国十四年(1925)冬创刊于镇海,小港文人李啸琴主办,李仲瑜主编,旬刊,4开4版。社址在镇海江南义成碶跟。其消息报道侧重于县城及江南岭外一带。因经费困难,只出版几十期后就停刊。

【BK093】宁波商报 民国十四年(1925)12月创刊,日刊,发行人为律师袁世霖,社长厉渭吟,主编方佩刚(一说叶伯允),社址在车站路昇(或升)平坊,自置印刷机。日出三大张,因销数不大,1926年4月23日停刊。民国二十年(1931)春,李匀之等沿用此名出刊,至109期止。1932年3月,金梦麟、洪宸笙等集资续办。

民国二十三年(1934)4月陈伯昂接办,7月转让给宁波商社。

民国二十六年(1937)10月1日起,开办短波电讯,报道抗战消息,国内外重要电讯与沪杭各报同日刊出。增辟"抗战""抗战民众"栏目。次年2月至3月间,中共宁波商报馆支部成立,通过商报阵地宣传抗日救亡。宁波沦陷前夕停刊。民国三十七年(1948)1月复刊,宁波商会主办。社址在苍水街44号,发行人斯旺,主编赵光宇。由宁波工商印刷所承印。发行量8000份。设"大街小巷""经济小言""上海商情"等栏目,辟《商坛》《甬江》副刊。1948年7月停刊。(甬图 甬档案馆 上图)

【BK094】姚江声 民国十四年(1925)12月创刊于余姚黄家埠宪元小学,停刊于1926秋,许天定、黄德望、茅可人创办。不定期刊物。宁波印刷局承印。专以评击姚邑各种设施及揭发社会黑幕为宗旨。

【BK095】四明 民国十五年(1926)创刊于宁波,月刊,宁波四明中学学生协进会编。主要刊登学生作品。主张吸收众流,不归一派,新不弃旧,意不废词。刊登教会学校教育,中国社会问题解析,主义研究,小学教育,中国青年,学生运动,劳工生活,谚语、小说及诗词。栏目有:论著、研究、诗词、省年学制、补白。(上图　北大图)

【BK096】归农运动　民国十五年(1926)创刊于宁波,宁波中华全国农林救国期成会宣传科主办,月刊。(上图)

【BK097】后稷　民国十五年(1926)创刊于宁波,宁波中华国货后稷牌肥田粉总行发行,非卖品。(上图)

【BK098】绿化消息　民国十五年(1926)创刊于宁波,宁波农林救国期成会主办。该报为宣传农林救国期成会消息之机关报,以绿化主义为号召。(上图)

【BK099】教育月刊　民国十五年(1926)创刊于奉化,王任叔、俞汝镗主编,奉化教育会主办,月刊。

【BK100】宁波商业学校丛刊　民国十五年(1926)创刊于宁波,不定期出版,共出 4 期。

宁波商业学校是前身为民国元年(1912)成立的四明专门学校。(上图)

【BK101】甬江评论　民国十五年(1926)1 月创刊于宁波,第一次国共合作时期宁波国民党党部的机关刊物,攻击国家主义派,1927 年 7 月国民党党部遭到查封,该刊已停刊。

【BK102】春草　民国十五年(1926)1 月 1 日创刊于上海,上海闸北区顾家湾路厚德里 20 号李世诚(女)秘密出版,不定期,32 开 4 版,宁波各书店各学校出售。内容为拥护经(亨颐)、反对劣绅。第一期刊首"开场白"向反对势力示威说:"野火烧不尽,春风吹又生,哈哈,我们又来了!"登有世诚的《四中解散后告宁波青年》和尖音的《反对阶级争斗的阶级争斗》等文章。

【BK103】鄞西旬刊　民国一五年(1926)1 月 1 日创刊于宁波,旬刊,第 7 期改为月刊,4 开 4 版。社址为宁波西门外文昌阁。

【BK104】宁波妇女报　民国十五年(1926)1 月 8 日创刊于宁波,宁波各界妇女联合会主办(一说陈逵僧负责创办),宁波秃水桥培英学校詹明女士发行,月刊。非卖品。共出版 6 期。

【BK105】农趣月报　民国十五年(1926)2 月创刊于鄞县东吴山逸农场,停

刊于 1928 年。浙江宁波农趣月报社编行，月刊。1928 年出版至 3 卷第 3 期。（上图　浙图　四川图　中山图）

【BK106】鸣报　民国十五年（1926）2 月 10 日创刊，不定期，主编范船僧，发行人蒋韵波，文华印刷局承印。中共象山支部机关报，对外以群众组织"鸣社"名义发行。社址象山马公祠。先为 5 日刊，第 3 期后改不定期刊。以"反对帝国主义，反对军阀、拥护国民革命"为宗旨，同年 4 月，遭县知事曾毓骧封闭，9 月，北伐军进军浙江，象山易帜，《鸣报》遂于 10 月复刊，改石印为铅印，1927 年"四一二"反革命政变后，被迫停刊。（象山档案馆）

【BK107】甬江潮　民国十五年（1926）7 月 16 日创刊于宁波，停刊于 1926 年 7 月 30 日。宁波市党部常务委员蒋本菁（共产党员）任主编，编辑部设在启明女子中学，国民党机关刊物。周刊，16 开本 8 页，铅印。仅出 1 期。

【BK108】好同学　民国十五年（1926）9 月创刊于余姚，余姚好同学会主办，月刊。（上图）

【BK109】社会公报　民国十六年（1927）创刊于宁波，宁波社会公报社主办，1928 年停刊。共出 3 卷 28 期。（上图）

【BK110】民星报　民国十六年（1927）创刊，国民党余姚县党部主办，8 开 2 版。

【BK111】宁波市政周刊　民国十六年（1927）创刊，周刊，宁波市政府主办，共出 4 期。（国图）

【BK112】民强　民国十六年（1927）创刊于宁波，宁波民强中学主办。（浙图）

【BK113】宁波民国日报　民国十五年（1927）3 月 7 日由《四明日报》改组而成，日刊，首任社长庄禹梅，主编王任叔，编辑有张闵琰、李花白、倪毓水等。社址在宁波洋船弄。日出对开一大张。第一次国共合作时期国民党宁波市党部机关报。宣传反帝反封建的国民革命。刊有电讯、地方新闻、商情、评论、广告，辟有《机关枪》副刊。1927 年 4 月 9 日因刊登题为《蒋介石亦效军阀故智耶》电讯和《王俊十大罪状》一文，报社遭查封。"四一二"反革命政变后，国民党右派控制该报，刊登反共文章和各地"清党"消息。前后由左润等人主持。1941 年停刊。（甬图　上图　国图　中山图）

【BK114】宁波工人　民国十六年（1927）4 月创刊于宁波。宁波总工会编印,周刊。第 1 期刊有《工人应有之觉悟》《帝国主义者和反攻计划》及《每周政闻》《工人消息》等文章。

【BK115】余姚国民 民国十六年(1927)4 月创刊于余姚,黄德望创办,因黄德望任职康节小学,一度停刊。1928 年 5 月黄造接办,改为 32 开本。不定期,通讯处浒山果界记为发行点。

【BK116】新慈溪 民国十六年(1927)4 月 7 日创刊于宁波,冯亨嘉主编,中山公学慈溪同学会出刊。

中山公学为中共所建立,是宁波市内第一所实行男女同校的学校。校长由杨眉山(国民党市党部常委)兼任,教导主任为中共党员石愈白(清党后曾改名为石德濂),校本部兼初中部设在同善社社址,今之鼓楼西侧鼎新街,高中部则设在湖西竹洲,今之第二中学内。

冯亨嘉,慈溪人,20 世纪 20 年代参加学生爱国运动,任宁波中等以上学校学生联合会副会长。

【BK117】革命日报 民国十六年(1927)4 月 13 日创刊于宁波。宁波学生联合会编印,王仍亡主办,张静绿编辑,日刊。

【BK118】革命画报 民国十六年(1927)4 月 13 日创刊于宁波,宁波学生联合会主办,徐利民主编。

【BK119】姚江报 民国十六年(1927)6 月创刊,史宝梧独立经营,日刊,4 开报。商业性质,靠广告费、报费收入维持。1928 年改名《舜江报》,仍由史宝梧主持。

【BK120】姚报 民国十六年(1927)7 月创刊,日刊,国民党余姚县党部监委姜本矛创办,4 开小报,副刊《芳清亭》谈掌故,说风凉话。后来抗战开始,起初团结一致,不久上下分歧,姜本矛脱离县党部,改行盐务工作,《姚报》也于1928 年停办。后又由卢滴编辑,自 1932 年 11 月起,期号另起。(上图)

【BK121】宁波三日刊 民国十六年(1927)9 月 20 日创刊,旅沪宁波人在上海创办,3 日刊,4 开 4 版。社址在上海百老汇路元芳里 942 号,该刊设有论说、学说、教育、经济、实业、小说、时评等栏,辟有副刊《沪甬趣闻》。(上图)

【BK122】余姚县教育公报 民国十七年(1928)创刊于余姚,余姚县教育局编。(浙图)

【BK123】间闻 民国十七年(1928)创刊,陈布新主办,2 日刊,4 开 2 版。以刊载杂文、随笔和其他消闲文字为主的休闲小报。为《四明日报》附刊。(甬图 上图)

【BK124】小阳秋 民国十七年(1928)创刊于宁波,裘珠如创办,张乙庐、梁觉人主编,是以刊载文艺作品为主的文艺小报。

【BK125】曙钟 民国十七年(1928)创刊于宁波,翁剑心主编,月刊。

【BK126】宁波文学 民国十七年(1928)创刊于宁波,宁波文学会主办,半月刊,文艺类刊物。

【BK127】红疗学报 民国十七年(1928)1 月创刊于宁波,宁波东方红疗学会编辑发行,停刊于 1930 年 4 月,月刊。1928 年 4 月至 1930 年 4 月,出版 1 至 26 期。医药卫生类刊物。(贵州图)

【BK128】中医新刊 民国十七年(1928)4 月创刊于宁波,宁波著名中医庄云庐、王宇高创办,宁波中医协会常务委员会编辑发行,1929 年 5 月停刊,月刊,共出版 14 期。社址宁波江北岸傅家道头 57 号。(上图 福建图)

【BK129】舜江报 民国十七年(1928)6 月由《姚江报》改名而来,史宝梧独立经营,4 开报。

【BK130】舜江日报 民国十七年(1928)7 月创刊,黄应南、姜伯诚主办,日刊,对开 1 张。社址在余姚北城邵家弄口。发行 2000 余份,1934 年由陈大钧、陈新陆、张元杰发起复刊。(余姚市档案馆 上图)

【BK131】弘法刊 民国十七年(1928)8 月创刊于宁波观宗寺,停刊于 1937 年 6 月,宁波弘法研究社主办,宝静法师主编,月刊,16 开,非卖赠阅。

原刊名《弘法社刊》,1935 年第 29 期改称《弘法刊》。1937 年,抗日战争全面爆发,是年仅出 1 期。1938 年,亦出 1 期,即第 35 期,此后停刊。(甬图 浙图 北大图 国图 上图 南京图 南大图 湖南图 四川图 福建图 厦大图 中山图)

【BK132】四明日报 民国十七年(1928)11 月创刊,日刊,对开 1 张,经理汪北平,社址在廿条桥中街。民国十九年(1930)6 月停刊。该报借用原《四明日报》名称,另行创办,与原来的《四明日报》毫无关联。(甬图)

【BK133】宁波市政月刊 民国十七年(1928)11 月创刊于宁波,宁波市政府主办。1930 年 11 月停刊。辟有论著、法规、公牍、会议录、表册等栏目。发表有关市政人才培养、城市改造、市民教育等方面的研究论文,介绍宁波市的沿革,附有工商登记表等。(浙图 国图 南大图 南图 北大图)

【BK134】**宁波小报** 民国十七(1928)12 月 24 日创刊,宁波小报社主办,不久停刊。(上图)

【BK135】**鄞县县政半月刊** 民国十八年(1929)创刊于鄞县,1934 年停刊,半月刊。(浙图 南图 南大图)

【BK136】**中国国民党浙江省余姚县第一届执监委员会工作年刊** 民国十八年(1929)创刊于余姚,国民党余姚县党部编,年刊。主要内容为工作总结。(浙图)

【BK137】**浙江余姚县政府公报** 民国十八年(1929)创刊于余姚,余姚县政府秘书处编,1930 年停刊,县政刊物。(浙图)

【BK138】**宁波新闻记者联合会游艺大会纪念特刊** 民国十八年(1929)创刊于宁波。含宁波新闻记者联合会成立宣言。宁波新闻记者联合会章程等,并收《成功是什么要开这个游艺会》《是否拥护新闻事业的一个测验》等 8 篇文章。(CADAL)

【BK139】**鄞县教育年刊** 民国十八年(1929)创刊于鄞县,鄞县教育局编。记载鄞县每年教育经费及计划、教育法规、教育局工作概况、大事记等。(CADAL)

【BK140】**的报** 民国十八年(1929)1 月创刊,5 日刊,逢 1、6 出版,在余姚出版发行。

【BK141】**明星** 民国十八年(1929)3 月创刊,日新街明星书局出版。

【BK142】**镇海报** 民国十八年(1929)6 月创刊,国民党镇海县党部委员李仲瑜创办,李白任社长兼主笔。社址在镇海南门。民国二十六年(1937)抗战爆发后迁至西门外自家埠。初旬刊,后改为日刊,对开 2 版。抗战时缩小为 4 开一张。以"阐扬三民主义、布达政令、报道消息"为宗旨。民国二十九年(1940)7 月侵华日军登陆镇海时,被纵火焚毁而停刊。民国三十五年(1946)5 月 1 日复刊。社址在城关王和房(现胜利路 6 号)。发行人李仲瑜。对开 2 版,偶出 4 版,间日刊。有国内外新闻、本县消息,先后辟《潮音》

《海风》《招宝山》等副刊。日发行量最高为 2000 份。民国三十八年(1949)4
月停刊。(甬图)

【BK143】**余姚民国日报**　民国十八年(1929)10 月 10 日创刊,蔡礼传、苏灏
等主编,日刊,对开 1 张,余姚国民党机关报,社址在先府前路后新建路。倪
永强为报纸发行人,由蔡礼传主编。抗战开始后,由苏灏主编。余姚沦陷
前已停刊,后改为《南雷日报》,由姚大成主办,发行人仍为倪永强。(余姚
市档案馆　上图)

【BK144】**温灸医报**　民国十九年(1930)创刊于宁波,张俊义、魏其克创办,
宁波江东温灸医报社出版发行。(浙图　国图　川大图)

【BK145】**社会**　民国十九年(1930)创刊,3 日刊,卢助元主办,休闲小报。

【BK146】**余姚教育**　民国十九年(1930)创刊于余姚。(国图)

【BK147】**社会**　民国十九年(1930)2 月 15 日创刊于宁波,卢助元、毕瘦郎
主办,3 日刊,4 开 4 版。社址在江东普仁医院,出版一年多停刊。

【BK148】**舜报**　民国十九年(1930)4 月创刊,日刊,余姚舜报社主办。(上图)

【BK149】**宁波快览**　民国十九年(1930)4 月 2 日创刊于宁波,黄子心编。
据五味架时事公报附刊(1930 年 4 月 3 日)刊载钝翁的《宁波快览出版了》
一文介绍,第一期内容有杨市长、前鄞县党部指导委员、裘珠如、编者等肖
像,中山公园风景,公安局长毛秉礼等人题字,市政论说、火车轮船时刻路
线表、街巷名表、游甬指南、长篇小说,附有上海各业之店名表,全书 72 页,
售出实价两角。(浙图　上图)

【BK150】**民俗旬刊**　民国十九年(1930)5 月创刊于鄞县,负责人娄子匡,大
华印书馆主办,旬刊,共 5 期。

　　宁波鄞县以娄子匡为首创立了民间文艺研究会,除出版《民俗旬刊》,
还以"民俗学会"的名义刊行了数种与故事、传说、歌谣、谜语等有关的小刊
物和丛书。如《歌谣谜语故事周刊》十几期,丛书《宁波歌谣》一辑。(中国
民间文艺家协会资料室)

【BK151】**蔷薇**　民国十九年(1930)7 月创刊于镇海,俞玲华、徐瑛等创办,
半月刊。不久停刊。

【BK152】**大华农报**　民国十九年(1930)8 月创刊于奉化,奉化大华农场技

务部主办,月刊,1931 年 8 月停刊。共出 13 期。(上图 吉大图 安徽图 重图)

【BK153】**商情日报** 民国十九年(1930)9 月 15 日创刊,袁关福创办,日刊,4 开 4 版。社址在大来街 11 号。民国二十五年(1936)11 月聘庄禹梅为主编,宣传抗日,反对内战。次年 1 月,庄禹梅和两名编辑及社长遭当局逮捕,报纸被封。(甬图)

【BK154】**宁波午报** 民国十九年(1930)11 月创刊,日刊,4 开 4 版,后扩大为 8 开,翁剑心主办。休闲小报。

【BK155】**绿野** 民国十九年(1930)12 月创刊于宁波,史济行主编,宁波绿野社编辑出版,月刊,文艺性刊物,出 2 期。(上图)

【BK156】**新闻公报** 民国十九年(1930)12 月 1 日创刊,王菱夫在镇海创办,对开版。1932 年 2 月停刊(一说 1932 年 12 月 6 日停刊)。

【BK157】 **鄞县儿童周报**

　民国二十年(1931)创刊,郯山小学编辑,鄞县教育局印发,周刊,1935 年停刊。主要刊登学生习作,栏目有小言论、诗歌、故事、文艺、随感、日记及演讲稿等。

【BK158】**镇海商报** 民国二十年(1931)创刊,镇海县商会创办,8 开一张版,纸质低劣,半年后停办。

【BK159】**反日与救国** 民国二十年(1931)创刊于鄞县,浙江鄞县中等学校反日救国联合会主办。共出 3 期。(复旦图)

【BK160】**星聚** 民国二十年(1931)创刊于宁波,周颐年创办,3 日刊,休闲小报。《宁波新闻纵横》归入报纸类。共出 12 期。(上图)

【BK161】**弦后** 民国二十年(1931)创刊于宁波,宁波市立商科职业学校学生自治会编。(浙图)

【BK162】**竹洲** 民国二十年(1931)创刊于宁波,宁波女中主办。(甬图)

【BK163】**效实学生** 民国二十五年(1931)1 月创刊于宁波,效实中学学生自治会主办,李侃民等主编,季刊,16 开。(上图)

【BK164】**出路** 民国二十年(1931)4 月创刊于宁波,乌一蝶主编,半月刊,文艺类,因讽刺批评不抵抗主义,被认为有政治背景,出版至 1931 年 9 月第 12 期停刊。1933 年 4 月新的《出路》由宁波出路半月刊社编出,至 1933 年 9 月第 11 期停刊。(上图　复旦图　人大图)

【BK165】宁波时报　民国二十年(1931)4 月 1 日创刊,日刊,4 开 4 版 1 张。张瑞玉、周淑孝二人主办,国民党元老于右任题写报名。刊至 112 期而中止,社址在钉打桥。内容有新闻、评论、广告等,是以刊载新闻为主的新闻时事类小报。(甬图)

【BK166】宁波小日报　民国二十年(1931)7 月 1 日创刊,日刊,王裕高主编,宁波小日报社主办,原名《小日报》,自第 33 期改用本名。(上图)

【BK167】民教　民国二十年(1931)11 月创刊于鄞县,鄞县教育局主办,1933 年 6 月停刊,半月刊。共出 39 期。(上图)

【BK168】鄞县教育周刊　民国二十年(1931)11 月创刊于鄞县,鄞县教育局主办,1932 年 12 月停刊,共出 42 期。(南大图　国图)

【BK169】抗日　民国二十年(1931)冬创刊于宁海,宁海抗日自卫委员会主办,半月刊。

【BK170】宁波可报　民国二十一年(1932)创刊,3 日刊,周慷主办,陈布新、史济行、张澹庵主编,休闲小报。社址在崔衙街 54 号。共出 80 余期。(上图)

【BK171】余姚教育行政　民国二十一年(1932)创刊于余姚,1934 年停刊。(国图)

【BK172】小花园　民国二十一年(1932)创刊于宁波,庄智蜉、竺浚主办,杨隐乐主编,3 日刊,社址在西大街河利市桥,共出 10 期。

【BK173】慈溪民众　民国二十一年(1932)2 月 24 日创刊于慈溪,慈溪民众教育馆主办。(浙图　傅斯年图)

【BK174】余姚日报　民国二十一年(1932)3 月创刊,日刊,陈轶群主编,余姚日报社主办。(上图)

【BK175】紫光报　民国二十一年(1932)4 月创刊,3 日刊,史济行主编,以刊载文艺作品为主的文艺小报。社址在崔衙街 54 号。同年 10 月 15 日停刊。该报原名《宁波紫光》,改名后,期数续前。(上图)

【BK176】奉化新闻 民国二十一年(1932)5 月创刊,3 日刊,4 开,袁伯华、周行保主编。国民党奉化县党部机关报,第 4 版刊奉化县政府公报。后改为《奉化日报》。社址奉化城区武庙。

【BK177】鄞县县政统计特刊 民国二十一年(1932)5 月创刊于鄞县,鄞县县政统计委员会编辑,共出 2 期。第 2 期内容分总务、自治、土地、警卫、教育、建设、财政、救济、禁烟、民食、赈灾、卫生、其他等 13 类。(国图 浙图 吉林图)

【BK178】民友 民国二十一年(1932)5 月创刊于余姚,余姚县民众教育馆主办,半月刊。

【BK179】姚江日报 民国二十一年(1932)9 月创刊,日刊,余姚姚江日报社主办。曾刊载蒋梦麟与陶曾毂结婚的新闻。辟有副刊《新村》。(上图)

【BK180】宁波新闻 民国二十一年(1932)10 月创刊,日刊,陈华英主编,社址在宁波新闻社内。(上图)

【BK181】锦堂校刊 民国二十一年(1932)10 月创刊于慈溪,慈溪锦堂乡村师范学校校刊编审委员会编辑。(国图)

【BK182】奉化报 民国二十一年(1932)11 月创刊,俞啸霞、郑华表主办,后改为《奉化日报》。

【BK183】宁波闲话 民国二十一年(1932)12 月创刊,日刊,8 开,社址设在民国日报社内,由斯旺负责,除单独出售外,并逐日随民国日报附送,不另收费。以刊载杂文、随笔和其他消闲文字为主的小报。(甬图 上图)

【BK184】珍报 民国二十一年(1932)12 月创刊,2 日刊,8 开,史济行主编,傅梦雨发行休闲小报。社址在天后宫后街。

史济行,笔名史岩、齐涵之、天行等,宁波人。曾编辑《人间世》(汉口出版),后改名《西北风》等刊物。1936 年 3 月以白莽同学的名义骗取鲁迅的《白莽作(孩儿塔)序》,鲁迅曾作《续记》予以揭露。

【BK185】镇铎日报 民国二十一年(1932)12 月创刊,3 日刊,4 开 1 张。董杏芳主办,庄禹梅主编。社址江北岸车站路。当局评其"主论带有刺激性,颇受少数人欢迎"。三四个月后停办。

【BK186】温炙医报 民国二十二年(1933)创刊于宁波,宁波江东温炙医报社主办。

【BK187】奉化教育　民国二十二年（1933）创刊于奉化，一说创办于 1930年，奉化县教育局主办，16 开。（甬图　国图）

【BK188】宁波中学生　民国二十二年（1933）创刊于宁波，浙江省立宁波中学学生自治会编，1935 年停刊。（甬图　浙图）

【BK189】乡间　民国二十二年（1933）4 月创刊于上海，黄造主编，通讯处为上海武定路紫阳里 61 号，代表陈一鸥，委托宁波钧和印刷厂代印，不久停办。

【BK190】宁波大晚报　民国二十二年（1933）4 月 1 日创刊，日刊，4 开 4 版，张漠远主编，休闲小报。社址中山公园后乐园内。

【BK191】宁海民报　民国二十二年（1933）5 月 1 日创刊，初为 7 日刊，后改为 3 日刊，再改为日刊。国民党宁海县党部办，发行人为章本范（国民党浙江省党部党务特派员），社长卢朴，主编章桓、编辑石研、严伯钧、石哲，特约编辑胡慕青，采访赵佑藩、华禹谟，经理石陶。发行 200 份，由县前水源兴纸店承印。1935 年改为 3 日刊，1945 年改为日刊，4 开 4 版。销数逐渐增至2000 份。1948 年元旦停刊。（上图　国图）

【BK192】无名文艺月刊　民国二十二年（1933）6 月 1 日创刊于上海，陈企霞、叶紫主编，无名文艺社出版，现代书局代售，卷期号另起，16 开本，120页，仅出 2 期。后因经济原因，被迫停刊，该刊是无名文艺社的会刊，主要刊登小说、诗歌、散文创作。

月刊其前身是 1933 年 2 月 5 日叶紫主编创办的《无名文艺》旬刊，24开本，无名文艺社发行，上海新新印刷公司印刷。无名文艺社在 1932 年 12月由叶紫和一批"无名"的文学青年在上海成立。（北大图）

【BK193】上海宁波日报　民国二十二年（1933）8 月 15 日创刊，日刊，对开 4版，张静庐、洪雁宾在上海创办。张静庐撰发刊词，报道宁波新闻，沟通旅沪同乡消息。刊有地方新闻、国内外要闻、论说、广告等。设《文学周刊》《电影周刊》《小宁波》副刊。1934 年 8 月停刊。社址上海四马路望平街 91号。（甬图　上图）

【BK194】宁波大公报　民国二十二年（1933）9 月创刊，日刊，沈友梅等创办，张澹庵（张红叶）主编，休闲小报。

沈友梅(1904—1994),鄞县茅山乡人。1926 年后相继担任国民党鄞县党部执监委员会常委,鄞奉镇三县东钱湖水利委员会副主任委员、宁波城河委员会副主委兼抗敌后援会常委、浙江省农会常务理事、镇海县党部书记长、第三战区长官上校参谋兼宁波工作站长等。抗战胜利后创办宁波《大公报》。

【BK195】镇海民报 民国二十三年(1934)创刊,3 日刊(一说日刊),4 开 4 版,王漱琅主编。报名为于右任书写,并有"右任"二字落款。内容上,一版是要闻和广告,二版是各类大小新闻,三版有副刊专栏,还有译文、广告等,四版通版为广告。社址在县城南薰路。一年后停办。王漱琅为柴桥地方士绅。(镇海民间收藏爱好者孙某)

【BK196】宁海县教育季刊 民国二十三年(1934)创刊于宁海,宁海县教育局编。(浙图 国图)

【BK197】宁波文艺 民国二十三年(1934)1 月创刊于宁波,宁波文艺社刊行,月刊。仅出一期。(国图 上图)

【BK198】春光 民国二十三年(1934)3 月创刊上海,庄启东、陈君治主编,月刊。进步文艺刊物,艾青的名作《大堰河——我的保姆》在其上发表,第三期后被查封而停刊。

【BK199】犁影 民国二十三年(1934)3 月创刊于鄞县,鄞县县立简易乡村师范学校学生自治会编,1935 年 11 月停刊,月刊,32 开本,共出版 20 期。《犁影》1936 年 6 月 10 日第 17 期设有"教育""论著""文艺""诗歌""报告""专载"等六个专栏,主旨为勉励学生甘为孺子牛,默默耕耘播种希望,复兴农村教育。(浙图 南图 国图 北大图)

【BK200】青年 民国二十三年(1934)3 月 15 日创刊于鄞县,鄞县县立乡村师范学校学生自治会出版股主办发行。(北大图)

【BK201】垦荒月刊 民国二十三年(1934)4 月创刊,王永璋主编,浙江宁波垦荒月刊社刊行,1934 年 4 至 5 月出版 1 至 2 期。新文学刊物。共出 3 期。廖沫沙曾在该刊第一卷第三期发表《两封信》。(陕西图)

【BK202】新慈溪报 民国二十三年(1934)8 月 21 日创刊,沐森如、陆海平、尹莲映等创办,4 开 4 版,铅印,3 日刊。民国二十六年(1937)6 月 11 日起改为日报,后缩为 8 开 2 版。内容以国内外时事和地方新闻为主,辟有《文

溪》《五磊山》两种副刊。民国二十七年(1938)年前后停刊。(甬图)

【BK203】宁波大报　民国二十三年(1934)9月16日创刊,日刊,4开4版。姜伯喈、翁闲鸥、张松年等人集资创办,社址设在江北岸车站路126号。第一、二版刊登声明、通告、广告。第三版为国内外电讯及本地新闻,辟"电讯摘要""社会写真""各县简讯""姑妄听之室杂记"等栏目。第四版副刊,发表小说、散文、随感、杂记、通讯和连载,辟"多讲多话"言论专栏。民国三十年(1941)4月停刊。民国三十六年(1947)6月复刊。社址在江北岸三湾弄。发行人沈友梅,总编辑陈英烈。有国内外电讯、地方新闻,设"大事小谈""小事大谈"言论栏目。辟《大风》《同学》《七日文艺》等副刊。聘翁亭(心惠)、李斐任副刊编辑,发行量约5500份。民国三十七年(1948)1月起与《宁波日报》合并。(甬图　甬档案馆　上图)

【BK204】农林杂志　民国二十三年(1934)11月创刊于余姚,浙江余姚农林杂志社主办,1937年5月停刊。月刊。共出3卷。(浙图　南大图　川大图)

【BK205】光华大学四明同学会特刊　民国二十三年(1934)12月创刊于上海,光华大学四明同学会主办。

　　同学会会刊。"四明"是浙江省旧宁波政府的别称,指旧宁波政府所属各县。现仅见1期,载文介绍与论述宁波经济、地理等情况。还报道当地近讯、学术文化消息及该会事务。(北大图)

【BK206】慈溪日报　民国二十四年(1935)创刊,日刊,4开4版,铅印。初刊时刊期不详。民国二十六年(1937)6月11日改出日报,后改8开2版。抗战期间慈溪沦陷时停办。社址在慈城竺巷东路5号,后移至太阳殿路40号。(甬图)

【BK207】大报　民国二十四年(1935)创刊,2日刊,范伊受、王少游(王世琯)主编,社址在开明街。

　　王世琯(1908—?),奉化人,字少,名一作世缙。历任上海美术专科学校校文书主任、图书馆主任,上海神文女中教员,鄞县培本公学校长,汉文正楷印书局特约编辑,宁波《大报》总编辑。著有《韩非子研究》《西洋画史略》《文章作法浅说》《姊妹们的故事》等。

【BK208】宁波新闻报　民国二十四年(1935)创刊,日刊,8开1张。吴则鸣、张谟运主办,社址江北岸杨善路。

【BK209】慈溪公报　民国二十四年(1935)左右创刊,周刊,负责人邵粹瑜,该报为国民党县党部机关报,4开4版(一说每星期出版8开1张),铅印,每周1期,后改4天1期。其内容全系宣传文件之公报,国内外时事和地方新闻,几乎无所报道。1941年停刊。

【BK210】四明日报　民国二十四年(1935)创刊,日刊,4开,浙江四明日报社主办,傅建华主编。

【BK211】宁海初中校刊　民国二十四年(1935)创刊于宁海,宁海县立初级中学编。(浙图)

【BK212】武岭农职年刊　民国二十四年(1935)创刊于上海,奉化旅沪同乡会主办,陈布雷题签,刊载农业学术专论、调查报告、实习报告等。

【BK213】余姚儿童周刊　民国二十四年(1935)创刊于余姚,余姚民国日报社编辑。(上图)

【BK214】鄞县佛教会会刊　民国二十四年(1935)创刊于鄞县,心佛编,内容主要刊登了与鄞县佛教会成立相关的很多法令、条例,宣传佛理。共出版两期。现编入《民国佛教期刊文献集成·补编》(2008)。(浙图)

【BK215】浙东　民国二十四年(1935)1月创刊于鄞县,宁波浙东中学校刊组编,宁波浙东中学校刊。浙东中学位于宁波江北区新马路48号。浙东中学为宁波四中前身,基督教会办的私立中学。(浙图　国图)

【BK216】奉化学会会刊　民国二十四年(1935)1月创刊于上海,奉化旅沪同乡会主办。(国图)

【BK217】机光　民国二十四年(1935)1月创刊于宁波,宁波高工机械科技学术研究会主办,季刊,1937年1月停刊。(国图　北大图　南大图)

【BK218】石浦公报　民国二十四年(1935)3月创刊,2日刊,4开,未及一月查封。发行兼总编张迪生,编辑尚志馨。民办报刊。社址在象山石浦一湾路15号。

【BK219】中南日报　民国二十四年(1935)春创刊,日刊,朱守方(孟荃)、朱一靖、朱忱川、朱性海、赵柏林等六人创办。经理朱守方,编辑周淑孝,副刊编辑庄禹梅,报社设在崔衙街52号。对开大报。出刊仅两月,因经费无着停刊。休闲小报。

【BK220】战线　民国二十四年（1935）5 月创刊于宁波，翁国梁主编，宁波战线月刊社刊行，月刊，1936 年 5 月停刊，共出版 12 期。由进步学生翁国梁、林天斗、陈立成、杨绍昌（笔名持真）编辑出版《战线》月刊，宣传爱国抗日。（上图　复旦图　国图　北大图）

【BK221】石浦民报　民国二十四年（1935）6 月创刊，2 日刊，4 开 4 版，金昌辉主办，数月后于 1935 年 11 日停办。社址在石浦福建街 1 号。

【BK222】三门湾　民国二十四年（1935）6 月 1 日创刊于宁海（一说四月创刊），1935 年 11 月出至第 4 期停刊，宁海中学学生会"宁海励志社"主办发行，月刊。文艺类刊物。刊有论文、诗歌、小说、剧本、传记、散文、随笔、小品等。（浙图）

【BK223】锦堂学生　民国二十四年（1935）7 月创刊于慈溪，慈溪锦堂乡村师范学校主办。

　　锦堂学校 1905 年由旅日华侨吴锦堂在慈溪东条山购地 50 亩创办，1909 年正式开学。（中山图）

【BK224】余姚快报　民国二十四年（1935）10 月创刊（一说 1935 年 12 月），2 日刊，蔡礼传主办，倪永强发行。（上图）

【BK225】象南民报　民国二十四年（1935）11 月创刊，3 日刊，4 开 4 版，丁荣昌任发行人兼总编。1936 年改隔日报，不久停刊。社址象山石浦福建街 19 号。

【BK226】大地　民国二十四年（1935）11 月 16 日创刊于宁波，创刊号封面刊名是郁达夫题签。宁波作者协会主办，1936 年 6 月停刊，月刊。宁波作者协会会刊，文艺类。共出 8 期。（浙图　上图　复旦图　北大图　南图　读秀）

【BK227】慈溪时报　民国二十四年（1935）12 月创刊，张心痕（牧支）创办，后与《新慈溪报》合并。亦以地方新闻为主，并扩大副刊篇幅，新旧文艺兼容并重，颇为读者所赞许。

　　张牧支（1905 —?），慈溪人。字心痕，室名莘蕾室（有《莘蕾室诗稿》）、嚼霜嚼雪庐（有《嚼霜嚼雪庐杂缀》），又署嚼霜（有《嚼霜读书杂记》）。曾任正始学校校长，兼《慈溪时报》社社长。著有《湖上诗选》《微波小语》《太真别传古今人物小评》及《四明乡土小志》等。

【BK228】东山　民国二十四年(1935)12月创刊于慈溪,浙江省立慈溪锦堂乡村师范学生自治会主办,1937年3月停刊。共出8期。(上图　复旦图)

【BK229】慈溪县第一期乡镇长讲习会特刊　民国二十五年(1936)创刊于慈溪,钱泽署编。(浙图)

【BK230】春畦　民国二十五年(1936)创刊于慈溪,慈溪锦堂师范农科春畦社编辑股编,总务股出版。不定期,1937年6月停刊。共出3期。所载内容主要是有关农业、农村问题的研究,农副业生产的报告,慈溪农副业特产调查等。还发表过文艺作品、时事短评和杂感。春畦社的社址在慈溪东山头省立锦堂学校内。(浙图)

【BK231】鄞县县政日刊　民国二十五年(1936)创刊,鄞县县政府秘书室主编,内容主要民政、公安、建设、教育、土地等政府公告。刊名为县长陈宝麟所题写。(甬图)

【BK232】宁绍周刊　民国二十五年(1936)创刊,周刊,共出1期。(上图)

【BK233】三一校刊　民国二十五年(1936)创刊于鄞县,鄞县私立三一中学校编。(甬图　浙图　读秀)

【BK234】宁工学生　民国二十五年(1936)1月创刊于宁波,浙江(省立)宁波高工学生自治会编,月刊,32开,学生会刊物。(读秀)

【BK235】青萍　民国二十五年(1936)1月创刊于宁波,俞圣祺主编,宁波青萍月刊社主办发行,月刊,1937年5月停刊。1937年5月出版第2卷第4期,共出6期。内容以改进小学教育方法为中心。(甬图)

【BK236】商店政策　民国二十五年(1936)3月创刊于宁波,宁波商店政策社主办,双月刊,发表经济政策的分析。(国图)

【BK237】镇海呼声　民国二十五年(1936)3月创刊于镇海小港,周鸣宇主编,镇海蔚斗、新民、良才三校联合编印,不定期,油印,每期500份,赠阅。1936年6月19日停刊。宗旨为联系进步教师,反对内战,团结抗日,密寄县内外学校、团体。出版第3期后,因贺灏群等被捕停刊。

周朴农(1903—1982),原名才康,又名鸣宇、季尚春、雨亭,鄞县人。

【BK238】石报　民国二十五年(1936)4月创刊,2日刊,谢振主办。该报以"改进社会,普及文化,唤起民族意识,宣传党义精神"为宗旨,惨淡经营,终以经济难继于 1936 年冬告停。社址在象山石浦岳王庙。

【BK239】**浙江自治**　民国二十五年(1936)6—7 月创刊,宁波浙江自治周刊社编订。每周三出版。(甬图)

【BK240】**象南新闻报**　民国二十五年(1936)8 月创刊,2 日刊,4 开 4 版,柯希明主办,社址在象山石浦横塘岸 20 号。1937 年 9 月停刊。

【BK241】**鄞县商业日报**　民国二十五年(1936)8 月创刊,日刊,该报对于宁波对外贸易的报道较为重视。在第二版还经常编发一些《如何训练店员》《店员须知》《广告的价值》《商品介绍》《我国浴室的副作用》等知识性、实用性文章,以通俗见长。社址在宁波江厦滨江巷 43 号。(读秀)

【BK242】**象南新闻**　民国二十五年(1936)8 月创刊,2 日刊,4 开 4 版,王久生主办。该刊以"改进社会,普及文化,唤起民族意识,宣传党义精神"为宗旨,惨淡经营,终以经济难继告停。社址在象山石浦武生殿。

【BK243】**宁海旅杭同乡会月刊**　民国二十六年(1937)创刊于杭州,宁海旅杭同乡会编辑,月刊。(国图)

【BK244】**抗战画报**　民国二十六年(1937)创刊于象山石浦城隍庙,省立宁波民众教育馆主办,吴爱华主编。每月 2 期,每期印 300 份左右,4 开版。除石浦地区外,寄镇海、宁海长街、三门亭旁三个分馆张贴宣传,宣传抗日。

　　吴爱华(1913—1996),象山县石浦镇人。

【BK245】**余姚冯氏小学卅周年纪念特刊**　民国二十六年(1937)创刊于余姚,余姚县冯氏小学创办。特刊共 206 页,16 开本。

【BK246】**新篁**　民国二十六年(1937)1 月创刊于宁波,冯正闻主编,宁波新篁出版社编辑发行,月刊,1937 年 4 月停刊。共出 4 期。(浙图)

【BK247】**新生**　民国二十六年(1937)4 月 6 日创刊于慈溪,浙江慈溪新生文艺社刊行,月刊,32 开,出刊 1 至 2 期。1937 年 5 月停刊。文学刊物,不设栏目,有冯正闻、林家湘、邱德才、秦履直等人撰文。(南开图)

【BK248】**浙东学生**　民国二十六年(1937)6 月创刊于宁波,浙东中学校学生自治会出版编辑。(甬图)

第二节 抗日战争时期

【BK249】海滨青年 民国二十六年(1937)8 月创刊于象山石浦,浙江省立宁波民众教育馆主办发行,月刊。1937 年 8 月至 9 月出刊第 1 至 2 期。(上图)

【BK250】醒民 民国二十六年(1937)9 月创刊于奉化,胡华等主编,醒民剧社主办,1938 年 5 年停刊。救亡刊物,宣传抗日救亡,唤起民众,共出版9 期。

醒民剧社是抗日战争初期在中共浙东临特委指导下,奉化进步青年胡华、张正通、胡重华等于 1937 年 9 月组织成立。

【BK251】奉化日报 民国三十六年(1937)12 月创刊,3 日刊,4 开 4 版,一度改为 2 日刊。国民党奉化县党部主办,发行人袁如山,编辑主任袁伯华。其前身为《奉化新闻》。社址在奉化县城内武庙。

内容以宣传抗日,报道抗战信息为主。1938 年 7 月增辟《卢沟桥》和《抗卫》副刊。发行量 800 份。发行于本县及沪、杭等地。1941 年 4 月奉化县城沦陷后停刊。

1946 年 4 月 12 日复刊,发行人王万成,主笔王鲁戈。内容刊有地方新闻、国际国内时事,广告等,辟有"时事之窗""拓荒""五月""文昌阁""奉化教育"专栏和副刊。1949 年 5 月停刊。

【BK252】团结周报 民国二十六年(1937)12 月创刊,周刊,浙江宁波团结周报社出版发行,1937 年 12 月至 1938 年 8 月出刊第 1 至 29 期。宁波文新印刷所印。(国图 上图 复旦图 编译局信息部 中科院图)

【BK253】野战 民国二十六年(1937)12 月创刊于鄞县,朱鉴(朱镜我)、庄禹梅主编,中共地下组织和鄞县县政府举办的游击干部训练班——飞鹰团主办,1938 年 3 月停刊,半月刊。政治与文艺相结合的刊物。仅出两期后为国民党接收,由庄秀融编辑,改名《迅雷》(周刊)。

【BK254】救亡歌选 民国二十七年(1938)创刊于慈溪,慈溪县第二流动施教团主办(一说余姚战斗社编)。(浙档案 慈溪党史办公室复印件)

【BK255】战时民众　民国二十七年（1938）创刊于鄞县，中山民教馆主办，半月刊。（浙图）

【BK256】抗卫　民国二十七年（1938）创刊于奉化，奉化县抗日自卫委员会编印，出版年月及期数不详。

【BK257】乡卫　民国二十七年（1938）创刊于镇海，镇海县动员会主办，陈鱼庭主编，李贤彰发行，半月刊，油印。综合性刊物，发行数 100 份，镇海沦陷后停刊。

陈鱼庭，1937—1940 年就读慈溪中学。

【BK258】学锋　民国二十七年（1938 年）创刊于奉化，奉化溪口武岭学校主办，学锋社刊行。1938 年 5 月至 8 月出版第 1 至 9 期。（上图）

【BK259】战斗　民国二十七年（1938）创刊于余姚，余姚县抗日自卫委员会主办，余姚动员委员会抗建出版社编辑，周刊，16 开本，1940 年停刊。郭静唐负责发行，陆飞（陆学斌）、朱绛、朱波先后任主编。印 1500 余份，1938 年 4 月至 1939 年 3 月出刊第 1 至 120 期。（浙图　国图　上图　复旦图）

【BK260】戊寅级刊　民国二十七年（1938）创刊于奉化，奉化中学校刊。

【BK261】抗日旬刊　民国二十七年（1938）1 月创刊于象山，象山县抗卫会主办，盛世馨主编，旬刊，1939 年 6 月停刊。共出版 26 期。后改名为《象山旬刊》，1939 年 10 月 1 日又在《象山旬刊》基础上创办《象报》。（国图）

【BK262】抗战青年　民国二十七年（1938）2 月创刊于宁波，翁北溟主编，宁波抗战青年社刊行，旬刊，共出 16 期，同年 8 月停刊。（国图）

【BK263】宁中学生　民国二十七年（1938）3 月创刊于宁波，浙江省立宁波中学主办，季刊。该校刊内有时事、学术、文艺、习作等。

【BK264】正义　民国二十七年（1938）4 月创刊于鄞县，三青团鄞县分团部主办，洪道镛主编，袁仁能编辑，高华发行，宁波正义旬刊社刊行，旬刊，1939 年 9 月停刊。共出版 16 期。以政治为主。1938 年 4 月至 1940 年 9 月出刊第 1 卷第 1 至 16 期，第 2 卷第 1 至 31 期。1940 年 4 月停刊。1946 年至 1949 年复刊，改为半月刊。

正义通讯社，成立于抗战胜利后，由三青团鄞县分团的书记周正祥创办，社址设在三青团鄞县分团部附近的蔡家巷。（浙图　上图　读秀）

【BK265】**抗战画报**　民国二十七年(1938)4月创刊于鄞县,汤雪帆、陈天涯主编,鄞县抗日自卫委员会宣传队主办,半月刊。

【BK266】**政工生活**　民国二十七年(1938)4月创刊于余姚,许振武主编,余姚战时政工队主办,旬刊,是作为交流工作经验,进行思想教育的内部刊物。32开本,不定期刊,共出版几十期。

　　许振武(1919—1942),化名许福田,余姚县人。

【BK267】**妇女抗战画报**　民国二十七年(1938)4月创刊于鄞县,鄞县抗卫会妇女宣传队主办,陈天涯、汤雪帆编辑,半月刊。

【BK268】**抗日**　民国二十七年(1938)4月创刊于镇海,镇海抗日自卫委员会主办,冯白鲁主编,旬刊。1938年8月停刊。宣传抗日救国、开展游击战、坚持统一战线,辟有"战地文艺"等专栏。每期印1000份,多系赠送,16开本,18页。共出版39期。因刊登中共党员周鸣宇的《镇海县抗日团体巡礼》被当局追查而停刊。(上图　湖南图)

【BK269】**上海宁波公报**　民国三十七年(1938)4月27日创刊,日刊,4开4版,上海宁波旅沪同乡会创办,汪北平主编。社址设在上海贵州路209弄16号,1944年改为周刊。1941年出版《上海宁波公报二周纪念特刊》《上海宁波公报三周纪念持刊》。(甬图　上图)

【BK270】**战时大众**　民国二十七年(1938)5月创刊,3日刊,胡华、严圣荪、方宗惠等人发起,中共奉化县工委主办,胡华任主编,8开通俗小报,最初3期系油印3日刊,后改为铅印5日刊。内容主要报道抗日重大战讯、奉化救亡运动消息,并设有文艺和评论专栏,运用奉化方言宣传抗日救亡,1938年8月,因刊载影射豪绅的小说,被迫停刊。

【BK271】**浙东日报**　民国二十七年(1938)5月15日创刊,日刊,对开2版,余姚县抗日自卫委员会部分委员创办。推定郭静唐为总负责,童泉如负责职工的生活,姜枝先名义为社长负责白报纸采购。杜天縻为主笔,实际上总编辑为中共党员崔晓立。崔曾留学苏联,精通俄、英、日三国文字(后被俞济民暗杀)。副刊《大路》由中共党员熊达人负责(后在皖南事变中牺牲)。社址在城隍庙弄,1938年11月,与《浙东公报》合并。抗战胜利后,由谢显曾办的《浙东日报》,前后两报,名同实异。(甬图　上图　余姚市档案馆)

【BK272】**群力**　民国二十七年(1938)5月25日创刊于镇海,县政工队主办,周刊。镇海沦陷后停刊。

【BK273】**战友** 民国二十七年(1938)6月创刊于奉化,奉化三青团战友半月刊社编印,后由民众教育馆续办,半月刊,1938年11月停刊。出版第1至8期。

【BK274】**生路** 民国二十七年(1938)7月创刊于宁海,浙江宁海县动员委员会主办,1941年1月停刊。第1期主编潘以治,第2期主编胡慕青,第3期主编华俊升。1938年7月至1941年出版第1至40期。原为半月刊,自1939年第30期起,改为月刊。(国图)

【BK275】**实践** 民国二十七年(1938)7月21日创刊于鄞县,翁北溟主编,宁波实践旬刊社刊行,旬刊,1938年7月出版第1期。内容以时政为主。(南图)

【BK276】**号声** 民国二十七年(1938)8月创刊于奉化,孙一之、袁伯华主编,奉化县抗日自卫委员会主办,半月刊或周刊,1941年4月停刊。共出版5册。(奉化文保所)

【BK277】**宁波青年** 民国二十七年(1938)8月创刊于鄞县,陆企人(陆祖坤)主编,中华民族解放先锋队鄞县临时分队主办,半月刊,8开2页,油印,秘密发行。该刊系"民先队"刊物,1939年1月根据中共宁绍特委指示停刊。

【BK278】**奉化县政** 民国二十七年(1938)8月创刊于奉化,奉化县政府主办,半月刊。

【BK279】**茹蜂呼声** 民国二十七年(1938)秋创刊于鄞县,鄞县乡师救国会小组主办,叶正宣主编。由同学自己撰写油印。内容为宣传抗日救国的诗歌、散文等。

【BK280】**战时镇海** 民国二十七年(1938)10月创刊于镇海县,镇海县战时文化教育事业推进委员会主办,李侠民分管负责,陈维章主编。8开,周刊,每期印1000份,免费赠阅国民党的党政机关、学校团体及乡公所。宣传抗日,反对妥协。共出44期。1940年改为16开本,出刊两三期后停刊。(上图 国图 人大图)

【BK281】**抗建** 民国二十七年(1938)10月10日创刊于奉化,奉化县政工指导室主办,月刊。奉化县政工指导室刊物。

【BK282】浙民公报　民国二十七年(1938)11 月 5 日由《浙东日报》和《余姚民国日报》合并而成,日刊,4 开。王槐南、周学湘负责,曹治民、施叔芳编辑,1940 年 8 月停刊。(上图　国图)

【BK283】华报　民国二十七年(1938)11 月创刊于鄞县,鄞县城防指挥部宣传队主办,月刊。

【BK284】抗战汇报　民国二十七年(1938)12 月创刊于余姚,余姚抗日自卫会文化事业委员会主办。(折图)

【BK285】甬江　民国二十七年(1938)年底创刊于宁波,甬江女中学生、"学周"社员任苗琴、傅赛英在当选为学生会正副主席后创办的校刊。

　　"学周"是"学生周刊社"的简称,由宁波学生联合会改组而来,宁波各校均有成员。

【BK286】宁波学生　民国二十七年(1938)12 月创刊于浙江省立宁波中学,史俊、孔林嘉主编,宁波学生周刊社主办,1939 年 1 月停刊。每周 1 期,每期 1—2 页,16 开,白报纸油印。黄性文为社长,徐会庆、傅赛英任编辑。出刊 10 期后,由于"学周"社员渐增,于 1939 年 1 月改为《宁波青年》半月刊。每期 32 开本共 20 页,宣传抗日救亡,反映学运动态,并有学习心得、文艺小品等。

【BK287】教育阵地　民国二十八年(1939)创刊于慈溪,张丙光主编,慈溪教育阵地社主办,半月刊,1940 年 10 月停刊。1939 年至 1940 年 10 月出版第 1 卷第 1 期至第 3 卷第 3 期。原为半月刊,后改为月刊。(上图　国图)

【BK288】宁工　民国二十八年(1939)年初创刊于宁波,"宁工剧团"主办,赵楚材等主编,半月刊。出过"反汪肃奸""宪政问题""驳斥反宪政谬论"三个特辑,宣传抗战。

　　1939 年年初,宁波高工学生("学周"社员)赵楚材、张侗、丁顾和、许显忠、朱兆祥等组建"宁工剧团",张侗任"宁工剧团"团长。

【BK289】奉中半月刊　民国二十八年(1939)创刊于奉化,奉化中学教师主办。

【BK290】己卯学会纪念刊　民国二十八年(1939 年)宁波效实中学己卯学

会编,128 页,25 开。

该校己卯级毕业纪念刊。(上图)

【BK291】龙山呼声　民国二十八年(1939)1 月创刊于镇海龙山,镇海龙山战时服务团(龙山民众抗日救亡团)主办,虞金迅主编,虞天石发行,不定期。宣传抗日,铅印,每期发行 500 份(一说 200 份),共出 4 期。镇海沦陷后停刊。(慈溪党史办公室)

【BK292】复兴　民国二十八年(1939)1 月创刊于宁波,倪维熊主编,宁波复兴出版社出版,旬刊,1940 年 7 月停刊。共出版 48 期。内容以政治为主。社址在呼童街 61 号。(甬图　上图　江西图)

【BK293】宁波青年　民国二十八年(1939)1 月创刊于宁波,史俊审稿,孔平(共产党员)编辑刻印,半月刊。由《宁波学生》改名而来,宣传党的抗日路线和方针政策,反映学运动态。共出版 23 期。

【BK294】现实　民国二十八年(1939)1 月 1 日创刊于奉化,姜梦鳌主编,徐恒瀛发行,奉化中学现实刊社主办,半月刊,校刊。(浙图　上图)

【BK295】民众旬刊　民国二十八年(1939)2 月创刊于余姚,杜天縻、宋梦侯主编,余姚动员委员会抗建出版社主办,1939 年 2 月至 1940 年 6 月出版第 1 至 46 期。(国图)

【BK296】大众　民国二十八年(1939)3 月 1 日创刊于奉化,王惠亭、司徒超、邬落雁等主编,奉化县抗日自卫委员会主办(县动员委员会),旬刊,开始为 36 开,后改为 16 开,1941 年 4 月 23 日停刊。创刊号刊登诗歌《告大众——代序》(署名超)。(浙图)

【BK297】抗日壁报　民国二十八年(1939)5 月创刊于象山,象山县政府主办,停刊不详,月刊。主载最近战况、国际动态、国内时事、抗战号角和短评。

【BK298】小战士　民国二十八年(1939)5 月创刊于奉化,邬显耕、洪崇基主编,月刊,1940 年 6 月停刊。共出 6 期。32 开,24 页,铅印,每期印数 1000本,儿童文学刊物。洪崇基,1940 年时为浙东中学学生"学周"社员。邬显耕,1940 年时为四维小学教师。

【BK299】象报　民国二十八年(1939)6 月 1 日《抗日旬刊》改为《象报三日

刊》。10月1日,正式更名《象报》。象山县动员委员会主办,盛世馨主编,3日刊,4开4版。1941年5月停刊。

【BK300】余姚中医公会会刊 民国二十八年(1939)12月创刊于余姚,余姚中医公会主办。该刊为余姚中医公会会刊,主要用于中医类学术研究、工作交流。(浙图 国图)

【BK301】民教岗位 民国二十八年(1939)12月24日创刊于象山石浦,王宁适主编,张铨编辑,浙江省立宁波民众教育馆主办,旬刊,属教育类专业刊物。社址设在石浦"宁波民众教育馆"内。

【BK302】镇海县政 民国二十九年(1940)创刊于镇海,葛正栋主编,镇海县政工室主办,月刊。县政府公报。刊载与县政相关的论述,国民党政界要人的讲话,国内外及当地的时事摘要;并发表少量文学作品。主要栏目有精神讲话、重要转载、论著选辑、施政计划、工作报告、县讨论、一月间时事摘要、通讯露布、小品文艺。(国图 北大图)

【BK303】铁笔 民国二十九年(1940)创刊于宁海,宁海中学学生会主办。文艺刊物,宣传抗日,因学校遭日机轰炸而停刊,共出版1期。

【BK304】余姚县政 民国二十九年(1940)创刊于余姚,余姚县政府政治工作指导室编;县政刊物。(浙图 上图 国图)

【BK305】灵桥镇公报 民国二十九年(1940年)创刊于鄞县,吴涵秋主编,鄞县灵桥镇公所主办,月刊。县政刊物。

【BK306】镇海儿童 民国二十九年(1940)1月创刊于镇海,李侠民、毛元仁主编,镇海县战时文化教育事业推进委员会主办,旬刊,32开,16页,每期印数500份,约出10余期。发行工作由新仓小学老师江圣泗(中共党员)担任,免费赠阅全县各小学。该刊宗旨对少年儿童进行爱国主义和抗日救国的教育。内容主要是从各种进步报刊上选摘的抗日前线消息,抗战英雄战斗故事,游击区民兵游击队和儿童团打游击,除汉奸,捉特务的故事,以及抗日歌曲歌谣等。1940年6月毛元仁离开后停办。(国图)

【BK307】大家看 民国二十九年(1940)1月创刊于鄞县,宋思溥主编,鄞县中山民教馆主办,半月刊。通俗类刊物。

【BK308】象山青年 民国二十九年(1940)1月创刊于象山,象山青年服务队主办,象山青年半月刊社编印,半月刊。宗旨是"集结革命青年,复兴中华国土"。4 开油印,第 4 期后 1941 年 1 月停刊。

【BK309】**励志通讯** 民国二十九年(1940)3 月创刊于鄞县,余光裕主编,中国青年励志会浙江省鄞县分会主办,月刊。1941 年 2 月停刊。共出版 12 期。

【BK310】**学习** 民国二十九年(1940)3 月 29 日创刊于鄞县,孔林沛(孔维,中共党员)、张联甫主编,学习社主办,不定期出版,油印本。共出版 12 期。学习社工作大纲是:团结学生,组织学习,开展反汪肃奸和宪政宣传,通过办民校联系群众,推动农民运动。后期的《学习》由张联甫负责,在菱池街 2 号赵敏家继续编印。

【BK311】**镇海日报** 民国二十九年(1940)7 月创刊(一说 1941 年 3 月创刊)于镇海庄市,镇海县政府政工室主办,葛正栋主编,日刊,对开版,销量数百份,1941 年 4 月停办。1945 年国民党县党部复办,先为油印,后改铅印。1946 年再次停刊。(甬图　上图)

【BK312】**锦师通讯** 民国三十年(1941)创刊于慈溪,慈溪锦堂乡村师范学校主办,师范学校刊物,1946 年 12 月停刊。共出版 17 期。(上图　复旦图中山图　读秀)

【BK313】**"新余姚"** 民国三十年(1941)创刊于余姚,余姚沦陷期间的一份敌伪刊物,第一任维持会会长董葆蕙主办,仅出一期即停刊。

【BK314】**宁波旅渝同乡会会刊** 民国三十年(1941)创刊于重庆,宁波旅渝同乡会主办,32 开。内容包括发刊词、会务、商情、论著、乡邦掌故、乡讯、文艺、职员名单(三十年度)及会刊目录。

　　"四明旅渝同乡会"于 1920 年 12 月 9 日由穆赓照、夏渔笙、刘善卿等人发起、筹组,1929 年 2 月 13 日举行新年联欢会,改称"宁波旅渝同乡会"。(上图　南图　中科院图)

【BK315】**漪波** 民国三十年(1941)2 月创刊于鄞县,王永耀、郑也娟主编,月刊。出版至第 1 卷第 4 期停刊。文艺类进步刊物。宁波文学学习社编印,史俊、孔林嘉等人参与策划。史俊时任中共鄞县县委委员,孔林嘉是宁波中学参加学生运动的积极分子,任"学周"党支部书记。(浙图)

【BK316】**"警钟周报"** 民国三十年(1941)4 月创刊,镇海县城沦陷后郑志荫创办,吹捧日军,宣扬"大东亚共荣圈"。抗战胜利后停刊。

【BK317】(慈溪)县政三日刊 民国三十年(1941)4 月创刊,慈溪县县政府主办。(慈溪档案馆)

【BK318】青年 民国三十年(1941)4 月创刊于鄞县,周思义主编,半月刊。油印,32 开。内容有时事述评、思想杂谈等。发行 80～200 份。

周思义(1917—1983),原名周鲁泉,镇海县杜谷村人。

【BK319】"时事公报" 民国三十年(1941)4 月 28 日创刊,日刊,社长卢孟瑜,主编贺澹安。宁波沦陷时期,伪鄞县乡镇联合会副会长郭逸民盗用《时事公报》名义出版发行,营业主任马如龙。1945 年 8 月停刊。(甬图)

【BK320】奉化简报 民国三十年(1941)5 月创刊,3 日刊,8 开。奉化县政府主办,陈璜、王兆民主编,社址在奉化县柏坑乡柏坑村。1946 年 7 月停刊。

【BK321】"余姚新报" 民国三十年(1941)8 月创刊,日刊,伪余姚自治会主办,施伯棠主编,社址邵家花园。余姚沦陷时汪伪机构所办报刊。

【BK322】宁波日报 民国三十二年(1943)春创刊,日刊。其前身是 1942 年1 月创办的 8 开油印《宁波报》,后改铅印,8 开,2 版。1943 年春,社址由天台迁至宁海黄坛慈云寺后,改名为《宁波日报》,对开 4 版,同年 11 月正式发行。姚逸群任社长,主笔倪凡夫。抗战胜利后 1945 年 9 月迁往宁波城区和义路 69 号。1946 年春由国民党鄞县县党部主办,沈明才、沈友梅先后继任社长。一、二版刊载广告、电讯,三版刊载本地新闻,四版设《波光》《季候风》《东南西北》及《每周文艺》等副刊和专页。宁波解放前三日(1949)5 月23 日停刊,最高日发行量达 10000 份。(甬图 国图 上图)

【BK323】生活 民国三十年(1941)9 月 22 日创刊于鄞县,吴田(楼天观)、葛维风负责编辑,中共鄞东区委主办,地方党刊,政治、时事、文艺的综合性刊物,将党内文件群众化,秘密发行。9 月 22 日出版的《生活》封面木戳红字,32 开油印。

【BK324】"余姚自治" 民国三十年(1941)10 月创刊于余姚,汪伪余姚县乡镇联合自治会主办和编印的政治类刊物,旬刊,1941 年 10 月出第 1 期,作为奴化宣传的阵地。

【BK325】象山民报　民国三十年（1941）10月创刊，3日刊，章昌琛主编，国民党象山县党部创办，1942年因县城沦陷停办。有《晨曦》文艺副刊。在象山爵溪设有分社，郑圣良（1893—1954）曾任爵溪分社经理。

【BK326】枪戈　民国三十年（1941）10月创刊于宁波，吴钜耕主编，何如之、张本之编辑，月刊。1941年鄞东区署主办，浙江鄞县枪戈社出版，何淮发行。初在鄞东发行，为小32开油印本，1943年10月出版至第26期。26期后迁宁海，改为大32开铅印，约出40期。文学类刊物。

【BK327】"浙东文化"　民国三十年（1941）10月5日创刊于宁波，虞天刚主编，伪浙东文化研究会主办，月刊，1943年1月停刊，共出16期。敌伪刊物，宣传中日"同文同种""共存共荣"的奴化思想。（浙图　南大图　上图　复旦图）

【BK328】奔流新集　民国三十年（1941）11月19日创刊于上海，楼适夷、锡金、满涛（张逸侯）等主编，上海奔流出版社发行，不定期刊物，1941年12月5日停刊。仅出两辑，题名分别为《直入》和《横眉》。该刊是创作与评论并重，是以短小杂文为特色的文艺刊物。

　　本刊是《奔流文艺丛刊》停刊后筹办的，由"奔流社"编辑，采用"征求预订"的办法筹集资金。（读秀）

【BK329】战斗日报　民国三十年（1941）12月创刊，"三象"指挥部政治工作队创办，受中共象山县工委直接领导，日刊，每期4开1张，油印，后改铅印。发行人张亚华，编辑叶林（林默之）。报纸以报道象山、定海的抗日动态和国外战时消息为主，并转载重庆《新华日报》和延安《解放》杂志的文章，设有副刊。1942年10月，政工队解散，报纸停刊。1943年10月改组后称《定象简报》。

【BK330】浙东日报　民国三十年（1941）12月7日上海创刊，日报，专门报道沪甬间同乡消息，在日本横滨设代发处，宁波设代理处。

【BK331】宁海县地方行政干部训练所年刊　民国三十一年（1942）创刊于宁海，年刊。（浙图）

【BK332】岭内教育　民国三十一年（1942）创刊于镇海，邱友三主编，镇海县长山区刊物，油印极为精细。

【BK333】师友　民国三十一年（1942）创刊于鄞县，包学濂主编，月刊。

【BK334】鄞东半月 民国三十一年（1942）创刊于鄞县，半月刊，1943 年迁宁海。

【BK335】越风 民国三十一年（1942）由锦堂师范校友在鄞东邱隘创办，32 开油印，为敌后小教界刊物。

【BK336】文艺杂志 民国三十一年（1942）1 月创刊于广西桂林，王鲁彦主编，覃英负责发行，月刊，后转为不定期，16 开本。《文艺杂志》是抗战时期在大后方出版的进步文艺刊物。前 1、2、3 卷，由王鲁彦主编共出 15 期。鲁彦病逝后，迁重庆出版新 1 卷，由邵荃麟接编。新 1 卷从 1945 年 5 月到 9 月共出 3 期，封面上印有"王鲁彦创办，荃麟编辑"等字样。（浙图 国图 人大图）

【BK337】"慈溪新报" 民国三十一年（1942）3、4 月间创刊，日刊，8 开 2 版，铅印，伪慈溪县乡镇联合会主办。第一版为新闻，第二版为《慈湖》副刊。日出一期，每期印数近百份。何时停刊不详。（慈城镇个体劳动协会叶守定）

【BK338】正气月刊 民国三十一年（1942）4 月创刊于鄞县，吴贤阁（病虎）主编，汪纯章、王锦春编校，鄞南区署正气刊社主办，半月刊，至 1945 年 8 月停刊，共印发 28 期（一说 27 期）。16 开本，铅印，每期约 30 页。该刊是宁波沦陷后国民党鄞南区署组织编印，社长陈士英，编辑部设在鄞南丰乔镇石桥小学，主编以校长身份作掩护，自设有印刷所。曾出"文艺专辑"一期。

【BK339】时事简讯 民国三十一年（1942）7 月创刊，3 日刊，8 开 4 版的油印小报（一说 4 开 4 版），1943 年 5 月改出铅印。中共浙东区党委宣传部办，陈静元、于岩先后任社长。第一、二、三版刊登国际、国内共产主义运动和革命斗争形势的文章以及重要消息，第四版刊登三北地区共产党的活动及抗日游击战争消息。每期发行数 1500 份左右。社址慈溪洞山寺，后迁四明山杜徐岙。1944 年 4 月 13 日更名《新浙东报》。《浙东抗日根据地革命文化史料选编》上有彩页图。（慈溪档案馆 宁波新四军研究会）

【BK340】"浙东行政公报" 民国三十一年（1942）7 月创刊，伪宁波浙东行政公署主办，沈尔乔负责。1943 年出版过《浙东行政纪念刊》（伪浙东行政公署编），伪浙东行政公署自 1942 年 7 月成立就有"纪念刊"。内收沈尔乔《浙东行政九阅月之论述》及公署所属民政部、财政部等的工作报告和职员录。（国图）

【BK341】新民 民国三十一年（1942）8 月 30 日创刊于宁海，宁海县立民众教育馆编辑,本刊原名《新民周刊》,1942 年 9 月 6 日后改刊名为《新民》。1945 年 3 月 23 日停刊。(上图)

【BK342】鄞西三日刊　民国三十一年(1942)9 月创刊,三青团鄞西区队主办,小型油印报纸,每期 8 开一版(即一张蜡纸大小)。主要发行范围除鄞西各主要学校外,还有郭青白支队部和所属各大队、中队以及各乡镇公所。由于阅读对象比较复杂,刊登的消息都经过严格选择,并避免出现各种犯忌字样。以刊登二三百字的消息为主。

【BK343】鄞西青年　民国三十一年(1942)9 月创刊于鄞县,共产党员徐婴、周思义、张侗主编,"三青团鄞西区队"主办,油印的综合性刊物,刊期不详。为满足鄞西青年的需要,以文艺形式宣传抗日,传播革命真理,宣传我党抗日救亡的主张,对鄞西地区广大知识青年进行政治思想教育。

【BK344】四·一九　民国三十一年(1942)10 月创刊于宁海,第六区铁卫队主办,邬落雁编辑,浙江宁波四·一九月刊出版社出版,停刊于 1943 年 3 月,共出版 8 期。在宁海编印,16 开铅印,综合性的抗日宣传期刊。(浙图)

【BK345】微光　民国三十一年(1942)11 月创刊于鄞县,韩毅、蔡彤君主编,鄞县潘火桥读书会主办,出版 3 期后停刊。

【BK346】"捷报"　民国三十二年(1943)2 月创刊,汪伪"慈溪县自卫总队政训室"主办,胡家冀主编,社址先在慈东文溪,后移骆驼桥。1943 年 4 月停刊。(慈城镇个体劳动协会叶守定)

【BK347】团结报　民国三十二年(1943)2 月 23 日创刊,3 日刊,8 开 4 版,逢星期二、五出版,新四军浙东游击纵队政治部主办。1943 年 7 月 2 日停刊。

【BK348】宁绍台日报　民国三十二年(1943)4 月创刊,日刊,国民党浙江省党部在临海县主办,社长牟震西,经理周子叙,总编辑王熏华。此报原为在绍兴出版的《宁绍日报》,因战事迁至临海县时改名,为当时台州市区主要官办报纸,民国三十六(1947)迁至海门,次年迁回临海县城,民国三十八年(1949)年初停刊。(国图)

【BK349】浙东报　民国三十二年(1943)6 月创刊,3 日刊,中共浙东区党委主办,1943 年 11 月停刊。

【BK350】四明青年　民国三十二年(1943)7 月创刊于宁海,宁波三民主义

青年团鄞县分团部图书交流社编,月刊,社址在宁海冠庄,综合性刊物。共出版 3 期。(浙图　上图)

【BK351】镇海简报　民国三十二年(1943)8 月创刊,2 日刊,8 版一张,社长傅剑雄,编辑应红鹃。镇海沦陷后,镇海县政府迁宁海西门金家,报社亦设于该地,主要内容是宣达政令。土纸印刷,销数约 500 份,因经费不足,时断时续,最后于 1944 年停办。

【BK352】战斗报　民国三十二年(1943)8 月下旬创刊,8 开 4 版,油印,刊期不详。三北游击司令部政治处主办,次年 3 月 21 日由新四军浙东游击纵队政治部接办,改为铅印,周刊。1944 年 4 月 22 日(第六期)起扩大为 8 开一张半,6 版;第一版社论、新闻,第二版表扬、批评,第三版各种常识和工作经验,第四版上级指示及论文,第五版副刊《战斗俱乐部》,第六版工人生活和文艺通讯。1945 年 9 月 14 日(第八十五期)起缩为 8 开 2 版,每周 2 期,每期印数 500 份左右。社址初在西茅山,1944 年 10 月下旬迁往四明山。1945 年 10 月因北撤停刊。

【BK353】前卫　民国三十二年(1943)9 月创刊于鄞县,陈瘦梅主编,月刊,16 开铅印。抗日战争时期宁波沦陷后,在鄞县管江一带发刊,系鄞县自卫总队、三支队、三大队办。(浙图)

【BK354】定象简报　民国三十二年(1943)10 月 10 日创刊,3 日刊,4 开 4 版,发行人(社长)张亚华(雪痕),编辑江汀、陈英烈。社址在象山下沈赖岙。由《战斗日报》改组而来,内容仍与《战斗日报》一样,宣传抗日,不准编辑揭露国民党内的丑闻,报纸一直办到抗战胜利停刊(1944 年 5 月)。(见《象山军民抗战实录》)

【BK355】大众报　民国三十二年(1943)12 月 1 日创刊,不定期刊物,油印。又名《三北大众报》,镇北龙山区教育会主办,毛元青、王伯暄、吴永禄等编印,浙东三北大众报社发行。1943 年 12 月 1 日停刊。

【BK356】捷报　民国三十三年(1944)创刊,中国共产党浙东区委宣传部主办,社址在余姚。

【BK357】余姚新报　民国三十三年(1944)创刊,中国共产党浙东区委宣传部主办。

【BK358】宁中青年　民国三十三年(1944)创刊于宁波,浙江省立宁波中学

学生自治会编印。（上图）

【BK359】鄞县团讯　民国三十三年（1944）创刊于鄞县，三民主义青年团浙江支团鄞县分团部编。（浙图）

【BK360】铁流　民国三十三年（1944）2月创刊于宁海，宁海中学学生会主办，半月刊，1945年停刊。以宣传抗日为主要内容，并有抨击时弊等方面的文艺作品。

【BK361】"宁海战讯"　民国三十三年（1944）2月1日创刊于宁海，伪宁海县政府主办，温州人王人驹（伪县政府主任秘书）任社长，王人可（即王乘科，宁海桑洲人）任主编，又名《宁海县政府公报》，8开4版，初为2日刊，后改日刊。铅印日报，社址设县政府内。第一版宁海县公报；第二、三版新闻；第四版副刊。资料以伪中央及省电讯为主，兼登有关政治、经济、社会、文化等内容，并设"宁海文献""卫生""计政""国教"等专栏。民国三十四年（1945）与《宁海民报》合刊。（国图　上图）

【BK362】海啸　民国三十三年（1944）3月创刊于镇海，镇海柴桥海啸出版社出版，1944年3月出第1期。

【BK363】今文萃　民国三十三年（1944）4月创刊于宁海。（甬图）

【BK364】新浙东报　民国三十三年（1944）4月13日创刊，日刊，4开4版，铅印。中共浙东区委机关报，由区党委设立以谭启龙为主任的党报委员会领导。社长张瑞昌，副社长兼总编辑干岩。社址在余姚梁弄。每周出2期，后改3期，1945年8月14日起改为日报，10月2日新四军浙东游击纵队北撤时停刊。共出231期，增刊18期。发行量1500～4000份，在浙东抗日根据地发行。

　　刊有新华社重要电讯和中共中央指示，报道浙东抗日根据地要闻和党政机关指令；反映全国抗日根据地动态、战讯和世界反法西斯战争形势。辟有《新地》《文艺周刊》等副刊。1945年10月1日终刊号。（慈溪党史办公室　宁波新四军研究会　上图）

【BK365】海啸日报　民国三十三年（1944）5月1日创刊，3日刊，4开4版。社长由陈英烈担任。《定象简报》因社长张亚华另任他职务停刊，改组为《海啸日报》。社址在象山下沈赖岙。

　　陈英烈（1921—2003），字序赓，鄞县人，早年在家乡担任《宁波日报》总编辑,还不到三十岁。1949 年 5 月初,《宁波日报》撤退到舟山发行,改为《浙海日报》,仍由陈英烈任总编辑。1950 年 5 月由舟山去台湾。

【BK366】**战斗半月刊**　民国三十三年(1944)10 月 25 日创刊于宁波,新四军浙东纵队政治部主办。

【BK367】**学苑**　民国三十三年(1944)12 月创刊于宁海,黄石村主编,旬刊,社址在宁海跃龙山鄞县联中。1944 年 12 月出第 1 期。(上图)

【BK368】**宁海县政府公报**　民国三十四年(1945)创刊于宁海,参见《宁海战讯》(国图　浙图)

【BK369】**奉化文献**　民国三十四年(1945)创刊。

【BK370】**忙种**　民国三十四年(1945)创刊于奉化,奉化忙种出版社主办。(浙图)

【BK371】**胜流**　民国三十四年(1945)1 月创刊于宁海,陈光增主编,项鹏飞等负责日常编务,半月刊。前身是抗战初期范文志在方岩主编《地方政治》(月刊)。《胜流》销路很少。维持到新中国成立前夕。(读秀)

【BK372】**解放周报(日文)**　民国三十四年(1945)3 月创刊,周刊,8 开 4 版,日文铅字印刷。日本人民解放联盟浙东支部主办,黄源、楼适夷主编,吉永、栗原、田中等翻译兼校对。社址在余姚梁弄。

宗旨是向日本军人宣传中国共产党的主张、政策及国际形势,敦促日本军人反对侵华战争。经浙东韬奋书店邮寄、敌工部人员分发等渠道,传送至驻宁波、余姚等地日军官兵。

【BK373】**学习与工作**　民国三十四年(1945)3 月创刊于鄞县,中共四明地委主办,不定期刊物。作为"地委加强集体领导和推动各县工作的重要工具之一,同时也是各县交流经验教训、相互推动的有力媒介"。内容主要介绍党政军民各项工作中的经验教训,及各地在职干部学习的动态,刊登典型性、指导性文章。

【BK374】**民权**　民国三十四年(1945)3 月创刊于镇海,王万成主编,旬刊。

【BK375】**镇海日报**　民国三十四年(1945)4 月创刊,3 日刊,4 开。宣传三民主义及宣达政令。该报初系油印,自日本投降后,政府从乡间移入县城改为铅印,1946 年 4 月停刊。(甬图)

【BK376】团结　民国三十四年（1945）4 月创刊于余姚，中共浙东区党委主办，不定期刊物，64 开本。任务"着重于党的建设、党的教育、党的政策等党内传达解释，及各种实际工作之党内检讨"。刊载有毛泽东的重要文章，党中央、浙东区党委文件，领导报告等，共出 2 期。

【BK377】东南文化　民国三十四年（1945）4 月创刊于余姚，黄源、楼适夷主编，"东南文化社"出版，为综合性文化月刊。黄源、楼适夷、张瑞昌、江岚、于岩五人组成编委会。社址设在浙东鲁迅学院。内容主要研究根据地政治、军事、经济、科学、文化问题，报道文教工作动态，刊登各类文艺作品。要求切合当前斗争，反映现实生活，报道抗日民主文化运动。

【BK378】浙东大众报　民国三十四年（1945）6 月创刊，3 日刊，8 开，逢星期1、4 出版，铅印。又名浙江大众。开始由李健民、王伯暄、洪卓民（凤中校友）所办，浙东行署文教处领导，楼适夷直接主管，是一份日韩反战同盟支部对敌军宣传用的报纸。1945 年 8 月 23 日后改为浙东行政公署文教处编辑的通俗报纸，图文并茂，主要供初识文字的大众阅读，每周刊出 2 期，铅印。1945 年 9 月停刊。（上图）

【BK379】战斗画报　民国三十四年（1945）6 月 2 日创刊于余姚，新四军浙东纵队政治部主办，1945 年 9 月停刊。又一说为《战斗画刊》。

【BK380】简报　民国三十四年（1945）8 月创刊，吴宗保主办，2 日刊，16 开。

第三节　解放战争时期

【BK381】做学写　民国三十四年（1945）9 月 11 日创刊于余姚。浙东区党委宣传部和新华社浙东分社联合举办，供党政军民阅读和发表写作的刊物，每周一期。

【BK382】南雷日报　民国三十四年（1945）9 月 19 日创刊，日刊，4 开。国民党余姚县县党部主办，发行人倪永强，主编王节和。前身为《余姚民国日报》。社址在余姚南城，后迁余姚北城。报纸第一版为广告启事，第二版为国内外新闻，第三版为地方新闻和"沪市商情"，第四版为余姚县政府公报及副刊《浪淘沙》。最高发行量 1 万份。1949 年 5 月停刊。（余姚市档案馆）

【BK383】**慈溪简报**　民国三十四年(1945)10 月 1 日创刊,2 日刊,8 开,铅印。慈溪县政府教育科主办,先名《慈溪简讯》,后改《慈溪简报》。正面为县政简讯,背面为中央社电讯及地方新闻。发行量每期 500 份。1946 年 5 月初停办。

【BK384】**芒种**　民国三十四年(1945)11 月创刊于奉化,麦野青(胡育其)主编,季刊,16 开,1946 年 7 月共出 3 期后停刊。奉化中学出版的综合性刊物,麦野青(胡育其)时任校长室秘书,他大声疾呼要求停止内讧,团结救国。另有毛翼虎《天涯芳草庐剩稿:毛翼虎文集》认为《芒种》为月刊。

麦野青(1921—1962),真名胡育其(琦),宁海县人。1933 年 7 月,在新创刊的《宁海民报》第 10 期上就发表了他的一首小诗《呼声》。先后担任《宁海民报》《四明周报》《宁波时事公报》等报刊的主编、编辑,发表了难以计数的小说、散文、随笔、评论、诗歌等。(甬图　上图　国图)

【BK385】**浙东日报**　民国三十四年(1945)12 月创刊,日刊,对开 4 版 1 张,社长谢显曾,主编马忠传。社址在余姚北城蒋泉茂洋房。发行量 1000 份,至 1949 年 5 月停刊。该刊与 1938 年杜天縻、郭静唐所办《浙东日报》同名却无关系。(甬图　上图　国图)

【BK386】**正义**　民国三十四年(1945)12 月出版第 1 期,1946 年 4 月出版至 6 期停刊,半月刊,宁波正义半月刊社出版。该刊是 1938 年《正义》(洪道镛)的复刊。(上图　复旦图　浙图　读秀)

【BK387】**商情日报**　民国三十四年(1945)12 月 24 日重新出刊,日刊,4 开 4 版 1 张,主编周洛婴,发行人汤庸(原同盟会会员)。社址在苍水街 36 号。以常发短、新、快,且生动活泼的商情消息见长。每期以两个版面以上篇幅报道国内外经济信息,沪、甬商情。第二版为经济新闻专版,设"宁波一周内主要商品市价比较表"及"行市表",反映各类主要商品价格的波动情况。另辟《商市街》副刊,刊登行情、外贸消息、国际经济动态。民国三十八年(1949)停刊。

【BK388】**奉化报**　民国三一五年(1946)创刊,社长毛翼虎,总编辑王鲁戈。(奉档案)

【BK389】**新舜江报**　1946 年、1947 年,在上海的余姚籍人士徐国华、朱兆瑞、张骏辉等先后创办《新舜江报》,均为不定期刊。

【BK390】宁波邮工　民国三十五年(1946)创刊于鄞县,鄞县邮务工会宣传部主编,鄞县邮务工会出版。工会会刊。(浙图)

【BK391】詹詹之友　民国三十五年(1946)创刊于宁海,潘两霖、葛时参编,二人为宁海中学初秋三年级学生。(浙图)

【BK392】望海　民国三十五年(1946)创刊于宁海,竺仁骥,张梦桦编,宁海民报印刷厂印刷。(浙图)

【BK393】种植与畜牧　民国三十五年(1946)创刊于宁波,俞天治主编,月刊。社址在宁波江北岸新马路17号。(重图)

【BK394】民话　民国三十五年(1946)创刊,马元恺、胡庆源等创办,出1～2期停刊。

【BK395】甬江旬刊　民国三十五年(1946)创刊于宁波,吕江枫主编,旬刊,社址在宁波薛萝巷10号。

【BK396】宁波旬刊　民国三十五年(1946)创刊于宁波,宁波旬刊社发行,1946年11月出第1期,停刊于1947年6月。《时事公报》1947年6月17日特刊载《宁波旬刊事件》:"宁波旬刊因在外意图索诈情事,被宁波警局勒令停止发行。此项消息,既由宁警局正式发表,当然有其事实。"

【BK397】姚联　民国三十五年(1946)创刊于上海,上海余姚旅沪青年联谊会学术股出版委员会创办,姜季农主编,月刊,1947年12月停刊。(上图)

【BK398】海滨堡垒　民国三十五年(1946)2月创刊于三门,浙江三门海滨堡垒社出版,月刊,1946年4月出版至3期停刊。(浙图)

【BK399】宁波时事公报　民国三十五年(1946)2月11日复刊,日刊,社长金臻庠,总编辑应斐章。并改名为《宁波时事公报》。以示区别于沦陷时的《时事公报》。设短波电台,报道上海、南京电讯。副刊《四明山》由庄禹梅编辑,刊登杂文,针砭时弊。辟《社会服务》副刊,有"读者呼声""医药问答""法律问答"等栏目。为及时反映物价一日数涨——经济动荡的局势,增辟8开1张《经济新闻专页》,有"鲜蔬市场"栏目,介绍最新行情。民国三十七年(1948)10月24日,因报道镇海县保警中队某部哗变一事,被浙江省第二区行政督察专员兼保安司令公署转报浙江省政府以"刊载不实消息,摇惑人心,影响地方治安"罪名勒令停刊。(甬图　上图)

【BK400】宁波警察 民国三十五年(1946)4 月创刊于宁波,宁波警察月刊社主办,张景阳主编月刊。(甬图 浙图)

【BK401】重光教育 民国三十五年(1946)4 月创刊于慈溪,月刊,同年 7 月停刊。(浙图 傅斯年图)

【BK402】宁商周刊 民国三十五年(1946)4 月创刊,宁波商会宁商周刊社发行。

【BK403】大众日报 民国三十五年(1946)5 月创办,日刊,8 开 4 版,吴保宗主编。社址在象山丹城。1949 年 3 月停刊。(上图)

【BK404】儿童 民国三十五年(1946)5 月创刊于鄞县,鄞县国民教育研究会主办,半月刊。

鄞县国民教育研究会是实施国民教育制度后,遵照教育部颁发的《国民教育研究会组织通则》,成立的由教育科长、督学、视导员,县立师范学校校长、教导主任,教务科教员及附属学校校长、主任,乡镇国民教育研究会代表所组成的学术机构。以研究改进全县国民教育为宗旨,研究学校行政、课程、教导方法、政教联系、推行社教方法及教师福利、进修等问题。

【BK405】镇海报 民国三十五年(1946)5 月 1 日复刊,2 日刊,对开 2 版为主,偶有对开 4 版,发行人李仲瑜,主要内容有国内外新闻、本县消息,曾先后设有《潮音》《海风》《招宝山》等副刊。1949 年 4 月,镇海解放前夕停刊。(甬图)

【BK406】慈溪报 民国三十五年(1946)5 月 5 日创刊,日刊,4 开 4 版,铅印,发行人胡介新。1947 年 2 月 17 日改 8 开 2 版。有国内外、本县新闻等,并辟《慈风》副刊。社址在慈溪县慈城(今宁波市江北区慈城镇)太阳殿路。镂青印社、宝康印刷所承印。每期发行 700~1000 份。1949 年 5 月停刊。(甬图 慈溪档案馆)

【BK407】春风文艺 民国三十五年(1946)6 月 24 日创刊于宁波,陈载(戴礼尧)主编,周刊,4 开 4 版,周报形式的纯文艺刊物。1947 年 6 月 24 日《春风文艺》改名《春风》,陈载、路萍主编,刊物改为 16 开本半月综合性刊,新增"甬江潮"的时事评论专栏,期间出过二卷一期的一周年纪念特辑。1948 年 10 月 16 日又改为 32 开 60 页月刊,路萍(蔡志达)主编,先后共出期刊 35 期,丛刊 4 期,1949 年 4 月出版最后一期。

【BK408】种苗导报 民国三十五年(1946)7月创刊于宁波,宁波种苗报道社出版发行,半月刊,1948年1月停刊。共出版11期。农业类刊物。(国图 南图)

【BK409】余上通讯 民国三十五年(1946)7月创刊余上县,杨枫、陆建平任编辑,中共余上县委主办,每隔4至5天出一期,出六七期后停刊。刊登全国各重要战场战讯及当地重要新闻。转载上海等地《展望》《民主》等进步刊物文章。

【BK410】孩子们 民国三十五年(1946)7月复刊于宁波,夏风主编,不定期出版,上海孩子们社发行,共出版7期,1947年9月停刊。

《孩子们》是1944年在国统区的大后方昆明创刊的一份儿童期刊,是在民主战士李公朴先生的创议和支持下创办的,王吟青主编,第2期后夏风任主编,出版至第6期停刊。1946年6月夏风回到故乡宁波独力恢复此刊。夏风去世后,由吕倩如主编过一期合订本。1949年7月起在《宁波人报》副刊上又续出《孩子们》周刊13期,仍由吕倩如主编。

夏风(1920—?),原名陈冠周,鄞县姜山人。(浙图)

【BK411】宁波人周刊 民国三十五年(1946)7月创刊,上海四明出版社发行,1946年7月至10月出第1至12期。(甬图 国图 上图 复旦图 四川图)

【BK412】甬潮 民国三十五年(1946)7月5日创刊于宁波,宁波甬潮社创办,社长兼发行人俞梦魁,主编范学文,1947年后由董振丕主编。半月刊,12开12页,以刊载地方风物人文为主的综合性新闻刊物。设有"新闻橱""广播台""文化圈""剧艺""半月影话""文化短波"等栏目。1947年4月停刊,共出版10期。1948年10月重新出版,期数另起,至1949年1月共出新4期。(甬图 浙图 中山图 上图 南图)

【BK413】宁波文谊 民国三十五年(1946)8月创刊于宁波,宁波文艺青年联谊会主办,半月刊,1946年10月停刊,共出版6期。文艺类刊物。(浙图)

【BK414】宁波旅沪同乡会会刊 民国三十五年(1946)9月复刊于上海,夏功楷主编,宁波旅沪同乡会主办,1948年停刊,旬刊。该刊是《宁波旅沪同乡会月刊》复刊后所用刊名。(浙图 南图 南大图 上图 读秀)

【BK415】学习 民国三十五年(1946)9月创刊于鄞县东钱湖,月刊,周康厚

（冠明）负责编刻印订，许生豪负责经费筹措，为 32 开本，共出版 7 期。陶公山小学部分教师自愿结合的内部彩色油印刊物。

【BK416】象山港周报　民国三十五年（1946）10 月创刊，周刊，三青团象山筹备处主办。

【BK417】上海宁波周报　民国三十五年（1946）11 月创刊于上海，周刊，上海宁波周报社出版，1946 年 11 月至 1948 年 10 月出版第 1 至 51 期，曾出版过国庆特刊（第 41 期）。（二图　南图）

【BK418】象联通讯　民国三十五年（1946）11 月创刊于象山，象山联区联区长区东盛牧师创办，中华基督教象山联区主办，月刊，非卖品，宗教类刊物。该刊阐释基督教教义，报道教会消息，每期 100 份，1948 年 9 月后，因经费不足暂停出版。象山联区范围包括丹城城关、东乡、西乡、南乡和东溪岭以北各地的堂所。

【BK419】四明周报　民国三十五年（1946）11 月 1 日创刊，周刊，宁波浙东新闻社主办，停刊于 1947 年 12 月。共出版 32 期。（浙图　国图　上图）

【BK420】文谊　民国三十五年（1946）11 月 1 日创刊于宁海，麦野青、戴无涯主编，宁海文艺学会主办，旬刊，16 开铅印本。文艺类周刊，内容有反帝反封建言论，出版第 20 期，国民党政府指令停刊。宁海文艺学会在宁海县城内牌坊脚。（浙图）

【BK421】三门湾日报　民国三十五年（1946 年 12 月，一说民国三十七年）创刊，日刊，象山国民党要人主办，俞复初主编，以宣传反共为宗旨。社址在象山石浦。1948 年 5 月停刊。

【BK422】荒岛　民国三十五年（1946）12 月创刊于象山，傅雪岩主办，半月刊，1949 年春停刊。社址在象山丹城。

【BK423】浙东校刊　民国三十六年（1947）创刊于鄞县，浙东中学出版委员会编。（浙图）

【BK424】鄞县自治　民国三十六年（1947）创刊于鄞县，鄞县自治编辑委员会编。（甬图　浙图　傅斯年图）

【BK425】余姚县政公报　民国三十六年（1947）创刊于余姚，余姚县政府秘书室编。（浙图）

【BK426】**锦师姚友**　民国三十六年(1947)创刊于余姚,余姚锦师校友会编。(浙图)

【BK427】**服务**　民国三十六年(1947)创刊于慈溪,慈溪(县立)简易师范学校毕业生服务指导委员会编。(浙图)

【BK428】**学村**　民国三十六年(1947)创刊于宁波,宁波学村社编。(浙图)

【BK429】**明州**　民国三十六年(1947)创刊于宁波,明州社编,发行人陆文勋。1947年2月出版2至3期。(浙图　傅斯年图)

【BK430】**宁风**　民国三十六年(1947)1月创刊于宁波,胡钦僬主编,半月刊,社址为宁波南大路聚奎巷13号。1947年3月2日刊登停刊启示。

【BK431】**象山评论**　民国三十六年(1947)1月创刊于杭州,浙江大学象山同学会编印,不定期刊物,8开1张,油印。创刊号刊有《我们要说的话〈代创刊词〉》《我们对大选的意见》等文。另一说创刊于1947年10月。

【BK432】**奉化江**　民国三十六年(1947)1月创刊于奉化,周天雷、周启仪主编,半月刊。只出数期即停刊。

【BK433】**宁波民报**　民国三十六年(1947)1月1日创刊,3日刊,4开4版,林炎主编,社址在宁海黄坛镇慈云寺。该报是《宁波日报》的前身。

【BK434】**新华电讯**　民国三十六年(1947)年初创刊于鄞县,中共浙江临时工委主办,乐子型、李文彪主编,新浙东出版社出版发行,64开本,1948年4月停刊后改出《四明简讯》,不定期,油印。抄收新华社电讯内容,下发传送到各县、区,因此取名《新华电讯》。

【BK435】**宁献**　民国三十六年(1947)2月创刊于宁海,浙江宁海县文化促进会主办,1947年8月停刊,共出版5期。(国图　北大图　清华图　上图　安徽图　南大图)

【BK436】**春风**　民国三十六年(1947)3月复刊于宁波,春风文艺出版社出版,半月刊,1949年1月停刊。1947年3月至1948年10月出刊第1至3卷。该刊有两个时期:第一时期系陈载、俞梦魁负责,16开本;第二时期由蔡竹屏负责,32开本。该刊于1942年12月曾在上海创刊,后停刊。(上图　中山图)

【BK437】**文岛**　民国三十六年(1947)3月创刊于舟山定海,浙江定海文岛

出版社出版。(浙图)

【BK438】北极星 民国三十六年(1947)3月创刊于宁波,宁波晨报社出版,1947年3月出版第1至2期。新地在华夏巷3号。(重图)

【BK439】宁波晨报 民国三十六年(1947)3月1日创刊,日刊,4开1张。新潮通讯社胡为盛主办。社址设在苍水街152号(一说屠园巷10号)。辟"本埠行情"等栏目和《宁风》副刊。不久停刊。

民国三十八年(1949)2月26日复刊,名誉社长蔡竹屏,主笔应斐章。日刊,对开4张,发行量5000份至6000份。第一版广告,第二版国内国际新闻,第三版本地新闻,第四版副刊《晨光》及广告。民国三十八年(1949年)4月,被国民党宁波城防指挥部查封停刊。(甬图 上图)

【BK440】渔光 民国三十六年(1947)4月创刊于宁波,李星颉主编,半月刊。社址在宁波天后宫。

【BK441】鄞县县政 民国三十六年(1947)4月10日创刊于鄞县,鄞县县政府秘书室编,半月刊。(甬图 浙图 川大图)

【BK442】鄞报 民国三十六年(1947)5月1日创刊,周刊,4开4版,汪贞主办,张超主编。社址在江东东郊路59号。

【BK443】新舜江潮 民国三十六年(1947)5月15日创刊于余姚,新舜江潮社主办,姜季农主编,不定期,1948年停刊。

【BK444】新文艺 民国三十六年(1947)6月创刊,浙江慈北文艺研究会主办,共出2期,1947年8月停刊。(上图 北大图 慈溪市志办复印件)

【BK445】象山人报 民国三十六年(1947)6月3日创刊,5日刊,铅印,4开4版,后改为8开2版。象山国民党要人主办,武嘉秀、陈本仁主编,社址在象山丹城,以宣传反共为宗旨。1948年1月13日停刊。(象山县档案馆 湖南图)

【BK446】新象周报 民国三十六年(1947)6、7月创刊,周刊,铅印。

【BK447】鄞声 民国三十六年(1947)7月创刊于鄞县,冯俊主办,徐台扬编辑,月刊,基督教鄞城牧区刊物。社址在大梁街108号,至1950年7月停刊。

鄞城牧区为浙江各牧区发祥之地,是浙江圣公会之基地。牧区建立于清光绪二年（1876）1 月，并定圣公会传入鄞县之日（1848 年 5 月 13 日）为开创纪念日。教堂有孝闻坊基督堂、大庙前仁恩堂、大梁街仁义堂等。历任牧师为王有光、沈载琛、周晋琛、马宽裕、徐家恩。民国三十五年（1946）3月，徐家恩去世，由徐台扬任牧师。次年 7 月《鄞声》创刊。

【BK448】行知　民国三十六年（1947）7 月创刊于宁波，胡人主编，综合性半月刊，16 开本，1947—1948 年王式可主办，社址在宁波府仁街 19 号。（浙图）

【BK449】曙光　民国三十六年（1947）7 月创刊于宁波，在中共党员林万鹏的指导下，宁波中学童永福、鄞县中学王长岳、陆平一等 3 名学生党员和进步学生罗精奋等创办。文艺刊物，油印。

【BK450】宁波晚报　民国三十六年（1947）8 月 1 日创刊，日刊，8 开 2 版，社长倪璋，发行人王伯川。系同人小报。社址在南大路聚奎巷。每天下午 4 时出版，日发行量 2000 份至 6000 份。第一版设"本报特稿（内幕新闻）""夜话""天下大事"等栏目，第二版设"本埠今日行情""上海商讯""纸上谈冰（介绍宁波冷饮业）""滥竽篇""场边乱话"以及连载等栏目。1947 年 9 月 1 日停刊。（甬图　上图）

【BK451】儿童教学　民国三十六年（1947）8 月创刊于奉化，李翰屏负责，周刊，16 开，1948 年停刊，出版 10 余期。

【BK452】民声报　民国三十六年（1947）8 月 26 日创刊，日刊，8 开 2 版或 8 开 4 版，发行人马谦，总编林果。社址在华夏巷 5 号。（甬图）

【BK453】民声　民国三十六年（1947）10 月创刊于宁海。（上图）

【BK454】象山政报　民国三十六年（1947）11 月创刊，国民党象山县政府秘书室主办。1948 年 2 月停刊。

【BK455】乡风　民国三十六年（1947）12 月 15 日创刊于奉化，奉化乡风文讯社主办，半月刊。（浙图）

【BK456】白水　民国三十六年（1947）创刊于奉化，周刊。尹敏主编，赵仰夫发行。奉化白水出版社出版，孙科题写刊名。社址在奉化大桥康亭。创刊号以《开场白》为题发表社论。第 15 期发表了牧杜《白水一周年纪念》、艾燕《文学应该走向人民》、孙北《文艺的道路》等文章。自 1948 年 4 月 1 日第 16 期开始，《白水》更名为《人民杂志》，由原 32 开扩大为 16 开。（国图）

【BK457】鄞县县政府公报 民国三十七年（1948）创刊于鄞县。（浙图 川大图）

【BK458】镇海县政府公报 民国三十七年（1948）创刊于镇海,镇海县政府秘书室编。（浙图 读秀）

【BK459】奉化教育年刊 民国三十七年（1948）创刊于奉化。（浙图）

【BK460】慈溪教育 民国三十七年（1948）创刊于慈溪,1949 年停刊。（浙图 傅斯年图）

【BK461】时代学生 民国三十七年（1948）1 月创刊于宁波,由原浙东学生胡日成（胡春）、王庸（钟康）、徐天青（沈江）等秘密出刊的油印刊物,共编印 3 期。

【BK462】无名作家 民国三十七年（1948）1 月 1 日创刊于奉化,负责人周静仙,编辑人员叶歌童、吴生廉、李翰屏等,奉化新兴文艺社出版,月刊,共出版 2 期。在《写在卷首》中自陈办刊宗旨:"不在将'无名'的作家,扬一扬名,跃升成'名作家'。我们只在把她当作一块公共的园地,尽可能地吸收广大的爱好文艺的学习者投向我们的社里来一起学习,一起批判,使自己的进步加速地迈向前去。"

【BK463】四明教声 民国三十七年（1948）2 月创刊于鄞县,鄞县四明八教联谊会出版,1948 年 2 月出版第 1 卷第 1 期。（浙图）

【BK464】四明简讯 民国三十七年（1948）3 月创刊,负责人先后为梅寒白、乐子型、徐炎,8 开 2 版,油印、不定期,第 11 期后改 8 开 4 版,3 日刊。其前身为《新华电讯》,中共四明工委机关报。1949 年 2 月 22 日,报社遭国民党部队破坏,1949 年 4 月 17 日复刊,改为 8 开 4 版。共出 66 期,增刊 20 余期。社址在余姚杜徐村山上。

设有《四明副刊》,通过通俗文艺反映四明山区军民生活,1949 年 4、5 月间,为迎接解放,适应城市工作需要,增辟了"城市政策学习特辑"。1949 年 5 月 26 日,宁波解放时停刊。

【BK465】话报 民国三十七年（1948）4 月创刊于宁波,胡思铭主编,3 日刊,1948 年 7 月停刊。

【BK466】综艺 民国三十七年（1948）5 月创刊于宁波,孝熊、水深主编,综艺出版社出版,半月刊,8开单张。

创刊号要目有张望《朋友的故事》、海沙《读"孔雀胆"》、陈载《让我们携手》、云观《略论文艺题材》等。(浙图)

【BK467】前锋报　民国三十七年(1948)5月创刊于奉化,新四军北撤后,《战斗报》改为华东野战军第一纵队的《前锋报》,总编辑为王平夷,副总编辑丁柯。社址在奉化前江村。

【BK468】忠言报　民国三十七年(1948)6月27日创刊,周刊,宁波民社党主办,四开一张,出至10余期停刊。后改为《大道报》。

【BK469】文圃刊　民国三十七年(1948年8—9月)创刊于象山西瀛乡,郑家明主编。

【BK470】四明周报　民国三十七年(1948)10月创刊,周刊,上海四明周报社,停刊于1949年2月。共出版16期。(上图)

【BK471】鄞县中医师公会会刊　民国三十七年(1948)10月创刊于鄞县,鄞县中医师公会编辑股编。(浙图　国图)

【BK472】青松　民国三十七年(1948)11月创刊于宁波,王左永编辑,宁波奉化旅甬同乡会青松文艺社编辑出版。仅出1期。文艺类刊物。

【BK473】宁波晨报　民国三十八年(1949)2月26日创刊,日刊,对开4版。发行人汪荣源,名誉社长蔡竹屏,社长应斐章。出版二月,于1949年4月被查封。(甬图　上图)

【BK474】宁绍新报　民国三十八年(1949)3月创刊,旬刊,上海宁绍新报社编印,1949年3月至6月出版第1至9期。1949年7月停刊。(国图　上图　南图)

【BK475】宁波学生报　民国三十八年(1949)3月创刊,由杨少等三一中学、效实中学的进步学生发起,以宁波学生社的合法名义主办。出版2期后,因经费问题停刊。

杨少(1930—1974),原名家驹,笔名阳晓。浙江诸暨人,曾创办《宁波学生报》,组织读书会、文艺研究会、三一剧团等,开展革命活动。

【BK476】浙东简讯　民国三十八年(1949)3月15日创刊,3日刊,8开4版(偶有8开2版),油印。中共浙东临时工委会主办,新华出版社出版,负责人乐子型、梅寒白，通过地下交通员秘密发行。第一版刊载国内要闻版，转载新华社电讯，报道全国解放战争形势；第二版刊载地方新闻，报道浙东游击根据地军事动态和群众工作，辟有"解放区"栏目；第三版刊载国际新闻；第四版为《浙东副刊》，辟有"人民英雄""半月画刊"等专栏。1949年5月16日停刊。（上图）

【BK477】浙东公报晚刊　民国三十八年（1949）5月22日创刊，日刊，4开2版。社长张瑞舫，发行人吴伟农。版面辟有"是非""人民的话"专栏。社址在宁波江东大河路111号。1949年6月18日停刊。

【BK478】宁波新报　民国三十八年（1949）5月24日创刊，日刊，4开2版，由宁波日报社留甬员工组成宁波新报社务委员会创办。5月25日头版头条刊宁波解放消息，并发表《宁波解放了》社论。出版三天共5期后，在宁波军事管制委员会接管《宁波日报》时停刊。（甬图）

【BK479】宁波新华电讯　民国三十八年（1949）6月1日创刊，日刊，宁波市军事管制委员会主办，初为4开2版，选载新华社电讯。7月1日起改为对开4版，增加报道宁波人民反轰炸、恢复生产和支前等地方新闻，社址在和义路69号，主编郑汉杰、徐炎，后中共宁波地委为进一步加强报纸的地方性，于同年8月8日创办《甬江日报》，《宁波新华电讯》即行停刊。（甬档案馆）

【BK480】浙海日报　民国三十八年（1949）7月5日创刊，日刊。为原《宁波日报》以《浙海日报》名义出刊，印数4000份，《浙海日报》是国民党控制的浙省喉舌，报道宣传以反共、反人民解放战争的方针为主。1950年5月13日停刊。（鄞州区档案馆　舟山档案馆）

【BK481】宁波人报　民国三十八年（1949）8月1日创刊，日刊，对开4版。董事长薛驹、社长庄禹梅、主编周康靖。社址在槐树路145号，后迁至永寿巷。第一、四版为国内及地方新闻，第二版为经济新闻与广告，第三版为国际新闻和《生活》副刊。对新中国成立初期国民党飞机轰炸宁波事件，全市人民组织生产自救和恢复经济，有较详细的调查报道。日发行量6000～7000份。1950年5月29日停刊，与《甬江日报》合并，成立宁波时报社。（甬图　甬档案馆　上图）

【BK482】甬江日报　民国三十八年（1949）8月8日创刊，日刊，对开4版，总编辑郑汉杰。新中国成立初期中共宁波地委机关报，社址在和义路69号，后迁至槐树路 194 号,第一、二版刊载新华社电讯与地方新闻,第三版报道市区及各县经济消息,第四版为副刊。1950 年 7 月 7 日与《宁波人报》合并为《宁波时报》。(甬图 上图)

【BK483】**鄞县教育公报** 民国期间创刊,鄞县县政府教育局编。(浙图)

【BK484】**明铎** 民国期间创刊,四明学会编。(浙图)

【BK485】**宁波青年** 民国期间创刊,宁波基督教青年会主办,共出 46 期。宁波基督教青年会会刊。刊载内容主要有社论、会务预闻、会务记载、消息、来函、特载、演讲坛、启事。(北大图)

【BK486】**东方针灸** 民国期间创刊,浙江宁波东方针灸学社主办。(川大图)

【BK487】**宁波** 民国期间创刊。(上图)

【BK488】**农产汇编** 民国期间创刊,宁波慈溪费市镇民生农场、镇海西门三益农场合编。(上图)

【BK489】**四中学生** 民国期间创刊,宁波浙江省立第四中学学生自治会出版股编印。(上图 北大图)

【BK490】**姚江青年** 民国期间创刊上海,余姚旅沪同乡会主办,32 开。《姚江周报》内部人创办,出了 4 期后停刊。

【BK491】**岭南教育** 民国期间创刊,邱友三主办,镇海长山区刊物,油印。

【BK492】**宁波工商杂志** 民国期间创刊,宁波工商友谊会主办,五四时期宁波刊物。

注:刊名带" "的均为日伪刊物。

参考文献

[1] 赵家璧.中国新文学大系 1937—1949 第二十集史料·索引.上海:上海文艺出版社,1994.

[2] 现代文学期刊联合调查小组.中国现代文学期刊目录(初稿).上海:上海文艺出版社,1961.

[3] 王栓林,朱汉国.中国报刊辞典(1815—1949).太原:书海出版社,1992.

[4] 全国图书联合目录编辑组编.1833—1949 全国中文期刊联合目录(增订本).北京:书目文献出版社,1981.

[5] 单锦珩.浙江古今人物大辞典.南昌:江西人民出版社,1998.

[6] 丁守和,等.抗战期刊集编.北京:社会科学文献出版社,2009.

[7] 丁守和,等.抗战时期期刊介绍.北京:社会科学文献出版社,2009.

[8] 丁守和.辛亥革命时期期刊介绍(1—3).北京:人民出版社,1982—1989.

[9] 浙江省新闻志编纂委员会.浙江省新闻志.杭州:浙江人民出版社,2007.

[10] 韩洪举.浙江近现代小说史.杭州:杭州出版社,2011.

[11] 韩洪举.浙江古代小说史.杭州:杭州出版社,2008.

[12] 金普森.宁波帮大辞典.宁波:宁波出版社,2001.

[13] 张嘉樑,王经纬.宁波词典.上海:复旦大学出版社,1992.

[14] 俞福海.宁波市志外编.北京:中华书局,1998.

[15] 程小澜.浙江家谱总目提要.杭州:浙江人民出版社,2005.

[16] 中国图书馆分类法编辑委员会.中国图书馆分类法:第五版.北京:国家图书馆出版社,2010.

[17] 陈荣,等.中国中医药学术语集成·中医文献.北京:中医古籍出版社,2007.

[18] 张正贤,等.古今中医药著作内容辑要.武汉:湖北科学技术出版社,1993.

[19] 王晖.宁波杏林集锦.宁波:宁波出版社,1999.

[20] 胡滨,鲍晓东.浙江中医药古籍联合目录.北京:中医古籍出版社,2009.

[21] 王德深.中国针灸文献提要.北京:人民卫生出版社,1996.

[22] 薛清录.全国中医图书联合目录.北京:中医古籍出版社,1991.

[23] 北京图书馆报纸期刊编目组.北京图书馆馆藏报纸目录.北京:书目文献出版社,1981.

[24] 上海图书馆.中国近代期刊篇目汇录(1857—1918).上海:上海人民出版社,1965—1985.

[25] 中共中央马克思、恩格斯、列宁、斯大林著作编译局研究室.五四时期期刊介绍.北京:人民出版社,1958—1959.

[26] 张静庐.中国近现代出版史料.上海:上海书店出版社,2011.

[27] 李永璞,林治理.中国共产党历史报名录.济南:山东人民出版社,1991.

索　引

后　　记

　　记得在武汉大学求学时，我就研习过王余光老师的《中国历史文献学》、曹之老师的《中国古籍版本学》、陈传夫老师的《目录学概论》、乔好勤老师《中国目录学史》，课余拜读过章学诚《校雠通义》、张之洞《书目答问》、姚名达《中国目录学史》、张舜徽《中国文献学》，因此，对文献学、目录学略有皮毛之识。

　　直到走入图书馆，我在地方文献整理中才切实体会到文献学研究的艰辛与乐趣，在服务读者过程中才切实体会到书目提要"辨章学术，考镜源流"的价值与功用。平时养成文献积累和实践总结的习惯，偶尔撰写有关宁波文献的学术论文和宁波文化的简短文章，由浅入深，慢慢进入我所称之为"宁波学"的研究历程之中。

　　2010年时逢浙江省图书馆学会的研究课题招标，我召集部门同事以"近代宁波报刊存佚研究"为题的课题并成功获批。直至2011年课题结题，得近代宁波报纸和期刊168种、316种。之后，我和同事在整理馆藏民国文献时发现，民国文献较明清文献老化更为严重，图书拿在手中居然会像面包碎屑一样散落于地。这一现象引发了我对民国宁波文献保存和利用的担心，萌发了整理一份民国宁波文献存目提要的念头，后来思路进一步清晰，开始大纲拟定和人员分工，因考虑到书目提要编撰的繁重工作量，仅文献名称的对比和落实就要耗费不少工夫。最后决定在以往研究成果的基础上首先撰写存世报刊提要，由易及难，边做边积累经验，而馆藏民国报刊总量也较大，撰写提要更为有利。

　　2012 年 3 月以《民国宁波地方文献总目提要》为题成功申报宁波市哲社规划课题，启动本书稿中最为艰难的部分，终于在课题组成员的同心协力下，一鼓作气完成了民国时期图书、报刊文献的流散和分布情况，撰写书目提要 2762 条。在本书完成初稿后，中共宁波市委党校冯晓霞研究馆员和鄞州区地方志办公室包柱红对本书进行审阅，并在修改稿中提出宝贵意见，孙婷、陈英浩诸位同事也参与校稿，并拾漏补遗，使本书内容增色不少。

　　但不管怎样，这本显然是自讨苦吃的书总算是写完了。最后需要说明的有以下三点：第一，文献提要的搜集和撰写总是挂一漏万，条目内容也因客观原因未能与原书一一比对，因此该书潜在的问题不少，还望广大读者批评与指正。第二，在本书写作过程中，曾参考或引用过国内大型文献机构的馆藏目录提要，以及诸多宁波地方文献，笔者对此参考文献的编著者深表谢意。第三，在本书完成过程中，给予课题经费支持的浙江省图书馆学会、宁波社会科学院，给予智力支持的单位领导和同事，给予精神支持的家人和朋友，在此说声谢谢。

万湘容

2014 年 10 月

图书在版编目(CIP)数据

民国时期宁波文献总目提要 / 万湘容,干亦铃著.
—杭州:浙江大学出版社,2015.1
ISBN 978-7-308-13941-0

Ⅰ.①民… Ⅱ.①万… ②干… Ⅲ.①地方文献—内
容提要—汇编—宁波市—民国 Ⅳ.①Z812.255.3

中国版本图书馆 CIP 数据核字(2014)第 231627 号

民国时期宁波文献总目提要

万湘容　　干亦铃　著

责任编辑	吴伟伟 weiweiwu@zju.edu.cn	
封面设计	春天书装	
出版发行	浙江大学出版社	
	(杭州市天目山路 148 号　邮政编码 310007)	
	(网址:http://www.zjupress.com)	
排　　版	浙江时代出版服务有限公司	
印　　刷	杭州日报报业集团盛元印务有限公司	
开　　本	710mm×1000mm　1/16	
印　　张	26.5	
字　　数	445 千	
版 印 次	2015 年 1 月第 1 版　2015 年 1 月第 1 次印刷	
书　　号	ISBN 978-7-308-13941-0	
定　　价	75.00 元